Chima Oji Unter die Deutschen gefallen

Chima Oji

Unter die Deutschen gefallen

Erfahrungen eines Afrikaners

Peter Hammer Verlag

Dr. Dr. Chima Oji, geboren 1947 in Nigeria,
ist mit einer Deutschen verheiratet und
hat drei Kinder. Er ist Arzt und Zahnarzt,
Facharzt für Zahn, Mund- und Kieferchirurgie;
darüber hinaus studierte er Philosophie.
Er leitet ein Krankenhaus in Enugu
im Südosten Nigerias.

Die Deutsche Bibliothek – CIP-Einheitsaufnahme

Oji, Chima:
Unter die Deutschen gefallen:
Erfahrungen eines Afrikaners/Chima Oji.
2. Aufl. – Wuppertal: Hammer 1993
ISBN 3-87294-488-6

Umschlaggestaltung: Wolf Erlbruch
Satz: data convert, Wuppertal
Druck und Bindung: Ebner Ulm
ISBN 3-87294-488-6

Für Barbie

Wer meine Gedanken kauft,
kauft keinen Honigtopf
nach jedermanns Geschmack.
Er kauft das Pochen
der Seelen von Millionen,
die hungrig, nackt und krank
sich sehnen, fordern, warten.

(Denis Chukunde Osadebay)

VORWORT

Gesichter Deutschlands

Ich war wieder in Deutschland – das wußte ich, als ich im September 1986 nach vier Wochen Ferienaufenthalt in Nigeria die Paßkontrolle im Frankfurter Flughafen hinter mich gebracht hatte. Die Umstellung auf die so ganz anderen europäischen Gegebenheiten fiel mir aber noch schwer, obwohl mir alles, was mich hier umgab, durch und durch vertraut war. Zu verschieden waren diese beiden Welten, die unverwechselbare, laute und in sich selbst widersprüchliche Welt meiner Heimat Nigeria, die mir schon so fremd geworden war, und die gut eingespielte, fast immer einwandfrei funktionierende Welt Deutschlands, in der ich seit mehr als zwanzig Jahren lebe.

Fast staunend stand ich vor all den kleinen und großen Bequemlichkeiten – wie Türen, die sich automatisch öffneten, wenn ich, vollbeladen mit schweren Koffern, durch sie hindurch wollte; Rolltreppen, die mir das mühselige Schleppen meines unförmigen Reisegepäcks ersparten; und Wasserhähnen, aus denen nach einem leichten Drehen an den Armaturen mit unaufhaltsamer Bestimmtheit warmes Wasser floß. Diese Geschenke des technischen Fortschritts, über die hierzulande kaum jemand auch nur einen einzigen Gedanken verschwendet, und die seit einem halben Leben auch unhinterfragter Bestandteil meines eigenen Alltags sind, waren mir nicht auf Anhieb wieder selbstverständlich. Zu stark war der Kontrast zu den behelfsmäßigen Imitationen industrieller Errungenschaften in Nigeria, deren Launenhaftigkeit ich mich vier Wochen lang hatte unterwerfen müssen.

Erst während der Fahrt im Auto des Freundes, der uns vom Flughafen abgeholt hatte, konnte ich mich langsam entspannen und mich innerlich auf die vertraute Andersartigkeit der deutschen Umwelt einstellen. Sanft glitt das Auto hinweg über gut ausgebaute, glatt asphaltierte und lückenlos beleuchtete abendliche Straßen, auf denen nicht, wie auf allen nigerianischen Straßen und Autobahnen, plötzlich auftauchende tiefe Risse und riesige Schlaglöcher dem unbesonnenen Fahrer zur Todesfalle werden können. Ich fühlte mich sicher als Teilnehmer an einem geregelten Verkehr, genoß das reibungslose Zusammenspiel der Verkehrsampeln, sog das gepflegte Landschaftsbild mit seinem planvollen Wechsel von Bebauung und grünen Nutzflächen in mich ein, und meine Augen erfreuten sich an dem wohltuenden Anblick der ansprechenden Fassaden liebevoll gepflegter Häuser. Ja, das alles war Deutschland – und es überkam mich ein Gefühl von Heimat beim Erleben all dieser charakteristisch deutschen Gegebenheiten, an die ich mich im Verlauf langer Jahre so sehr gewöhnt hatte, daß sie mir während der vier Wochen in Nigeria sogar gefehlt haben.

Doch schon am Abend unserer Ankunft wurden wir daran erinnert, daß Deutschland noch andere Gesichter hat. Ein besonders boshaftes Gesicht zeigt es häufig all jenen unliebsamen Gästen, die viele Deutsche gerne wieder hinausekeln möchten aus diesem schönen, sauberen und gemütlichen Deutschland. Während der Fahrt vom Flughafen nach Hause erzählte unser nigerianischer Freund uns mit zitternder Stimme etwas, das man für eine Episode aus einem schlechten Krimi halten möchte. Aber, was uns da den Atem stocken ließ, war keine Kriminalgeschichte; es war erlebte Wirklichkeit, geschehen nur wenige Tage zuvor in seiner Wiesbadener Wohnung.

Es war ein Uhr nachts, die beiden drei und vier Jahre alten Kinder schliefen tief, und so bekamen sie nichts mit von dem Poltern an der Wohnungstür, das ihre Eltern aus dem Schlaf riß. Diese versuchten noch zu ordnen, woher der höllische Lärm kam. Da vernahmen sie die dröhnende Stimme, die das Gepolter unterstrich. Es klang jetzt ganz danach, als bollerte ein Betrunkener heftig gegen ihre Tür und forderte lautstark Einlaß. Zwar waren die Eheleute verärgert über den nächtlichen Störenfried, glaubten aber, er hätte sich in der Tür geirrt, und wollten ihn deshalb nicht weiter beachten. Der Krach auf dem Flur ließ nach; sie hörten, daß eine Nachbartür geräuschvoll geöffnet wurde und wieder ins Schloß fiel. Dann war es still. Doch die Ruhe war trügerisch. Schon bald drang das Geräusch von Schritten vom Balkon her in ihr Zimmer. Dann brüllte eine unangenehme Männerstimme durchs Fenster: »Wo sind die Negerkinder? Die sollen rauskommen, die Bälger!«

Zutiefst bestürzt wollte der Vater vermeiden, daß seine Kinder tatsächlich von dem Eindringling geweckt würden; er schlüpfte daher in seine Hose, um den vermeintlichen Trunkenbold auf dem Balkon zur Rede zu stellen. Draußen angekommen, lähmte ihn sekundenlang ein fürcherlicher Schreck; vor ihm stand ein mit einem langen Messer bewaffneter Mann und gröhlte lauthals seine abartige Forderung: »Die Negerkinder sollen rauskommen, ich will sie umbringen!«

Mein Freund wich panikartig zurück und verschloß seine Balkontür hastig von innen. Verängstigt alarmierte seine deutsche Ehefrau die Polizei, und schon bald darauf rückten sechs bewaffnete Polizeibeamte an. Den potentiellen Kindermörder konnten sie ziemlich schnell in der Nachbarwohnung stellen, von der aus er sich Zugang zum Balkon verschafft hatte. Nach einem kurzen Verhör im Wohnzimmer der Familie ließen sie ihn aber frei. Die Eltern brauchten einige Sekunden, um zu begreifen, daß der Mann, der gerade noch das Leben ihrer Kinder bedroht hatte, ungeschoren nach Hause gehen durfte. Fassungslos fragte die Mutter die Polizisten: »Wollen Sie ihn etwa laufen lassen?« Die Hüter des Gesetzes antworteten ihr lakonisch: »Er hat versprochen, es nicht wieder zu tun.«

Auch das ist Deutschland! Ein abschreckendes, aber nicht unbekanntes Gesicht dieses Landes; nur hatten wir in den vier Wochen in Nigeria, wo alle Menschen, die wir trafen, unvoreingenommen freundlich auf meine deutsche Frau und unsere Kinder reagiert hatten, fast vergessen, daß es so etwas gibt!

Gewiß, nicht jeder Schwarze in Deutschland erlebt jeden Tag einen Angriff auf Leib und Leben; aber jedem von uns kann etwas widerfahren, das so schockierend und bedrohlich ist, wie der geschilderte Hausfriedensbruch. Deshalb sind solche massiven Eingriffe alltäglich, obwohl natürlich die weniger weltbewegenden Konfrontationen mit dem Vorurteil und der Ablehnung der deutschen Mitmenschen weitaus häufiger vorkommen. Auch die kleinen wie die großen rassistischen Verletzungen sind eine Realität, mit der wir in Deutschland leben müssen – ebenso wie auch all die kleinen und großen Annehmlichkeiten, die, wie oben angedeutet, als praktische Erleichterung dem täglichen Leben hier so viele Vorzüge vor dem beschwerlichen Alltag zu Hause verleihen.

Die Menschen, die in solchen Ländern leben, in denen vieles sehr anders ist als hier, aber auch jene Menschen in Deutschland, die nicht selbst mit Ausländern in Berührung kommen, können sich das Leben eines Afrikaners oder eines anderen Dritte-Welt-Ausländers in Deutschland in all seiner bittersüßen Zwiespältigkeit nicht vorstellen. Und damit bin ich an dem Punkt angelangt, an dem es mir angemessen erscheint, meine Motive offenzulegen, warum ich ein Buch über mein Leben unter Weißen, hauptsächlich also über mein Leben in Deutschland, schreibe.

Zum einen möchte ich anderen Ausländern, besonders Afrikanern, die ihren Fuß bisher noch nicht auf europäischen Boden gesetzt haben, erzählen, wie es einem Schwarzen dort tatsächlich ergeht. Für viele von ihnen werden meine Schilderungen einen völlig neuen Aspekt in ihrer Betrachtung dieses Kontinents darstellen, denn das Bild, das die Menschen in den meisten Ländern der Welt von Europa und auch von Deutschland haben, weicht ganz erheblich ab von der Wirklichkeit, die ein Ausländer hier vorfindet. Mit eben jenem falschen Bild und allen von ihm geweckten Hoffnungen und Erwartungen hatte auch ich seinerzeit meine Reise nach Europa angetreten. Vermittelt worden war mir dieses Bild von Landsleuten, die nach ihrer Rückkehr in die Heimat nicht die Wahrheit erzählt, sondern ihre Auslandserfahrungen dazu genutzt hatten, die Daheimgebliebenen zu beeindrucken durch phantastische Übertreibungen all der wundervollen Dinge in Europa, die in krassem Gegensatz standen zu dem einfachen und oft kargen Einerlei des Alltags zu Hause. Während langer Jahre in Deutschland erfuhr ich aus vielen Gesprächen mit Neuankömmlingen aus Ländern Afrikas, Asiens und Lateinamerikas, daß sich an den märchenhaften Beschreibungen der Rückkehrer und Heimat-Urlauber bis heute nichts geändert hat. Nach deren Erzählungen sind Deutschlands Straßen nämlich noch immer mit Gold gepflastert.

Uns hatte man damals das Leben in Europa als süß und verlokkend geschildert. Probleme bei der Arbeitssuche gäbe es nicht, beim Studium bekämen wir von allen Seiten Hilfe, Armut und gar Existenznot wären inzwischen unbekannt, und nicht zuletzt: die Frauen lägen uns zu Füßen. Die verschiedenen europäischen Botschaften in unserer Heimat präsentierten uns nur die Sonnenseite ihrer Länder in ihrem Informationsangebot; also auch von offizieller Seite wurde nichts getan, um unser Europabild der Realität anzugleichen.

Mein zweites Anliegen beim Schreiben ist es, zur Aufklärung der Menschen in Deutschland und anderswo über den alltäglichen Rassismus hierzulande beizutragen. Sie sollen einmal aus der Sicht eines direkt Betroffenen erfahren, was es bedeutet, ein Schwarzer in Deutschland zu sein. Denn vielfach wird auch heute noch, in einer Zeit, in der Ausländerfeindlichkeit und neonazistische Umtriebe wieder ein erschreckendes Ausmaß angenommen haben, die Auffassung vertreten, so schlimm könne das ja alles gar nicht sein: in einer Zeit, in der ungestraft Morddrohungen gegenüber kleinen Kindern gemacht werden, weil sie die falsche Hautfarbe haben; und in einer Zeit, in der eine Bande von Skinheads vom Vorwurf des Mordes freigesprochen wird und mit milden Jugendstrafen davonkommt, weil laut dem im Jahr 1986 gefällten Urteilsspruch eines deutschen Gerichtes ihrer Tat das Merkmal »grausam« fehlt. Die zehn gewalttätigen Skinheads hatten auf nächtlicher Straße in Hamburg einen einzelnen türkischen Jugendlichen überfallen und ihn brutal zusammengeschlagen. Er konnte ihnen zwar entkommen, wurde aber auf seiner Flucht von einem Auto erfaßt und überfahren. Als er schwerverletzt auf der Straße lag und ihnen völlig wehrlos ausgeliefert war, fielen die Kerle noch einmal über ihn her und richteten ihn so übel zu, daß er kurze Zeit danach starb. In einer solchen Zeit wird vielerorts noch immer allen Ernstes behauptet, in Deutschland sei man heutzutage weltoffen und tolerant gegenüber Menschen aus Afrika, Asien etc. Besonders bedrückend ist dabei, daß diese Meinung auch in gebildeten, also »aufgeklärten« Kreisen besteht. Vieles, was wir Schwarze und viele andere Ausländer aber wirklich hier erleben, wird – falls wir im persönlichen Gespräch einmal darüber reden – nur mit ungläubigem Kopfschütteln aufgenommen; und Sätze wie: »So eng darfst du das aber nicht sehen.« oder: »Es ist ja verständlich, daß du in dieser Hinsicht etwas empfindlich reagierst, aber ...« sind nicht nur Ausflüchte, sondern oft genug sogar gutgemeinte Ratschläge unter Freunden. Es ist eben etwas anderes,

Deutschland zu erleben, wenn man selbst in einer schwarzen Haut steckt.

Und deshalb – last but not least – bin ich auch der Meinung, daß ich es mir nach mehr als zwanzig Jahren geduldigen und oft schweigenden Ausharrens in diesem Land selber schulde, mich einmal in aller Offenheit auszusprechen, einmal all das herauszulassen, was ich während meines Lebens in Deutschland schlucken mußte, weil ich keine andere Wahl hatte. Nach allem, was ich zu Hause in Nigeria, in Deutschland und anderswo in Europa im Umgang mit Weißen erlebt habe und noch erlebe, kann ich nicht so tun, als wäre nichts geschehen. Ich muß dieses Buch schreiben, schon, um mir selbst gerecht zu werden.

So ist denn dieses Buch ein ganz persönliches Zeugnis. Es ist geschrieben aus meiner ganz persönlichen Betroffenheit und aus meiner ureigensten Perspektive. Ich erhebe keinen Anspruch auf Vollständigkeit, denn als einzelner kann ich natürlich nicht die ganze Palette möglicher Erfahrungen von Ausländern in Deutschland oder von Schwarzen in einer weißen Gesellschaft abdecken. Mein Leben in Deutschland ist das eines Akademikers; als junger Student bin ich hierher gekommen, jetzt arbeite ich als Arzt in einer deutschen Universitätsstadt. Das Spektrum meiner Erkenntnisse entspricht den Lebensbereichen, mit denen ich in Berührung gekommen bin. Ich weiß, daß meine Erlebnisse und Eindrücke in ihrer konkreten Form von denjenigen ausländischer Arbeitnehmer und Asylsuchender abweichen können. Trotzdem halte ich sie für repräsentativ, weil alle Vorurteile und Diskriminierungen, ganz gleich, wen sie treffen und wie sie ausgedrückt werden, den gleichen psychologischen und gesellschaftlichen Hintergrund haben.

Dies ist ein offenes, ein ehrliches Buch. Es ist eine wahrheitsgetreue Darstellung eigener Betroffenheit – aber es ist keine Anklageschrift! Trotzdem wird vieles an den folgenden Aufzeichnungen vermutlich bei einigen Lesern den Anschein erwecken, ich wollte die Weißen und insbesondere die Deutschen angreifen und gar verurteilen. Aber gerade das will ich nicht. Ich will in meinem Buch nur rückhaltlos die Wahrheit sagen – eben auch über all jene bitteren Erfahrungen, die ich machen mußte. Ich verallgemeinere nichts, will aber auch nichts beschönigen. Es ist mir völlig klar, daß ich Vergleichbares in jedem Land der Erde, in jeder x-beliebigen Gesellschaft hätte erleben können; daß ich es in Deutschland erlebt habe, liegt einzig und allein daran, daß ich über die Hälfte meines Lebens in Deutschland verbracht habe! Wenn ich mir also überhaupt ein Urteil erlauben darf, dann gilt es einer Seite der menschlichen Natur, die Angehörige aller Völker – unabhängig von Rasse und Kultur – miteinander teilen.

1. KAPITEL

Eine unglaubliche Entdeckung

Vor mehr als einem Menschenalter – es mögen vielleicht hundertdreißig Jahre seither verflossen sein, so genau hat die mündliche Überlieferung das nicht vermerkt – befanden sich drei junge Mädchen aus dem Dorf Enugu auf ihrem allabendlichen Gang zur unweit des Dorfes gelegenen Quelle, um dort Wasser für ihre Familien zu schöpfen. Es war in den ersten Abendstunden, die Sonne stand schon tief im Westen; aber es war noch früh genug, um mit der kostbaren Last im Dorf einzutreffen, bevor die Nacht, die um diese Jahreszeit fast ohne Übergang den Tag ablöste, die grasbedeckten Lehmhütten in undurchdringbares Dunkel hüllte. Sie würden auch rechtzeitig zurück sein, daß der Vater und die Brüder, die vor dem Einbruch der Dunkelheit von der schweren Feldarbeit heimkehrten, sich mit dem kühlen Naß erfrischen könnten, und die Mutter Gelegenheit hätte, all jene abendlichen Verrichtungen auszuführen, zu denen sie das Wasser so dringend benötigte. Später, wenn es ganz dunkel war, würden dann auf dem Dorfplatz die Feuer angezündet, um die sich allnächtlich jung und alt scharten, um hingebungsvoll den fabelhaften Märchen aus der Welt der Tiefe zu lauschen, die die in der Kunst des Erzählens geübten Großmütter so meisterhaft beherrschten.

Lachend und vergnügt miteinander schwatzend stiegen die Mädchen den schmalen, seit Generationen ausgetretenen und von schweren Regenfällen bis auf den steinigen Grund ausgewaschenen Pfad dicht am Rande eines mit kleinem Strauchwerk bestandenen Abhangs hinab. Von dort aus konnte ihr Blick weit über die sich scheinbar endlos unter ihnen ausbreitende Ebene schweifen, deren entfernteste schattenhafte Linie mit dem von blaßblauen Stellen durchbrochenen, am Horizont verschwimmenden Grau-Weiß des regenzeitlichen afrikanischen Himmels verschmolzen. Sie waren jetzt ganz nah bei der Quelle, die in einer von üppigen Cashew-Bäumen und grünen Büschen strotzenden Talmulde unterhalb des Bergpfades der felsigen Wand einer kleinen Grotte entsprang. Der Pfad führte über die Mulde hinaus bis zur nächsten Anhöhe und darüber hinweg, wo er sich auf seinem weiten Weg ins Tal in dem mit Buschwerk und verstreuten Bäumchen bewachsenen Hügelland verlor.

Plötzlich verstummten die fröhlichen Mädchenstimmen; erschrocken hielten ihre Schritte inne, denn aus der nächsten Biegung tauchten die klar erkennbaren Umrisse völlig andersartiger Wesen auf, deren unverhoffter Anblick in seiner ungeheuerlichen Fremdheit das Blut in den Adern der Mädchen stocken ließ. Entgeistert starrten sie auf die heranrückenden Gestalten, die unbeirrt ihren Weg fortsetzten und ihnen schon fast greifbar nahe waren. Als nur noch wenige Schritte sie von dieser gespenstischen Erscheinung trennten, erwachte zuerst das jüngste der drei Mädchen aus seiner Schreckensstarre und stieß einen Schrei des Entsetzens hervor; dann taten es ihr die beiden älteren gleich. Nun flogen die noch ungefüllten Kalebassen, die sie eben noch sicheren Schrittes auf dem Kopf mit sich getragen hatten, links und rechts in die Büsche; zwei davon kullerten den holprigen Abhang hinunter und verfingen sich nach einigen Metern im Gestrüpp. Wie aufgescheuchtes Wild stürmten die drei los und rannten, ohne sich auch nur ein einziges Mal umzusehen, auf dem winkligen, steil ansteigenden Pfad zurück in die Richtung, aus der sie vor wenigen Minuten gekommen waren – bestrebt, den furchterregenden Ungeheuern, die sie jetzt sogar zu verfolgen schienen, zu entkommen, in der Geborgenheit des heimatlichen Dorfes Schutz zu suchen und den Daheimgebliebenen von ihrer unglaublichen Entdeckung zu berichten.

Augenblicklich umringte eine Gruppe besorgter oder auch nur neugieriger Dörfler die Ankommenden, die laut schreiend den Platz im Zentrum des Dorfes erreicht hatten. Atemlos und noch zu verstört, um zusammenhängend von ihrer schaurigen Begegnung zu erzählen, brachten sie nur ein bruchstückhaftes Gestammel hervor, dem die Umstehenden schließlich den ungefähren Ablauf des Geschehens entnehmen konnten. In der nun entstehenden allgemeinen

Aufregung herrschte Unklarheit darüber, ob die jungen Dinger Opfer ihrer eigenen, zu regen Phantasie geworden waren, ober ob man ihrer unwahrscheinlichen Darstellung Glauben schenken konnte. In dieser wichtigen Frage wurde eilig Rat gehalten; daraufhin wurden einige kräftig gebaute Männer beauftragt, nach den Wesen Ausschau zu halten, die man sich nach der wirren Beschreibung der Mädchen nicht einmal vorstellen konnte. Wegen der Geisterhaftigkeit der Erscheinung, und um das von ihr eventuell ausgehende Unheil von den Männern fernzuhalten, sollte der örtliche Heiler ihnen vorangehen. Hastig rafften die ausgewählten Männer ihre Waffen zusammen und machten sich, von dem unerschrokkenen Zauberer angeführt, auf die Suche. Währenddessen blieben Frauen, Kinder und Alte im Schutz der übrigen Männer zurück, die sich ebenfalls mit ihren hölzernen Speeren oder mit Pfeil und Bogen ausrüsteten. Der alte Dorfchef hielt sich unterdes in Gesellschaft von zweien seiner Enkel in der Nähe seines, die anderen Lehmhütten an Größe und Schönheit überragenden Rundhauses zur Verfügung.

Noch bevor der kleine Spähtrupp die letzten Häuschen von Enugu hinter sich gelassen hatte, stieß er auf sechs seltsame Gestalten, die dort im Schatten eines Irokobaumes, der in meiner Muttersprache auch OJI heißt, warteten. Drei von ihnen waren schwarze Männer; sie saßen etwas abseits von den anderen im abgeweideten Gras und redeten in einer unbekannten Sprache miteinander. Ihre sonderliche Kleidung verlieh ihnen etwas Fremdes, das sie unterschied von allen bisherigen Gästen des Dorfes, selbst von solchen, die aus den entfertest gelegenen Dörfern hierher gekommen waren. Die drei anderen sahen stehend den anrückenden Männern entgegen. Ihr Anblick war von einer so unfaßbaren Andersartigkeit, daß die Kundschafter sekundenlang glaubten, einer Sinnestäuschung zu unterliegen. Aber dann gewannen die tapferen Männer ihre Fassung zurück, und sie musterten aus einer sicheren Distanz heraus angespannt die in der Nähe des Baumes verharrenden Fremden. Diese begannen nun, wild mit den Armen und Händen zu gestikulieren und – mit allerdings menschenähnlichen Stimmen – eine ganze Reihe undefinierbarer Laute hervorzusprudeln. Dieses sonderbare Gehabe verzerrte ihre unwirkliche Erscheinung ins Dämonische. Da sie aber keine Anstalten machten, näher zu kommen, setzten die Männer sich auf Geheiß des Heiler zur Beratung auf den Boden.

Unterdessen schlichen aus dem Inneren des Dorfes gruppenweise die zurückgebliebenen Männer, Frauen und Kinder heran, die Szene angstvoll und verschüchtert aus gebührendem Abstand betrachtend. Einige besonders mutige Leute gesellten sich zum Suchtrupp, und das betagte Dorfoberhaupt näherte sich mit würdevollen Schritten in der Begleitung seiner Enkel und ließ sich mit ihnen unweit der Späher nieder.

Die beratenden Männer einigten sich rasch darauf, daß die Ankömmlinge keinesfalls Menschen sein konnten, denn niemals hatten sie – mit Ausnahme der hin und wieder geborenen Albinos – derart bleichgesichtige menschliche Wesen gesehen oder von deren Existenz gehört. Niemals zuvor hatten sie solche merkwürdigen Haare auf menschlichen Köpfen gesehen, die nicht schwarz und kraus waren, sondern gelblich oder bräunlich und glatt oder fransig vom Kopf herunterhingen. Einer der Fremden hatte sogar rötliche Strähnen auf dem Kopf, die in der Abendsonne geheimnisvoll leuchteten. Ein anderer trug ein blitzendes Ding vor dem Gesicht, in dem sich die Sonnenstrahlen brachen, so daß man nicht wissen konnte, ob sich dahinter Augen verbargen oder nicht. Es war schwer festzustellen, wie ihre Körper eigentlich gebaut waren, denn sie waren von oben bis unten mit nie gesehenen einfarbigen Umhängen verhüllt. Ob sie überhaupt darunter von menschengleicher Gestalt waren, ob sie so etwas wie eine normale Brust oder richtig ausgebildete Beine überhaupt besaßen, war nicht erkennbar. Aber das erstaunlichste waren die Füße, falls man das, was davon zu sehen war, überhaupt so nennen konnte: zehenlose, steife, von einer glatten, mit Schnüren versehenen Haut überspannte, fußähnliche Gebilde ... Nein, das waren keine Menschen! Es mußten Wesenheiten aus einer anderen Welt sein! Doch, wären sie gute Geister gewesen, sie hätten mit absoluter Gewißheit dem Heiler ihr Kommen während dessen nächtlicher Zwiesprache mit seinen Schutzgeistern aus der Welt der Ahnen angekündigt! So gab es nur die eine, schreckliche Erklärung für diese Wesen, die dämonengleich in ihre friedliche Welt eingedrungen waren: Es waren böse Geister, Teufel – gekommen in der Absicht, Unheil über das Dorf und seine Bewohner zu bringen. Ihre schwarzen Begleiter konnten nichts anderes sein, als verirrte

Seelen, die sie sich durch ihre magischen Kräfte gefügig gemacht hatten.

Zum Angriff entschlossen, griffen die mutigsten unter den Männern nach ihren Speeren und wollten sich gerade auf die Eindringlinge stürzen; da wurden sie von ihrem Dorfherrn zurückgerufen, der ihrem Tun Einhalt gebot. Während der Besprechung der anderen hatte er ganz still dagesessen und unentwegt die befremdliche Erscheinung unter dem Baum studiert. Er hatte unter den Gegenständen, die dort auf der rotbraunen Erde abgestellt waren, keine Waffen entdecken können; hatte nach längerer Betrachtung den Eindruck der Harmlosigkeit der Besucher gewonnen; ja, sie waren ihm nach anfänglicher Unsicherheit immer menschenähnlicher erschienen. Er hatte geglaubt, den in verständlicher Sprache auf die Dörfler einredenden Stimmen einen beschwörenden Klang entnehmen zu können; und er hatte endlich ihre eindringlichen Gesten als Friedensangebot aufgefaßt. Er beauftragte den Heiler, ihnen zu bedeuten, daß sie näher kommen sollten. Die Fremden folgten dieser Aufforderung und ließen sich nun bereitwillig von unserem Arzt abtasten, der sie in aller Ruhe eingehend auf ihre Menschlichkeit hin untersuchte. Als er zweifelsfrei zu der Überzeugung gekommen war, daß es sich um zwar äußerst ungewöhnliche, aber nichtsdestotrotz menschliche Wesen handelte, deren Verhalten jetzt auch keinen Zweifel mehr an ihrer friedlichen Absicht zuließ, bemühte sich der Häuptling, ihnen mit Zeichen zu erklären, daß sie als seine Gäste das Dorf betreten durften.

In der Frühe des nächsten Morgens suchte der Heiler den Dorfherrn in seinem Rundhaus auf, um ihm eine wichtige Mitteilung zu machen. Daraufhin versammelten die beiden alle Einwohner von Enugu auf dem festgestampften Lehmboden des Dorfplatzes. Dort gab der Heiler die Botschaft an sie weiter, die er nachts im Traum von seinen Schutzgeistern empfangen hatte: »Betrachtet das gestrige Ereignis als eine schicksalhafte Fügung und tötet die fremden Besucher nicht. Sie sind in friedlicher Absicht gekommen; das bedeutet aber nicht gleichzeitig, daß sie ganz harmlos sind. Doch seid unbesorgt, es geht keine direkte Gefahr von ihnen aus. Sie sind nur die Vorhut großer Scharen weißer Männer, die noch ins Land kommen und in der Übermacht sein werden. Sie werden fremde Sitten und Gebräuche mitbringen und eure Gewohnheiten, ja euer ganzes Leben in nie gekannter Weise verändern. Aber gegen solch unaufhaltsame Entwicklungen sind wir Schutzgeister machtlos. Von heute an werden ihre Geschicke mit den euren unlösbar verbunden sein, deshalb nehmt sie auf und erweist ihnen Gastfreundschaft.«

Die schlichten Menschen des Dorfes Enugu, die an jenem denkwürdigen Abend erst so verunsichert den beängstigend fremdartigen Besuchern gegenüberstanden, und die dann die Entdeckung des so völlig verschiedenen Menschenschlages als eine Fügung höherer Mächte hinnahmen, waren meine Vorfahren. Das Wissen um diese folgenschwere Begegnung wurde durch die Tradition der mündlichen Überlieferung bewahrt und an mich weitergegeben. Das Dorf, in das damals europäische Missionare auf ihrer Erkundungsreise ins Landesinnere erstmalig vorgedrungen waren, ist der Ort, an dem ich viele Jahre später geboren und aufgewachsen bin. Eigentlich ist Enugu kein Dorf, sondern einer von zehn eigenständigen Ortskernen eines großen Dorfverbandes, der vor Menschengedenken in der fruchtbaren Berglandschaft im Südosten des heutigen Nigerias von zehn Brüdern gegründet worden war. Von der Umgebung Enugus aus hat man einen wunderschönen Ausblick über malerische Bergausläufer bis weit hinaus in das endlos scheinende flache Land. Und genau zu Füßen des Dorfes, an der Stelle, wo die weite Ebene an die ersten Hügel des Berglandes stößt, liegt die Hauptstadt der Ostregion Nigerias, der unser Dorf den Namen gab, Enugu. Sie wurde nach der Ankunft englischer Händler auf unserem Land erbaut und in den Jahren der Kolonialherrschaft aus wirtschaftlichen Gründen erweitert, denn die Gegend um Enugu herum ist reich an Kohlevorkommen, die von den Engländern zu ihrem eigenen Nutzen ausgebeutet wurden. Während der kurzen, unheilvollen Periode des Bestehens der unabhängigen Republik Biafra war Enugu deren Hauptstadt, heute ist es die Hauptstadt des nigerianischen Bundesstaates Anambra-State, der nur einen Teil des ehemaligen Biafras umfaßt.

Wie der Heiler es vorausgesagt hatte, hat sich seit jenem schicksalhaften Zusammentreffen das Leben der Menschen in Enugu grundlegend verändert. Nichts ist heute noch so, wie es damals war. Der Einfluß des Heiler ist erheblich zurückgegangen, fast alle Bewohner des Dorfes sind Christen, und die wenigen

Anhänger der alteingesessenen Religion kämpften um ihre Existenz; ja, sie mußten den uralten heiligen Ort ihres Gottes Ani-Enugu vor der Zerstörungswut ihrer christlichen Nachbarn schützen. Der Anblick weißer Männer ist den Dörflern längst vertraut, denn in der nahen 1,5 Mill. Einwohner zählenden Großstadt Enugu leben Menschen vieler Nationalitäten und Rassen. Anstelle der grasbedeckten Lehmhütten stehen im Dorf heute dicht an dicht, teilweise windschief gebaute, wellblechgedeckte Zementhäuschen. Die Menschen sind längst nicht mehr von ihrem alltäglichen Gang zur Quelle abhängig, um an frisches Wasser zu kommen; hinter jeder Wellblechhütte steht heute ein Wassertank. Aber das Schmutzwasser fließt durch notdürftige Vorrichtungen an der Rückseite der Gehöfte hinaus; dort versickert es und verseucht Wege und Plätze, auf denen noch vor wenigen Jahren Kinder unbeschadet spielen konnten, mit Krankheitserregern. An hohen Masten durchs ganze Land gespannte Stromleitungen haben elektrisches Licht in die letzten Winkel des Dorfes gebracht und so die Bauern der Launenhaftigkeit der Bediensteten staatlicher Elektrizitätswerke unterworfen, die den Strom ganz nach Belieben oft für mehrere Stunden oder Tage ausschalten. Kühlschränke sind kein Luxus mehr; und gleich Mahnmälern an den Geist der neuen Zeit zieren fast alle Hofeinfahrten die vor sich hin rostenden Wracks ausgedienter Autos. Doch als wesentlichstes Attribut des technischen Fortschritts steht in jedem – auch noch so bescheiden eingerichteten – Wohnzimmer mindestens ein empfangsbereites Fernsehgerät, das den einfachen, abgearbeiteten Bauern allabendlich die verlockende Glitzerwelt der Ewings oder Carringtons aus Dallas oder Denver oder aus einer anderen billigen amerikanischen Fernsehserie vorgaukelt.

Das ist der Rahmen, vor dem sich kürzlich – wieder in den frühen Abendstunden eines regenzeitlichen Tages, rund hundertdreißig Jahre nach der Ankunft der ersten weißen Besucher – eine andere bemerkenswerte, wenn auch nicht bedeutungsvolle Begegnung zwischen schwarzen und weißen Menschen abgespielt hat.

Von einer Schar vergnügt lachender Kinder umringt, arbeitete sich das klapprige, schrottreife Auto im Schrittempo durch die holprigen, eng verwinkelten Dorfgassen, wo sich in großen Pfützen das Wasser vom letzten schweren Regenguß gesammelt hatte. Am Steuer des Fahrzeuges saß mein Bruder; er fuhr meine Frau und mich zu Verwandten ins Dorf, die unseren Besuch erwarteten. »Onyeocha, was machst du in unserem Dorf? Onyeocha, sprichst du unsere Sprache?« riefen die Kinder freudig erregt und versuchten dabei, an die Scheiben des fahrenden Autos zu klopfen. Die drei- bis fünfjährigen Jungen und Mädchen waren vermutlich noch nie über den näheren Umkreis des Dorfes hinausgekommen und hatten gewiß nicht alle Tage die Gelegenheit, eine Onyeocha, eine weiße Person, im Dorf zu sehen. Der offene Blick ihrer strahlenden Kinderaugen, die unverblümte Direktheit ihrer Ansprache bewiesen die kindliche Unbefangenheit, mit der sie die weiße Frau willkommen hießen. Sie führten gewiß nichts Böses im Schilde.

Der Vorhang vor dem Eingang eines Lehmziegelhauses öffnete sich mit einem Ruck; und wir sahen, wie ein junger Mann mit sehr aufgebrachtem Gesichtsausdruck nach draußen stürmte, in seinem Zorn nicht vergaß, nach seinem weißen Oberhemd zu greifen, es sich überzustreifen, während er über den Hof seines Hauses rannte, und sich wie eine Furie schimpfend und fluchend in das vergnügte Getümmel der Kinder stürzte. Brüllend wies er die Kleinen zurecht, ohrfeigte, wen er gerade erwischen konnte, und versetzte gar einem dreijährigen Knirps einen derben Fußtritt. Während die eingeschüchterten Kinder weinend auseinanderstoben, zog er sich, noch immer grollend, in sein Haus zurück.

Das rabiate Vorgehen des Mannes erschütterte uns. In dem arglosen Verhalten der Kinder hatten wir keinen Funken Ablehnung oder gar Verachtung erkennen können, um so unbegreiflicher war vor allem meiner Frau dieser Wutausbruch. Sie sah darin das extreme Gegenstück eines von uns auf deutschen Straßen ganz häufig miterlebten Schauspiels: Wenn sie nämlich im Beisein ihrer Kinder zufällig einem Schwarzen begegnen, machen viele Väter und Mütter in Deutschland daraus gerne eine Attraktion für die lieben Kleinen. Sie beugen sich zu ihnen hinunter und sagen bedeutungsvoll: »Sieh mal da, ein Neger! Schau nur, wie schwarz der ist!«, wobei sie schamlos mit dem Finger auf den vor ihnen stehenden oder an ihnen vorbeilaufenden Schwarzen zeigen.

Ich mußte ihr erklären, was hier vorgegangen war. Der erboste Mann hatte durchaus gewußt, daß die Kleinen nichts Schlimmes getan hatten; sie hatten nur ganz unschuldig ihre kindliche Neugier und ihre Aufregung über den ungewohnten Gast zum Ausdruck gebracht. Nach seinem Verständnis von Höflichkeit und guter Sitte war es aber ungezogen, die weiße Frau so in Verlegenheit zu bringen, wie es nach seiner Meinung die Kinder durch ihr Gekreisch getan hatten. Das kindliche Verhalten erschien ihm um so ungehöriger, als die Onyeocha nicht eine beliebige weiße Frau war, sondern »eine von uns«. Er hielt es für seine Pflicht, den Lümmeln ein für alle Male ihre Ungezogenheit auszutreiben, wendete dabei aber seinerseits einen ziemlich fragwürdigen Erziehungsstil an.

In meiner Kindheit, den späten vierziger und frühen fünfziger Jahren, gab es in Nigeria nur wenige Europäer; zumeist waren es Angehörige der britischen Führungsschicht. Die Weißen, die sich in jener Zeit bei uns aufhielten, betrachteten sich als Herren des Landes, das sie sich zu eigen gemacht hatten. Sie waren gekommen, es zu verwalten und mit schwarzer Arbeitskraft zu bewirtschaften. Von uns, den eigentlichen Besitzern des Landes, hoben sie sich ab als eine besondere Klasse, die in der neuen, von ihnen geschaffenen Gesellschaftsordnung vielfältige Privilegien genoß. Viele von uns hatten damals nur selten die Gelegenheit, einen Europäer selber kennenzulernen, und wenn, dann immer aus der für einen Untertan gehörigen Distanz. Im Ansehen der Leute meines Dorfes, wie im Ansehen fast aller Nigerianer der damaligen Zeit, stellten die Weißen etwas ganz Besonderes dar; sie wurden geachtet und respektiert.

Bis heute haben sich in meiner Heimat Reste dieser respektvollen Haltung Weißen gegenüber bewahrt. Man behandelt sie mit freundlichem Wohlwollen, wenn man ihnen im Lande begegnet. Ausdrükke wie »Oyibo«, »Onyeocha« und »Bekee«, die je nach Stammessprache variieren, wurden schon zu meiner Zeit als Anrede für Europäer verwendet; sie sind heute noch gebräuchlicher und werden durchaus Weißen auf der Straße nachgerufen. Doch sie haben nicht den gleichen abwertenden Charakter wie die Benennung »Neger« oder gar »Nigger«, die uns als Gästen in den Ländern der Weißen auf allen Wegen in den Ohren klingt. Die Ausrufe »Oyibo«, »Onyeocha« und »Bekee« werden in Nigeria häufig durch die Worte »You are welcome to our country« ergänzt, mit einem höflichen Gruß verbunden, und eine freundliche Antwort des Europäers wird mit einem dankbaren Lächeln belohnt.

Die hierarchisch strukturierten Rassenbeziehungen in der britischen Kolonie Nigeria bildeten also den Hintergrund, vor dem sich mein eigenes kindliches Bild vom Europäer und mein Verständnis vom Schwarz-Weiß-Verhältnis entwickelte. In den ersten Jahren meines Lebens wurde dieser Bewußtwerdungsprozeß aber entscheidend durch das Vorbild meines Vaters beeinflußt. Schon früh lernte ich von ihm, daß alle Menschen im Grund gleich sind. Ich lernte, den einzelnen Menschen nach den Erfahrungen zu beurteilen, die ich im persönlichen Umgang mit ihm machte, und ihn nicht als Angehörigen einer bestimmten Gruppe – eines Stammes, eines Volkes oder einer Rasse – in eine Schublade zu stecken. Es beeindruckt mich noch heute, daß mein Vater sich bemühte, uns zu aufgeschlossenen, toleranten Menschen zu erziehen, obwohl seine eigene Vorgeschichte ihn auch einen ganz anderen Weg hätte weisen können. Während des Zweiten Weltkrieges, in den Nigeria als britische Kronkolonie verwickelt war, hatten ihn die Engländer aus politischen Gründen ins Gefängnis geworfen und dort schlecht behandelt. Er war nach dieser schmerzlichen Erfahrung wachsam geworden im Umgang mit ihnen, hütete sich aber davor, die eigene Verbitterung über erlebtes Unrecht als Haß und Vorurteil auf seine Kinder zu übertragen.

Die Erinnerungen an meine ersten eigenen Begegnungen mit Weißen führen weit zurück in meine frühe Kindheit. Mein Vater war einer der wenigen Männer seiner Zeit, die schon eine europäische Schulbildung genossen hatten; er konnte lesen und schreiben und beherrschte die englische Sprache fließend. Er war weit im Land herumgekommen und unterhielt nicht nur geschäftliche, sondern auch private Kontakte zu Menschen aus allen Regionen Nigerias. Zu seinen engeren Freunden zählten nicht nur Igbos, sondern auch Yorubas und Hausas*. Er hatte aber auch europäische Freunde, denn als weitgereister Geschäftsmann hatte er natürlich eher als andere Bewohner unseres Dorfes die Möglichkeit, Europäer näher kennenzulernen. Das sind einige der Gründe, die sein hohes Ansehen im Dorf bewirkten und uns den Ruf einbrachten, sehr fortschrittlich zu sein. Ich erinnere mich noch lebhaft der neugierigen und verwunderten Blicke, die uns folgten, wenn wir manchmal mit unseren weißen Gästen spazierengingen. Aus Erzählungen weiß

* Erklärung im Anhang.

ich, was in den Köpfen der einfachen, im europäischen Sinne ungebildeten Dörfler vor sich ging, wenn sie die fremdartigen Besucher sahen: Ob die es wohl auch nötig hatten, aufs Klo zu gehen? Ob die an ihren ständig in Lederschuhen steckenden Füßen auch Zehen hatten wie wir? Und wie vor allem wohl ihre intimen Körperzonen aussehen mochten? Ich entsinne mich eines Vorfalls auf einem unserer Spaziergänge, bei dem ein weißes Kind zu weinen anfing. Mein Gott, welch ein Staunen ging durchs Dorf! Die Bauern konnten es kaum fassen, mit eigenen Augen gesehen zu haben, daß dieses Kind genau solche Tränen vergoß wie unsere Kinder.

Doch das naive Verhalten dieser Menschen hatte nichts von der dünkelhaften Überheblichkeit, die uns Afrikaner hier in Deutschland und anderswo auf Schritt und Tritt verfolgt. In Kontrast zu dem herabsetzenden Anstarren, das Schwarze in einer weißen Gesellschaft so oft über sich ergehen lassen müssen, und das häufig von beleidigenden Ausrufen wie »Neger«, »Buschneger« oder gar »Gorilla« begleitet wird, waren schlichte Neugier und aufrichtige Bewunderung der Anlaß dafür, daß meine Landsleute den weißen Besuchern damals so viel Interesse entgegenbrachten. Die gesellschaftliche Rangordnung ließ aber kaum nähere Kontakte zu, und so blieb dem Großteil der Dorfbewohner nichts anderes übrig, als den exotischen Fremden mit großen Augen nachzublicken.

Jedenfalls lernte ich als Kind bei den Begegnungen von schwarzen und weißen Menschen in der Geborgenheit meines Heimatdorfes keinen Rassismus kennen. Und diese frühen Eindrücke prägten mich in der Weise, daß ich es lange nicht für möglich gehalten habe, daß Menschen andere Menschen ablehnen oder benachteiligen könnten, nur weil sie eine andere Hautfarbe haben. Aber auch ich erfuhr schon als sehr junger Mensch, daß es Diskriminierungen auf dieser Grundlage gibt, und daß es fast immer die Weißen sind, von denen sie ausgehen. Nicht erst in Europa machte ich diese bittere Erfahrung; nein, bereits in Nigeria hatte ich ausgiebig Gelegenheit, die Konflikte kennenzulernen, die weltweit mit einer gewissen Zwangsläufigkeit überall dort auftreten, wo Weiße und Schwarze zusammentreffen und im Alltag miteinander auskommen müssen; doch davon mehr im folgenden Kapitel.

2. KAPITEL

Nach dem Willen der Kolonialherren zurechtgebogen

Bis heute gibt es in Nigeria kein Gesetz, das eine allgemeine Schulpflicht vorschreibt. Aber schon in meiner Kindheit war es für alle Familien, die etwas auf sich hielten, selbstverständlich, ihre Kinder in die Schule zu schicken; Jungen und Mädchen sollten gleichermaßen zumindest elementares Schulwissen erwerben, damit sie den neuen gesellschaftlichen Bedingungen besser gewachsen wären. Familienväter aus ärmeren Verhältnissen, zum Beispiel die vielen Bergleute rund um Enugu, schnallten notfalls ihren Gürtel enger, um das teure Schuldgeld aufbringen zu können. Das war keineswegs immer so gewesen; noch die Generation meiner Großeltern hatte dieser neuen Institution Schule mit größtem Mißtrauen gegenübergestanden. Sie war von den fremden Kolonialherren ins Land gebracht worden, und die Bildung, die sie vermittelte, hatte nichts zu tun mit der Realität des Alltags auf dem Lande. Viele tüchtige und fleißige Bauern konnten es einfach nicht verantworten, ihre Kinder in die Kolonialschulen zu schicken, denn dort lernten sie nichts, was ihnen helfen würde, im täglichen Existenzkampf zu bestehen. Statt dessen betrieb die Schule die systematische Entfremdung der Kinder von der bäuerlichen Gemeinschaft, indem sie ihnen Gedanken und Träume in den Kopf setzte, die sich mit dem schlichten und oftmals harten Alltag der Bauern nicht vereinbaren ließen. Die Ängste der stark in ihrer traditionellen Gedankenwelt verwurzelten Menschen vor den schädigenden Einflüssen der Schule waren groß. Dabei galt ihre besondere Sorge den Töchtern, die einen unschätzbaren Wert für die Gemeinschaft darstellten. Die Fruchtbarkeit der Mädchen und eine möglichst frühe Nutzung ihrer Gebärfähigkeit garantierten schließlich das Weiterleben der Familien. Ging ein Mädchen aber erst einmal in die Schule, dann konnte es nicht mehr, wie es sich gehörte, beim Eintritt in die Geschlechtsreife verheiratet werden. Außerdem wurden die jungen Mädchen allem Anschein nach in der Schule in Geheimnisse eingeweiht, um ihre Fruchtbarkeit zu vermindern; möglicherweise lernten sie dort gar Abtreibungspraktiken – wie sonst ließ es sich erklären, daß die Frauen der englischen Kolonialbeamten und Kaufleute so viel weniger Kinder zur Welt brachten, als die einheimischen Frauen, die niemals zur Schule gegangen waren. Befürchtungen dieser Art veranlaßten auch meine Großmutter, eine lebenserfahrene Frau, sich energisch dagegen zu wehren, daß ihre Kinder die gefährliche und ansonsten unnütze Einrichtung besuchten. Ganz entschieden verbot sie ihren Töchtern den Besuch dieser Teufelsschule, wo die Weißen ihnen beibrächten, Tinte zu trinken, damit sie unfruchtbar würden. Deshalb haben meine Mutter und ihre Geschwister niemals lesen und schreiben gelernt.

In den wenigen Jahren, bis ich heranwuchs, kehrte sich die anfängliche Ablehnung sehr in ihr Gegenteil um, daß jetzt sogar die Eltern, die es sich leisten konnten, miteinander wetteiferten, ihre Kinder so früh wie möglich einzuschulen. So kam es, daß ich, kaum daß meine Mutter mich mit drei Jahren abgestillt hatte, jeden Tag viele Kilometer weit laufen mußte, um in eine Schule – oder besser gesagt, in eine Vorschule – zu gehen. Ähnlich wie in einem Kindergarten, wurden uns dort schöne Geschichten vorgelesen, und wir lernten Singspiele. Aber gleichzeitig sah es die aus England importierte Vorschulerziehung vor, uns in die Anfänge des Lesens und Schreibens einzuführen und uns mit den Grundrechenarten vertraut zu machen. Unsere Lehrer achteten aber nicht streng darauf, daß wir diese Kulturtechniken auch wirklich beherrschen lernten. Das habe ich vielmehr meinem ehrgeizigen Vater zu verdanken: Mit unerbittlicher Strenge und mancher Tracht Prügel sorgte er dafür, daß ich schon als kleines Kind das ABC und das kleine Einmaleins büffeln mußte.

Damals war aber die Kluft zwischen der wachsenden Schulbegeisterung vor allem der Menschen in Südostnigeria und der unzureichenden schulischen Versorgung des Landes groß. Vor allem weiterführende Schulen waren dünn gestreut. Es war ja auch niemals die Absicht unserer Kolonialherren gewesen, uns allen eine fundierte und in etwa europäischem Standard entsprechende Bildung zukommen zu lassen. Sie hatten zwar ihr Schulwesen zu uns exportiert, aber nur, um eine schmale europäisch gebildete Oberschicht zu erziehen, die ihnen einmal helfen würde, die Kolonie in ihrem Sinne zu verwalten und wirtschaftlich auszubeuten.

Die schulische Unterversorgung des Landes war der Grund, weshalb ich nach dem Ende der Primary School, also mit etwa 14 Jahren, in die etwa einhundert Kilometer entfernte Stadt Onitsha umziehen mußte, um ein Gymnasium besuchen zu können. Schon bald fühlte ich mich aber ziemlich unbefriedigt wegen der dürftigen Ausbildung, die ich hier erhielt; es fand nicht einmal Unterricht in den naturwissenschaftlichen Fächern statt, die mich besonders interessierten. Darum faßte ich mir nach einigem Zögern ein Herz und bewarb mich an der von schottischen Missionaren geleiteten Internatsschule in Enugu. Der Haken an der Sache war aber, daß zu dieser Schule nur katholisch getaufte Jungen zugelassen wurden, und meine Familie gehörte der anglikanischen Kirche an. Um mir durch meine Religionszugehörigkeit nicht meine Bildungschancen zu verderben, sah ich mich gezwungen, beim Aufnahmegespräch zu lügen: Ich gab vor, katholisch zu sein. Ich hatte großes Glück und wurde in die Schule aufgenommen; sie stand nämlich in dem Ruf, eine der besten Schulen des Landes zu sein.

Meine ersten Eindrücke von Europäern hatte ich als kleines Kind bei der Beobachtung des freundschaftlichen Umgangs schwarzer und weißer Menschen miteinander in meinem Heimatdorf gewonnen. Sie hatten wegen der Zwanglosigkeit dieser Begegnungen mein gefühlsmäßges Erleben nur oberflächlich gestreift. Die Erfahrungen, die ich jetzt, während meiner Internatsjahre in der Obhut der schottischen Patres, machen mußte, waren hingegen von sehr viel tiefgreifenderer Natur. Dort erfuhr ich »den weißen Mann« erstmalig aus nächster Nähe in einer Form des Zusammenlebens und der eigenen Abhängigkeit von ihm, die nichts von der Ungezwungenheit früherer Erlebnisse hatte.

Von der ersten bis zur letzten Klasse wurde an allen nigerianischen Schulen der Unterricht ausschließlich in englischer Sprache gehalten. Die englischen Herren hatten ihre Sprache mitgebracht und zur offiziellen Landessprache erklärt. Das erleichterte ihnen den Umgang mit uns sehr, denn sie brauchten nun nicht erst mühsam die Sprache der verschiedenen Völker zu erlernen, die sie in der von ihnen geschaffenen Kolonie Nigeria unter den einen Hut ihrer Kolonialverwaltung zu bringen versuchten. Für uns Schüler war es aber gar nicht immer so einfach, dem Unterricht in der fremden Sprache zu folgen; es verlangte von uns über Jahre hinweg eine erhöhte Aufmerksamkeit. Viele von uns kostete es große Anstrengung, sich in gutem Englisch richtig auszudrücken, denn die wenigsten von uns hatten zu Hause mehr als nur ein bruchstückhaftes Englisch gelernt.

Unsere Schulleitung verstand es, uns den Alltag auch über den Unterricht hinaus zu erschweren. Sie achtete streng darauf, daß wir im Klassenzimmer auch dann nicht in unsere Muttersprache verfielen, wenn wir miteinander redeten. Unverhältnismäßig harte Strafen waren die Folgen solcher Ausrutscher. Das war eine Zumutung für uns, die für die Sprachentwicklung des weitaus größten Teiles der Schüler fatale Folgen hatte, denn wir konnten weder in der Fremd- noch in der Muttersprache unsere Verstehens- und Ausdrucksfähigkeit voll entwickeln. Alles, was mit Bildung, Technik und Fortschritt, dem öffentlichen Leben schlechthin, zu tun hatte, alle Verstehensbereiche, die über die Literatur erschlossen werden, konnten von uns nur in englischer Sprache aufgenommen und wiedergegeben werden. Die Entwicklung unseres muttersprachlichen Wortschatzes blieb lediglich auf den privaten, den traditionellen Lebens- und Erfahrungsbereich beschränkt, so daß unsere Kenntnisse in der Muttersprache mit der Anzahl der Jahre, die wir in der Schule verbrachten, sogar noch verkümmerten. Das traurige Ergebnis für die meisten von uns war, daß wir am Ende weder in der einen noch in der anderen Sprache richtig zu Hause waren.

Ein fremder Beobachter unseres Unterrichts hätte leicht den Eindruck gewinnen können, sich in eine englische Schule verirrt zu haben, hätten nicht auf den Bänken lauter schwarze Schüler gesessen. Wir lernten all das, was auch jedes Kind in England in der Schule lernt, aber wir lernten nichts über Afrika. Wir sollten glauben gemacht werden, Afrika wäre vor der »Entdeckung« durch die Europäer ein kultur- und geschichtsloser »dunkler« Kontinent gewesen. Wir lernten nämlich nichts über die Geschichte Afrikas, über das Aufblühen und das Vergehen der vielen afrikanischen Königreiche mit ihrer hohen Kultur oder über das Leben der Menschen

Afrikas in längst vergangenen Zeiten; die Geschichte, die wir kennenlernten, war die europäische, die englische vor allem, und das war eine Geschichte von Königen, Kriegen und Entdeckungen. Unsere eigenen tiefgründigen religiösen Überlieferungen wurden uns in der Schule vorenthalten, aber man vermittelte uns Einblicke in die Welt der klassischen griechischen Götter- und Heldensagen und trichterte uns vor allem die alleingültige Lehre des Christentums ein, die den Werten unserer eigenen Kultur in so vielem widersprach. Wir erfuhren nichts über die Lebensweise und die Tradition der Völker Nigerias, die doch durch den Willen der Engländer zu einer geeinten Nation zusammenwachsen sollten; aber man erklärte uns in allen Einzelheiten, was im englischen Mutterland zu den verschiedenen Mahlzeiten gegessen wurde und wie überhaupt das Leben dort organisiert war. Die afrikanische Tier- und Pflanzenwelt, die Jahreszeiten, die Klima- und Landschaftszonen Afrikas wurden im Unterricht vernachlässigt, aber die jeweiligen europäischen Gegebenheiten mußten wir pauken. Dabei interessierte es niemanden, ob wir all diese Dinge überhaupt verstehen konnten. Das meiste von dem, was uns vorgesetzt wurde, blieb uns fremd: Wie sollten wir auch Erscheinungen wie den eigenartigen Rhythmus der europäischen Natur mit ihrem viergliedrigen Jahreslauf von Frühling, Sommer, Herbst und Winter in unsere Vorstellungswelt integrieren können, wenn es nichts Vergleichbares in unserem heimischen Klima gab?

Unsere Schulbücher wurden im Mutterland eigens für den Unterricht in den afrikanischen Kolonien hergestellt. Sie sollten die Vorzüge des Lebens in Europa bilderreich veranschaulichen und uns gleichzeitig unsere eigene Minderwertigkeit nachhaltig vor Augen führen. Wir versanken bei der Betrachtung der Abbildungen von gigantischen Industrieanlagen, beim Anblick von wohlgenährten Milchkühen auf einer schottischen Hochlandweide oder bei der Begegnung mit einem dick vermummten Skiläufer im weißen Schnee der Schweizer Alpen in ehrfurchtsvolles Staunen; aber auch die entwürdigenden Darstellungen von fast nackten Negern vor hinfälligen Baumhütten, die uns beweisen sollten, wie primitiv wir doch gewesen waren, bevor uns die Engländer die Segnungen ihrer Zivilisation gebracht hatten, verfehlten nicht die beabsichtigte Wirkung: Wir glaubten ihnen und lachten darüber.

Natürlich unterschied sich in dieser Hinsicht das, was wir im Missionsgymnasium lernen mußten, nicht von dem Stoff der anderen Schulen, die ich vorher besucht hatte. Allerdings war ich als kritischer Jugendlicher inzwischen empfindlicher gegenüber unterschwelligen und direkten Bemühungen der Schule, uns von unserem eigenen Ursprung zu entfremden. War mir in früheren Schuljahren die Tragweite solcher Manipulationen gar nicht voll ins Bewußtsein gedrungen, so begann sich jetzt alles in mir dagegen aufzulehnen.

Besonders kraß kam die Unterdrückung unserer kulturellen Eigenständigkeit im Bestreben unserer Erzieher zum Ausdruck, uns kultivierte Tischsitten beizubringen.

Eine eigentümliche Art zu essen, ist ein ebenso unverwechselbarer Aspekt jeder Kultur, wie die Auswahl der verschiedenen Speisen und Gerichte in jedem Land. Chinesen essen mit Stäbchen, Engländer mit Messer und Gabel und Nigerianer eben mit der Hand, zumindest dann, wenn es um das im ganzen Land beliebte Fufu geht. Die nigerianische Küche kennt eine Vielzahl äußerst schmackhafter Gerichte, doch auf das traditionelle Fufu, das mit ganz verschiedenen köstlichen Soßen gegessen werden kann, verzichtet kein echter Nigerianer lange freiwillig. Es steht auf seinem Speisezettel ganz oben, etwa so, wie ein deftiges Sauerkraut mit Eisbein den ersten Rang in den Beschreibungen deutscher Eßkultur einnimmt – nur daß der dauernd Sauerkraut essende Deutsche in heutiger Zeit zu einer Klischeevorstellung verblaßt ist.

Fufu wird in einer ganz bestimmten Weise mit den Fingern gegessen. Man bricht von einem festen Brei aus gestampftem Yams, Garri oder Kassava mit der nassen rechten Hand eine kleine Menge ab. Diese formt man zwischen Fingern und Handfläche zu einem kleinen Ball. Damit wird nun etwas Soße aufgenommen und das Ganze dann in den Mund gesteckt. Die besondere Kunst besteht darin, die Breikugel herunterzuschlucken, ohne auch nur ein einziges Mal in sie hineinzubeißen. Wichtig ist, sie mit einer einmaligen Zungenbewegung in den Rachen zu befördern und sie nicht etwa mehrmals im Mund herumzudrehen, um sie in die zum Schlucken günstige Lage zu bringen. Die Soße muß währenddessen im Mund bleiben, denn erst, wenn das Bällchen schon die Speiseröhre hinabgleitet, wird sie genußvoll gekaut, um ihren würzigen Geschmack voll auskosten zu können, bevor man sie herunterschluckt. Wenn der ganze Brei verputzt ist, macht man sich genießerisch an sein Stück Fleisch, das man als besondere Delikatesse bis zuletzt aufgehoben hat, und ißt es mit der übriggebliebenen Soße. Das vorzugsweise feste Fleisch wird restlos verwertet, und auch vom Knochen mit seinem nahrhaften Mark ißt man, soviel die Zähne bewältigen können. Zum Fufu wird, wie zu jedem afrikanischen Essen, reichlich klares Wasser getrunken. Selbstverständlich wäscht man sich vor und nach jedem Essen gründlich beide Hände in einer Schüssel Wasser, die zu jeder Mahlzeit gereicht wird.

Früher aßen bei gemeinsamen Mahlzeiten alle zusammen ihre Soße aus der gleichen Schüssel und bedienten sich dazu von dem Berg Fufu, der auf einer Platte daneben bereitstand – so wie auch die Bauernfamilien in Europa dazumal ihre Suppe gemeinsam aus einem großen Topf löffelten, der seinen Platz mitten auf dem Tisch hatte, und in den auch jeder seinen Kanten Brot kräftig eintunkte. Wer übrigens einmal die Gelegenheit hatte, an einem solchen Gemeinschaftserlebnis teilzuhaben, kennt dessen anheimelnde Urtümlichkeit. Inzwischen ißt in Europa jeder Bauer von seinem eigenen Teller, und bei uns zu Hause bekommt sogar jeder zwei Teller, einen flachen für den Brei und einen tiefen für die Soße.

Afrikanische Eltern legen großen Wert darauf, daß ihre Kinder anständig essen lernen, und für kleine Kinder ist es ebenso mühsam, richtig Fufu zu essen, wie es anstrengend für ein europäisches Kind ist, gesittet mit Messer und Gabel umgehen zu können. Und es ist interessant zu beobachten, wie schwer sich viele erwachsene Europäer bei ihren ersten Versuchen tun, in manierlicher Weise Fufu zu essen. Selbst für die gutwilligsten unter ihnen kann es so mühsam sein, daß sie es niemals richtig lernen.

In der Missionsschule aber wurde unsere Art zu essen in übelster Weise als primitiv verunglimpft. Das Essen mit den Fingern wurde unter Androhung schwerster Strafen verboten, so daß wir es vorzogen, uns nicht dabei erwischen zu lassen. Wir wurden zum Gebrauch von Messer und Gabel gezwungen, obwohl das gar nicht zu Fufu paßt. Aber die Brüder hatten ja die vornehme Aufgabe der Gymnasien zu erfüllen, uns zu einer einheimischen Elite heranzubilden, die Nigeria – das vor kurzem in eine zweifelhafte Unabhängigkeit entlassen worden war – später einmal im Sinne der ehemaligen Kolonialherren führen würde. Und für eine nach englischem

Vorbild erzogene Elite gehört es sich nun einmal nicht, mit den Fingern zu essen. Der Engländer der gehobenen Klasse – immer ganz gentlemanlike – ist äußerst penibel in seinen Tischsitten. Später in Deutschland staunte ich nicht schlecht, als ich ganz anderes sah! Das ist eine deutsche Eigenart, die ich mag, daß sie ganz ungezwungen an den Tisch gehen. Mancher bei uns zu Hause wird kaum glauben wollen, daß es eine ganze Reihe Speisen gibt, die auch gut erzogene Deutsche nicht auf die feine englische Art mit Messer und Gabel, sondern schlicht und ergreifend mit den Händen essen – Brot, Kuchen, Obst, Eier, Würstchen, Koteletts und Hähnchen gehören dazu –, ohne daß sie sich auch nur im entferntesten für primitiv halten!

Die Erziehungsmethoden der alten Kolonialschulen waren im allgemeinen sehr erfolgreich. Mir tut es heute noch weh, vor allem ältere Landsleute zu sehen, bei denen die koloniale Gehirnwäsche so nachhaltig gewirkt hat, daß sie im Beisein von Europäern auch Fufu nur mit Messer und Gabel zu sich nehmen. Schlimmer noch: Einer meiner Onkel – er gehört einer Generation von Kolonialschülern an, die noch ganz und gar nach dem Willen der Engländer zurechtgebogen wurde – ist gar nicht in der Lage, anders als mit Messer und Gabel, also »kultiviert«, zu essen. Auch fühlt er sich nicht wohl, wenn er nicht mehrmals täglich eine Tasse Tee – auf englische Art, mit Milch und Zucker, versteht sich – zu trinken bekommt, obwohl Menschen seines Alters bei uns zu Hause im allgemeinen nur reines Wasser trinken, Milch als Nahrungsmittel nicht kennen und gesüßte Speisen verabscheuen.

Der Orden, unter dessen strenger Aufsicht wir auf unsere spätere Führungsaufgabe vorbereitet werden sollten, war als Vertreter einer Kultur nach Afrika gekommen, die sich für überlegen hält und sich selbst zum Maßstab aller Dinge macht. Ihm mußte jedes Mittel recht sein, um auch die uneinsichtigsten unter uns aus dem Zustand »primitiver, unzivilisierter Eingeborener« auf das hohe Niveau des eigenen Entwicklungsstandes emporzuheben. Erfüllt von ihrem Sendungsauftrag, waren die Schotten arrogant genug zu glauben, sie täten ein gutes Werk, wenn sie uns mit harten Strafmaßnahmen dazu zwangen, unsere althergebrachten Gewohnheiten, die uns lieb und teuer waren, aufzugeben. Für uns aber kam ihre Erziehung einer geistigen Versklavung gleich, die uns entfremdete von all jenen

Mitmenschen, die nicht das fragwürdige Glück gehabt hatten, eine europäische Schule besuchen zu können, und denen deshalb ganz andere Dinge als gut und richtig galten. Die verzweifelte Frage: »Was bin ich eigentlich? Bin ich noch ein echter Afrikaner, oder bin ich ein europäischer Afrikaner oder gar ein afrikanischer Europäer?«, die sich heute landein, landaus Millionen von Afrikanern stellen, ohne daß sie eine befriedigende Antwort darauf finden, hat ihre Ursache in der Entwurzelung aus den eigenen Ursprüngen, die in den Schulen kolonialer Prägung überall in Afrika ganz systematisch vorangetrieben wurde.

Doch als hätten unsere Lehrer und Erzieher in dem Internat in Enugu damals noch nicht genug Unheil angerichtet, ließen sie es mit den durch ihren Auftrag zwangsläufig vorgegebenen Maßnahmen nicht bewenden. Sie machten uns, die ihnen auf Gedeih und Verderb ausgeliefert waren, darüber hinaus zu Opfern ihrer täglichen Willkür. Mit demütigender Herablassung ließen sie uns auf Schritt und Tritt spüren, wie gering sie uns achteten. Bei den unbedeutendsten Anlässen konnte so ein christlicher Bruder sehr unchristlich zornig werden, einen wehrlosen jungen Schüler mitten ins Gesicht schlagen, ihn dabei einen dreckigen Nigger nennen und sich danach seine Hand an der Hose abwischen. Das Maß ihrer Strafen war in der Regel hart, und bei der Suche nach neuen menschenverachtenden Disziplinierungen waren ihrem sadistischen Einfallsreichtum kaum Grenzen gesetzt. Sie ließen einen Schüler mit einer Sense in gebückter Haltung ein riesiges Feld mähen oder kommandierten einen anderen dazu ab, ganz allein das Geschirr einiger hundert Internatsschüler zu spülen, wobei sie die Zeit, in der die Aufgabe erledigt sein mußte, vorher festlegten. Eine andere spitzfindige Tortur bestand darin, daß ein Junge eine Stunde lang auf einem Bein stehen, dabei mit den Fingerspitzen der einen Hand den Boden berühren und das andere Bein und den anderen Arm freischwebend in der Luft halten mußte. Mitunter durften wir auch einen Eimer Wasser mit einem Teelöffel ausschöpfen und das Wasser löffelweise, ohne es zu verschütten, fünfzig Meter weit zu einem zweiten Eimer tragen und es in ihm umfüllen; das Ganze natürlich wiederum in einer vorgegebenen Zeit.

Manche Ordensbrüder waren homosexuell. Vielleicht hatte ihre erzwungene Ehelosigkeit und das Leben in einer Männergemeinschaft diese Veranlagung gefördert oder gar erst hervorgerufen, ich weiß es nicht. Eigentlich gingen ihre intimen Neigungen ja niemanden etwas an, denn die Kirche mutet ihren geistlichen Herren zwar den Verzicht auf eine Ehe zu, überwacht aber nicht deren strikte sexuelle Enthaltsamkeit, wofür es zahllose Beweise in der Kirchengeschichte gibt. In meinem eigenen Kulturkreis galt die Homosexualität seit alters her als widernatürlich und war darum weitgehend unbekannt. Ich hielte das Sexualleben katholischer Ordensbrüder aber keineswegs für erwähnenswert, wenn sie ihre intimen Neigungen unter ihresgleichen ausgelebt hätten. Das jedoch taten sie nicht. Sie zwangen vielmehr die etwas mädchenhaft aussehenden Schuljungen bedenkenlos zum Geschlechtsverkehr. Christliche Missionare benutzten wehrlose Kinder, die ihnen zur Erziehung anvertraut waren, zur Befriedigung ihrer sexuellen Triebe, unfaßbar! Die Natur der Dinge brachte es wiederum mit sich, daß sie die sexuell mißbrauchten Jungen zu ihren Lieblingen machten und ihnen so manchen Vorteil gewährten.

Trotz meiner Jugend nahm ich im Verlauf meiner Internatszeit das ganze Ausmaß der körperlich-seelischen Vergewaltigungen, die unter dem Deckmantel höherer Ideale tagtäglich an uns begangen wurden, sehr bewußt wahr. Ich entdeckte die groben Widersprüche zwischen dem gewissenlosen Verhalten der Ordensbrüder und den sittlichen Werten ihrer Religion, die sie uns mit Nachdruck predigten. Ich sah den Zusammenhang zwischen ihrer grenzenlosen Verachtung für Traditionen und gesellschaftliche Einrichtungen unserer Kultur, wie zum Beispiel die Polygamie, und der unerbittlichen Härte, mit der sie den Überlegenheitsanspruch ihrer Kultur bei uns durchsetzten. Mir kamen ganz erhebliche Zweifel an der Aufrichtigkeit ihres christlichen Sendungsbewußtseins. Diese Zweifel sind auch mit dem Abstand der Jahre nicht geringer geworden. Mir ist vielmehr klargeworden, daß die Behandlung, die uns damals widerfuhr, keine Ausnahme war. Das Entwürdigende des christlichen Missionsanspruchs wurde mir bei meiner späteren Beschäftigung mit der Missionsgeschichte Afrikas in vollem Umfang deutlich.

Nachdem ich den hohen Preis, den wir für unsere Bildung zahlen mußten, erkannt hatte, konnte ich nicht länger ruhig bleiben; zumindest den Versuch, eine Änderung herbeizuführen, wollte ich machen. Ich nutzte fortan viele Gelegenheiten, mit meinen Mitschülern zu sprechen; ihnen meine eigenen Gedanken und Gefühle mitzuteilen; herauszufinden, ob auch sie die Zustände im Haus als unzumutbar empfanden; und das Bewußtsein derer zu wecken, die selbst noch nicht wach geworden waren. Meine Kritik fand nicht viel Zustimmung in den Reihen der Internatsschüler; nur wenige waren bereit, mir überhaupt zuzuhören; der Rest ging unter in der schweigenden Masse derer, die sich anpaßten, darum bemüht, nur ja nicht aufzufallen, um sich nicht den daraus folgenden Konsequenzen auszusetzen. Um mich herum bildete sich eine kleine Gruppe von Jungen, die meine Unzufriedenheit teilten. Wir diskutierten oft und lange, doch damit ließen wir es bewenden, denn auch uns fehlte der Mut zu offenem Protest. Jedes Aufbegehren gegen die Launen und den Erziehungsstil der übermächtigen Missionare und ihrer afrikanischen Helfershelfer (einheimische Lehrer, die sich in ihrer bevorrechtigten Stellung sonnten und ein wenig von dem an uns weitergaben, was sie selbst auf ihrem steinigen Weg dorthin hatten erdulden müssen) konnte nämlich wie ein Bumerang wirken und uns selber treffen. Wir waren abhängig von ihnen, wir wollten in den Genuß einer qualifizierten Bildung kommen; was hätten wir also tun können? Mit einer Beschwerde beim Direktor hätten wir nur verstärkt die beschämenden Strafanwendungen auf uns gezogen. Unser Anliegen in die Öffentlichkeit zu tragen, etwa durch einen enthüllenden Zeitungsbericht, hätte uns wenig Verständnis eingebracht; denn diejenigen, die einen solchen Artikel gelesen hätten, plagten andere Sorgen. Unsere Probleme konnten sie nicht nachvollziehen; für sie waren wir ohnehin schon bevorzugte Gymnasiasten und sollten lieber unsere Chance nutzen und lernen, statt unsere Schule samt Lehrer in den Dreck zu ziehen. Eine Anzeige beim Erziehungsministerium und ein Eingreifen dieser übergeordneten Behörde wäre der einzige Weg gewesen, die Lern- und Lebensbedingungen im Internat zu verbessern. Doch dieser Weg verbot sich von selbst. Korrupt, wie die Politiker in Nigeria schon damals waren, und selber durch und durch gehirngewaschen, versuchten sie, alle erdenklichen Vorteile aus ihren einflußreichen Stellungen zu ziehen. Ein solcher Vorteil war, daß gute Beziehungen sich dazu nutzen ließen, den eigenen, vielleicht weniger begabten Söhnen und Töchtern einen Platz in einer der angesehensten Schulen des Landes zu sichern. Die zuständigen Herren im Ministerium waren auch deshalb gute Verbündete der Missionare, weil sie wie diese bestechlich waren: Das wußte die Internatsleitung, und sie hätte davon Gebrauch gemacht. Die von ihr gebilligten Erziehungspraktiken waren somit unangreifbar; und uns blieb nichts, als die Zähne zusammenzubeißen und stillzuhalten, bis wir in wenigen Jahren mit dem begehrten Zeugnis in der Hand die Schule verlassen konnten.

Irgendwie müssen aber die Ordensbrüder Wind von unseren heimlichen Gesprächen bekommen haben. Ich weiß nicht, ob ihnen jemand zugetragen hat, daß ich die zentrale Figur dieses leisen Protestes war, oder ob sie es nur vermuteten. Sie hatten mich schon lange spüren lassen, daß meine außerschulischen Aktivitäten ihnen ein Dorn im Auge waren. Politisch und sozial engagiert, ließ ich mir möglichst kein gesellschaftliches Ereignis entgehen; reiste regelmäßig zu den Treffen der den Schulen angegliederten »Debating Society«, die vielerorts Diskussionsrunden veranstaltete; und hatte zusammen mit einigen Freunden den »Eastern Youth Club« gegründet, eine überregionale Verbindung, deren Mitglieder Schüler aus fast allen Gymnasien in Ostnigeria waren, und zu deren Präsident ich gewählt worden war. Wir organisierten häufig Diskussionsabende zu aktuellen politischen, gesellschaftlichen und kulturellen Fragen, an denen oft auch bekannte Persönlichkeiten teilnahmen. Auch Tanzveranstaltungen, die von vielen jungen Leuten begeistert besucht wurden, gehörten zu unserem Programm. So war ich unter den mißbilligenden Blicken meiner Lehrer weit über den eng umgrenzten Bereich unserer Schule hinaus bekannt geworden.

Es hätte ihnen klar sein müssen, daß von mir keine wirkliche Gefahr für sie und ihren von niemandem in Frage zu stellenden Erziehungsanspruch ausgehen konnte; aber mich als den Anstifter zu der – wenn auch nur hinter vorgehaltener Hand geäußerten – gegen sie gerichteten Kritik zu verdächtigen, war ihnen Anlaß genug, den lange gegen mich gehegten Groll in die tatkräftige Handlung umzusetzen. Ohne Angabe eines Grundes wurde ich von der Schule verwiesen, was angesichts meiner harmlosen, nach außen hin unwirksamen Kritik eine bodenlose Ungerechtigkeit war, und nur dazu diente, auch die schwächsten Auflehnungsversuche im Keim zu ersticken. Nur durch die Fürsprache eines Familienfreundes – selbst Absolvent des Gymnasiums und jetzt ein angesehener Anwalt – wurde ich wieder ins Internat aufgenommen. Ich hatte auch keine andere Wahl, denn eine gute europäische Bildung war das, was auch im nun unabhängigen Nigeria mehr als alles andere zählte, und es gab keine Hoffnung, eine Schule mit menschlicheren Lernbedingungen zu finden.

Der Hinauswurf und die schwer erkämpfte gnädige Wiederaufnahme hätten mir eine Lehre sein sollen, doch wie konnte ich schweigen, wenn sich gar nichts geändert hatte an den kritikwürdigen Zuständen im Haus! Meinen Protest herunterzuschlucken, wäre Selbstverleugnung gewesen, deshalb sprach ich ihn aus, wenn auch wiederum nur unter Freunden, die selbst unzufrieden waren. Was ich damit erreichte, war ein erneuter Schulverweis zu Beginn meines letzten Trimesters. Auch dieser Schritt wurde mir gegenüber nicht begründet. Nur ganz beiläufig antwortete mir einer der schottischen Ordensleute auf meine verärgerte Frage nach dem Warum: »Wenn man dir erlaubte, hierzubleiben, würdest du nicht ruhen, bevor du jeden Stein dieses Hauses abgebrochen und die ganze Schule umgestürzt hättest.« Sogar mein in schulischen Fragen sonst unnachgiebiger Vater begriff, daß ich mit dem wiederholten Rausschmiß dafür gestraft werden sollte, daß ich das schmutzige Treiben hinter der sauberen Fassade der Missionsschule durchschaut und mich – kaum hörbar – dagegen zu wehren versucht hatte. Doch seine Bemühung, für seinen Sohn ein gutes Wort bei der Schulleitung einzulegen, blieb dieses Mal ohne Erfolg. Unerbittlich hielt sie an dem ungerechten Schulverweis fest.

Glücklicherweise wurden die Prüfungen für das O-Level-Certificate* schulextern abgehalten; so war mir die Teilnahme an ihnen nicht versperrt. Ich setzte mich zu Hause auf den Hosenboden, büffelte eifrig für die bevorstehende Prüfung, nahm an ihr teil und erzielte sehr gute Ergebnisse. Nun war aber noch eine Hürde zu nehmen: Ein Führungszeugnis, dem ein sehr großer Wert beigemessen wurde, mußte durch den Direktor der Schule ausgestellt werden. Es kostete mich schon einige Überwindung, zu ihm hinzugehen und ihn darum zu bitten. Ihm aber bereitete diese willkommene Gelegenheit, dem unbequemen Schüler noch einmal zu schaden,

* Erklärung im Anhang.

offenbar Genugtuung. Das Zeugnis, das er mir schrieb, war eine Katastrophe. Die darin enthaltenen negativen Beurteilungen meines Charakters waren geeignet, alle meine weiteren schulischen Pläne zu zerschlagen. Das setzte der jahrelang erfahrenen schulischen Unterdrückung, die selbst ja schon eine Form des weißen Rassismus gewesen war, nun noch die Krone auf. Angesichts dieser folgenschweren Gemeinheit stieg noch einmal der seit langem aufgestaute ohnmächtige Zorn gegen meine Peiniger auf. Wutentbrannt zerriß ich das wertlose Zeugnis auf der Stelle und griff kopflos nach einer schweren Eisenstange, die am Boden lag. Damit wollte ich mich auf den Direktor – die Verkörperung aller bisher ertragenen Demütigungen – stürzen. Die Folgen meines haßerfüllten Tuns wären nicht abzusehen gewesen, hätten nicht zum beiderseitigen Glück einige kräftig gebaute Jungen in der Nähe gestanden und meinen Zornesausbruch mit angesehen. Gott sei Dank gelang es ihnen, mich in letzter Minute zurückzuhalten und größeres Unheil abzuwenden.

So war ich bei diesem gefährlichen Zusammenprall mit einem blauen Auge davongekommen. Ich beruhigte mich wieder und gewann etwas Abstand. Egal, die Zeit des nutzlosen inneren Aufbegehrens gegen erniedrigende Schikanen war vorbei, ich konnte mich auf den neuen Lebensabschnitt besinnen, der nun vor mir lag. Erleichtert atmete ich auf, als ich erfuhr, daß ich beim O-Level so gute Noten erzielt hatte, daß ich ein Stipendium für ein naturwissenschaftliches Fachgymnasium bekam. Auf das zerrissene Führungszeugnis war ich jetzt nicht mehr angewiesen. Das Fachgymnasium, zu dem ich zugelassen wurde, war eine Modellschule der nigerianischen Regierung und genoß weithin einen guten Ruf wegen der wirklich erstklassigen Bildung, die es vermittelte. In Deutschland habe ich später sogar verschiedene Studenten aus anderen westafrikanischen Ländern getroffen, die mir stolz berichtet haben, daß sie ebenfalls Absolventen dieser hervorragenden Schule sind.

Ich verließ die Ostregion Nigerias und zog in die Landeshauptstadt Lagos. Der bevorstehende Schulalltag und das Leben in der fremden Stadt würden mir einiges abverlangen, doch konnte alles, was mich in Zukunft erwartete, nicht so schlimm sein, wie die Tretmühle der schottischen Gottesmänner, der ich entronnen war. Ich war entschlossen, die vor mir liegenden Aufgaben beherzt anzupacken, um die gebotene Chance, etwas aus meinem Leben zu machen, nach Kräften zu nutzen. Der erfolgreiche Abschluß des Fachgymnasiums würde mir den Weg zu einem Studium an jeder Universität der Welt eröffnen. Und zweifellos reifte mein lange nur unklar gehegter Wunsch, einmal in Europa zu studieren, nun zu einem festen Vorsatz heran; schließlich war ich während all der Jahre in der kolonialen Bildungsmaschinerie auf dieses höchst erstrebenswerte Ziel hin getrimmt worden.

Mit Ehrgeiz und Eifer konzentrierte ich mich auf die harte Arbeit, die nun mein tägliches Brot war. Nichtsdestotrotz zeigte mir das Schulleben in Lagos auch ein anderes, ein freundliches Gesicht: Zum ersten Mal weit weg von zu Hause war es mir möglich, mich der Kontrolle und Bevormundung durch die Familie zu entziehen. Auch gab es keine gestrenge Überwachung durch katholische Ordensbrüder. Meine Kameraden und ich erfuhren ein bisher nicht gekanntes Ausmaß an Freiheit, und wir versäumten nicht, unser jugendliches Leben in vollen Zügen zu genießen. Es war auch die Zeit meiner ersten wirklich großen Liebe. Meine gleichaltrige Freundin besuchte dasselbe Gymnasium wie ich; sie war nicht nur überaus attraktiv, sondern auch allseits beliebt, so daß mich viele Jungen um sie beneideten. Nicht zuletzt ihretwegen wurden die beiden Jahre in Lagos für mich zu einer unvergessenen Zeit romantischer Erinnerungen. Mit meinem nie müde werdenden jugendlichen Elan war ich durch »Schulstreß« und meine bis über beide Ohren reichende Verliebtheit aber auch hier noch nicht voll ausgelastet: Ich stürzte mich wie zuvor mit Kopf und Hand in die Schulpolitik; ich beteiligte mich an allen möglichen Aktivitäten, erlangte als sozial und politisch engagierter Bursche bald eine geistige Führungsrolle und gewann zahlreiche Freunde.

Wir genossen als erwachsene Schüler einer Eliteschule den Status von Studenten und hatten das Recht, Vertreter in den Allgemeinen Studentenausschuß der nigerianischen Universitäten zu entsenden. Vor den Wahlen zur Studentenvertretung wurde ich Zeuge eines peinlichen Falles von Tribalismus. Einer meiner Freunde – er stammte aus einem kleinen Völkchen in Ostnigeria – teilte uns mit, daß er kandidieren wollte. Ein anderer Kollege, Igbo wie ich und ein recht eingebildeter Kerl, versetzte ihm daraufhin mit abfälligen

Bemerkungen über seine Stammeszugehörigkeit einen verletzenden Stich. Er rümpfte die Nase und fragte arrogant: »Wer bist du denn schon? Du bist mit einer einzigen Hose aus deinem hinterletzten Dorf nach Lagos gekommen, und du willst Politik machen! Glaubst du wirklich, irgend jemand wird dich wählen?« Ich schämte mich für diesen Ausbruch unverhohlenen Stammesdünkels, und die Verärgerung über seine gemeinen Worte veranlaßte mich, jetzt erst recht meinen Freund zu seiner Kandidatur zu ermutigen und mich im Wahlkampf hinter ihn zu stellen. Ich machte all meinen Einfluß geltend, und zu guter Letzt gewann er die Wahl.

Aus Freude über den Wahlsieg wollte er mir nun seinerseits einen Gefallen tun. In seiner Funktion als Sozialsekretär des Studentenausschusses verhalf er mir zur Teilnahme an dem von Studenten organisierten Ferienprogramm. Begeistert nahm ich das Angebot an, die Sommerferien in England zu verbringen, kratzte meine bescheidenen Ersparnisse zusammen, bekam von meinem Onkel noch etwas Geld dazu und traf alle notwendigen Vorkehrungen für die Reise. Insgeheim trug ich mich schon mit dem Gedanken, den Aufenthalt in England als Sprungbrett für ein Studium in Europa zu nutzen, deshalb packte ich vor meiner Abreise alle Zeugnisse, die ich besaß, sorgsam ein.

Nachdem alle wichtigen Prüfungen hinter mir lagen, verließ ich die Schule mit dem guten Gefühl, »bestanden« zu haben, obwohl die Ergebnisse der Prüfungen für das A-Level-Certificate* noch ausstanden. Ich fuhr erst einmal heim nach Enugu, denn vor meinem Flug nach England, der ja ein Abschied auf ungewisse Zeit sein würde, hatte ich das Bedürfnis, meine Familie wiederzusehen.

Im Juli 1967, auf dem Höhepunkt der politischen Wirren, die zum Bürgerkrieg in Nigeria führten, verließ ich, zwanzigjährig und ohne eine über die nächsten Wochen hinausreichende Sicherheit, aber voller Hoffnung auf eine vielversprechende Zukunft, wie schon so viele vor mir und noch viele nach mir, das Land in Richtung Europa. Mein Kopf war angefüllt mit Plänen, die ich dort verwirklichen wollte.

Und diese Pläne waren gleichsam meine Triebkraft, Nigeria eben jetzt, in dieser unruhigen Zeit, zu verlassen. Vielleicht schöpfte ich

* Erklärung im Anhang

gerade aus ihnen den Mut und die Zuversicht, zwei fast unüberwindbare Hindernisse auf meinem Weg zu bezwingen, die um Haaresbreite all meine Pläne und Hoffnungen zunichte gemacht hätten.

In jenen Julitagen überhäuften sich die Horrormeldungen von brutalen Mordanschlägen und grauenhaften Massakern, denen überall in Nigeria Igbos zum Opfer fielen. An allen Grenzen Biafras waren biafranische Soldaten postiert worden, um diejenigen Igbos, die aus Unwissenheit oder – was häufiger der Fall war – aus Unbelehrsamkeit in ihren sicheren Tod fahren wollten, an der Ausreise zu hindern. Ein solcher Checkpoint stoppte in Onitsha meine Reise von Enugu nach Lagos. Die alte Handelsstadt liegt am Ufer des Nigers, der einen Teil des Grenzverlaufs markierte. Soldaten der biafranischen Armee bewachten die Zufahrt zur Brücke, die Onitsha mit Asaba auf der nigerianischen Seite des Flusses verbindet. Die Brücke konnte ich nicht passieren; aber ich war einer jener Unbelehrbaren, die starrsinnig lieber ihr Lieben riskierten, als etwas aufzugeben, was sie sich einmal in den Kopf gesetzt hatten; und mein Flug nach London war gebucht. Einige geschäftstüchtige Igbos unterhielten ein waghalsiges Fährunternehmen am Niger. Für gutes Geld setzten sie unerschrockene Reisewillige wie mich mit Kanus über den Fluß. Aber ich wurde erwischt – und geriet zu meinem vielleicht trügerischen Glück an einen Offizier, der mich als Freund seines jüngeren Bruders erkannte. Verständnisvoll ließ er mich mit allen guten Wünschen für die gefährliche Reise und meine Zukunft den Fluß überqueren.

Durch eine schicksalhafte Fügung überwand ich die gefahrenvolle Strecke quer durchs Land; ich erreichte unversehrt Lagos zu einer Zeit, als das Reisen durch Nigeria für Igbos zu einem lebensbedrohlichen Unterfangen geworden war. Noch unbegreiflicher war mein Glück im Flughafen selbst. Dort rettete mir die Vorsehung und meine eigene Achtsamkeit vermutlich in der Tat das Leben: In Lagos angekommen, suchte ich einige alte Schulfreunde, Hausas und Yorubas, auf. Ich bat sie, mich zum Flughafen zu begleiten, denn in ihrem Schlepptau, so hoffte ich, würde ich den Wachposten, die an allen Straßenecken unseren Weg kreuzen konnten, weniger auffallen; sie würden in mir dann kaum einen Igbo vermuten. Die Ausschreitungen gegen Igbos und andere Ostnigerianer hatten nämlich mittlerweile ein unübersehbares Ausmaß angenommen, und die nigerianische Hauptstadt war für uns zu einer grauenvollen Todesfalle geworden. Längst blieb es nicht mehr dem Zufall überlassen, daß einer von uns in die blutrünstigen Hände eines haßerfüllten Nigerianers fiel – der fanatisch geschürte Volkszorn, der sich gegen alle Biafraner entlud, hatte in der nigerianischen Armee ein bereitwillig ausführendes Organ gefunden. Überall in der Stadt lauerten Soldaten, um jeden Biafraner, dessen sie habhaft werden konnten, grausam zuzurichten. Die Freundschaft meiner alten Kameraden reichte nicht aus, um mich auf meinem Weg durch diesen Hexenkessel zu beschützen. Zu groß war ihre Angst, selbst Kopf und Kragen zu verlieren, wenn sie in meiner Begleitung aufgegriffen würden, und meine Identität als Yoruba oder Hausa von den Posten bezweifelt würde. So stand ich denn mutig und entschlossen auch die letzte Etappe meiner gefährlichen Reise allein durch. Zu meiner eigenen Sicherheit hatte ich einen für Igbos ganz untypischen Anzug angezogen, so daß ich meiner Kleidung nach ein Yoruba hätte sein können; und obwohl wir Igbos eigentlich schon allein durch unsere Gesichtszüge und eine hellere Hautfarbe von den Yorubas zu unterscheiden sind, erkannten mich die nigerianischen Soldaten, die schwerbewaffnet meinen Weg zum Flugzeug säumten, nicht als Igbo; sie ließen mich unbehelligt durch. Als ich den für mich reservierten Platz in der Maschine erreicht hatte, ohne daß mir ein Haar gekrümmt worden war, glaubte ich, es geschafft zu haben, und atmete tief durch. Doch was war das? Zu meinem unbeschreiblichen Schrecken drangen Soldaten mit Maschinengewehren in das Flugzeug ein. Gelähmt vor Angst und am ganzen Leibe zitternd, erwartete ich meine Gefangennahme. Doch wieder beachteten sie mich nicht; sie hatten es auf ein junges Mädchen abgesehen, das weiter vorne seinen Platz hatte. Den Minuten der Panik folgten solche tränennaher Verzweiflung, als ich hilflos mit ansehen mußte, wie das verängstigte Mädchen aus der Maschine gebracht wurde. Ich kannte es gut, wir hatten die gleiche Schule besucht; aber um seine Sicherheit bangend, hatte jeder von uns die Nähe des anderen gemieden, denn im Gespräch miteinander wären wir leicht als Igbos entlarvt worden. Wie Fremde hatten wir uns in die Schlange von Passagieren eingereiht und weit voneinander entfernte Plätze eingenommen. Irgendwer mußte den Wachen den Tip gegeben haben, daß eine Igbo-Frau im Flugzeug säße; und ihre Reise wurde jäh unterbrochen. Ich habe nie erfahren, was aus dem armen Mädchen geworden ist. Schweißgebadet saß ich mit bebenden Knien noch lange wie angewurzelt da und starrte auf die Stelle, wo die Soldaten mit ihrem Opfer verschwunden waren.

Noch bevor ich die Kraft fand, mich von diesem alptraumhaften Vorfall zu erholen – das Flugzeug war längst gestartet, und alle diesbezüglichen Durchsagen hatte ich kaum wahrgenommen –, wurde ich durch die Stimme des Flugkapitäns aus meinen Gedanken gerissen: Über die Lautsprecheranlage der Maschine erfuhr ich, daß der Krieg zwischen der gerade erst ins Leben gerufenen Republik Biafra und dem Staat Nigeria – der in den folgenden drei Jahren mehr als drei Millionen Menschen in Biafra, Igbos sowie Angehörige kleinerer Stämme der Ostregion, in den Tod riß – unmittelbar nach dem Start des Flugzeugs ausgebrochen war. Als ich atemlos den Worten des Kapitäns lauschte, hatten wir das Land verlassen und flogen hoch über der Sahara davon in Richtung auf eine für mich nun noch ungewissere Zukunft.

3. KAPITEL

Ein erster Geschmack von Europa

Das also war London, die goldene Stadt, die zu sehen damals der Wunschtraum eines jeden in britischem Geiste erzogenen Afrikaners war. Meine Enttäuschung angesichts meiner eigenen ersten Eindrücke von der Metropole war grenzenlos. Als kleiner Junge hatte ich aufgrund der schillernden Beschreibungen in den Erzählungen über London die Vorstellung einer himmlischen Stadt entwickelt, der kein irdischer Vergleich gerecht werden konnte. Die Konfrontation mit der Wirklichkeit war ernüchternd: schmutzige Straßen und enge Gassen; alte, graue, großenteils sehr heruntergekommene Häuser, über denen trübe Wolken hingen; sich gleichmäßig vorwärtsschiebende Massen eiliger Leute mit ernsten Mienen, die niemals lächelten. Die Leute wirkten angespannt, gehetzt, als wären sie ständig auf der Suche nach irgend etwas. Zwischenmenschliche Kontakte schien es nicht zu geben; die Menschen blieben niemals stehen, um miteinander zu sprechen; keiner hatte Zeit für den anderen. Mich erfaßte eine abgrundtiefe Trostlosigkeit bei der Betrachtung des Londoner Straßenbildes, denn das triste Grau in Grau, von dem sich kein fröhlicher Farbtupfer abhob, stand in krassem Gegensatz zu dem beschaulichen, farbenfrohen Leben, das ich von zu Hause kannte. Selbst Lagos – das sich heute, nach mehr als einem Vierteljahrhundert nigerianischer Unabhängigkeit in stetigem Bemühen, den westlichen Fortschritt nachzuholen, zu einer chaotischen, weitgehend verslumten, im eigenen Schmutz, in Autoabgasen und im Gestank der Gosse erstickenden Kloake entwickelt hat – war in den sechziger Jahren, als ich dort lebte, noch eine reizvolle, vor Lebensfreude sprühende Stadt; ihre Straßen waren bevölkert mit fröhlich singenden Menschen, deren Gesichter

Zufriedenheit ausstrahlten, und die bei aller Betriebsamkeit nicht ohne einen freundlichen Gruß aneinander vorbeigelaufen wären.

Ich verbrachte nur eine kurze Zeit in der Weltstadt London, zu kurz, um den erlittenen Kulturschock zu verarbeiten und mich mit den dort vorgefundenen Lebensbedingungen abzufinden. London war nur eine Zwischenstation auf meinem Weg nach Tiptree, einem kleinen Ort in Essex, wo ich vier Wochen lang als Teilnehmer eines internationalen Jugend-Work-Camps mit jungen Leuten aus allen Ländern Europas auf einer Erdbeerfarm verbrachte und dort arbeitete. Es war strahlender Sommer, und es herrschte eine ausgelassene Ferienstimmung. Tagsüber pflückten wir eifrig Erdbeeren, und abends tanzten wir unbeschwert bis in die späte Nacht. Gemeinsam unternahmen wir Ausflüge in die Umgebung und andere interessante Freizeitaktivitäten. Dies war meine erste intensive Erfahrung engen Zusammenlebens und menschlicher Nähe mit Weißen; und es war eine gute Erfahrung. Hier erlebte ich Europäer, Jungen und Mädchen meines Alters, als Menschen, die ganz ähnliche Gedanken, Gefühle, Bedürfnisse, Lebensziele und Träume hatten, wie ich selbst. Die Unterschiede zwischen ihnen und uns waren wohl doch nicht so groß! Ich gewöhnte mich auch schnell an das europäische Essen, das ich ja bis dahin noch gar nicht gekannt hatte. Es waren erlebnisreiche Wochen, doch die Zeit verging im Fluge – traurig unterbrachen wir eben erst angeknüpfte Beziehungen, verabschiedeten uns herzlich voneinander, tauschten zuversichtlich Adressen aus, versprachen uns hoffnungsvoll, uns gegenseitig zu besuchen, und jeder fuhr an seinen Heimatort zurück. Weil das in den ersten Wogen des Krieges tobende Biafra aber kein Ort war, an den jemand gerne heimkehren wollte, aber auch, weil ich doch mit ganz anderen Plänen meine Reise angetreten hatte, flog ich nicht nach Hause, sondern blieb zunächst einmal in England, um dort meinen Weg zu suchen.

Wieder in London, war meine Betroffenheit geringer als bei meinem ersten Besuch, denn einerseits war ich noch erfüllt von den positiven Eindrücken aus dem Ferien-Camp, andererseits wußte ich mittlerweile, was mich in der Stadt erwartete. Meine angepaßte Erwartungshaltung wirkte befreiend und öffnete meinen Blick für mehr und andere Wahrnehmungen, als mir nach meinem ersten Eintreffen in der Weltstadt möglich gewesen waren. Ich wohnte nun bei einem Landsmann, mit dem ich im Gymnasium in Enugu auf der gleichen Schulbank gesessen hatte. Bei ihm konnte ich wieder nigerianisch essen – das hatte ich nämlich trotz problemloser Anpassung an die europäische Küche vier Wochen lang vermißt. Ich entdeckte zu meiner Überraschung, daß man in London praktisch alles kaufen kann, was es auch bei uns gibt. Das reichhaltige Angebot an Yams, Kochbananen, Okra, Stockfisch und vielen anderen afrikanischen Lebensmitteln läßt fast nichts zu wünschen übrig. Mein Staunen über die zahlreichen afrikanischen Märkte und die vielen schwarzen Gesichter in dieser Stadt war solcherart, daß mir sogar einmal die Bemerkung entglitt, ich sähe keinen Unterschied zwischen London und zu Hause.

Tatsächlich kann ein Schwarzer in London sein Leben in Gesellschaft anderer Schwarzer verbringen, ohne jemals näheren Kontakt zu Weißen haben zu müssen. Ich begann zu begreifen, daß unsere »been tos« (das sind Nigerianer der ersten Generation der europäisch gebildeten Oberschicht, die ihre Studienzeit in Europa überwiegend in England verbracht haben) die Weißen kaum je wirklich kennengelernt hatten. Ihr Umgang mit ihnen war offenbar auf das notwendige Maß unpersönlicher Begegnungen an der Universität oder am Arbeitsplatz beschränkt geblieben. Sie hatten gewissermaßen, so schien es mir jetzt, trotz mehrjährigen Englandaufenthaltes Afrika nie wirklich verlassen, und demzufolge waren sie mit einem ziemlich beschränkten Horizont aus England zurückgekommen. Einst hatten sie in ihrer Schulzeit eine so gründliche Gehirnwäsche erhalten, daß sie den Mythos von ihrer eigenen Minderwertigkeit völlig verinnerlicht hatten. Die daraus erwachsenen Komplexe versuchten sie mit ihrer Auslandserfahrung zu kompensieren und ihr Selbstwertgefühl aufzupolieren, indem sie uns großtuerisch endlose Geschichten über ihre Abenteuer in Europa erzählten. Übrigens entstand der Name »been to« aus der Angeberei dieser Clique. Wenn nämlich »been tos« sich miteinander unterhielten, versuchten sie sich beständig gegenseitig zu übertreffen, um diejenigen von uns, die über den näheren Umkreis ihres Dorfes nicht hinausgekommen waren, mit ihren Erzählungen zu beeindrucken. Wie bei einer Schallplatte mit einem Sprung wiederholte sich in ihren Konversationen die immer gleiche Fragestellung: »Have you been to Trafalgar Square? Have you been to Liverpool? Have you been to …?

Have you been to ...?« Viele ihrer Zuhörer verstanden nur recht mangelhaft Englisch und konnten aus diesen Prahlereien nichts anderes als die immer wiederkehrende Einheit »been to« entziffern.

Bei der großen Zahl von Arbeitssuchenden war es für mich gar nicht so leicht, einen Job in London zu finden. Ich war daher heilfroh, als ich schon bald als Tellerwäscher in einem Hotel anfangen konnte. Der bescheidene Verdienst, den diese eintönige Arbeit mir einbrachte, trug dazu bei, daß ich mich mit meinen dürftigen Ersparnissen noch einige Zeit über Wasser halten konnte. In dem Hotel freundete ich mich mit einem schwarzen Mitarbeiter aus Barbados an. Durch ihn lernte ich die Kreise der Einwanderer aus Westindien oder den karibischen Inseln kennen. Sie sind Nachfahren afrikanischer Sklaven (und weißer Sklavenbesitzer), die wegen der Armut in ihrer Heimat ausgewandert waren, um im gelobten Land ihrer ehemaligen Herren ihr Glück zu versuchen. Doch auch hier meinte das Leben es nicht allzu gut mit ihnen. Trotz des zumeist recht kärglichen Auskommens, das sie gefunden hatten, hatten aber diese Menschen sich ihre Lebensfreude bewahrt. Bei ihnen konnte ich eine faszinierende Entdeckung machen: Sie waren beseelt von einer kaum zu beeinträchtigenden Begeisterung fürs Feiern, und auf ihren mit schönster Regelmäßigkeit stattfindenden Wochenendpartys mit heißer Rocksteadymusik vergaßen ganze Familien die drükkende Last des harten Londoner Alltags. Von den betagten Großeltern bis hin zu den kaum dem Krabbelalter entwachsenen Kleinkindern tanzten alle nächtelang leidenschaftlich zu der rhythmischen Musik.

Eigentlich fühlte ich mich recht wohl in London, der Stadt, die mir bei unserer ersten persönlichen Begegnung einen so heftigen Kulturschock versetzt hatte, und in der mich jetzt, nach so wenigen Wochen, bereits so vieles an zu Hause erinnerte. Dennoch, hier bleiben wollte ich nicht. Ich weiß nicht, warum, aber England war nicht unbedingt das Land meiner Wahl gewesen. Ich hatte es kennenlernen wollen und war darüber hinaus offen, mich in einem anderen Land Europas nach Studienmöglichkeiten umzuschauen.

Bei aller Offenheit hatte ich jedoch die Möglichkeit, nach Rußland zu gehen, nicht in Erwägung gezogen. Und gerade sie wurde mir in Aussicht gestellt durch einen entfernten Verwandten, den ich in London traf. Er war älter als ich, hatte Nigeria Jahre vor mir verlassen und studierte seither in Rußland Architektur. Als aktiver Kommunist genoß er in Moskau ein gewisses Ansehen. Angesichts seiner guten Moskauer Kontakte schlug mir mein Verwandter vor, ihn in die Sowjetunion zu begleiten. Er versprach, mir nach Kräften zu helfen, daß ich dort Fuß fassen könnte. Ich war ihm sehr dankbar für seine Hilfsbereitschaft und sein gutgemeintes Angebot, doch kam dieser Weg aus politischen Gründen nicht in Frage.

In meiner Jugend bin ich ziemlich radikal gewesen und habe bestehende Mißstände nach Kräften bekämpft, wo immer ich mit ihnen konfrontiert wurde. Damit erntete ich in der Schule und anderswo den Ruf, ein marxistischer Umstürzler zu sein, wovon ich jedoch weit entfernt war. Ich ging nur mit offenen Augen, wachem Verstand und einer gewissen Empfindlichkeit für soziales und politisches Unrecht durchs Leben. Den Kommunismus als Staats- und Gesellschaftsform lehnte ich aber auch damals schon ab. Trotzdem wundert es mich nicht, daß ich diesen Ruf hatte, denn es geschieht im allgemeinen sehr schnell, daß jemand, der auf Mißstände in der eigenen Gesellschaft hinweist und aktiv für soziale und politische Veränderungen eintritt, als Kommunist verschrien wird. Das als unabhängige Nation junge Nigeria der sechziger Jahre bildete da gar keine Ausnahme. Man denke nur an all die mutigen, zumeist jungen Menschen, die sich zum Beispiel hier in Deutschland seit Mitte der sechziger Jahre in den Studenten-, Friedens-, Antiatomkraft- und anderen antisystemischen Bewegungen engagiert haben und für ihr öffentliches Eintreten oft einen hohen Preis zahlen mußten. Von der Überwachung durch den Verfassungsschutz bis hin zu Berufsverboten reichen die Antworten, die das Establishment ihnen gibt.

Mein kommunistischer Vetter erlebte übrigens schon bald nach seiner Rückkehr nach Rußland eine bittere Enttäuschung. Dem linientreuen Marxisten machten seine sowjetischen Parteigenossen jetzt das Leben schwer, weil er sich während des nigerianischen Bürgerkrieges für die Sache Biafras einsetzte; die UDSSR unterstützte nämlich, ebenso wie England, die nigerianische Seite im Krieg.

Aber zurück zu mir, der ich als Zwanzigjähriger in London saß, mich gegen ein Studium in Moskau entschieden hatte und noch nicht genau wußte, wie es nun weitergehen sollte. Irgendwie zog es mich nach Deutschland, weil dort schon seit einigen Jahren zwei meiner Schwestern lebten und studierten, und ich auch noch andere Verwandte dort hatte. Die Verbindung zu ihnen war aber bereits abgerissen, als ich noch zu Hause wohnte, weil die nigerianische Regierung jeden Postverkehr zwischen der abtrünnigen Republik Biafra und der Außenwelt unterbunden hatte. Von dem Wunsch getrieben, jetzt, da ich selbst in Europa war, meine beiden Schwestern zu finden, entschloß ich mich, nach Deutschland zu fahren und sie zu suchem.

Zusammen mit einem ehemaligen Schulfreund, der mich in London beherbergt hatte, fuhr ich mit der Eisenbahn nach Deutschland zu seinem Vetter, der in Münster in Westfalen Medizin studierte.

Münster war mir ein Begriff. Zwar hatte ich in meiner Schulzeit im Geschichtsunterricht nichts über die Geschichte meines eigenen Landes erfahren, aber ich hatte gelernt, daß in Münster in Westfalen der »Westfälische Friede« geschlossen und damit der Dreißigjährige Krieg beendet worden war. Der Friedensvertrag war im sogenannten »Friedenssaal« des Münsteraner Rathauses ausgehandelt worden; deshalb war das Rathaus sogar in meinem Geschichtsbuch abgebildet. Ein eigenartiger Zufall, daß gerade Münster die erste deutsche Stadt war, die ich kennenlernen sollte.

Auf meiner langen Reise von London nach Münster machte ich eine interessante Entdeckung. Ich bemerkte nämlich auf allen Bahnhöfen, auf denen unser Zug unterwegs hielt, einen auffälligen Unterschied zwischen Deutschland und England: Die sprichwörtliche deutsche Sauberkeit fiel mir wie ein Markenzeichen der Deutschen Bundesbahn ins Auge. Die traditionsbewußten Engländer lassen private und öffentliche Bauwerke gern in dem Zustand, in dem sie sie von ihren Vätern und Vorvätern, den Erbauern der Häuser, geerbt haben. Überdies fehlt es im Mutterland des einst so reichen und mächtigen Imperiums an Geld, um zum Beispiel die notwendigen Reparaturen an den inzwischen baufällig gewordenen Bahnhofsgebäuden ausführen zu lassen. So wirkt alles in England alt, ärmlich und oft auch ein bißchen schmuddelig. In Deutschland dagegen waren alle Bahnhöfe schön renoviert, frisch gestrichen und ordentlich aufgeräumt. Auch die alte Provinzhauptstadt Münster war wesentlich moderner und sauberer als jede englische Stadt, die ich gesehen hatte. Hier sah ich übrigens zum ersten Mal eine Zentralheizung.

Münster hatte nichts von der hektischen Schnellebigkeit der Metropole London. In der verschlafenen Bischofsresidenz verlief das Leben beschaulich in geordneten Bahnen. Außerhalb der repräsentativen City von London mit ihren kulturellen und politischen Schwerpunkten und der bunten Geschäftigkeit der Einkaufszentren, die als Touristenattraktionen weltweiten Ruhm genießen, kann man stundenlang mit Bussen oder Bahnen durch monotone Arbeitersiedlungen und weitläufige verslumte Stadtteile fahren. Münster hingegen ist eine übersichtliche Stadt mittlerer Größe, deren historischer Stadtkern umgrenzt wird von der Promenade, einer verträumten Allee, und deren überschaubare Außenbezirke und Vororte ein eher ländliches Aussehen haben. Das Bild der Altstadt ist geprägt von würdigen alten Kirchen, romantischen Kopfsteinpflasterstraßen und gepflegten Grünanlagen. Der Prinzipalmarkt mit seinen eindrucksvollen Patrizierhäusern verrät etwas von dem bescheidenen Reichtum der Kaufmannsgeschlechter vergangener Jahrhunderte, und die kleine moderne Fußgängerzone in der Innenstadt lädt zu einem gemächlichen Einkaufsbummel ein. Der provinzielle Charakter der alten Beamten- und Universitätsstadt wurde 1967 erst zaghaft durchbrochen von kleinen Gruppen von Schülern und Studenten, die vor alten Bauwerken, entlang der Promenade oder am Ufer des Aasees dem katholisch-strengen Altstadtklima einzelne Farbtupfer verliehen. Besonders in der Stimmung spätsommerlicher Schläfrigkeit, die mich bei meiner Ankunft in Münster empfing, übte die Stadt einen eigentümlichen Reiz auf mich aus. Mit meinem Landsmann wohnte ich bei seinem Vetter im Internationalen Studentenwohnheim, von unserem Fenster aus genossen wir die Aussicht auf das malerische Panorama des Aasees.

Zuhause tobte inzwischen erbarmungslos der Biafrakrieg, forderte unzählige Opfer unter der Igbo-Bevölkerung und stürzte ganze Landstriche in Hunger und Elend. Die Sorge um meine Familienangehörigen belastete mich schwer, dann ging das Geld, das ich für den Anfang in Europa mitgebracht hatte, zu Ende. Zwar war ich sorgsam damit umgegangen, doch ohne Nachschub erschöpften sich selbst bei sparsamster Haushaltung recht bald alle finanziellen Rücklagen. Praktisch mittellos im fremden Land auf mich allein gestellt, war ich in eine wirkliche Notlage geraten, da mein Vater angesichts des Krieges zu Hause nun nicht mehr imstande war, mir Geld zu schicken. Der deutschen Sprache nicht mächtig, und nicht vertraut mit dem Leben in Deutschland, war ich nun darauf angewiesen, möglichst rasch eine Arbeit zu finden, um mir wenigstens das Existenzminimum zu sichern. Ich hatte Glück im Unglück und fand wieder einen Aushilfsjob als Tellerwäscher – in dem Beruf hatte ich ja schon Erfahrung – in der Britischen Kaserne. Das war ein großer Vorteil, denn so hatte ich zumindest bei der Arbeit keine sprachlichen Verständigungsschwierigkeiten. Andererseits ergaben sich so aber noch fast keine Berührungspunkte mit Deutschen.

Es gelang mir bald zu erfahren, daß meine Schwestern in Hannover wohnten, und ich konnte den Kontakt zu ihnen wiederherstellen. Sobald ich das Geld für eine Bahnreise zusammengespart hatte, machte ich mich auf den Weg nach Hannover, um sie zu besuchen. Welch ein Jubel bei der Begrüßung am Bahnhof! Das Wiedersehen nach so vielen Jahren der Trennung wurde zu einem richtigen Freudenfest, das jedoch gedämpft wurde durch unsere Ängste und Sorgen um die Daheimgebliebenen, die den Schrecken des Krieges ausgeliefert waren. Doch trotz allem hatten wir viel Spaß miteinander. Meine Schwestern machten sich lustig über die Tücken der deutschen Sprache. Sie forderten mich zum Beispiel auf, den Namen der deutschen Stadt Gießen auszusprechen, nachdem sie ihn mir aufgeschrieben hatten. Ich hatte den merkwürdigen Buchstaben »ß« noch nie gesehen und hielt ihn für ein »B«. Über meine Wortschöpfung »Gieben« brachen die beiden Mädchen in schallendes Gelächter aus.

Da ich nun Hannover besuchte, erinnerte ich mich an meine Schulzeit, denn ebenso wie Münster war mir auch der Name dieser Stadt nicht fremd. Auch ihn hatte ich im Geschichtsunterricht gehört – wegen der verwandtschaftlichen Beziehungen des englischen Königshauses zum Hause der Hannoveraner Könige. Aber seltsamerweise war mir Hannover auch im Mathematikunterricht begegnet: Unser Lehrer hatte uns eine Aufgabe gestellt, in der es um eine »Gartenstadt« ging. Das besondere Merkmal einer Gartenstadt sei, wie er sagte, daß dort alle Straßen parallel verliefen. Das betonte er immer wieder, und als klassisches Beispiel einer Gartenstadt führte er Hannover an. Diese Stadt habe er – einer jener unverbesserlichen »been tos« – selbst besucht und es demnach mit eigenen Augen gesehen, daß dort alle Straßen parallel verliefen. Nun, da ich selbst dort war, fand ich diese Phänomen, auf das ich natürlich neugierig gewesen war, nicht bestätigt. Nach meinem Dafürhalten war der Hannoveraner Straßenverlauf keineswegs parallel, ja, er unterschied sich durch nichts von dem anderer Städte, die ich gesehen hatte. Ich fragte meine Schwestern, aber auch sie wußten nichts darüber zu sagen, obwohl sie doch in Hannover lebten, und so bekam ich die Antwort erst Jahre später, als ich selbst in der Stadt studierte. Da besuchte ich nämlich den Park des Schlosses Herrenhausen und fand, daß in dem exakt geplanten barocken Schloßgarten alle Wege parallel zueinander verliefen. Mein Lehrer muß wohl etwas verwechselt haben, falls er überhaupt jemals in Hannover war, und sich nicht nur wichtig machen wollte.

Meine Schwestern wollten wissen, ob ich in Deutschland schon wegen meiner Hautfarbe diskriminiert worden war. Diese Frage konnte ich verneinen, aber ich war ja auch erst sehr kurze Zeit im Lande. Das einzige, was mir in dieser Hinsicht – im Unterschied zu England – bisher aufgefallen war, war ein ständiges Angestarrtwerden, als käme ich von einem anderen Stern, begleitet von Kommentaren, die ich sprachlich jedoch noch nicht erfassen konnte, und deren abwertende Bedeutung ich nur erahnen mochte. Ich hatte auch registriert, daß die Leute sich nicht einmal bemühten, ihre unverhohlen neugierigen Blicke vor mir zu verbergen.

An einem regnerisch-trüben Tag machten wir einen Spaziergang. Am Straßenrand hatte sich in großen Pfützen das Regenwasser gesammelt. Ein Autofahrer, der sich von hinten näherte, machte sich einen makabren Spaß: Auf unserer Höhe scherte er aus seiner Fahrspur aus und fuhr schwungvoll durch eine gewaltige Pfütze, um uns mit dem schmutzigen Regenwasser naß zu spritzen. Wir standen besudelt am Straßenrand, und bevor wir noch richtig begriffen hatten, was geschehen war, beschleunigte er sein Tempo und fuhr hämisch grinsend davon. Meine Schwestern sahen die erschreckte Verunsicherung in meinem Blick und sagten, ihren eigenen Ärger verdrängend: »Das ist doch nur der Anfang, Bruder. Warte ab, du wirst schon noch Schlimmeres erleben.«

4. KAPITEL

Eine Frage des richtigen Glaubens

Das Wiedersehen mit meinen Schwestern verlief harmonisch, und das Zusammensein war uns allen dreien wichtig. Doch ich wollte nicht bei ihnen in Hannover bleiben. Beide waren mit ihren Studien und ihren ganz persönlichen Sorgen ausgelastet. Und auch ich mußte schließlich meinen eigenen Weg gehen, doch konnte ich zu diesem Zeitpunkt überhaupt noch nicht erkennen, wohin er mich führte. Mein Weggepäck war ein Bündel ungünstiger Voraussetzungen: Mein Visum war abgelaufen, und ich mußte Deutschland verlassen. Vom Kriegsschauplatz in Biafra trafen täglich neue Schreckensnachrichten ein. Geld hatte ich nicht. Ich befand mich in einem Zustand totaler Hoffnungs- und Orientierungslosigkeit.

Es ist eigenartig. Manchmal im Leben geschehen Dinge, die sich nicht allein mit dem Zufall erklären lassen und die Ereignisse in eine völlig neue und unerwartete Richtung lenken. Vielleicht gibt es so etwas wie ein Zusammenspiel übernatürlicher Kräfte, die landläufig auch mit dem Begriff des Schicksals umschrieben werden. Ich weiß es nicht, aber wie dem auch sei, der Zufall – oder das Schicksal – lenkte meine Schritte in ein katholisches Studentenheim, und führte damit überraschend eine Wende meiner Lage herbei.

Zusammen mit dem Vetter meines alten Freundes ging ich manchmal in dieses Wohnheim, um uns aus der dortigen Auswahl an englischen Zeitungen umfassend über die Entwicklungen in Biafra zu informieren. An einem Tag, an dem mein Stimmungsbarometer völlig auf den Nullpunkt gesunken war, weil ich nicht mehr wußte, wie es mit mir ohne einen Pfennig Geld, ohne Hoffnung auf eine Verlängerung meiner Aufenthaltsgenehmigung und ohne irgendeine Aussicht auf eine positive Veränderung meiner Situation weitergehen sollte, und an dem auch die Berichterstattung über den

Kriegsverlauf daheim alles andere als ermutigend war, an einem derart miserablen Tag wurde mein Landsmann vor der Eingangstür des Wohnheims von einer Frau mittleren Alters angesprochen, als wir gerade das Haus verlassen hatten. Die Dame schien sich über die zufällige Begegnung zu freuen und verwickelte meinen Begleiter in ein längeres Gespräch, das in freundschaftlichem Tonfall ablief. Ich stand unterdes unbeteiligt daneben, ging meinen eigenen trübsinnigen Gedanken nach und erschrak deshalb ein wenig, als er mich unvermittelt fragte, ob ich katholisch oder evangelisch sei. Einer spontanen Eingebung folgend, antwortete ich mit der Lüge, ich sei katholisch. Die beiden setzten ihre Unterhaltung fort. Hatte ich bis dahin interesselos bei ihnen gestanden, so hätte ich jetzt zu gerne gewußt, worüber sie sprachen, denn es ging offenbar um mich. Zu dumm, daß ich kein einziges ihrer Worte verstand! In der krampfhaften Bemühung, wenigstens etwas von dem Gespräch mitzubekommen, beobachtete ich aufmerksam meinen Landsmann; versuchte in seiner Mimik zu lesen, um meine Neugier zu befriedigen. Er lächelte zunehmend, und sein Lächeln verriet Freude. Ungläubiges Kopfschütteln begeleitete seine lauter werdende Stimme, die eine auflebende Begeisterung auszudrücken schien. Auch in den Reaktionen seiner Gesprächspartnerin glaubte ich Freude und Zuversicht zu erkennen, die sogar noch eine Steigerung erfuhren, kurz bevor sie sich sehr freundlich von uns beiden verabschiedete. Nun brannte ich darauf, zu erfahren, was da gerade besprochen worden war. Mein Bekannter machte es aber noch spannender; mit einem verheißungsvollen Schweigen faßte er mich am Arm und schob mich noch ein Stückchen auf dem Gehweg vor sich her, bevor er mir übersetzte, was da soeben beredet worden war. Er berichtete mir, wie die Frau – sie war Referentin der Katholischen Hochschulgemeinde für ausländische Studenten – ihn zunächst gefragt hatte, wer der junge Mann, also ich, sei; schließlich würde sie alle afrikanischen Studenten in Münster kennen, hätte mich aber noch nie gesehen. Er hatte ihr daraufhin von mir erzählt, daß ich erst kürzlich aus Biafra gekommen sei, um mich in Europa nach Studienmöglichkeiten umzusehen, daß ich aber wegen des Krieges zu Hause hier hoffnungslos gestrandet sei. Sie hatte ihm interessiert zugehört und dann die Möglichkeit kirchlicher Unterstützung in Erwägung gezogen: »In diesem Fall müssen wir einfach helfen!« Dann war ihr aber eingefallen, daß es so einfach auch wiederum nicht sei, denn »die Kirche kann natürlich nur Katholiken helfen.« Mein Landsmann war vorsichtig genug gewesen, ihre Frage nach meinem Glauben nicht selbst zu beantworten, und meine Aussage, ich wäre katholisch, hatte sie zufriedengestellt. Sie erkundigte sich noch, ob ich das Abitur schon gemacht hätte und so weiter. Nachdem sie alles von mir erfahren hatte, was ihr in diesem Zusammenhang wichtig war, versprach sie, mir schnell zu helfen. Das ermutigte meinen Landsmann natürlich, ihr von seinem Vetter zu berichten, der sich ja in der gleichen verzweifelten Lage befand wie ich. »Noch besser«, freute sich die Dame, »dann ist der Chima nicht allein. Wir werden beiden helfen.«

Ich traute meinen Ohren kaum, als ich wie gebannt den Worten meines Begleiters folgte. Eben noch hatte ich Grund zu der Befürchtung gehabt, daß meine wagemutige Reise ins Ungewisse mich in eine ausweglose Sackgasse geführt hätte – und jetzt eine so unglaubliche Eröffnung. Ich war immer zu sehr Realist gewesen, um an Wunder zu glauben, aber – hier war ein Wunder geschehen! Welche Erklärung gäbe es sonst für diese schicksalhafte Wende zum Guten? In meinem Kopf arbeitete es fieberhaft, um das Gehörte ordnen und richtig begreifen zu können. Endlich, endlich hatte mein Bangen um Gegenwart und Zukunft ein Ende! Endlich gab es eine Perspektive! Im Augenblick schien es mir, als wäre ein Felsbrocken von meinem Herzen gefallen, aber ich brauchte noch Tage, bis ich diese unfaßbare Neuigkeit verarbeitet hatte, und sich die schier unerträglich gewordene Spannung, die ich seit einiger Zeit in mir trug, wirklich löste.

Trotzdem ist von diesem Ereignis ein bitterer Nachgeschmack zurückgeblieben. Schon die Frage nach meiner Religionszugehörigkeit hatte mich nicht ohne Grund stutzig gemacht. Als sie mir gestellt wurde, tauchte schlaglichtartig eine alte Erinnerung vor mir auf und bewirkte die Lüge, die ich ganz impulsiv, ohne zu zögern, über die Lippen gebracht hatte. Ich war ja schon einmal in der Zwangslage gewesen, wegen meiner Religionszugehörigkeit lügen zu müssen, damals, als ich mich fürs Gymnasium beworben hatte. Wie sehr sich doch Situationen gleichen können, auch wenn die Umstände ganz anderes sind. Wieder sollte der »richtige« Glaube die Weichen stellen für meinen weiteren Lebensweg.

Aber darf eigentlich Hilfe für bedürftige Menschen von äußeren Faktoren, von ihrer Zugehörigkeit zu einer der beiden großen christlichen Glaubensrichtungen, abhängig gemacht werden? Ist nicht bedingungslose Hilfe an Notleidende – praktizierte Nächstenliebe – eines der Grundprinzipien aller christlichen Konfessionen? Diese Frau, als Vertreterin der römisch-katholischen Kirche, verknüpfte ihre Bereitschaft, mir zu helfen, aber mit meinem Glauben. Das war angesichts meiner wirklich hoffnungslosen Lage an sich schon unerhört, doch das allein machte noch nicht den Kern meines Ärgers aus, der sich nach dem ersten erleichterten Aufatmen über meine wunderbare Rettung in mir ausbreitete. Es kam noch etwas hinzu: In jener Zeit ereignete sich auch der Sechs-Tage-Krieg im Nahen Osten. Zu meiner Verwunderung bekamen die palästinensischen Studenten, fast ausnahmslos Moslems, vorbehaltlos Hilfe von der katholischen Kirche, ohne daß diese Anstoß an ihrem Glauben genommen hätte. Demgegenüber wurde aber – wie in meinem Fall – von Afrikanern erwartet, daß sie katholisch wären, bevor sie kirchlicher Unterstützung für würdig befunden wurden. Die Kirche war noch immer von ihrem selbsterteilten Missionsauftrag den Afrikanern gegenüber beseelt. Afrikaner waren Heiden, die zum Christentum bekehrt werden mußten. Ihre eigene Religion – und sei es auch nur ein anderes christliches Bekenntnis – wurde ihnen nicht zugestanden. Christliche Missionare beider Konfessionen hatten als Vorreiter des politischen und wirtschaftlichen Kolonialismus in Afrika fungiert. Sie hatten die Ideologien, die sie trennten, von Europa nach Afrika gebracht und sie uns Afrikanern aufgezwungen. Wer ein wenig die jüngere Geschichte Afrikas kennt, weiß genau, was ich meine. Während also die Kirche Angehörigen anderer Völker das Recht auf ihre eigenständige Religion zugesteht – zugegeben, meist handelt es sich um anerkannte sogenannte Weltreligionen –, muß der Afrikaner nicht einfach nur Christ, sondern Christ der richtigen Konfession sein! Dabei ist es gar nicht immer nur der katholische Alleinseligmachungsanspruch, der hier zur Geltung kommt; ein Beispiel aus der Geschichte meines Landes beweist, daß Kirche und Staat durchaus Hand in Hand arbeiten, wenn politische Interessen es erfordern. Während die Völker im Süden des heutigen Nigerias beim Eintreffen der Engländer im vorigen Jahrhundert ihren seit alters her überlieferten, original afrikanischen

Religionen anhingen, fanden die neuen Herrn in Nord- und Mittelnigeria eine einheitlich moslemische Bevölkerung vor, die in kleinen Emiraten organisiert war. Die Engländer erkannten, daß die Emire, die zugleich die weltliche und geistliche Obrigkeit waren, ihnen bei der Verwaltung des eroberten Landes sehr nützlich sein könnten, wenn sie nur zur Zusammenarbeit mit ihnen bereit wären und deren Rechte möglichst nicht antasteten. Deshalb untersagten sie den christlichen Kirchen die Missionierung dieser Gebiete, und diese fügten sich drein. Der ehemals »heidnische« Süden des Landes geriet infolge eifriger Missionsarbeit aber sehr schnell unter christlichen Einfluß, wodurch eine eigenständige kulturelle Entwicklung dieser Region weitestgehend gestört wurde. So hatte es vielleicht schon eine gewisse Tradition, daß die Kirche Ende der sechziger Jahre in Deutschland Moslems aus Palästina großzügige Hilfe gewährte und gleichzeitig das katholische Glaubensbekenntnis zur notwendigen Vorbedingungen ihrer Unterstützung von Afrikanern machte!

Nun mag aber der eine oder andere einwenden, was ich 1967 erlebt habe, hätte heute in der Form keine Gültigkeit mehr. Die Diskriminierung nach Konfessionen sei ein Relikt aus längst vergangenen Tagen. Heute sei auch die katholische Kirche weltoffen und tolerant geworden im Sinne des ökumenischen Geistes. Dem sei aber gesagt, daß er sich gewaltig irrt. Die beiden folgenden Beispiele mögen belegen, daß sich an jener katholischen Grundhaltung, mit der ich im Jahre 1967 bereits zum zweiten Mal konfrontiert worden bin, bis heute nichts geändert hat.

Im Herbst 1976 schaute ich mich mit meiner Frau gemeinsam nach einer geeigneten Wohnung um. Ein in katholischer Trägerschaft gebautes Wohnheim für Studentenehepaare war soeben bezugsfertig geworden. Wir hätten gerne eine der gut ausgestatteten Wohnungen dort gemietet, wußten aber, daß der Andrang von Bewerbern sehr groß war, und daß nach dem Willen der Hausverwaltung dort nur kirchlich getraute Ehepaare einziehen durften, wobei beide Partner unbedingt katholisch sein mußten. Ich weiß von einem Fall, in dem sogar die katholische Taufurkunde der Tochter des Paares verlangt worden ist. Meine Frau, die ein Baby erwartete, sprach beim Hausverwalter vor, wobei sie auf Anfrage selbstverständlich verlauten ließ, daß wir beide katholisch seien.

Der rechtschaffende Mann, der ihre Schwangerschaft nicht übersehen konnte, antwortete mit vertrauter katholischer Einfühlsamkeit: »In einem solchen Fall müssen wir ja helfen.« Erstaunlicherweise wurden von uns nicht, wie von vielen vorherigen Bewerbern, Nachweise über unsere Religionszugehörigkeit etc. verlangt, so daß zum dritten Mal meine Notlüge unentdeckt blieb.

In der Annahme, noch eben rechtzeitig die letzte freie Wohnung ergattert zu haben, zogen wir ein, und siehe da – es standen noch etliche der begehrten Appartements leer. Trotz einer ungemein großen Wohnungsnot unter verheirateten Studenten mit Kindern war die Hausverwaltung auf den gut möblierten Wohnungen sitzengeblieben, weil sich nicht genügend katholische Interessenten gefunden hatten, die die sehr strengen Auflagen erfüllten. Einige Wochen später waren alle Wohneinheiten vergeben. Um die finanziellen Einbußen so gering wie möglich zu halten, erlaubte der katholische Träger jetzt allen Buddhisten, Moslems und Protestanten, konfessionellen »Mischehen«, ledigen und geschiedenen Müttern mit ihren Kindern in das Wohnheim einzuziehen.

Ein Freund von mir hatte weniger Glück, als er sich im Sommer 1984 in einer akuten Notlage um Hilfe an die katholische Kirche wandte: In einer Zeit, in der sich die ungünstige wirtschaftliche Lage verstärkt auf die Einstellung der Deutschen gegenüber Ausländern niederschlägt, ist es für viele im Lande lebende Ausländer nahezu unmöglich geworden, Arbeit zu finden. So erging es meinem Landsmann. Jung verheiratet mit einer deutschen Studentin, praktisch mittellos und zusammen mit seiner Frau vom Wohlwollen ihrer Eltern abhängig, konnte er nach seiner MTA-Ausbildung keine Arbeit finden. Nachdem er alle anderen Möglichkeiten erfolglos ausgeschöpft hatte, faßte er sich ein Herz und sprach im bischöflichen Generalvikariat vor, denn viele Krankenhäuser stehen ja in kirchlicher Trägerschaft. Als Verwandtem eines nigerianischen Pfarrers, der bis vor kurzem selbst in Freiburg gelebt hatte, gelang es ihm sogar, persönlich mit dem Erzbischof zu sprechen. Der zeigte sich verständnisvoll und versprach schnelle Hilfe. Hoffnungsvoll ging der junge Mann nach Hause. Doch schon am nächsten Tag wurden alle seine Hoffnungen zerschlagen. Er erhielt einen Brief des bischöflichen Generalvikariats mit der Aufforderung, offenzulegen, ob er kirchlich verheiratet sei, da die Entscheidung zu weiteren Schritten von dieser Auskunft abhängig gemacht würde. Er begab sich sogleich ans Telefon und erklärte, daß er und seine Frau, die ja erst seit wenigen Wochen standesamtlich verheiratet waren, durchaus noch beabsichtigten, sich auch kirchlich trauen zu lassen, nur wollten sie sich – auch aus finanziellen Gründen – mit diesem Schritt noch Zeit lassen. Daraufhin wurde er sehr unfreundlich abgefertigt, und das Gespräch wurde abgebrochen, bevor er überhaupt noch eine weitere Erklärung geben konnte.

Nun aber zurück zu der Geschichte meiner eigenen frühen Erfahrungen in Deutschland. Wie immer auch die Umstände gewesen sein mögen, die kirchliche Referentin für ausländische Studenten erwies sich für mich als wahrer Rettungsengel. Für ihre schnelle und wirksame Hilfe werde ich ihr bis an mein Lebensende dankbar sein, denn ich wage nicht, mir auszumalen, was aus mir geworden wäre, wäre ich ihr nicht begegnet – damals vor der Tür jenes Studentenwohnheimes, zu einer Zeit, als ich am Ende meiner Hoffnungen auf eine akademische Ausbildung in Europa angelangt war und eine Rückkehr in meine vom Krieg zerrissene Heimat vermutlich nur um den Preis meines Lebens möglich gewesen wäre.

Sie half uns beiden, meinem Landsmann und mir, sofort und ganz unkompliziert. Dank ihres Einsatzes verbesserte sich unsere Lage von heute auf morgen spürbar. Sie bewirkte bei der Ausländerbehörde der Stadt eine Verlängerung unserer Aufenthaltsgenehmigungen, ermöglichte uns die Teilnahme an einem privaten Deutschkurs und sorgte dafür, daß wir vorübergehend in einem katholischen Jungeninternat untergebracht wurden. Schon am folgenden Tag konnten wir dort einziehen und wurden herzlich aufgenommen.

Beide waren wir ja »alte Hasen«, was das Leben im Internat betraf, trotzdem rief so manches, was wir hier sahen, unser Staunen hervor. Wir hatten Schulen europäischer Prägung besucht, zum Teil Missionsschulen; und doch war hier vieles so ganz anders. Gewiß, wir waren Gäste und brauchten die Schulbank nicht zu drücken, doch auch so waren die unterschiedlichen Regeln des Internatslebens in Deutschland und Nigeria unübersehbar. Jeder von uns erhielt ein eigenes Zimmer – das hätten wir nie für möglich gehalten, denn wir kannten nur Internate mit großen Schlafsälen, in denen die Betten in langen Reihen nebeneinander standen.

Am Morgen nach meinem Einzug wurde ich ungewollt zum Anlaß eines aufregenden Zwischenfalles. Ich hatte gut geschlafen in dieser Nacht, zum ersten Mal nach all den kummervollen Wochen der Unsicherheit. Nach dem Aufwachen begab ich mich in den Waschraum, um vor dem Frühstück ausgiebig zu duschen und damit auch symbolisch die letzten Sorgen fortzuspülen. Geistig und körperlich erfrischt und vergnügt pfeifend, bekleidet mit meinem Bademantel, ein Frottierhandtuch turbanähnlich ums nasse Haar geschlungen, ging ich dann den Flur entlang zu meinem Zimmer zurück. Da wurde eine Zimmertür geöffnet, und eine junge Frau im Kittel mit Putzutensilien in den Händen kam heraus. Als sie mich erblickte, hielten ihre Schritte plötzlich inne; mit weit aufgerissenenn Augen starrte sie mich aus einem Gesicht heraus an, das im Nu kreidebleich geworden war, bevor sie ihre Sachen fallen ließ und mit einem grellen Aufschrei fluchtartig davonstürmte. Ich war tief betroffen von der unglaublich angsterregenden Wirkung meines bloßen Anblicks. Später, nachdem wir beide unsere Fassung wiedergewonnen hatten, vertraute mir die junge Putzfrau an, daß sie heute zum ersten Mal einen schwarzen Mann von nahem gesehen hatte. Darum war sie zu Tode erschrocken, als ich unversehens vor ihr stand, während sie nichtsahnend ihre Arbeit verrichtete.

Es ging uns ziemlich gut im Internat; es gab reichlich zu essen, und wir gewöhnten uns von Tag zu Tag mehr an die deutsche Küche. Die Internatsschüler – Jungen zwischen sechs und achtzehn Jahren – vermittelten uns durch ihr freundliches Verhalten ein Gefühl der Zugehörigkeit, das uns half, die anfängliche Fremdheit rasch zu überwinden. Das Fußball- oder Tischtennisspiel mit ihnen wurde uns zu einem angenehmen Zeitvertreib. In Nigeria hatte eine straffe Rangordnung den Umgang der Schüler verschiedener Jahrgänge miteinander bestimmt, hier gab sich jeder mit jedem ab, ganz nach Sympathie und guter Laune. Immer wieder verblüffte uns der große Freiraum, der den Schuljungen hier zugestanden wurde. In ihren eigenen Zimmern besaßen sie Radios und sogar Stereoanlagen, die älteren Jungen emfingen dort Besuche von ihren Freundinnen. Letzteres machte uns sprachlos, denn Radios, geschweige Freundinnen, wären in den streng geführten nigerianischen Internaten undenkbar gewesen! Wir konnten auch kaum glauben, was sich die deutschen Jungen ihren Lehrern und Erziehern gegenüber herausnehmen durften. Es gab dort eine ziemlich hübsche Ordensschwester, und die Jungen waren frech genug, ihr schöne Augen zu machen, ihr nachzupfeifen und – wenn sie ihr Spiel auf die Spitze treiben wollten – sie sogar aufzufordern, doch ihren Schleier abzulegen und ihr schönes Haar zu zeigen. Das schockierte uns zwar, aber wir bemerkten auch, daß es jemanden gab, der die plumpen Annäherungsversuche der Halbwüchsigen noch bei weitem überbot und der schönen Schwester ganz ungeniert nachstellte. Es war ein katholischer Priester aus Amerika. Er war übrigens der einzige Mensch im Internat, der uns beiden Afrikanern ablehnend begegnete; das heißt, er übersah uns geflissentlich, so als wären wir gar nicht da.

Wir blieben etwa drei Monate im Internat, dann wurden wir umquartiert. Unser neues Domizil war ein Theologenwohnheim, in dem überwiegend Priesteranwärter, aber auch fertig ausgebildete und geweihte Priester wohnten. Auch hier konne jeder von uns ein kleines, zweckmäßig eingerichtetes Zimmer sein eigen nennen, und die Verpflegung war sogar erstklassig. Hatten wir schon über das große Maß an Freiheit bei den katholischen Internatsschülern gestaunt, so steigerte sich unsere Verwunderung hier um ein Vielfaches. Die angehenden und bereits geweihten Priester boten uns ein ganz unbegreifliches Bild. Nicht nur, daß viele von ihnen rauchten und Alkohol tranken, also in der Öffentlichkeit solche Lebensfreuden genossen, die allein schon ihre afrikanischen Kollegen sich strikt versagen mußten; nein, sie hatten großenteils Freundinnen, und sie wahrten – im privaten Kreise – nicht einmal den Anschein der Enthaltsamkeit, die doch das ihnen auferlegte Zölibat vorschreibt. Aus nächster Nähe wurden wir Zeugen ihrer Freizügigkeit und sahen mit an, wie sie auf großen Feten, zum Beispiel zu Karneval, ihrer ungezügelten Lust lebten und sich mit ihren Freundinnen jeden denkbaren Spaß erlaubten. Einige der Frauen und Mädchen forderten ihre Priester-Freunde geradeheraus auf, ihr Gelübde zu brechen und aus dem geistlichen Stand auszutreten. Nichts dergleichen hatten wir je bei afrikanischen Priestern gesehen. Schweigend registrierten wir das hemmungslose Treiben und fragten uns insgeheim, ob wohl die Kirche auch europäische und afrikanische Priester mit zweierlei Maß mißt. Und bei aller Kritik an der mittelalterlichen Einrichtung des Zölibates, durch welches die katholische Kirche seit Jahrhunderten Männer und Frauen zwingt, gegen die menschliche Natur zu leben, wunderten wir uns doch über die doppelte Moral, die der ganzen Sache innewohnte. Warum war verboten, ganz offiziell und mit allen sozialen Konsequenzen, die eine Heirat mit sich bringt, das zu tun, was inoffiziell ganz ungeniert ausgelebt werden durfte?

Noch eine andere erstaunliche Entdeckung machten wir im Theologenwohnheim. Einige der jungen Männer dort vertrauten uns in Gesprächen unter vier Augen an, daß sie gar nicht daran dächten, wirklich Priester zu werden, aber als angebliche Anwärter auf ein Priesteramt waren sie in den Genuß eines kostenlosen Studiums und großzügiger kirchlicher Förderung gekommen; und unter irgendeinem Vorwand würden sie dann beizeiten ins weltliche Leben zurückkehren.

Der prachtvolle Münsteraner Dom und die vielen altehrwürdigen Kirchen der Stadt hinterließen übrigens einen tiefen Eindruck in uns. Es entging unserer Aufmerksamkeit aber ebenfalls nicht, daß sie während der sonntäglichen Meßfeier fast menschenleer blieben; die wenigen Kirchgänger, die wir sahen, waren überwiegend alte Frauen.

In den Monaten, die wir im Internat und im Priesterseminar wohnten, machten mein Landsmann und ich täglich Fortschritte beim Erlernen der deutschen Sprache, und mit wachsender Sprachsicherheit fühlten wir uns auch wohler in unserer neuen Umwelt. Wir wollten unsere Deutschkenntnisse erproben, und das nicht nur in der Schule. Immer häufiger wagten wir uns hinaus ins Leben; wir besuchten nun gerne Vorträge und stellten nicht ohne Stolz fest, daß wir ihnen von Mal zu Mal besser folgen konnten. Neben dem Sprachunterricht hatten wir noch keine weiteren Verpflichtungen, verfügten also über ziemlich viel freie Zeit, und so konnten wir es uns leisten, unbeschwert unserem jugendlichen Erlebnis- und Vergnügungsdrang nachzugeben. Gelegentlich wurden wir zu Partys eingeladen, und regelmäßige Diskothekenbesuche standen auf unserem Programm. Beides ermöglichte uns vielfältige Entdeckungen. So wurden wir unter anderem damit konfrontiert, daß uns in bestimmten Lokalen der Eintritt verweigert wurde. Wollten wir dort hinein, sagte uns der Türsteher entweder kaltschnäuzig ins Gesicht, daß hier »Schwarze nicht erwünscht« seien, oder er verfuhr auf die feinere Art und verlangte, unseren Mitgliederausweis zu sehen. Weiße hingegen durften immer hinein, nach einem Mitgliederausweis wurden sie nicht gefragt.

Eine Diskothek gab es in Münster, in der nur »schwarze«, meist afroamerikanische Musik gespielt wurde. Sie war ein beliebter Treffpunkt für Schwarze und Weiße, die diese Musik mochten. Sie wurde auch bald ein vielbesuchtes Ziel unserer abendlichen Ausflüge. Die Abwechslung, die Tanz und Unterhaltung uns dort boten, und die sich daraus ergebenden Kontaktmöglichkeiten schöpften wir voll aus. Bald schon waren wir nicht mehr fremd in Münster, sondern hatten einen kleinen Bekanntenkreis erworben; und wie könnte es anders sein bei zwei unternehmungslustigen jungen Männern, wir hatten auch unsere ersten Begegnungen mit deutschen Mädchen. Wir trafen ganz verschiedene Mädchen; solche, die es einfach nur »chic« fanden, mal mit einem Schwarzen gesehen zu werden; solche, die schon viele Erfahrungen gesammelt und sich jetzt vielleicht auf schwarze Männer spezialisiert hatten, weil sie diese besonders sexy fanden. Unter den Mädchen, die sich für uns interessierten oder unser Interesse an ihnen erwiderten, waren aber auch solche, für die Herkunft und Hautfarbe des Jungen, den sie kennenlernten, kaum eine Bedeutung hatten; die den Menschen, den Freund in ihm suchten und fanden. Es waren sehr anziehende Mädchen zum Teil; Mädchen, die nicht nur hübsch waren, sondern auch intelligent, und mit denen man sich stundenlang angeregt über alles mögliche unterhalten konnte; Mädchen, mit denen das Zusammensein einfach Freude machte. Schon damals fiel mir auf, wie viele Anfeindungen aus den eigenen Reihen sich deutsche Mädchen aussetzten, die bereit waren, sich auf eine Beziehung mit einem Schwarzen einzulassen; und wie schwer sie es hatten, wenn sie entgegen allen Warnungen und Beleidigungen zu ihrem schwarzen Freund hielten – ich bewunderte den Mut und die Stärke dieser Mädchen.

Noch vor Ende des Winters bekamen mein Landsmann und ich jeder ein Zimmer in einem anderen katholischen Studentenheim. Wir besuchten jetzt nicht mehr den privaten Deutschunterricht, sondern nahmen an einem Deutschkurs der Universität teil, dessen erfolgreicher Abschluß eine Voraussetzung für die Zulassung zum Studium war. Im Internat wie auch im Priesterwohnheim waren wir gewissermaßen in »Vollpension« gewesen. In meinem neuen Zimmer konnte ich mich selbst verpflegen, war also mein eigener kleiner Einpersonenhaushalt geworden, was mir gut gefiel.

Von der katholischen Kirche wurde ich weiterhin unterstützt, und zwar empfing ich eine monatliche Zuwendung von 200,– DM. Auch für damalige Verhältnisse war das nicht viel; wenn ich sparsam damit umging, reichte es aber, um soeben über die Runden zu kommen. Ich bekam von nirgendwo anders Geld, war also völlig abhängig von der kirchlichen Unterstützung; deshalb blieb mir nichts anderes übrig, als ihre verletzenden Begleitumstände widerspruchslos hinzunehmen. Für 200,– DM Lebenshilfe im Monat hatte ich aufgehört, ein freier Mann zu sein, denn die Kirche hatte mich – den notleidenden Afrikaner – unter ihre Fittiche genommen, mich zu einem Objekt ihrer Fürsorge gemacht. Und nun verlangte sie, daß ich ihrem Bild von einem hilfebedürftigen Ausländer entsprach, um mich ihrer Förderung würdig zu erweisen: Demütig und durchschaubar hatte ich zu sein, anspruchslos und so arm, daß ich ganz und gar auf ihre Hilfe angewiesen blieb. Auch Ansätze zu bescheidenstem materiellen Wohlstand duldete sie nicht. Ihren teilweise ganz unverhüllten Kontrollmaßnahmen, wie etwa den häufigen Überraschungsbesuchen von Mitarbeitern der Katholischen Studentengemeinde (KSG), konnte ich mich nicht entziehen. Im Marianum (so hieß das Heim, in dem ich wohnte) lebte ich inmitten von Studenten, die der Kirche mehr oder weniger eng verbunden waren; sie erhielten zum Teil ebenfalls kirchliche Stipendien. Trotzdem fühlten sich einige von ihnen dazu beflissen, ein Auge auf mich zu haben, um sicherzustellen, daß es mir nicht etwa zu gut ging. Ich mußte ständig darauf gefaßt sein, daß uneingeladene Besucher oder Personen, die ich vor allem im Wohnbereich ganz oft »zufällig« traf, sich das Recht herausnahmen, ihre Nasen in meine privaten Angelegenheiten zu stecken, sich mit neugierigen Fragen, gutgemeinten Ratschlägen, mißgünstigen Kommentaren und unverkennbaren Maßregelungen in meine Belange zu mischen. Sie glaubten, über mich verfügen zu können, als wäre es Geld aus ihrer eigenen Tasche, von dem ich lebte. Sie wollten bei jedem Kleidungsstück, das sie an mir sahen, argwöhnisch wissen, woher ich es hätte; jede bescheidene Anschaffung in meinem Zimmer registrierten sie mit Mißbilligung; das uralte, klapprige Fahrrad, das ich geschenkt bekommen hatte, gefiel ihnen gut – es paßte ins Bild. Hinter all ihren Bemerkungen stand die anklägerische Frage »Kann er sich das überhaupt leisten?«, die meist unausgesprochen blieb, dafür um so deutlicher in ihren Gesichtern geschrieben stand. Die unablässigen Schnüffeleien gingen mir ganz gewaltig auf die Nerven; aus allen Winkeln fühlte ich mich beobachtet, von Hinz und Kunz ausgefragt und bevormundet, letztlich richtig unfrei in dem Heim, das doch eigentlich mein zu Hause sein sollte.

Der Druck von allen Seiten lastete schwer auf mir; ich fing an, die Menschen um mich herum zu meiden und zog mich immer mehr in mich selbst zurück. Schließlich blieb es auch dem Studentenpfarrer und der hilfsbereiten Dame von der KSG nicht verborgen, wie niedergeschlagen ich war. Bei ihren gelegentlichen Besuchen sprachen mich beide auf die Veränderungen in mir an, und sie ermutigten mich, ihnen einfach zu sagen, wo der Schuh drückte. Ich weiß natürlich nicht, was sie wirklich dachten, und wo sie den Grund für meine Depressionen vermuteten; aber es wunderte mich, daß keiner von beiden auch nur im entferntesten zu ahnen schien, daß die unaufhörlichen Bespitzelungen und Bevormundungen – die doch immerhin aus ihren eigenen Reihen kamen – mich so unglücklich machten. Es fiel mir schwer zu glauben, daß sie nicht gesehen haben sollten, was mir direkt vor ihren Augen angetan wurde. Hielten sie mich vielleicht für so einfältig, daß ich das allseitige übertriebene Interesse an mir nicht durchschauen könnte, oder für so unempfindlich, daß all die Demütigungen, die ich erdulden mußte, einfach an mir abglitten, ohne Spuren zu hinterlassen? Nach solchen Überlegungen brachte ich es nicht fertig, mich ihnen anzuvertrauen; andererseits hätten sie mich vermutlich für undankbar gehalten, wenn ich ihnen die Wahrheit gesagt hätte, auch deshalb schwieg ich lieber.

Immerhin wollte mich der Pfarrer in meinem unausgesprochenen Kummer trösten und mich auf andere Gedanken bringen. Er schenkte mir eine Schallplatte und lud mich ein, ihn zur Leipziger Messe zu begleiten. Die Reise – sie blieb bisher meine einzige Begegnung mit der DDR – war ein eindrucksvolles Erlebnis, aber die freundliche Geste des Pfarrers änderte natürlich nichts an den bedrükkenden Lebensbedingungen, unter denen ich im Marianum litt.

Die Gewißheit, daß es anderen ausländischen Empfängern kirchlicher Stipendien nicht besser erging, war nur ein schwacher Trost.

Mir fällt da ein Landsmann ein, der seine Hilfe zum Lebensunterhalt allerdings von der evangelischen Kirche erhielt. Während der Semesterferien hatte er in einer Fabrik gearbeitet, jeden Pfennig seines Verdienstes aus diesem Ferienjob zusammengekratzt und sich schließlich eine der damals so begehrten Musiktruhen* gegönnt. Doch nach der Anschaffung des Prachtstücks wurde er nicht mehr froh, er entwickelte vielmehr eine merkwürdige Neurose. Wann immer er nun zu Hause in seiner Bude war, lauschte er nicht etwa entspannt den Steroklängen aus seiner Truhe; nein, er eilte vielmehr immer wieder, von einer starken inneren Unruhe getrieben, an sein Fenster, von wo aus er die Zufahrt zum Wohnheim überblicken konnte, und schaute nervös und angespannt hinaus. Nach dem Grund dieses auffälligen Tricks gefragt, antwortete er mir einmal, daß er unbedingt den Weg zum Heim im Auge behalten müßte: »Damit ich rechtzeitig gewarnt bin, wenn der Pastor oder jemand anders von der evangelischen Studentengemeinde da unten auftaucht. Dann tue ich so, als wäre ich nicht zu Hause und mache erst gar nicht auf, wenn es bei mir klopft.« Er hatte Angst, seine Unterstützung zu verlieren, wenn seine wohlwollenden Förderer die sauer verdiente Musiktruhe bei ihm fänden.

Das Leben im Marianum hatte noch einen aderen Aspekt, der meine Privatsphäre ganz erheblich störte. Die deutschen Kollegen, die im Heim um mich herum wohnten, gehörten zum konservativsten Teil der Studentenschaft. Ihre Denkweise äußerte sich auch in einer heuchlerisch zur Schau getragenen christlichen Nächstenliebe, die sich in einer herablassenden Sorge um mein seelisches Wohlergehen entfalten konnte. War ich doch der »dunklere Bruder«, dem sie wichtigtuerisch helfen konnten, sich nicht nur in der hochentwickelten weißen Kultur zurechtzufinden, sondern sich auch »bei uns« wohlzufühlen. Sie luden mich immer wieder ein, mit ihnen zu essen, auf ein Getränk in ihr Zimmer zu kommen, mit ihnen zu Veranstaltungen zu gehen, und sie besuchten mich oft spontan. Sie merkten nicht, wie aufdringlich sie mitunter wurden, denn sie setzten selbstverständlich voraus, daß ich jederzeit Lust auf ihre Gesellschaft hätte. Aber sie konnten nicht verbergen, daß sie das alles taten, weil sie sich mir überlegen fühlten; sie benahmen sich

* Erklärung im Anhang.

fast wie größere Brüder, die glaubten, es mir schuldig zu sein, daß sie sich dauernd um mich kümmerten. Die Kehrseite ihrer Fürsorge war, wie schon ihre freiwilligen Spitzeleien zeigten, ihre Angst, ich könnte es wagen, die Grenzen, innerhalb derer sie mich tolerierten, zu durchbrechen und mich von ihnen zu emanzipieren. Darum verweigerten sie mir das Recht auf ein eigenständiges, gleichberechtigtes Leben unter ihnen; und sie waren ziemlich verdrossen, wenn ich etwas besaß oder tat, was ihnen zeigte, daß ich dieses Recht in Anspruch nahm.

Es gab nämlich Zeiten, da veränderten sich meine Heimgenossen, die sich zuvor so liebenswürdig um den armen, einsamen Afrikaner in ihrer Mitte gekümmert hatten, auf höchst sonderbare Weise. Von heute auf morgen zeigten sie ein anderes Gesicht, wenn sie mich mit einem weißen Mädchen sahen: Hinter ihren bis dahin freundlichen Fassaden wurde unverkennbar Mißgunst sichtbar. Das ewige »Chima, hier« und »Chima, da« verstummte unversehens, ihr scheinheiliges Interesse wich einer reserviert-ablehnenden Anspannung, wenn sie wußten oder auch nur vermuteten, daß ich eine Freundin hatte. Sogar die bisher kontaktfreudigen Paare zogen sich überraschend zurück. Das Auftreten meiner Nachbarn dem Mädchen gegenüber war besonders beschämend; es schwankte zwischen Unsicherheit und Arroganz, gepaart mit abschätzenden Blicken, die eine perverse Neugier verrieten.

Damit die Heimleitung kontrollieren konnte, wer unter ihrem Dach ein und aus ging, mußte sich jeder Besucher bei einer Pförtnerin anmelden und ihr mitteilen, wen er besuchen wollte. Nur wenn der Betreffende ganz sicher zu Hause war, wurde der Gast eingelassen. Sobald nun meine Freundin auf dem Weg zu meinem Zimmer war, schien es, als wären die anderen Hausbewohner durch ein geheimnisvolles Informationsnetz über ihre Anwesenheit unterrichtet worden: Es ging ein Raunen durchs Haus; hinter ihrem Rücken wurden Köpfe zusammengesteckt und ein verschwörerisches Tuscheln hörbar, wenn sie durchs Treppenhaus ging. Hielt sich das Mädchen allein oder mit mir zusammen im Gemeinschaftsraum auf, oder benutzten wir die Küche, dann herrschte ein ungewohnt reger Durchgangsverkehr in diesen Räumen. Ein Flurnachbar nach dem anderen schneite unter irgendeinem Vorwand herein oder steckte nur mal so seinen Kopf durch die Tür. Dabei nahmen sie sich die Zeit, in aller Ruhe meine Freundin zu begutachten, wobei sie sie schamlos mit abfälligen Blicken durchbohrten.

Ein junges Mädchen mußte schon ziemlich selbstbewußt sein, um sich längere Zeit über diese freche, geringschätzige Behandlung hinwegzusetzen. So ist es während der zwei Jahre, die ich im Marianum wohnte, mehr als einmal vorgekommen, daß ein entnervtes Mädchen mir erklärte: »Chima, ich kann nicht mehr. Ich komme nicht wieder hierher.«

5. KAPITEL

Wintermärchen und deutsche Weihnacht

Nach der schicksalhaften Wende, die meinem Aufenthalt in Münster Sinn und Richtung gegeben hatte, faßte ich also schrittweise Fuß und fand bald meinen Weg in der Stadt; und jeder neue Tag bereicherte mich um wertvolle Erfahrungen. So vergingen die Wochen im Fluge, und das Jahr nahm seinen Lauf. Die Tage wurden allmählich kürzer, kühler, es regnete jetzt häufiger; der Herbst mit seiner trüben Stimmung, dem wolkenschwer verhangenen grauen Himmel und den heftigen Stürmen hielt Einzug und ließ mich so manches Mal schon beim Blick aus meinem Fenster frösteln, wenn ich morgens die Vorhänge zurückzog. Nun sehnte ich mich nach der Wärme meiner tropischen Heimat, wo die Temperaturen nur selten so tief sinken, daß man einen leichten Wollpullover überziehen muß. Für das empfundene Unbehagen wurde ich aber ein wenig entschädigt durch das prächtige herbstliche Naturschauspiel, als die Blätter sich langsam verfärbten und vom blassen Gelb bis zum satten Rotbraun alle Farbschattierungen annahmen, bevor sie sanft auf die Erde fielen oder aber von Sturmböen erfaßt oder durch schweren Regen von den Zweigen gepeitscht wurden, bis die Bäume zuletzt völlig kahl dastanden, um den Winter zu erwarten und Kälte und Schnee zu trotzen.

Ich sah meinem ersten Winter mit Neugier, in die sich ein leichtes Schaudern mischte, entgegen. War doch in den teilweise grotesken Geschichten, die die »been tos« über ihn zu erzählen wußten, der europäische Winter ein märchenhaft-schauriges Naturereignis voller unheimlicher Gefahren für Gesundheit und Leben. Mit Eifer hatten sie uns ausgemalt, welche Unzuträglichkeiten die kalte Jahreszeit gerade für die auf das unwirtliche Klima der nördlichen Hemisphäre nicht vorbereiteten Gäste aus den Tropen bereithielt:

Selbst in geschlossenen Räumen sei es so bitterkalt gewesen, daß sie noch in den wärmsten wollenen Pullovern, die wir kannten, erbärmlich gefroren hätten. Die grimmige Kälte hätte sie dazu gezwungen, vor dem Schlafengehen etliche wärmende Kleidungsstükke übereinander anzuziehen, und dennoch hätten sie nachts im Bett unter dicken Federkissen vor Kälte am ganzen Leibe gezittert und jämmerlich mit den Zähnen geklappert.

Es kam vor, daß der Erzähler solcher Episoden unvermittelt aufsprang, um den faszinierten Zuhörern ganz lebensnah sein Zittern und Zähneklappern vorzuführen. Viele »been tos« waren geübte Schauspieler; die verstanden es, das, was Worte nicht vermochten, durch eindrucksvolles Mienenspiel und lebhafte Gesten zu dramatisieren. Mit Händen und Füßen redend, das Gesprochene durch laute Ausrufe, Stöhnen und Kopfschütteln unterstreichend, und sich dann auch wieder vor Lachen ausschüttend über die Bilder, die die eigenen Ausführungen in ihnen hervorriefen, überzeugten sie ihr Publikum davon, was sie unter mörderischen Witterungsbedingungen – die uns fast außerirdisch erschienen – erlitten hatten. Monatelang, so ließen sie uns wissen, herrschte eine Eiseskälte in ganz Europa; und wenn man nicht elendiglich erfrieren wollte, dürfte man nur mit schweren, fellgefütterten Stiefeln an den Füßen auf die Straße gehen, eingepackt in unförmige, steife Mäntel, wollene Schals und Mützen, die nur die Augen frei ließen, so daß man sich nur noch schwerfällig und unbeholfen bewegen konnte. »Been tos« sparten nicht an Übertreibungen, wenn es darum ging, uns Bewunderung für diejenigen zu entlocken, die einen oder mehrere Winter lang den klirrenden Frost ertragen hatten. Sie wußten ja, daß uns alles, was sie uns auftischten – mochte es wahr oder erfunden sein – unbegreiflich fremd war; wir hatten nie winterliche Temperaturen kennengelernt, wir kannten weder Schnee noch Eis. Sie fesselten die unwissenden Zuhörer mit erstaunlichen Berichten von dicken Eisbrocken, die den Menschen vom Himmel herab auf die Köpfe fielen. Es gelang ihnen besonders, das Publikum in ihren Bann zu ziehen mit spannenden Beschreibungen von katastrophalen Unwettern, bei denen Menschen, Tiere, Autos und Häuser unter ungeheuren Schneemassen begraben wurden. Dabei ließen sie den Eindruck entstehen, solche tragischen Unglücksfälle wären im winterlichen Europa an der Tagesordnung.

Nun ja, was ich von »been to«-Legenden zu halten hatte, wußte ich, seit ich in London gewesen war. Auch die Wintermärchen hatten vermutlich einen wahren Kern, der wirkliche Winter war aber bestimmt nur halb so dramatisch, wie diese übersteigerten Geschichten befürchten ließen. Trotzdem zweifelte ich nicht daran, daß er mir einige nie gekannte, phantastische Abenteuer bescheren würde, und so hatte ich ihn mit Spannung erwartet. Dann war es so weit! – Es war kalt, ja, und es war tatsächlich sehr viel kälter, als ich es jemals für möglich gehalten hätte; hin und wieder schneite es auch – selten so viel, daß der Schnee liegen blieb –, aber selbst für mich, der niemals zuvor im Leben Temperaturen gekannt hatte, wie sie im mitteleuropäischen Winter normal sind, war die Kälte einigermaßen erträglich, und ich habe diesen ersten Winter schadlos überstanden. Ich bekam vom Caritas-Verband einen alten Wintermantel geschenkt; ich sah komisch aus in dem plumpen Ding, aber es erfüllte seinen Zweck und wärmte mich ganz passabel.

Der Winter 1967 brachte mir auch meine ersten deutschen Weihnachten, und ich machte die ernüchternde Entdeckung, daß die Art und Weise, wie das Fest hier begangen wird, so gut wie nichts gemeinsam hat mit den nigerianischen Weihnachtsbräuchen, wie ich sie damals kannte. Europäische Missionare hatten mit anderen christlichen Traditionen auch das Geburtsfest Jesu im meine Heimat gebracht. Mit den Jahren prägte aber die Lebensart unseres Volkes christliches Brauchtum und gab auch dem Weihnachtsfest ein afrikanisches Gesicht.

Ich hatte Weihnachten als ein großartiges Ereignis in Erinnerung, das gestaltet wurde von der Freude am mitmenschlichen Zusammensein. Im Rahmen der Festvorbereitungen wurden die Kinder, manchmal auch die Erwachsenen, von Kopf bis Fuß eingekleidet. Von besonderer Wichtigkeit waren dabei die neuen Schuhe, die während der Feiertage erstmals getragen und bei den festtäglichen Ausgängen, vor allem zur Kirche, stolz vorgezeigt wurden.

Für die Dorfjugend bildete sicherlich das Carrol-Singen einen der Höhepunkte des Festes. Jungen und Mädchen sammelten sich am Weihnachtsabend auf dem Marktplatz, um von dort aus durchs Dorf zu ziehen und Christmas-Carrols, also Weihnachtslieder, zu singen. In der stimmungsvollen Atmosphäre dieses Abends wußten sie sich ein wenig der allgegenwärtigen Aufsicht der Erwachsenen zu entziehen, und sie erlaubten sich unter dem Mantel des Carrol-Singens manch kleine Freiheit, die ihnen wegen der strengen sozialen Kontrolle dörflicher Enge zu anderen Zeiten versagt blieb.

Im Mittelpunkt der Vormittage standen an beiden Weihnachtstagen feierliche Gottesdienste; von dort drang jubender Gesang bis in alle Gassen des Dorfes. Und während der Rest der Familie zum gemeinsamen Kirchgang aufbrach, begab sich die Mutter oder ein Mädchen in die Küche, um dort mit großer Sorgfalt in einer gleichfalls feierlichen Handlung das Festessen zu kochen. Schon in der Vorweihnachtszeit hatten Freunde und Verwandte mit den besten Wünschen für das nahende Fest wertvolle Lebensmittel wie Palmwein, eine besonders dicke Yamswurzel, ein Zicklein oder ein Huhn überbringen lassen, die nun die Festtafel bereichern würden. Zur Krönung weihnachtlicher Gaumenfreuden gönnten sich die Menschen seltene und teure Kostbarkeiten, auf die sie das ganze restliche Jahr verzichten mußten, so daß ihnen schon beim bloßen Gedanken ans Weihnachtsessen das Wasser im Munde zusammenlief. In allen Häusern, vor allem aber bei den bessergestellten Teilen der Großfamilie, war man an diesen Tagen jederzeit bereit, Gäste zu empfangen und zu bewirten; oder man machte sich selbst auf den Weg, um etwas vom Festmahl bei Bruder, Schwester, Onkel oder Tante abzubekommen. Dann saß man stundenlang zusammen, aß und trank in fröhlicher Stimmung und hatte sich unendlich viel zu erzählen.

Die größte Freude an Weihnachten aber hatten die Kinder, denn sie wurden von nahen und entfernten Verwandten und Bekannten mit Geldgeschenken überhäuft – in der Größenordnung von Pennys, versteht sich. Auch ließ die festliche Stimmung der Heranwachsenden sich nicht hinter der Umzäumung des elterlichen Gehöftes einsperren, sie verlangte nach Öffentlichkeit, nach Begegnung und Austausch mit anderen. So streiften sich die Jungen kunstvoll geschnitzte Masken übers Gesicht und marschierten lärmend zum Marktplatz, wo sie sich mit Gleichgesinnten trafen, und von wo aus sie zu den Höfen der Dorfbewohner zogen, um sich dort mit Tanz und Gesang etwas Geld zu verdienen. Diese nicht alltägliche Einnahmequelle war für sie vielleicht das Wichtigste an Weihnachten überhaupt, denn sie gingen ihr mit einem wahren Feuereifer nach. Ihre ausgesprochene Geldgier kam sogar in dem Text eines ihrer

Lieder zum Ausdruck, in dem es hieß: »Streut mir ruhig scharfen Pfeffer in die Augen, aber gebt mir einen Penny.«

Alles in allem war Weihnachten bei uns damals ein richtiges Volksfest, an dem jeder teilhatte, unabhängig davon, ob er getauft war oder nicht.

Weihnachten in Deutschland war ganz anders. In Deutschland, so erzählte man mir, und so erfuhr ich es auch, ist Weihnachten ein Fest der Besinnung – der Rückbesinnung auf die Familie vor allem; es wird in würdevoller Stille im vertrauten Kreise nächster Angehöriger gefeiert, nicht laut in den Straßen wie Karneval. Die Mitglieder der Kleinfamilie sind darum bemüht, sich wenigstens zu diesem Anlaß ihre gegenseitige Liebe und Zuneigung, ja den Zusammenhalt der Familie zu beweisen, auch dann, wenn letzterer schon brüchig ist, und das Jahr über von Liebe und Zuneigung nicht mehr allzuviel zu spüren war.

Natürlich wird auch hier üppig gegessen während der Feiertage, und oft wird dabei die Grenze zum Übermaß überschritten; ja, selbst figurbewußte junge Frauen kalkulieren eine Gewichtszunahme ein. Da die meisten Menschen in den westlichen Industriegesellschaften während des ganzen Jahres keinen Mangel an gutem Essen zu leiden brauchen, liegt die weihnachtliche Steigerung im Grunde darin, daß zusätzlich zum Genuß des Festbratens und zu reichlichem Kuchenverzehr an Süßigkeiten und Knabbereien hineingestopft wird, was der Bauch nur hält.

Wie für die Kinder in aller Welt ist auch für die Kinder in Deutschland Weihnachten gewissermaßen der Höhepunkt des Jahres; sie freuen sich lange auf die reichen Geschenke, die ihnen »der Weihnachtsmann« oder »das Christkind« unter den Weihnachtsbaum legen wird. Aber nicht nur die Kinder werden beschenkt, und es hat fast den Anschein, als ob der Austausch von häufig recht kostspieligen Geschenken für viele zum eigentlichen Inhalt des Festes geworden ist.

In meinem ersten Winter in Deutschland gewann ich den Eindruck – der sich von Jahr zu Jahr verstärkte –, daß sich die Deutschen hauptsächlich durch emsiges Kaufen auf das Weihnachtsfest vorbereiten. Ich staunte über die vielen hell erleuchteten Weihnachtsbäumen in der Stadt und die festlich geschmückten Kaufhäuser mit ihrem Überangebot an Waren, die seit November nur eines kündigen: »Es weihnachtet sehr – drum kauft, Leute; kauft, kauft, kauft, und nochmals: kauft!« Ich war verwirrt von den hektischen Menschen, die sich schon Wochen vor Weihnachten beim »Einkaufsbummel« mit angespannten Gesichtern, vollbepackt mit Schachteln und schweren Taschen, durch fast undurchdringliche Menschenmassen in prallgefüllten Warenhäusern und übervollen Straßen schoben, sich im Gemenge anrempelten, sich gegenseitig auf die Füße traten, und dann doch achtlos aneinander vorüberdrängten. Und ich war betroffen von dem starken Kontrast, den hierzu die menschenleeren Straßen an den Feiertagen boten. Das Land wirkte wie ausgestorben. Denn am Nachmittag des 24. 12. sowie am 25. 12. verläßt in Deutschland kaum jemand das Haus; die einzigen Menschenseelen, die draußen anzutreffen sind, sind am Heiligen Abend Väter, die mit ihren Kindern spazierengehen, damit die Mütter die Bescherung vorbereiten können, und am ersten Weihnachtstag Kirchgänger und Leute, die unterwegs sind, um nahe Verwandte zu besuchen.

Erst am Vormittag des 26.12. kommt wieder etwas Leben in die verschlafene weihnachtliche Winterwelt, und zwar erwacht es zuerst in den Stammkneipen beim »Stefanus-Steinigen«. Das ist so etwas wie ein rituelles Besäufnis braver Familienväter, die versuchen, die über die Feiertage in Enge und Langeweile in ihnen entstandene Leere mit Alkohol aufzufüllen und dabei die aufgestauten Aggressionen zu bewältigen, denn jedes Glas Schnaps oder Bier, das sie trinken, ist ein »Stein auf Stefanus«, jenen frühen christlichen Märtyrer, der für seinen Glauben damit bezahlte, daß er gesteinigt wurde.

Der weihnachtliche Mythos des trauten Zusammenseins mit lieben Angehörigen, von dem im allgemeinen aber Fremde ausgeschlossen sind, hat eine dramatische Schattenseite, denn nur »heile« Familien können ihm huldigen. Aber in einer Gesellschaft, die ihre alten und kranken Menschen abschiebt, und in der die Anzahl zerrütteter Ehen ständig wächst, gibt es zu viele Außenseiter, für die eine weihnachtliche Atmosphäre der Geborgenheit nur eine Illusion ist, die mit dem eigenen Leben nichts zu tun hat. Gerade über Weihnachten ist eine Zunahme der Fälle von Gewalt zu verzeichnen; und als Arzt im Krankenhaus mußte ich es einige Male mit ansehen, wie Eheleute ihre alten Eltern über Weihnachten ins Krankenhaus brachten, weil sie ihnen im Weg waren. Auch können viele allein lebenden Menschen ihre gesellschaftliche Isolation während des Festes nicht verkraften, aber sie haben niemanden, mit dem sie feiern können. Gerade in der Weihnachtszeit steigt deshalb die Selbstmordrate; und als Chirurg mußte ich in den vergangenen Jahren einige hoffnungslose Menschen wieder zusammenflicken, die an dem Gefühl des Verlassenseins in einer Zeit zerbrochen waren, in der sie alle anderen Leute in festlicher Harmonie mit lieben Angehörigen vereint glaubten. Sie hatten versucht, sich durch einen Schuß in den Mund aus ihrer unerträglichen Einsamkeit zu befreien. Aber von solchen Dingen wußte ich 1967 noch nichts.

Doch trotz dieser denkwürdigen, ja beängstigenden Aushöhlung des Sinngehaltes der weihnachtlichen Botschaft gilt Weihnachten traditionsgemäß auch heute noch als das Fest der Liebe, und schon in der Adventszeit wird in den Kirchen und in allen Medien nachdrücklich dazu aufgerufen, Gutes zu tun: In den sechziger Jahren war es in Deutschland beliebt, sein weihnachtliches Gewissen dadurch zu besänftigen, daß man einen einsamen Ausländer – einen Studenten oder einen Soldaten der alliierten Besatzungstruppen – zu sich nach Hause einlud und ihn teilhaben ließ an der scheinbar friedvoll-feierlichen Atmosphäre deutscher Weihnacht.

Anlaufstellen für solche Einladungen waren in den Universitätsstädten die akademischen Auslandsämter und die konfessionellen Studentengemeinden; und die KSG übermittelte mir im Winter 1967 so eine Einladung. Ich nahm sie begeistert an, aber in meine Freude über die unerwartete Gelegenheit, ein Weihnachtsfest bei einer deutschen Familie zu erleben, mischte sich auch ein wenig Aufregung, weil die bevorstehende private Begegnung doch den Rahmen sprengte, innerhalb dessen sich meine bisherigen Kontakte zu Deutschen abgespielt hatten. In dieser Stimmung fuhr ich am Nachmittag des 23. Dezember mit dem Zug in Richtung Ruhrgebiet zu völlig fremden Leuten, um mit ihnen die Weihnachtstage zu verbringen. Ein Mann mittleren Alters erwartete mich am Bahnhof, begrüßte mich ziemlich freundlich und brachte mich dann nach Hause zu Frau und Tochter. Auch dort war der Empfang herzlich, vielleicht ein bißchen gedämpft durch eine leichte Verlegenheit auf beiden Seiten. Bei der Vorstellung erfuhr ich, daß es den Eltern noch schwer fiel, sich damit abzufinden, daß in diesem Jahr zum ersten Mal nicht alle Familienmitglieder zu Weihnachten zu Hause sein würden. Der Grund: »Unser Max studiert in Berlin, und dieses Jahr will er nicht nach Hause kommen, weil es ihm hier zu langweilig ist.« Bald gab es Abendessen, und den Rest des Abends verbrachten wir im Wohnzimmer bei einem Glas Wein und einer für mich beklemmend einseitigen Unterhaltung, die jedoch für meine Gastgeber recht interessant gewesen sein muß: Sie wollten alles über mich und meine Heimat hören und merkten in ihrer Wißbegier nicht, wie bald ich ihrer Fragen überdrüssig wurde. Weil ich aber nicht unhöflich sein wollte, zwang ich mich, zu erzählen, soviel ich konnte.

Zur Schlafenszeit führte mich die Tochter des Hauses in das für mich vorbereitete Zimmer. Beim Betreten des Raumes schlug mir eiskalte Luft entgegen, mich überlief eine Gänsehaut, aber ich bedankte mich artig. In dieser Nacht fror ich wie noch nie zuvor in meinem Leben, ich fürchtete fast, an Unterkühlung zu sterben, und ich fragte mich, wie mir diese Leute so etwas antun konnten. Aber irgendwann nahm die Müdigkeit so sehr Besitz von mir, daß ich trotz der fürchterlichen Kälte einschlief – und auch am nächsten Morgen wieder erwachte. Noch ganz verfroren teilte ich meiner Gastfamilie beim Frühstück mit, daß mir das Zimmer nicht warm genug gewesen war. Ungläubiges Kopfschütteln: »Nein, wirklich?«, aber immerhin legten sie mir daraufhin eine zweite Decke aufs Bett.

Es war Heiligabend, und während sich Frau und Tochter in der Küche nützlich machten, nahm mich der Hausherr mit in die Messe. Unterwegs staunte ich, wie sehr er sich bemühte, keinen Gruß auszulassen und zu allen Passanten Blickkontakt herzustellen. Ob er sich wohl immer so verhielt? In der Kirche war ich der einzige Schwarze, und die Kunde von meiner Anwesenheit verbreitete sich dort wie ein Lauffeuer. Eine irritierende Unruhe zog sich durch die Bankreihen, Leute stießen sich gegenseitig an, flüsterten sich etwas zu und drehten ihre Köpfe nach mir, um mich – je nach Mut und Ausdauer – verstohlen zu beäugeln oder mich mit unverhohlener Neugierde anzustarren. Unter den musternden Blicken, die mich unentwegt aus allen Richtungen trafen, fühlte ich mich so unbehaglich, als säße ich auf einem Präsentierteller, und ich wünschte nur, daß das Ganze bald vorbei wäre. Aber noch unwohler fühlte ich mich, als mich mein Begleiter nach dem Gottesdienst wieder nach draußen führte. Wenn meine Hautfarbe allein noch nicht auffallend genug war, so sorgte er mit seinem sonderbaren Benehmen jetzt dafür, daß wir die Aufmerksamkeit wirklich aller Kirchgänger auf uns zogen. Er rief Leuten, die uns aus einiger Entfernung ungeniert betrachteten, betont freundliche Grußworte zu; er steuerte auf mehrere vor der Kirche stehende Grüppchen zu und stellte mich ihnen demonstrativ mit lauter Stimme vor. In ähnlicher Manier ging es auf dem Heimweg weiter; und unüberhörbar waren auch die im Vorbeigehen gemachten halblauten Bemerkungen anderer Fußgänger wie »Guck mal da, ein Neger!« oder »Boah, was ist der schwarz!« Als wir in der Nähe des Hauses meiner Gastgeber eintrafen, entging es mir nicht, daß sich hinter verschiedenen Fenstern die Gardinen bewegten oder neugierige Gesichter auftauchten. Trotz winterlicher Kälte und trotz der für diesen Festtag typischen Tendenz, sich in die Privatheit der eigenen vier Wände zurückzuziehen, trafen wir auch auf einige Nachbarn, die ganz zufällig gerade im richtigen Augenblick aus ihren Häusern kamen, einige Schritte auf uns zu machten, meinen Begleiter überschwenglich grüßten und ihn mit geheuchelter Überraschung fragten, was für einen netten Gast er denn da mit sich brächte; dabei musterten sie mich von Kopf bis Fuß mit neugierigen Blicken. All dem haftete eine beschämende Peinlichkeit an, ebenso, wie den zigmal gestellten Fragen, woher ich käme, wie lange ich schon hier wäre, ob ich schon Deutsch spräche, ob es auch bei uns Weihnachten gäbe, wie mir das Klima und das Essen in Deutschland bekäme, ob meine Eltern noch lebten und wie viele Geschwister ich hätte. Bei der letzten Frage bereitete es mir Vergnügen, die Frager mit der für deutsche Verhältnisse ungewöhnlich großen Zahl Dreizehn zu verblüffen. – Abends lagen auf dem Gabentisch unter dem festlich geschmückten Weihnachtsbaum auch für mich Geschenke, dann ging es weiter mit der aufdringlichen Fragerei. Am ersten Weihnachtstag weigerte ich mich, wieder in die Kirche zu gehen, die Erfahrung vom Vortag hatte mir gründlich gereicht. Meine Gastgeber reagierten mit verständnisloser Betroffenheit; sie wollten wissen, warum, aber ich konnte es ihnen nicht sagen. Die Bitte des Hausherrn, ihn auf seinem Nachmittagsspaziergang zu begleiten, wagte ich nun aber nicht auch noch abzuschlagen. Bei unserem Stadtbummel ereignete sich noch einmal in schematischer Abfolge all das, was ich schon beim Kirchgang über mich hatte ergehen lassen müssen; und das gleiche Schauspiel wiederholte sich am zweiten Feiertag. Es störte mich sehr, wie dieser Mann draußen mit mir umging, mich wie eine Neuanschaffung stolz allen Leuten vorzeigte, denen wir begegneten. Sein Auftreten ließ keinen Zweifel daran, daß er mit dem exotischen Gast Bewunderung ernten wollte; dabei schien es absolut nicht in sein Bewußtsein zu dringen, wie sehr er mich verletzte; und ich gab mir Mühe, es nicht zu zeigen, sondern lächelte jedes Mal höflich, wenn ich wieder in auffälliger Weise einem Fremden vorgestellt wurde.

Trotz des verhaltenen Ärgers über die peinlichen Vorführ- und Ausfrageprozeduren und trotz der gähnenden Langeweile, die ich während meines Aufenthaltes empfunden hatte, bedankte ich mich am 27. Dezember wohlerzogen für die Einladung und Gastfreundschaft und fuhr – erleichtert aufatmend – nach Münster zurück. Später hatte ich Gelegenheit, mich mit anderen Ausländern aus Afrika, Asien und Lateinamerika über dieses Erlebnis auszutauschen. Zu meiner Verwunderung hatten sie in ihren Gastfamilien ähnliche Erfahrungen gemacht wie ich. Sie hatten alle nach dem ersten Mal die Nase voll und hüteten sich davor, ein zweites Mal eine solche Einladung anzunehmen. Warum ich es hingegen tat, ist mir nie ganz klar gewesen; aber ich akzeptierte eine zweite Einladung und besuchte ein junges Ehepaar. Zu Ostern war es, und dieses Mal verbrachte ich harmonische Tage mit meinen Gastgebern, die mir in guter Erinnerung geblieben sind.

Das war also mein erstes Weihnachtsfest in Deutschland; aber seit damals habe ich noch viele Weihnachten hier verbracht und eine eigenartige Stimmung, die nur zu dieser Jahreszeit herrscht, lieben gelernt. Ich meine jene, im studentischen Jahreslauf einzigartige Atmosphäre, die den ausländischen Bewohner eines Studentenheimes während der Weihnachtstage umfängt. Um sich in diese unvergleichliche Stimmung einzufühlen, muß man zuerst einen Eindruck von dem Klima gewinnen, das zu anderen Zeiten das Heimleben bestimmt.

Wenn man in einem Studentenheim wohnt – und ich denke jetzt an die Heime mit Einzelzimmern, Etagenküchen und anderen Gemeinschaftsräumen, wie etwa die Studentensiedlung Wilhelmskamp in Münster, in der ich mehr als vier Jahre gelebt habe –, wenn man in einem solchen Heim wohnt, ist man immer, jahrein, jahraus, von einem Geräuschpegel umgeben, der auch bei Nacht niemals ganz abebbt. Bei dem dichten Zusammenwohnen und den dünnen Zimmerwänden nimmt man unweigerlich am Leben seiner Nachbarn teil. Man hört Schritte und Stimmen auf dem Flur; eine Tür wird geräuschvoll geöffnet oder geschlossen; hier wird angeklopft, dort begrüßen Leute sich temperamentvoll. Aus diesem Zimmer schallt Musik herüber, aus jenem kann man Teile des Abendprogramms im Fernsehen, zumindest akustisch, mitverfolgen; und durchs Fenster dringen die lauten Stimmen und das fröhliche Lachen einer gemütlichen Runde.

Tausenderlei Aktivitäten prägen das Gesicht der Siedlung, egal ob es nun während des Semesters, während der Ferien oder an einem Wochenende ist: irgendwo ist immer irgend etwas los. Aus den Etagenküchen strömen ganz verschiedene appetitliche Düfte und verteilen sich im ganzen Haus, an lauen Sommerabenden liegen verführerische Gerüche von feucht-fröhlichen Grillpartys in der Luft. Möchte man sich mal die Füße vertreten oder zur Abwechslung ein paar Worte mit einem anderen Heimbewohner sprechen, so braucht man nur in die Küche oder in den Gemeinschaftsraum zu gehen, und schon trifft man jemanden, der ebenfalls froh ist über die Kurzweil eines kleinen Schwätzchens.

Auch in der Nacht klingt das lebhafte Treiben nicht völlig ab. Irgendwo wird noch geduscht; irgendwer kommt spät nach Hause, und irgend jemand verabschiedet um Mitternacht seine Gäste. Sollte man nachts zufällig einmal aus dem Fenster schauen, so wird man, ganz gleich zu welcher Stunde, immer noch in dem einen oder anderen Zimmer Licht brennen sehen. Hier büffelt ein eifriger Student beim Schein seiner Schreibtischlampe bis in den frühen Morgen für seine nächste Klausur, dort zeugt der warme Schimmer einer farbigen Glühbirne von der verschwiegenen nächtlichen Begegnung zweier Menschen.

Aber über Weihnachten ist alles anders. Schon einige Tage vor dem Fest leert sich das Heim und spätestens am Morgen des 24. Dezember herrscht auf allen Fluren und in allen Küchen eine nahezu gespenstische Ruhe. Der Wohnblock wirkt wie ausgestorben, die Studentensiedlung liegt da wie eine verlassene Goldgräberstadt. Einzig die wenigen ausländischen Kommilitonen, die von so weit her kommen, daß sie zu Weihnachten nicht nach Hause fahren können, regen sich noch in den leeren Mauern.

Viele junge Deutsche haben den emotionalen Bezug zum Familienfest Weihnachten verloren, sie empfinden es als eine lästige Pflicht, das Fest zu Hause verbringen zu müssen; um aber ihre Eltern nicht zu sehr zu kränken, erfüllen sie widerwillig deren Erwartung und fahren heim. Und so blieb ich am Heiligen Abend als einziger übrig im Wohnheim, vielleicht noch mit einem Flurgenossen aus Afghanistan, mit dem Freund aus Togo, der im vierten Stock wohnte und dem Kollegen aus Ghana im Nebenhaus. Es war so still, daß man eine Stecknadel fallen hören konnte; und ich, der ich nicht teilhatte an der Weihnacht der Deutschen, genoß die seltene Ruhe um mich herum wie ein persönliches Geschenk. Ich hatte rechtzeitig meine Feiertagsvorräte eingekauft und am Morgen des 24. 12. einen großen Topf voller afrikanischer Soße gekocht, die für die ganzen Festtage reichte. Ich brauchte nun also nur noch mein Zimmer zu verlassen, um ein noch stilleres Örtchen aufzusuchen oder um mir eine Mahlzeit zuzubereiten. Ich wachte morgens auf und atmente die berauschende Stille ein; noch ganz verschlafen schaute ich aus dem Fenster, und wenn ich Glück hatte und es weiße Weinachten gab, war ich fasziniert von dem Anblick des Siedlungsgeländes, das von einer jungfräulichen Schneedecke überzogen da lag. Weit und breit war keine Menschenseele zu sehen. Ich wußte, heute brauchte ich nicht aufzustehen, der Tag gehörte mir, und ich verkroch mich schnell wieder unter meiner Decke. Viel später erst, gegen Mittag, wenn sich mein Magen rührte, machte ich mich gemächlich auf den Weg in die Küche. Dort traf ich vielleicht den Zimmernachbarn aus Afghanistan. Wir genossen es, die Küche heute für uns allein zu haben, hielten einen kleinen Plausch und zogen uns danach in die wohltuende Einsamkeit unserer Zimmer zurück.

Ja, ich liebte diese unnachahmliche Atmosphäre, wenngleich ich mich andererseits das Jahr über auch recht wohl als aktiver Teilhaber des Siedlungsalltags in seiner ganzen lärmenden Buntheit fühlte. Irgendwann im Laufe der Tage war ich dann vielleicht vorübergehend der Stille überdrüssig, hatte das Bedürfnis nach dem Klang einer menschlichen Stimme; deshalb klopfte ich gegen die Wand und brüllte übermütig: »Omar, bist du da?« »Ja, Chima, ich bin da.

Was machst du?« hallte es zurück. Ich antwortete, und wenn wir Lust hatten, wiederholten wir das Spiel noch das eine oder andere Mal an diesen Tagen.

Oft fand an einem der Weihnachtsabende eine Feier statt, organisiert von einem der ausländischen Studentenvereine. Ich freute mich darauf, ausschließlich zu diesem Anlaß aus der Abgeschiedenheit meiner Klausur auszubrechen, mich unter meinesgleichen zu mischen und dazu beizutragen, daß sich die Party zu einer ausgelassenen Fete entwickelte. Ansonsten lebte ich einfach in den Tag, bis sich am Vormittag des 27. 12. das Heim ganz langsam wieder belebte mit Kollegen, die nach der Erfüllung ihrer weihnachtlichen Pflichten aus ihren Heimatstädten wieder zurückkehrten in studentische Gefilde. Denn hier war der Ort, an dem sie im vergnügten Kreise ihrer Freunde das alte Jahr ausläuten und mit vom Alkohol vernebelten Sinnen im Geknalle der Feuerwerkskörper ein neues, glücklicheres willkommen heißen wollten.

6. KAPITEL

Schattenseiten des Studentenlebens

Im Frühjahr 1968 nahm ich die letzte Hürde auf meinem Weg zu einem Studium in Europa, die Deutschprüfung für ausländische Studienbewerber. Damit sicherte ich mir einen Studienplatz an der Universität Münster für das folgende Sommersemester.

In der Schule hatte ich mich ganz besonders für alles interessiert, was mit den Naturwissenschaften zusammenhing, deshalb entschied ich mich für das Studium der Chemie mit den Nebenfächern Physik und Mathematik. Ich wählte also meine Neigungsfächer und glaubte, damit richtig zu liegen. Am Anfang war es unsagbar schwer für mich, den Vorlesungen und Seminaren inhaltlich überhaupt zu folgen. Das war ziemlich deprimierend, denn im allgemeinen konnte ich mich schon ganz problemlos auf deutsch verständigen, und ich hatte gehofft, in der Deutschprüfung das Maß an Sprachkenntnissen nachgewiesen zu haben, das ich brauchte, um mich an der Uni zurechtzufinden. Aber das Niveau von Deutschunterricht und Sprachprüfung und die verbalen Anforderungen des Hochschulalltags waren wohl doch zweiterlei, wie ich verstört zur Kenntnis nehmen mußte. Und da saß ich nun, unzureichend ausgerüstet, im Hörsaal von Professoren und Dozenten, die auf meine erschwerte Situation keine Rücksicht nehmen wollten oder konnten. Ich war ein Student wie jeder andere, und es war jetzt einzig und allein meine Sorge, wie ich zum Beispiel mit unterschiedlichen Redegeschwindigkeiten, verschiedenen Dialektfärbungen und individuellen Ausdrucksweisen zurechtkam – von akademischem Vokabular und wissenschaftlichen Fachwörtern einmal ganz zu schweigen. Für die so beschwerliche Anfangsphase wäre es sicherlich noch hochgestapelt, wollte ich behaupten, daß ich auch nur die Hälfte von allem verstanden hätte! Doch ich ließ mir nichts anmerken, machte ein möglichst interessiertes Gesicht und lachte mit, wenn alle anderen lachten – auch wenn ich den Scherz gar nicht verstanden hatte. Zuhause ackerte ich mit Hilfe von Wörterbüchern in stundenlanger zermürbender Kleinarbeit meine Lehrbücher durch; und mit unendlich viel Mühe schaffte ich es, trotz der gewaltigen Sprachbarriere im Stoff mitzukommen.

Aber ich fühle mich noch lange nicht wirklich sicher in der deutschen Sprache, und einmal verpaßte ich deswegen die Stoppzeit einer Klausur. Unsere Arbeitszeit wurde bis auf halb vier (15. 30 Uhr) begrenzt. Ich stolperte über den sprachlichen Transfer zwischen dem Englischen und dem Deutschen; im Hinterkopf war mir nur die englische Zeitrechnung gegenwärtig, nach der »half past four« (halb nach vier) 16. 30 Uhr bedeutet. In der Annahme, genügend Zeit zur Verfügung zu haben, arbeitete ich also entsprechend langsam und gründlich und war am Ende ziemlich erschrocken, als plötzlich der Professor vor mir stand und meine Papiere einsammeln wollte. Verzweifelt bat ich ihn um Verständnis, aber er glaubte mir nicht, daß ich mich aus rein sprachlichen Gründen in der Zeit geirrt hatte; er nahm mir die halbfertige Arbeit ab, und die Konsequenzen meines Versehens blieben mir nicht erspart.

In der Universität machte ich eine in zweifacher Hinsicht bestürzende Erfahrung: bestürzend zum einen in ihrer unmittelbaren Bedeutung für mich, zum anderen in ihrer extremen Gegensätzlichkeit zu früheren Erfahrungen. In der scheinheilig-katholischen Umgebung meines Wohnheimes war mir das großbrüderlich-distanzlose Sich-um-mich-Kümmern meiner Nachbarn aufs Gemüt geschlagen; während meines weihnachtlichen Aufenthaltes bei einer im Grunde wohlmeinenden deutschen Familie hatte deren unbeholfen-einseitige Ausfragerei meine Nerven über Gebühr strapaziert. Hier nun, im wissenschaftlich-sterilen Klima der Hochschule, fühlte ich mich ganz mächtig vor den Kopf gestoßen durch unzugängliche Mitmenschen, die mich ungerührt ins soziale Abseits verwiesen. Und wenn ich mir zweifellos in den beiden zuvor geschilderten Erfahrungsbereichen etwas mehr Rücksichtnahme auf mein Bedürfnis nach Privatheit und ein wenig mehr Respekt vor meiner Persönlichkeitssphäre gewünscht habe, so bin ich doch nie eine eigenbrötlerische Natur gewesen, sondern habe stets den ungezwungenen geselligen Umgang mit anderen gesucht. Und gerade in dieser, an Belastungen reichen, neuen Lebenssituation bedurfte ich dringend der Aufmunterung durch gute Kameraden. Eine vertrauensvolle Zusammenarbeit mit anderen hätte mir das Studium erheblich erleichtert, davon bin ich überzeugt. Aber ich war im Institut der einzige Ausländer, und den Kontakt zu meinen deutschen Studienkollegen suchte ich vergeblich – sie wichen mir krampfhaft aus, ganz so, als fürchteten sie, sie könnten sich von mir eine mysteriöse, ansteckende Krankheit holen. Oft mieden sie sogar eine ganze Bankreihe, wenn ich schon dort saß; solange es noch genügend freie Plätze im Raum gab, wollte niemand der erste sein, der in meine Nähe rückte. Dabei war die Immunschwächeseuche AIDS damals noch gar nicht bekannt, und die peinlichen Vermeidungsstrategien meiner Kommilitonen konnten noch nicht daher rühren, daß das gefährliche Gift der in den achtziger Jahren von einer übermächtigen Propagandamaschinerie in die Welt gesetzten Irrlehre in ihren Köpfen zu wirken begonnen hatte – der Irrlehre nämlich, AIDS käme aus Afrika!

Einmal wandte ich mich wegen eines Buches an einen Studienkollegen. Er schlug mir jovial vor, doch mal bei ihm vorbeizuschauen. Als ich ihn kurz darauf tatsächlich besuchte, tat er nichts, was mich dazu ermutigt hätte, ein wenig dort zu bleiben; er bot mir nichts zu trinken an, war kurz angebunden und versuchte nicht, überhaupt irgendeine Unterhaltung mit mir zustande zu bringen. Trotzdem lud ich ihn ein, mich auch einmal zu besuchen. Er kam nie. – Ein anderes Mal hatte mir die KSG einen Assistenten aus dem Chemischen Institut vermittelt, der bereit war, mir bei meinen Studienproblemen zu helfen. Ich empfing ihn mit der Gastfreundschaft, die für mich selbstverständlich war, und ich bot ihm sogar ein Glas Wein zu trinken an. Das alles schien ihn zu irritieren, jedenfalls wirkte er ziemlich zugeknöpft, und er kam nie wieder.

Das abweisende Verhalten meiner Kommilitonen und Institutsangehörigen traf mich um so mehr, als ich nicht darauf gefaßt gewesen war. Ich hatte doch auch schon das unbefangen kameradschaftliche Auf-mich-Zugehen junger Internatsschüler und die unkompliziert partnerschaftlichen Umgangsformen katholischer Priesteranwärter kennengelernt! So hatte ich nicht damit gerechnet, gerade von meinen Mitstudenten nicht akzeptiert zu werden. Ich war doch einer von ihnen, und ich signalisierte ihnen mit kollegialer Offenheit meine Kontaktbereitschaft! Warum grenzten sie mich in so auffälliger Weise aus, stempelten mich zum Außenseiter? Warum gaben sie sich nicht die geringste Mühe, mich kennenzulernen? War es Ablehnung dessen, was ihnen fremd erschien, war auch Angst vor dem Unbekannten im Spiel? Lag es an ihrer Unfähigkeit, sich auf neue Erfahrungen einzulassen; oder hielten sie ganz einfach ihre Bequemlichkeit und ein gewisses Desinteresse auf Distanz? – Meine Überlegungen führten zu dem Schluß, daß das herablassend-karitative Benehmen meiner Nachbarn im Marianum und das unverblümte Neugierverhalten schlichter Kohlenpottmenschen einerseits und die starrköpfig erzwungene künstliche Distanz im Universitätsbereich andererseits letzten Endes wohl nichts anderes waren, als zwei verschiedene Seiten einer Medaille.

Die Zeit meines Chemiestudiums fiel in die leidvollen Jahre des Biafrakrieges, und die Medien bombardierten mich mit täglich neuen Schreckensnachrichten aus dem ausgehungerten, im Krieg verblutenden Land, das meine Heimat war. Ich hatte Biafra bei Kriegsausbruch verlassen, aber meine innere Verbundenheit mit denen, die ich zurückgelassen hatte, war nicht abgerissen, ihr trauriges Schicksal war mir nicht gleichgültig. Da aber aus dem mörderischen Chaos der Kriegsschauplätze und den überfüllten Flüchtlingslagern keine Post zu mir gelangte, die meine schlimmsten Befürchtungen entweder entkräftet oder aber bestätigt hätte, bangte ich in sorgenvoller Ungewißheit um das Leben engster Angehöriger und Freunde.

Was mir neben meinem anstrengenden Studium noch an Zeit und Kraft blieb, investierte ich in meine Arbeit im Münsteraner Biafrakomitee, in dem sich Afrikaner und Deutsche gleichermaßen Tag und Nacht für eine Verbesserung der Lebensbedingungen der notleidenden Kriegsopfer einsetzten. Unermüdlich sammelten wir Geld, Lebensmittel, Medikamente, Kleidung und alles, was wir sonst noch mit Hilfe kirchlicher Organisationen nach Biafra schikken konnten. Mit ausdauernder Zähigkeit setzten wir alles daran, die deutsche Bevölkerung durch Vorträge und Flugblattaktionen aufzuklären und die Hintergründe dieses grausamen Krieges und die bemerkenswerte – weil in der Geschichte des zwanzigsten Jahrhunderts einmalige – Zusammenarbeit zweier Großmächte aus gegnerischen politischen Lagern (Großbritannien und Sowjet-

Rußland) zugunsten Nigerias. Aber auch auf politischer Ebene wurden wir aktiv: Hartnäckig schrieben wir Briefe an wichtige staatliche Stellen in der Bundesrepublik und an die Regierungen anderer europäischer Länder. Darin forderten wir sie auf, mit aller Entschiedenheit für eine Beendigung dieses sinnlosen und verheerenden Krieges einzutreten.

In der Erinnerung an diese bedeutungsvolle gemeinsame Arbeit muß ich aus ganzem Herzen den bewundernswert selbstlosen Einsatz ungezählter deutscher Freunde in Münster und überall in Deutschland hervorheben, die mit uns für unser von Kriegsgreueln und Hungerkatastrophen heimgesuchtes Land kämpften, als wäre es ihr eigenes. Und ganz ohne jeden Vorbehalt muß ich die vorbildlichen Hilfsaktionen der Kirchen in Deutschland und der ihnen angeschlossenen Wohlfahrtsverbände herausstellen. Ohne deren beispiellose Unterstützung wäre es um das verhungernde Volk in unserer ausgebluteten Heimat noch weitaus schlimmer bestellt gewesen, als es auch so schon war. Die uneigennützige Arbeit aller beteiligten Gruppen und Institutionen, in denen ja letztlich lauter einzelne Menschen aus einer tiefen inneren Überzeugung heraus ihr Bestes gaben, wurde zu einer unverzichtbaren Hilfe für viele einzelne, in ihrem nackten Leben bedrohte Menschen in Biafra. Über diesen späten Lobgesang auf die Hundertschaften von Aktiven möchte ich aber nicht vergessen, die unentwegt durch moralische Unterstützung und wertvolle Geld- und Sachspenden bekundete Solidarität der ruhig im Hintergrund verharrenden breiten Masse der deutschen Bevölkerung zu erwähnen, ohne die letztlich auch die Arbeit der Aktiven sehr viel unzulänglicher geblieben wäre. Rückblickend kann ich sagen, daß ich über die gemeinsame Biafraarbeit in Deutschland echte Freunde gefunden habe; und der Gedanke an den von ihnen erfahrenen Beistand und Trost erfüllt mich noch heute mit tiefer Dankbarkeit. Nie werde ich vergessen,was all diese Menschen für mein Land im allgemeinen und für mich im besonderen getan haben.

Das Bewußtsein des Krieges mit all seinen Grauen konnte ich nicht von mir abstreifen wie ein Kleidungsstück, wenn ich nachts von der Arbeit im Biafrakomitee nach Hause kam. Vielmehr belastete mich noch am nächsten Morgen, wenn ich zur Uni ging, diese quälende Angst und eine unstillbare Traurigkeit, die in dem

Krieg zu Hause ihre Wurzeln hatten. Wie sehr hätte ich schon aus diesem Grunde auch im Institut gelegentlich eines freundlichen Wortes des Zuspruchs oder der Anteilnahme bedurft, das mir das Gefühl gegeben hätte: Hier hast du es mit Menschen zu tun, die dich als ganzen Menschen sehen. Nun, dem war nicht so, und vielleicht hätte ich die plumpen Ausweichmanöver meiner Kommilitonen mit der Zeit sogar lächerlich gefunden, wenn sie mich in meiner ohnehin schwierigen Lage nicht so empfindlich getroffen hätten. Aber als einziger Ausländer im Chemischen Institut blieb ich völlig auf mich allein gestellt und konnte nicht einmal auf die Solidarität anderer ausländischer Studenten bauen. So stellte mich die soziale Isolation, in die mich meine deutschen Kollegen zwangen, auf eine harte Bewährungsprobe, und mein einsamer Kampf war bitter.

So wenig förderlich die Gesamtheit der Probleme, die mich drückten, einem erfolgreichen Studienverlauf auch gewesen sein mag, es liegt nun einmal in meiner Natur, meine Ziele mit Beharrlichkeit zu verfolgen und mich dabei nicht von Hindernissen oder Rückschlägen aus der Bahn werfen zu lassen. Und so nahm ich auch in bezug auf mein Chemiestudium all meine Willenskraft zusammen und schaffte es, innerhalb von zwei Jahren alle Scheine zu sammeln, die ich brauchte, um das Vordiplom zu machen. Nichtsdestotrotz hängte ich kurz vor dem Vordiplom die Chemie an den Nagel und sattelte auf die Medizin um. Aber nicht Prüfungsangst oder eine plötzliche Laune waren der Grund für diesen Sinneswandel; mein scheinbar so spontaner Entschluß war vielmehr in einer langen Auseinandersetzung mit den Unlustgefühlen gegenüber meinem Studienfach in mir gereift. In der Schule war Chemie eines meiner Lieblingsfächer gewesen, aber im Laufe von vier Semestern intensiver Beschäftigung mit dieser Wissenschaft wurde mir klar, daß ich nicht ein Leben lang, tagein, tagaus, ins Labor gehen und dort mit toter Materie still vor mich hin arbeiten wollte. Diese Zukunftsperspektive befriedigte mich nicht mehr, deshalb hatte ich mich entschieden, Medizin zu studieren. Als Arzt könnte ich Menschen ganz unmittelbar helfen; die Wirkungen und Folgen meines Tuns wären direkt erfahrbar. Ich sah also im Medizinstudium eine größere Chance zur Selbstverwirklichung, und so wechselte ich im Sommersemester 1970 über zur Medizinischen Fakultät der Universität Münster und begann dort ein ganz neues Studium.

Noch vor dem Studienfachwechsel konnte ich vom Marianum in ein staatliches Wohnheim umziehen. Mein Gott, war ich froh! Mein neues Heim war die Studentensiedlung Wilhelmskamp an der Steinfurter Straße, und zum Glück mußte ich nicht zuerst mit einer Doppelzimmerhälfte vorliebnehmen, sondern konnte sofort in das gemütliche Einzelzimmer im Haus Münsterland einziehen. Ich fühlte mich dort von Anfang an richtig zu Hause, was nicht zuletzt auch daran lag, daß ich mich frei und ungezwungen bewegen konnte ohne jenes beklemmende Gefühl, das ich im Marianum nie ganz losgeworden war, daß nämlich alle Augen auffallend unauffällig auf mir ruhten. Auch wiederholte sich nicht meine befremdende Institutserfahrung einer zwanghaft unnatürlichen Grenzziehung zwischen Deutschen und Ausländern. In zufälliger Reihenfolge wohnten um mich herum Studenten aller Semester und Fachrichtugen, Jungen und Mädchen, Deutsche und Ausländer. Und gerade diese buntgewürfelte Mischung machte für mein Empfinden den besonderen Reiz des Wohnens in einem Studentenheim aus. Die Menschen in der Siedlung gaben sich in ihrer Gesamtheit locker und unkompliziert, ein jeder konnte nach seiner Fasson selig werden; dabei war der Umgangston unter uns lässig-kumpelhaft. Dementsprechend kam ich mit meinen Heimgenossen im allgemeinen gut aus; mal ergab sich ein eher oberflächlicher Kontakt, mal entwickelte sich eine längerfristige, tiefergehende Freundschaft, das war ganz verschieden, so verschieden wie die Neigungen, Charaktere und Persönlichkeiten der Leute, die im Wilhelmskamp wohnten.

Dennoch kam es infolge des engen Aufeinander-angewiesen-Seins im Laufe der Jahre zu so manchem unschönen Zusammenstoß; und nicht selten spielten in solche Zwistigkeiten auch unterschwellig vorhandene, ja gelegentlich offen ausgesprochene Vorurteile hinein. Derartige Erfahrungen gehörten zum Heimalltag, ich teilte sie mit allen anderen Ausländern in der Siedlung.

Ein oft gehörter Vorwurf, der vor allem Afrikaner traf, bezog sich auf unsere – grundsätzlich – zu laute Musik. Ich bestreite es nicht – ich bin ein leidenschaftlicher Musikliebhaber; und seit ich mir das Geld für meine erste Stereoanlage (eine dieser inzwischen altmodischen Musiktruhen) buchstäblich vom Munde abgespart hatte, habe ich es immer sehr genossen, mich auch noch in später Nacht bei den Klängen meiner Lieblingsmusik zu entspannen. Das völlige Eintauchen in die Musik hatte von jeher eine therapeutische Wirkung auf mich; es befähigt mich, gleichsam aus mir herauszutreten und meine Probleme mit Ruhe und Gelassenheit zu betrachten. Die Schattenseite meiner Liebe zur Musik war, daß ich fortan als der Urheber jedweder Ruhestörung durch laute Musik herhalten mußte, ganz gleich, aus welcher Ecke des Heimes sie erscholl. Ungeprüft traf mich dieser Vorwurf auch dann, wenn ich zum fraglichen Zeitpunkt gar nicht zu Hause gewesen war.

Der größte Teil der Deutschen im Wilhelmskamp neigte nicht gerade dazu, sich zu Stereoklängen in die eigenen vier Wände zurückzuziehen; wohl aber drehten so manche von ihnen an so manchem Abend ihren Fernseher voll auf und verurteilten dadurch gnadenlos alle ihre Unter-, Neben- und Obermieter zum Mithören des von ihnen gewählten Fernsehprogramms. Aber auch sonst verhielten sich nicht alle deutschen Mieter so leise, daß sie niemanden stören konnten. Es gab Leute unter ihnen, die nächtelang mit ihren Kumpeln zusammenhockten, wobei sie gewöhnlich regelrecht soffen. Bei diesen Trinkgelagen ging es immer lustig zu, und für einen unbeteiligten Hausbewohner konnten dröhnende Männerstimmen, die sich im Eifer des Gefechtes gegenseitig zu übertrumpfen suchten, um dann auch wieder in schallendes Gelächter auszubrechen, sehr wohl zu einer empfindlichen Lärmbelästigung werden. Ich hatte im Grunde nichts gegen diese »deutsche Art«, sich zu amüsieren; und wenn ich in der richtigen Stimmung war, kam es auch schon mal vor, daß ich mich so einer feucht-fröhlichen Runde anschloß. Was mich jedoch verstimmte, war, daß die Störungen, die von diesen Zusammenkünften ausgingen, von den ansonsten lärmempfindlichen Nachbarn ohne weiteres toleriert wurden, während meine Musik (selbst dann, wenn sie nicht spielte!) als ein unliebsames Ärgernis Aufsehen erregte. Auch fand ich es nicht fair, daß die selben Leute, die ihren Mitmenschen ausgesprochen rücksichtslos den eigenen Krach zumuteten, es sich anmaßten, mich immer wieder wegen meiner Musik anzumachen. Für mich lag darin ein Widerspruch, den ich nicht ohne weiteres zu akzeptieren bereit war.

Einige Jahre später wurde ich Zeuge eines Zwischenfalls, bei dem ähnliche Ungereimtheiten im Spiel waren; das war auf einer Party in Neuss am Pfingstsamstag 1979. Wir waren zu Gast bei einem nigerianischen Ärzteehepaar, das in einem Mehrfamilienhaus in einem gepflegten Neubaugebiet wohnte. Die Leute hatten während ihrer gesamten Mietdauer noch nie in der Wohnung gefeiert; und der freudige Anlaß dieser ersten Party war das bestandene Examen der Frau. Vor dem Fest hatten sie alle Nachbarn informiert und um Verständnis dafür gebeten, daß es ausnahmsweise einmal laut werden würde.

Um Mitternacht war die Party in vollem Gange, die Stimmung näherte sich ihrem Höhepunkt, und noch keiner der Nachbarn war gekommen, um sich zu beschweren – da klingelte es. Die Hausfrau öffnete und erschrak beim Anblick der grünen Uniformen zweier Polizeibeamter. Sie bat die ungeladenen Gäste, einen Augenblick zu warten, ließ die Tür eine Handbreit offen und rief ihren Mann herbei. Der konnte ihrem Ruf gar nicht so schnell folgen, wie die noch sehr jungen, bewaffneten Polizisten an der verdutzten Frau vorbei in die Wohnung eingedrungen waren. An der Wohnzimmertür trafen sie auf den ebenfalls überraschten Hausherrn; und ehe dieser überhaupt ein Wort sagen konnte, forderten sie ihn in gebieterischem Tonfall auf, unverzüglich die Stereoanlage auszustellen, weil das Spielen von Musikgeräten in dieser Lautstärke einen Verstoß gegen den Ruhestörungsparapraphen darstellte. Und ohne ihm Gelegenheit zu einer Antwort zu geben, drohten sie, im Falle der Nichtbefolgung die Anlage zu beschlagnahmen – das Recht dazu hätten sie! Der Nigerianer brauchte ein, zwei Sekunden, um den Informationsgehalt dieses Wortschwalls zu verarbeiten; dann forderte er seinerseits die Männer auf, unverzüglich seine Wohnung zu verlassen, und verlangte überdies, daß sie sich auswiesen; danach wäre er bereit, die Sachlage mit ihnen zu klären. Die Polizisten machten jedoch keinen Schritt aus der Wohnung hinaus, auch ihre Ausweise zeigten sie nicht vor. Es folgte ein Wortwechsel zwischen dem Arzt und den uniformierten Eindringlingen, in dessen Verlauf sie im empfahlen, sich mit seinen Gästen zusammenzusetzen und laut zu singen – das sei erlaubt.

Schließlich gaben sie sich damit zufrieden, daß die Musikanlage sehr leise gestellt wurde; danach verließen sie die Wohnung. Natürlich war die fröhliche Partystimmung hinüber, und das nicht nur, weil die Musik jetzt zum Tanzen zu leise war. Es wurde noch lange über den Zwischenfall gesprochen, dabei erzählte unsere Gastgeberin, daß die deutschen Mieter der Siedlung häufig Grillpartys auf dem Rasen feierten und dabei durch lautes Singen ihre Nachtruhe schon oft empfindlich gestört hatten.

Aber von der unterschiedlichen Bewertung verschiedenartiger Lärmquellen einmal abgesehen, wir Ausländer mußten auch sonst die Köpfe für alles hinhalten, was im Heimalltag in Unordnung geraten war. Kam in einem Studentenheim mal etwas weg, waren wir diejenigen, die verdächtigt wurden. Mangelte es – wie so oft in den Gemeinschaftseinrichtungen der Wohnheime – an Sauberkeit, waren natürlich wir die Schmutzfinken. Uns als Blitzableiter zu benutzen, ersparte unseren deutschen Mitbewohnern die Pein der Selbstkritik! Ich ließ mir beizeiten ein dickes Fell wachsen, und im übrigen ließ ich mir nichts bieten. Meine Nachbarn fanden bald heraus, daß mit mir nicht gut Kirschenessen war, wenn sie wieder einmal einen Sündenbock für eigenes Versagen suchten, und so ließen sie mich mit der Zeit in Ruhe. Das änderte aber nichts an der grundlegenden Tendenz, den Ausländern die Schuld an allem Übel in die Schuhe zu schieben.

Wenn ich nur einmal an die leidige Klauerei denke, die in allen Studentenwohnheimen immer wieder zu gegenseitigem Mißtrauen führte. Ich selbst bin so oft bestohlen worden, daß mir keiner mehr etwas vormachen kann! Einmal hatte ich mir einen Schwung neuer Unterhosen gekauft, nach der ersten Wäsche im Trockenkeller aufgehängt, und – weg waren sie. Meine Freundin wusch am Tage vor den Semesterferien in meinem Wohnblock einen teuren Bikini und hängte ihn zum Trocknen auf – weg. Einmal wusch sie in ihrem Heim zwei gute Jeans von mir – weg. Von den vielen T-Shirts, Handtüchern, Bettlaken (auch noch später im Wohnheim für christliche Studentenehepaare), deren Verlust man nicht einmal immer sofort bemerkte, will ich erst gar nicht reden. Also, daß nur die Ausländer lange Finger haben sollen – will mir nicht in den Sinn! Obwohl mir ja einmal jemand eine »durchaus einleuchtende« Erklärung für diese Auffassung geliefert hat: Man müsse sich doch wundern, daß die gestohlenen Wäschestücke niemals wieder auftauchten. Schon das könnte als Beweis dafür gelten, daß die Diebe einzig unter den Ausländern zu suchen seien. Wer sonst hätte die Möglichkeit, all das Diebesgut wegzuschaffen? Und es sei ja bekannt, daß die alle so große Familien hätten, da gäbe es doch immer jemanden, dem das eine oder andere Teil passe. – Also! Gestohlene Wäsche ehrlicher deutscher Studenten, in Päckchen gepackt und zur Unterstützung armer Großfamilienmitglieder per Post in die Türkei, nach Ghana, Indonesien oder Brasilien versandt – einfach lächerlich!

Eines Sonntags klopfte es an meiner Tür, und ein weitläufiger Bekannter lud mich zu einem Gedankenaustausch bei einem Glas Bier in sein Zimmer ein, weil sein Bruder, der als Entwicklungshelfer in Togo arbeitete, zu Besuch war. Ich nahm die Einladung an und erfuhr im Laufe des Gespräches unter anderem, daß es »da unten« so schwierig mit den Hausboys sei, »die klauen nämlich wie die Raben, diese Burschen, denen muß man immer auf die Finger schauen«. Nun gut – eine viertel Stunde, nachdem ich die beiden wieder verlassen hatte, klopfte es erneut an meiner Tür. Als ich öffnete, stand der Entwicklungshelfer vor mir und sagte mit dem triumphierenden Unterton unbezweifelbarer Gewißheit: »Chima, ich vermisse meinen Kugelschreiber. Gibst du ihn mir bitte zurück.« Brüskiert wies ich ihn zurück, denn ich hatte den Kuli nicht etwa »versehentlich« eingesteckt, das wußte ich genau. Wenige Tage später begegnete ich seinem Bruder im Flur. Etwas kleinlaut gestand er mir, daß sich der gestohlen geglaubte Kugelschreiber inzwischen in seinem Zimmer wiedergefunden hatte.

Ein besonderes emotionsbesetztes Konfliktfeld in allen Studentenheimen mit Gemeinschaftseinrichtungen ist die Küche, und hier wiederum birgt die (mangelnde) Sauberkeit an diesem Ort den meisten Zündstoff.

Tatsächlich unterscheiden sich Studenten aus allen Ländern Afrikas, Asiens und Lateinamerikas von ihren deutschen Kommilitonen am auffälligsten durch ihre Lust am Kochen und ihre Liebe zu selbstgekochtem Essen. Zum einen liegt das daran, daß sich unsere an scharf gewürzte Gerichte gewöhnte Zunge nur ungern an das nach unserem Geschmack flaue europäische Essen gewöhnen mag – und dabei kommt ihr das massengefertigte Mensa- und Kantinenessen nun wirklich nicht entgegen. Andererseits können wir auch nicht schnell mal übers Wochenende zu Muttern nach Hause fahren und uns bei ihr so richtig nach Herzenslust satt essen. Die deutschen Studenten, die dies aber in der Regel tun können, begnügen sich an ihrem Studienort mit dem Speisezettel der Mensa, reichlichen Brotmahlzeiten und einfachen Schnellgerichten. Wenn sie es mit einem geselligen Beisammensein verknüpfen können, erproben einige von ihnen auch gelegentlich ihre Fähigkeiten als Hobbyköche. Nichtsdestotrotz – die Etagenküche im Wohnheim wird von allen Heimbewohnern benutzt!

Als Junggeselle habe ich regelmäßig selbst gekocht und infolgedessen die deutschen Küchenbenutzer von einer ganz bestimmten Seite kennengelernt. Ein leidiges Thema zwischen uns war, daß der Eigengeruch afrikanischer Lebensmittel dem deutschen Geruchsempfinden fremd ist. Und unter meinen Flurnachbarn gab es immer wieder welche, die sich mit mir darüber nicht so verständigen konnten, daß es mir leichter gefallen wäre, ihnen entgegenzukommen – zum Beispiel, indem ich sie mal probieren lassen hätte, so daß sie über die Entdeckung, wie gut es doch schmeckte, sich auch mit dem ungewöhnlichen Geruch angefreundet hätten.

Die eine Art, eine mißbilligende Haltung meinem Essen gegenüber kundzutun, sah so aus: Ich war in der Küche beschäftigt, mein dampfender Kochtopf stand auf dem Herd, da betrat irgendwer den Raum, schnupperte auffällig in der Luft, setzte ein falsches Lächeln auf und fragte: »Na, Chima, was kochst du heute wieder Schönes?« Noch während er sprach, trat er an den Herd, lüftete ohne zu fragen den Topfdeckel, steckte seine Nase tief in den Topf und stocherte eventuell auch noch mit dem Kochlöffel darin herum, verzog dann abfällig sein Gesicht, ließ den Deckel wieder auf den Topf fallen und machte sich wortlos in einer anderen Ecke der Küche zu schaffen. Wenn ich ihn nun, wie ich es eigentlich immer tat, zu verstehen gab, daß mir sein flegelhaftes Verhalten nicht paßte, hieß es nur achselzuckend: »Sei doch nicht so empfindlich! Ich wollte nur mal wissen, was drin ist.«

Die andere Art, die Ablehnung meines Essens auszudrücken, zielte stärker darauf ab, mich spüren zu lassen, daß meine Kochweise im Grunde eine Zumutung für deutsche Nasen war. Ich erlebte sie vor allem dann, wenn ich Stockfisch zubereitete, der in der Tat beim Kochen einen strengen Fischgeruch ausströmt. Dann stürzte jedes Mal irgendeiner in die Küche und rief voller Geringschätzung: »Das stinkt ja fürchterlich hier!« Mit diesen Worten riß er alle Fenster weit auf und verließ demonstrativ den Raum.

In Fällen wie diesen fiel es mir nicht immer leicht, nicht zu zeigen, wie sehr mich das abwertende Verhalten kränkte. Immerhin war ich an vielen Tagen dickfällig genug, allen naserümpfenden Nachbarn zum Trotz mein Essen mit in den Gemeinschaftsraum zu nehmen, mich dort – eventuell zusammen mit meiner Freundin oder einem anderen Gast – gemütlich auszubreiten und genußvoll mit den Fingern mein Fufu zu essen. An den Tagen, an denen ich weniger widerstandsfähig war, zog ich es allerdings vor, mich mit meinem Teller in mein Zimmer zurückzuziehen, wo ich wenigstens während des Essens vor beleidigenden Kommentaren sicher war.

Aber nicht alles, was in meinen Töpfen bruzzelte, rief den Widerwillen geruchsempfindlicher deutscher Flurgenossen hervor. Nein, denn genausooft konnten sie es nicht verbergen, wie sehr ihnen der verlockende exotische Duft meiner Reissoßen in die Nase stieg und ihre Gaumen kitzelte. Dann war es eine Wonne, zu beobachten, wie sie beim Rühren ihrer Tütensuppen oder beim Überbrühen einer Heißwurst gierig in meine Richtung schielten, und ihnen beim appetitlichen Anblick des sich klar voneinander abgrenzenden Rot, Grün und Braun von Tomatensoße, Paprikastückchen und Fleischbrocken in meiner Pfanne das Wasser im Munde zusammenlief. Die gleichen Nörgler, die noch am Tage zuvor auf so rüpelhafte Weise ihre Abneigung zum Ausdruck gebracht hatten, scheuten sich nun nicht, sich schamlos selbst bei mir zum Essen einzuladen. Rache ist bekanntlich süß; und es bereitete mir Vergnügen, sie nun ordentlich auflaufen zu lassen und im gemeinsamen Eßzimmer mit Hochgenuß meine Mahlzeit zu mir zu nehmen, während sie mir über den eigenen Tellerrand hinweg neidvoll dabei zuschauten.

Interessant war auch, was geschah, wenn wieder einmal eine Flurfete steigen sollte. Dann lobte man nämlich schon vorab meine Kochkünste und bat mich, für die Party zu kochen. Das habe ich einige Male getan; und dann konnte ich später mit heimlicher Genugtuung verfolgen wie gerade diejenigen, die sonst am unverfrorensten ihre Abscheu vor meinem Essen bekundet hatten, nun nicht genug bekommen konnten von »Chimas leckerer Soße«.

Ein anderes Problem gemeinsamer Küchenbenutzung war, daß auch dort geklaut wurde – oder soll ich es hier vielleicht besser »borgen« nennen, denn für viele war es ganz selbstverständlich, daß sie diejenigen Bestandteile ihrer Mahlzeiten, die sie selbst zu kaufen vergessen hatten, ungeniert aus den Schrankfächern anderer Küchenbenutzer oder aus dem gemeinsamen Kühlschrank herausnahmen – hier ein Löffelchen Zucker, dort eine Prise Salz; hier ein Tröpfchen Dosenmilch, dort einen Schuß Öl; hier ein paar Eier, dort eine dicke Zwiebel; hier ein paar frische Tomaten und dort eine Dose Champignons... Auf diese Weise gelang es einigen Studenten, zu Lasten ihrer Mitbewohner die eigenen Lebenshaltungskosten gering zu halten, denn ebenso selbstverständlich, wie sie bei ihren Nachbarn »borgten«, vergaßen sie auch, die geborgten Sachen zurückzulegen. Ich habe es einige Male erlebt, wie auf einer Flurversammlung vereinbart wurde, in Zukunft die Küchentür immer verschlossen zu halten, weil der Dieb doch »nur von außen kommen« könne. Jedes Mal wurde diese Maßnahme schon bald wieder aufgehoben, weil trotz verschlossener Türen in der Küche frech weiter gemundräubert wurde.

Wie in allen Studentenheimen, so gab es auch in der ersten Etage von Haus Münsterland immer wieder Phasen, in denen die Sauberkeit und Ordnung in der Küche so gut wie alles zu wünschen übrig ließ. Wie oft habe ich vor dem Kochen erst einmal einen Lappen in die Hand genommen und die besudelten Arbeitsflächen abgewischt und den Herd gescheuert, an dem eine undefinierbare Masse verkrusteter Essensreste klebte! Wie oft habe ich meine Teller vergeblich in meinem Schrankfach gesucht und fand sie dann in dem Stapel ungespülten Geschirrs, der sich auf der verdreckten Spüle türmte! Wie oft habe ich meine Kochtöpfe erst nach längerem Suchen auf dem Balkon wiedergefunden, wo jemand sie mit angebranntem Suppensatz oder schimmelnden Spaghettiresten darin abgestellt hatte.

Ich habe mich in der Küche immer um peinliche Sauberkeit bemüht – niemals wäre es mir zum Beispiel in den Sinn gekommen, mein Geschirr so lange zu sammeln, bis sich das Spülen »lohnte«. Zum einen ist dort, wo ich herkomme, größte Reinlichkeit bei allem, was mit der Nahrungszubereitung zusammenhängt, schon aus klimatischen Gründen oberstes Gebot; zum anderen wollte ich denen nicht noch Wasser auf ihre Mühlen kippen, die es ohnehin von vornherein wußten, wer für all den Dreck in der Küche verantwortlich war – nämlich der Chima und die ein, zwei anderen Ausländer auf unserem Flur. Wohl sprachen sie es selten in Form offen ausgesprochener Anschuldigungen an, sie hatten eher eine Vorliebe für subtil in Frage verpackte Anspielungen wie: »Chima, du hast doch als letzter hier gekocht, nicht wahr?« oder »Chima, hast du vielleicht gestern mein Geschirr benutzt?« oder »Ich habe meinen Kochtopf schon seit einer Woche nicht mehr gesehen, weißt du vielleicht, wo er ist?« Direkter zu werden, trauten sie sich in der Regel nicht, denn sie hatten inzwischen kapiert, daß ich mir nichts gefallen ließ. Ich hielt in der Küche die Augen auf und fand bald heraus, wer die hauptsächlichen Ordnungssünder waren: Es waren dieselben, die auf Flurversammlungen alles taten, um den Verdacht von sich selbst weg auf andere zu lenken, und deshalb am lautesten schrien. Ich sagte dann nichts – aber sollten sie es noch einmal wagen, mir die Schuld zuzuschieben, dann würde ich ihnen etwas ganz anderes erzählen!

Auch wenn ich aus vielerei Gründen gerne im Wilhelmskamp gewohnt habe, als sich 1974 die Gelegenheit bot, in ein neugebautes Wohnheim mit separaten Appartements umzuziehen, griff ich ohne Bedenken zu – die ständigen Querelen in der Gemeinschaftsküche waren Anlaß genug!

Was mein Medizinstudium betrifft, so kann ich rückblickend sagen, daß es mir von Anfang an wesentlich leichter fiel als das Chemiestudium. Das lag wohl daran, daß ich nach den nunmehr zweieinhalb Jahren in Deutschland ein größeres Maß an Sprachsicherheit besaß; auch daran, daß mir der Hochschulbetrieb inzwischen vertrauter war; und nicht zuletzt kam mir – gerade in den vorklinischen Semestern – mein Vorwissen aus der Chemie zugute.

Hinsichtlich der Reaktionen meiner Mitstudenten auf mich machte ich anfangs jedoch kaum bessere Erfahrungen als zuvor im Chemischen Institut. Auch hier zogen es die deutschen Kollegen vielfach vor, einen großen Bogen um mich zu machen, so daß ich weiterhin mit meinen Studienproblemen und meinem Bedürfnis nach kollegialem Miteinander allein geblieben wäre, wenn es nicht – verteilt auf alle Semester – eine stattliche Zahl von Ausländern unter den Medizinern gegeben hätte. Ich war hier also nicht der einzige, dem eine unfreiwillige Außenseiterrolle zugewiesen wurde; und im großen und ganzen hatten wir Ausländer einen recht guten Draht zueinander. Wir taten uns beizeiten zusammen, um miteinander zu arbeiten und am sozialen Leben der Uni teilzunehmen. Und vielleicht war gerade das auch der Grund dafür, daß das Verhältnis der

Deutschen zu uns nicht ganz so steif und distanziert war, wie ich es seinerzeit im Chemiestudium empfunden hatte. Ein zwangloser, wenn auch oberflächlicher Verkehr konnte sich leichter entwickeln, ohne daß ein einzelner Deutscher sich mit der Angst vor den Folgen konfrontiert sah, die es für ihn hätte haben können, wenn er als erster ein paar Schritte auf den einzelnen Ausländer zugegangen wäre – einer Angst, die sich in folgende Worte kleiden läßt: ›Vielleicht ist dieser Typ ja so kontaktbedürftig, daß man ihn gar nicht wieder loswird, wenn man sich erst mal mit ihm einläßt – wer weiß. Man hatte ja schon von Ausländern gehört, die so froh gewesen waren, endlich einen Weg aus ihrer Isolation herausgefunden zu haben, daß sie wie eine Klette an dem erstbesten Deutschen klebten, der ihnen ein paar Freundlichkeiten entgegenbrachte. Und überhaupt – ob die anderen Kollegen, mit denen man es sich nicht verscherzen wollte, es wohl so toll fänden, wenn man sich mit so einem abgäbe? Man war sich da nicht so sicher, also – lieber kein Risiko eingehen und schön unter sich bleiben!‹

Apropos Ausländer – wenn ich hier oder im folgenden von der Benachteiligung ausländischer Studenten an deutschen Hochschulen rede, dann meine ich im Prinzip immer nur diejenigen von uns, die wie ich aus einem Land der sogenannten Dritten Welt stammen. Als solcher bekommt man in akademischen Kreisen in Deutschland unweigerlich das Gefühl, daß das Ausland für die Deutschen erst hinter dem Bosporus und jenseits des Mittelmeeres beginnt – in jedem Fall aber erst ziemlich tief im Süden. Der Unterschied, wie sie uns behandeln und – sagen wir einmal – einen Skandinavier oder einen weißen US-Amerikaner, fällt uns in unserer Betroffenheit schmerzlich krass ins Auge. Wenn sie uns nicht gerade meiden wie die Pest, so tun sie sich doch verdammt schwer im Umgang mit uns, während sie alle europäisch aussehenden Ausländer problemlos integrieren. Im übrigen glauben die privilegierten hellhäutigen Ausländer in der Regel auch selbst, daß sie mit uns nicht auf einer Stufe stehen. In ihrer Gesamtheit stehen sie jedenfalls ihren deutschen Kollegen in nichts nach, wenn es darum geht, sich durch diskriminierendes Verhalten gegen uns abzugrenzen.

Als junger Mediziner hatte ich nach wie vor beide Hände voll zu tun, um den Anforderungen des Studiums gerecht zu werden, und ich nahm meine akademischen Pflichten gebührend ernst. Zielstrebig arbeitete ich aufs Physikum hin, das ich nach vier Semestern mit Erfolg hinter mich bringen konnte. Im großen und ganzen ließ es sich aber ganz gut studieren, und es blieb mir auch noch etwas Luft für die eine oder andere Freizeitaktivität. Damals hatte ich Freunde, die oft und gerne schwimmen gingen, und mit der Zeit reichte es mir nicht mehr, sie, wenn überhaupt, immer nur als passiver Zuschauer ins Schwimmbad begleiten zu können. Doch was sollte ich machen, ich hatte nie schwimmen gelernt. In meiner Jugend hatte es an den Orten, an denen ich aufwuchs, keine Schwimmbäder gegeben, es sei denn, in exklusiven Clubs, zu denen nur eine gewisse Elite Zugang hatte. Es gab auch keine Flüsse und Seen, in denen sich Kinder gefahrlos tummeln konnten; zwar hatte ich als ich in Onitsha lebte, auch am Ufer des Nigers gespielt, ich hatte mich aber nie in die Fluten des gewaltigen Flusses hineingewagt, denn es kam durchaus vor, daß badende Kinder von gefährlichen Raubfischen angegriffen und getötet wurden. Und später in Lagos, wo ich als junger Mann manche schöne Stunde am Strand verbrachte, verbot es die starke Strömung des Atlantiks einem unerfahrenen Nichtschwimmer wie mir von ganz allein, mehr als nur die Füße und Waden von den erfrischenden Wellen umspülen zu lassen.

Nun, als junger Student konnte ich also noch immer nicht schwimmen, und das wollte ich ändern. Während eines Frühjahres stieg ich jeden Morgen bei Wind und Wetter vor sieben Uhr auf mein Fahrrad und legte die beträchtliche Strecke zurück, die zwischen meinem Wohnheim und dem Südbad, einem Hallenbad in Münster, lag. Zu dieser frühen Stunde herrschte noch wenig Betrieb in der Schwimmhalle, und der Bademeister konnte es sich leisten, meine noch unbeholfenen Schwimmversuche zu überwachen. Er war sehr zuvorkommend und verriet mir begeistert alle möglichen Tricks, wie es leichter ginge; doch all seine Anweisungen waren vergebens: Bei jedem neuen Versuch, mich über Wasser zu halten, ging ich unter wie ein nasser Sack. So ging es eine ganze Woche lang. Der Bademeister stand die meiste Zeit am Beckenrand und runzelte inzwischen immer häufiger die Stirn über meine aussichtslosen Anstrengungen. Seine anfängliche Begeisterung wich mehr und mehr der Überzeugung, daß ich es wohl nie packen würde. Schließlich nahm er mich mit väterlich-wohlwollender Geste auf die Seite und riet mir ernst, aber freundlich, doch meine Bemühungen einzustellen. Denn nach »Expertenmeinung«, der er sich nach seinen Beobachtungen an mir anschließen müsse, wären Schwarze zum Schwimmen absolut untauglich. Schon wegen ihres Körperbaus; sie hätten nämlich einfach zu schwere Knochen. Sicher, Schwarze seien hervorragende Läufer, das sähe man ja immer wieder in den Sportsendungen im Fernsehen; aber schwimmen – nein! Gelassen hörte ich mir seinen kleinen Vortrag an, bedankte mich brav für seinen wohlgemeinten Ratschlag und – machte weiter. Weiterhin schwang ich mich jeden Morgen in aller Herrgottsfrühe auf meinen Drahtesel und radelte bei rauhem Aprilwetter zum Südbad, wo ich, nun ohne fachmännische Betreuung ganz auf mich allein gestellt, unverzagt übte und mich von keinem Mißerfolg entmutigen ließ. Oft trafen mich dabei die mitleidigen Blicke des Schwimmeisters, die zu sagen schienen: »Ich hab's dir doch gesagt, Junge, es ist hoffnungslos. Aber du wolltest ja nicht auf mich hören.« Nach einer weiteren Woche hatte ich es geschafft! Ich war sicher genug, die Gesamtlänge des Schwimmbeckens zu schwimmen, ohne auch nur ein einziges Mal abzusetzen. Der Bademeister sah meinen Erfolg, wandte sich wortlos ab und ging mir fortan aus dem Weg.

Prüfungszeiten stellen zweifellos für jeden Studierenden Zeiten des Ausnahmezustandes dar, die ihn immer wieder von neuem vor eine ganz besondere Bewährungsprobe stellen. Dennoch ist es allenfalls fair einzuräumen, daß die nervlichen Belastungen, die diese Studienphasen einem ausländischen Studenten bescheren, diejenigen noch um einiges übertreffen, die ein deutscher Durchschnittsstudent zu verkraften hat. Und das gilt um so mehr für ein Prüfungssystem, das aus einer Reihe von mündlichen Teilprüfungen besteht, so wie sie in der Medizin in jenen Jahren noch üblich waren. Es fängt mit den Problemen an, die ein Ausländer damit hat, eine geeignete Gruppe zu finden, mit der er sich auf die Prüfungen vorbereiten und die einzelnen Termine wahrnehmen kann, und es endet mit der Ungleichbehandlung deutscher und ausländischer Studenten durch den Prüfer, die damals weit verbreitet war. In den ersten zwei Jahren meines Medizinstudiums durchlebte ich zwei solche »Ausnahmezustände«, zuerst nach einem Semester das Vorphysikum und dann das Physikum, mit dem ich nach weiteren drei Semestern den vorklinischen Teil meines Studiums abschloß.

Es war bezeichnend, daß in der Arbeitsgruppe, mit der ich ins Vorphysikum ging, außer mir auch sonst nur Ausländer waren; kein einziger Deutscher lernte mit uns. Schon damals und wieder später in anderen Zusammensetzungen gingen wir unter uns der Frage nach, warum unsere deutschen Kollegen es so verbissen ablehnten, mit uns zusammenzuarbeiten. Hielten sie sich etwa von vornherein für besser, und wollten sie ihr Wissen nicht mit uns teilen? Wollten sie selbst von einer Arbeitsgruppe profitieren, waren aber so voreingenommen zu glauben, daß bei einer Zusammenarbeit mit Ausländern immer sie die Gebenden wären?

Ausnahmen bestätigen die Regel: Vereinzelt schlossen sich Deutsche mit Ausländern zu einer Prüfungsgruppe zusammen. In diesen wenigen Fällen konnten wir eine erstaunliche Entdeckung machen: Die Deutschen zogen sich fast immer in dem Augenblick aus ihrer gemischten Gruppe zurück, in dem sie erkannten, daß der eine oder andere Ausländer unter ihnen doch leistungsstärker war als sie selbst, und sie damit rechnen mußten, daß er das bessere Prüfungsergebnis davontragen würde. Einige besonders clevere Burschen unter den deutschen Kollegen hatten es hingegen verstanden, die Anwesenheit von Ausländern in einer Gruppe zu ihrem eigenen Vorteil auszunutzen. Es hatte sich nämlich herumgesprochen, daß viele (nicht alle!) Professoren bei der Notenvergabe die Deutschen ganz rigoros bevorzugten. Ganz gleich, wie gut ein Ausländer in der Gruppe auch sein mochte, und wie schlecht ein Deutscher in der gleichen Gruppe vielleicht war, der beste Ausländer bekam von ihnen niemals eine bessere Note als der schlechteste Deutsche. Diese schmerzliche Erfahrung machte ich schon im Vorphysikum, obwohl, wie gesagt, meine Gruppe damals nur aus Ausländern bestand.

Die erste Prüfung, die ich abzulegen hatte, verlief allerdings erstaunlich gut. Es war die Prüfung in Chemie, und – es hätte bei einem ehemaligen Chemiker auch nichts anders sein dürfen – ich konnte alle, auch die schwierigsten Fangfragen ohne zu stocken richtig beantworten. Enthusiastisch rief der Professor aus: »Der ist ein As!« und gab mir auf der Stelle eine Eins. In der Botanikprüfung fing es dann an. Der Professor weigerte sich, mir die Eins zu geben, die ich nach der übereinstimmenden Meinung aller Gruppenmitglieder verdient hatte. Wir sprachen ihn gemeinsam auf die als ungerecht empfundene Note an, und er antwortete arrogant: »Ausländern gebe ich niemals eine Eins.«

Ein anderer Professor brachte seine ganz ähnliche Haltung in anderer Weise zum Ausdruck, und zwar schon bei der letzten Anatomieklausur vor dem Physikum. Ich hatte mich sehr gut darauf vorbereitet, denn es ging dabei schließlich um die Zulassung zum Physikum. Während der Klausur stand der Professor dann unentwegt hinter meinem Arbeitsplatz und wachte mit Argusaugen darüber, daß ich nicht etwa den Vesuch machte, bei den Deutschen abzuschreiben, die er demnach unbesehen für die Besseren hielt!

Es ist eigenartig, während der ganz normalen Studienzeiten machten die Medizinprofessoren in Münster damals eigentlich keine nennenswerten Unterschiede zwischen Deutschen und Ausländern. Erst in den Prüfungen zeigte ein Teil von ihnen sein wahres Gesicht. Es muß wohl so gewesen sein, daß sie sich just in dem Augenblick, als ihre Macht am unangefochtensten war, ihren geheimen Rassismus nicht verkneifen konnten?

7. KAPITEL

Sonnenseiten des Studentenlebens

Hurra, ich hatte das Physikum geschafft! Nach nur vier Semestern hatte ich den vorklinischen Teil meines Studiums hinter mich gebracht; und damit war ein Großteil des Druckes, der bis dahin auf mir gelastet hatte, wie weggeblasen. Die von der Ungewißheit, ob ich es überhaupt schaffen würde, hervorgerufene Anspannung löste sich, und ein wunderschön befreiendes Gefühl der Erleichterung trat an ihre Stelle. Denn damals galt: Wer sein Physikum »in der Tasche hatte«, konnte so gut wie sicher sein, daß er auch das Staatsexamen bestehen würde.

Das Studium war nun einfacher; die Lehrveranstaltungen waren nicht mehr so trocken theoretisch wie im Vorklinikum, sie hatten mehr mit unserer späteren Berufspraxis zu tun. Angefangen von Patienten, die uns als konkrete Fallbeispiele in den Vorlesungen vorgestellt wurden, bis hin zu den Angeboten an Praktika in allen medizinischen Fachgebieten – das sture Vor-sich-hin-Pauken aus der Zeit vor dem Physikum hatte ein Ende. Es gab schon noch etwas zu tun, aber wir taten es mit größerer Leichtigkeit und vor allem mehr aus freien Stücken. Der Zwang, bestimmte Vorlesungen zu besuchen, fiel weg; wir gingen fortan nur zur Uni, wenn wir Lust dazu hatten, denn es fand sich immer jemand bereit, einen fehlenden Kollegen in eine Anwesenheitsliste einzutragen. Bis zum Examen brauchten wir nur noch eine einzige Klausur zu schreiben, und es war undenkbar, daß mal jemand ein Semester wiederholen mußte – im Gegenteil, die Scheine wurden uns regelrecht nachgeworfen. Mit anderen Worten: Das Studieren fing an, Spaß zu machen.

Nachdem wir in die klinischen Semester aufgestiegen waren, waren wir »cand. med.« und nicht länger nur »stud. med.«. Als Kandidaten der Medizin begegneten uns die Professoren und wissenschaftlichen Assistenten mit größerem Respekt als den Studenten der Medizin; ja, wir wurden von ihnen schon fast wie Kollegen behandelt, mitunter gar als Herr oder Frau Doktor angeredet. Und es gab Leute unter uns, die diese Statusveränderung auch gerne öffentlich herausstellten. So zum Beispiel mein Zimmernachbar Ludger, den ich kurz nach bestandenem Physikum im Eingang unseres Wohnblocks antraf. Er bastelte am Klingelbrett herum. »Hi, Ludger«, rief ich ihm zu, »was tust du denn da?« »Hallo, Chima! Sieh mal, das hättest du auch schon längst machen sollen«, gab er gut gelaunt zurück, »die alten Dinger taugen doch jetzt nichts mehr.« Er zeigte mir wichtig das neue Namensschild, das er soeben an seiner Klingel befestigt hatte, und auf dem die Bezeichnung »cand. med.« wie ein Titel seinen Namen zierte.

Die erleichterten Studienbedingungen wirkten wohltuend in meine Privatsphäre hinein. Endlich konnte ich auch einmal ohne Gewissensbisse an die schöneren Dinge des Lebens denken, und nicht immer nur an meine Bücher. Ich konnte wieder unbesorgt Interessen pflegen, die ich lange Zeit hintangestellt oder auf Schmalspur nebenherlaufen lassen hatte: an Veranstaltungen aller Art teilnehmen, die Feste feiern, wie sie fielen und natürlich unbekümmert Kneipen und Diskotheken besuchen. Nicht, daß ich dergleichen Vergnügungen in früheren Semestern gar nicht nachgegangen wäre – das war es nicht. Aber wenn ich bisher abends ausgegangen war, dann hatte mich oft die Angst vor der nächsten Klausur begleitet, oder mir hatte zumindest ein ungutes Gefühl im Magen gelegen, das mir sagte: »Eigentlich müßtest du doch ...« und »Im Grunde dürftest du ja nicht ...«. Jetzt hingegen lebte ich meine Freizeit lockerer, zwangloser, ohne irgendwelche Schuldgefühle gegenüber meinen Verpflichtungen an der Uni. Häufiger als zuvor zog es mich nun ins »Kuhviertel« mit seinen urgemütlichen Studentenkneipen, in denen man in guter Gesellschaft bei einem Glas Altbierbowle den Abend verplaudern konnte. Und an lauen Sommerabenden schlenderte ich sorglos mit Freunden durch die engen Gassen der Altstadt und erforschte zwischen mittelalterlichen Häuserfassaden die vielen versteckten Plätze, auf denen man beschaulich sitzen und etwas trinken konnte. Dabei kostete ich die Gewißheit aus, daß ich am anderen Morgen nicht in aller Herrgottsfrühe aufstehen und zu einer Pflichtvorlesung hasten mußte, sondern im Bett bleiben konnte, so lange es mir gefiel. Kurzum: Ich begann, das Studentenleben in vollen Zügen zu genießen. Dieser genußfreudigeren Lebenshaltung kam das Wohnen im Studentenheim durchaus entgegen. Früher waren oft aus der einen oder anderen Ecke der Siedlung laute Musik und vergnügte Stimmen zu mir herübergedrungen, wenn ich bis in die späte Nacht über meinen Büchern gehockt und für die nächste Klausur gebüffelt hatte. Der Wunsch, dabei zu sein, war dann oft so stark gewesen, daß ich mich gar nicht mehr gut auf meinen Lehrstoff konzentrieren konnte; Neid auf diejenigen, die alle wichtigen Prüfungen schon hinter sich hatten und nun unbeschwert feiern konnten, war in mir aufgekeimt; und ich mußte alle meine Willenskraft zusammennehmen, um mich zu diszipliniertem Lernen zu zwingen. Das war jetzt anders; ich konnte nur einen Aspekt der Wohnheimkultur voll ausschöpfen, nämlich den, daß fast täglich irgendwo in der Siedlung irgendwer eine Fete feierte, und daß es zu den ungeschriebenen Regeln des Heimlebens gehörte, daß jeder jederzeit mal vorbeischauen durfte, auch dann, wenn er nicht ausdrücklich eingeladen worden war. Und auch ich selbst fand hin und wieder einen geeigneten Anlaß, um allein oder zusammen mit Freunden eine Fete zu organisieren; meist gab es auf diesen Partys gegen Mitternacht für alle Gäste etwas zu essen, und immer wurde unermütlich getanzt bis in den frühen Morgen. Mit Interesse »entdeckte« ich nun auch das Bildungsprogramm der Studentensiedlung für mich, und ich versuchte, aus dem vielseitigen Angebot – das vom Fotolabor- bis zum Autoreparaturkurs reichte – mein Hobby herauszukristallisieren. Musik hatte mich schon immer begeistert, jetzt nahm ich Gitarrenunterricht; und mit Hilfe einer französischen Studentin, die im selben Heim wohnte, eignete ich mir Grundkenntnisse in der französischen Sprache an.

Natürlich erwachte auch mein altes politisches Engagement zu neuem Leben, und ich fand in der Hochschulpolitik ein lohnendes Betätigungsfeld. Der Ausländeranteil an der Westfälischen Wilhelms-Universität war verhältnismäßig gering, dennoch bestimmten die ausländischen Studenten, von denen mehr als die Häfte aus Entwicklungsländern kamen, damals die politische und kuturelle Szene in Münster stärker mit als anderswo. Das mag an einer Besonderheit der Münsteraner Hochschulpolitik gelegen haben: Ausländische Studenten wurden nicht, wie zumeist üblich, von einem Referat des AStA* vertreten, sondern sie wählten sich ihr eigenes Gremium, die vom AStA nahezu unabhängige Ausländische Studentenvertretung (ASV). In diese ließ ich mich wählen und auch in den Vorstand der Afrikanischen Studentenunion (ASU).

In dem kleinen Büro der ASV am Schloßplatz herrschte immer großer Andrang; hier wurden Aktionen vorbereitet und Beratungsstunden abgehalten. Viele ausländische Studenten kamen mit ihren aktuellen Nöten zu uns. Zu den größten Problemen in Münster gehörten damals schon die Zimmer- und Jobsuche. Wie in jeder Verwaltungsstadt gab es kaum Nebenerwerbsmöglichkeiten, und die Lebenshaltungskosten lagen über dem Bundesdurchschnitt. Wir Ausländer hatten es bei der Suche nach einem Ferienjob noch schwerer als unsere deutschen Kollegen: Die studentische Jobvermittlung des Arbeitsamtes gab uns – wenn sie uns überhaupt vermittelte – mit Vorliebe die härtesten und unangenehmsten Arbeiten, wie z. B. beim Straßenbau oder in einer Baumschule – alles Jobs, die normalerweise kein deutscher Student annehmen wollte.

Bei der Suche nach Zimmern erging es uns nicht besser. Diejenigen, die in einem Studentenheim untergekommen waren, waren die Glücklicheren unter uns, denn Wohnheimplätze waren rar, und Zimmer auf dem freien Markt waren für ausländische Bewerber meist unerschwinglich. Hinzu kam die ablehnende Haltung vieler Vermieter, die es ausländischen Zimmersuchenden fast unmöglich machte, eine Bleibe zu finden – dabei wurde es um so problematischer, je exotischer der Interessent aussah und je dunkler seine Hautfarbe war. Hatte man trotz aller Widerstände endlich ein Zimmer gefunden, so war es häufig ein mieses kleines Loch, schlecht möbliert und mit unzumutbaren Auflagen und strengen Kontrollen verbunden. Der unglückliche Mieter hatte dann die Wahl, entweder die bedrückenden Wohnbedingungen klaglos hinzunehmen oder aber ganz bald wieder auf der Straße zu sitzen. Manches traurige Untermieterschicksal kam uns während der Beratungsstunden der ASV zu Ohren:

Einmal hatte ein äthiopischer Student nach langem Suchen endlich eine Bude gefunden. Es war ein feuchter Kellerraum mit schäbi-

* Erklärung im Anhang.

ger Einrichtung, aber das nahm er gerne in Kauf – er war ja schon heilfroh, daß er überhaupt die Erlaubnis bekommen hatte, auf einem mickrigen Elektrokocher in seinem Zimmerchen warme Mahlzeiten zuzubereiten, denn er hatte sich in den wenigen Monaten, die er erst in Deutschland war, noch nicht so recht mit dem Mensaessen anfreunden können. Doch noch ehe er sich versah, mußte der Äthiopier sein Zimmer wieder räumen – der Grund: sein Essen stänke!

Ein Togolese zog nach wenigen Wochen freiwillig und ziemlich entnervt wieder aus dem möblierten Zimmer aus, das er nach unzähligen Mißerfolgen endlich bekommen hatte, als er die Hoffnung, eine Unterkunft zu finden, schon fast aufgegeben hatte. Er war Untermieter einer mütterlichen Frau, die seine Geduld dadurch strapazierte, daß sie ihn wie einen unselbständigen kleinen Jungen umsorgte, ihn entsprechend bevormundete und ihm keinen Raum für die Entfaltung seines Privatlebens ließ. Er durfte die Küche seiner Vermieterin mitbenutzen; und wann immer er dort sein Essen zubereitete, stand sie mit Argusaugen hinter ihm und vergewisserte sich, ob er auch alles richtig machte. Und wenn er für sein Fufu Hartweizengrieß auf afrikanische Art zu einem festen Brei verrührte, mäkelte sie daran herum und rügte, daß Grieß so doch wohl ungenießbar wäre. Dann war es vorgekommen, daß er unverhofft ans Telefon gerufen wurde, als er gerade seine Soße zubereitet und auch den Grieß schon fertiggerührt hatte. Es wurde ein längeres Telefongespräch, und als er hungrig wieder in die Küche kam, um sein warmgestelltes Essen auf den Teller zu füllen, erlebte er eine Überraschung: Seine fürsorgliche Zimmerwirtin hatte die Zeit seiner Abwesenheit genutzt, um seinen Grießbrei in den Abfalleimer zu befördern und ihm einen weichen Grießpudding zu kochen, wie ihn Kinder in Deutschland gerne als Nachspeise essen.

Wir hörten auch von einem Fall, der so delikat war, daß er weit über das Maß der üblichen Untermieterproblematik hinausging. Ein Journalistik-Student aus Nigeria hatte eine Wohnung gefunden, die alle seine Erwartungen übertraf. Zwar handelte es sich um eine Kellerwohnung; sie war aber mit allem Komfort ausgestattet und erstreckte sich fast über das gesamte Untergeschoß eines Wohnhauses, zudem war sie ungewöhnlich preiswert. Der Mann hatte bei diesem traumhaften Angebot natürlich ohne jedes Zögern zugegriffen und mochte sich schon als einen auserwählten Glückspilz betrachten, als das böse Erwachen folgte. Seine großzügige Hausherrin – eine Dame jenseits der Wechseljahre – verlangte als Gegenleistung, daß ihr Mieter mit ihr schlief. Der Nigerianer brachte es nicht fertig, diese Forderung zu erfüllen, worauf sie anfing, ihn zu schikanieren und ihm nachzuspionieren. Als sie bald darauf herausgefunden hatte, daß er gelegentlich eine junge Frau mit nach Hause brachte, traktierte sie ihn derart mit ihrer Eifersucht, daß er es vorzog, sich schnellstens nach neuen Räumlichkeiten umzusehen.

Fälle der soeben geschilderten Art kannte ich selbst nur aus den Erzählungen anderer Betroffener, da ich als Student immer in Wohnheimen gewohnt habe und niemals in der Situation war, auf dem freien Markt ein Zimmer suchen zu müssen. Und aus allem, was mir im ASV-Büro oder sonstwo zu dieser Thematik zu Ohren gekommen ist, zog ich den Schluß, mit dem Studentenheim das bei weiterem bessere Los gezogen zu haben; denn gab es im Heimalltag auch so manchen Kleinkampf zu bestehen, so hatte ich es dort doch immer mit Gleichgestellten zu tun – mehr als gelegentlich herumzustänkern oder ihre Nasen in meine Angelegenheiten zu stecken, konnten mir die Mitbewohner nicht antun, sie hatten nicht die Macht der Zimmervermieter.

Einmal konnte ich jedoch aus nächster Nähe miterleben, wie es jemandem ergeht, der bei der Zimmersuche seine dunkle Haut zu Markte tragen muß; das war 1974, nachdem wir in Münster den Deutsch-Afrikanischen Club gegründet hatten. Zusammen mit einem deutschen Clubmitglied suchte ich eine Unterkunft für einen jungen Nigerianer, der gerade frisch von zu Hause gekommen war. Wir kreuzten im Anzeigenteil der »Westfälischen Nachrichten« alle in Frage kommenden Angebote an, und ich erledigte die Anrufe. Ich weiß nicht mehr, wie oft ich abgewiesen wurde; und ich kam zu dem Schluß, es müsse daran liegen, daß meine Gesprächspartner am anderen Ende der Leitung mich an meiner Aussprache als Ausländer erkannten. Den nächsten Versuch machte der Deutsche, und er hatte Erfolg. Zu dritt – der Deutsche, der zimmersuchende Nigerianer und ich – fuhren wir zur angegebenen Adresse. Es war eine Zahnarztpraxis, und der Zahnarzt selbst öffnete auf unser Klingeln. Er stutzte für einen Bruchteil einer Sekunde, und als er erfuhr, wer von uns sich um das Zimmer bewarb, entschuldigte er sich höflich, weil es soeben schon vergeben worden sei. Sicher, zur Zeit unseres Anrufes sei es noch frei gewesen; aber leider hätten wir Pech gehabt, ein anderer Anrufer – ein Holländer – sei schneller gewesen und hätte das Zimmer bekommen; und nun täte es ihm leid, daß er uns nicht weiterhelfen könne; sagte er mit verbindlichem Lächeln und ohne mit der Wimper zu zucken.

Gleich, als er den Mund aufmachte und zu seiner kurzen Rede ansetzte, stieg in uns ein bestimmter Verdacht auf, und wir wollten zu gerne wissen, ob er sich bewahrheitete. Zurück in meinem Wohnheim bat ich meine Freundin, sich noch einmal telefonisch nach dem Zimmer zu erkundigen. Sie tat es, und siehe da – es war noch frei! Wir fuhren mit dem Auto in die Nähe des Hauses, parkten aber so, daß wir von den Fenstern der Praxis aus nicht gesehen werden konnten. Meine Freundin stieg aus, ging zur Tür und klingelte; der Zahnarzt öffnete und zeigte ihr freundlich das Zimmer. Es war ein steril wirkender Raum inmitten der Praxis. Sie könne das Zimmer sofort mieten, erklärte ihr der Mann, und sie gab sich interessiert. Die Sache hätte aber einen Haken, klärte sie ihn auf, sie suchte nämlich nicht für sich selbst, sondern für ihren Freund eine Unterkunft, der aus bestimmten Gründen heute nicht selber kommen könnte. Das wäre auch kein Beinbruch, meinte der Zahnarzt, ohne sich auch nur eine Sekunde lang zu besinnen. Wegen des großen Andrangs auf möblierte Zimmer bat das Mädchen ihn, ihr eine schriftliche Bestätigung seiner Zusage zu geben, wozu er vorbehaltlos bereit war, ohne den eigentlichen Interessenten selbst gesehen zu haben. Meine Freundin setzte irgendeinen deutschen Namen in das Papier ein, und die Sache war geregelt. Da hatten wir also den Beweis, und wir überlegten, ob wir Gebrauch davon machen sollten, kamen aber zu dem Ergebnis, daß es einerseits zwecklos wäre, den Mann umzustimmen, andererseits wäre es auch dann, wenn es uns gelänge, für unseren Freund nicht zumutbar, noch in dieses Zimmer einzuziehen, und so suchten wir ein neues.

Der zweite Problemkreis, der ausländischen Studenten häufig schlaflose Nächte bereitet, ergab sich direkt im Hochschulbereich. Wir von der ASV suchten diesen Konflikten dadurch zu begegnen, daß wir Arbeits- und Examensgruppen ins Leben riefen; und mit Unterstützung des Akademischen Auslandsamtes konnten wir für Ausländer ein Tutorium zur Prüfungsvorbereitung aufstellen – das war so eine Art Nachhilfeunterricht für ausländische Prüfungskandidaten, erteilt von wissenschaftlichen Assistenten der Universität, die für ihre Arbeit vom Akademischen Auslandsamt bezahlt wurden.

Neben der umfangreichen Vermittlungs- und Beratungstätigkeit war eine weitere wichtige Aufgabe der ASV die politische Bewußtseinsbildung. Wir veranstalteten Filmabende, Vorträge und Podiumsdiskussionen; und auch an Aktionen der verschiedenen ausländischen Studentenvereine beteiligte sich die ASV. So half sie unter anderem der Afrikanischen Studentenunion (ASU) bei der Durchführung der Afrika-Woche, die einmal jährlich mit einem abwechslungsreichen politischen und kulturellen Programm stattfand und mit einem großen Fest abgeschlossen wurde.

Bei allen anderen Vorhaben fanden wir Rat und Hilfe im Akademischen Auslandsamt der Universität; es unterstützte die Eigeninitiative der ASV und aller ausländischen Studentenvereine in vorbildlicher Weise, ohne die Hilfesuchenden zu gängeln oder zu bevormunden. Dieses Konzept der partnerschaftlichen Zusammenarbeit funktionierte hervorragend; der für uns zuständige Betreuer in der Dienststelle betrachtete sich nicht als Kontroll- oder Autoritätsperson; wir duzten ihn, er gehörte irgendwie einfach zu uns.

Während die ASV alle in Münster studierenden Ausländer vertrat, hatten sich in der ASU vorwiegend schwarzafrikanische Studenten zusammengeschlossen, um miteinander für die Belange unserer Personengruppe einzutreten. Ein leidiges Thema, das sich wie ein roter Faden durch all unsere Sitzungen zog, war der alltägliche Rassismus, der in der einen oder anderen Form jedem von uns das Leben in Münster schwer machte. Von beleidigenden Schimpfwörtern bis hin zu tätlichen Übergriffen reichte die Bandbreite der diskriminierenden Erfahrungen, die die einzelnen in unsere Diskussionsrunde einbrachten.

Ein Student aus Sierra Leone hatte eine Diskothek im Zentrum von Münster besucht. Kurz nach Mitternacht machte er sich zu Fuß auf den Heimweg. Er war erst ein paar Meter gelaufen, als plötzlich von der anderen Straßenseite her ein kräftig gebauter Mann in leicht wankender Gangart direkt auf ihn zusteuerte, und ihn dann ziemlich grob anpöbelte. Der Sierra Leoner roch die starke Bierfahne des Angreifers, als ihn dieser mit Ausdrücken wie »Gorilla«, »Buschneger«, »Urwaldtier« bombardierte, deshalb reagierte er gefaßt und setzte betont gleichmütig seinen Weg fort. Unter dem enthemmenden Einfluß des Alkohols hatte es der Deutsche aber offenbar auf eine Schlägerei angelegt. Daß der Afrikaner ihm auswich, statt sich zu wehren, reizte seine Aggressivität noch mehr. Blitzschnell wurde er handgreiflich und versetzte seinem Gegenüber einen brutalen Fausthieb. Der Student taumelte ein, zwei Schritte zurück und verspürte einen brennenden Schmerz. Es gelang ihm aber, seinen Zorn unter Kontrolle zu halten und nicht zurückzuschlagen. Die ganze Szene spielte sich buchstäblich vor der Tür eines Polizeireviers ab, und geistesgegenwärtig flüchtete der Afrikaner mit blutender Lippe auf die Wache, um dort Hilfe zu suchen. – Aber noch Tage später, als er uns von dem Vorfall erzählte, konnte er nicht richtig fassen, welche Lektion ihm die diensthabenden Polizisten in jener Nacht erteilt hatten: Als wären die soeben erlebten Beleidigungen und die Körperverletzung noch nicht schlimm genug gewesen, schleuderten die uniformierten Freunde und Helfer ihm auf seine Meldung hin eiskalt die Worte ins Gesicht: »Wenn es Ihnen bei uns nicht paßt, dann gehen Sie doch dorthin zurück, woher Sie kommen!«

Ein anderes Mal saßen zwei Ghanesen in einer Bierstube, wo sie einen gemütlichen Abend verbringen wollten. Einige Tische weiter kam es zu einer lautstarken handgreiflichen Auseinandersetzung zwischen deutschen Gästen. Der Gastwirt machte einen erfolglosen Versuch, die Raufbolde zu besänftigen, dann alarmierte er telefonisch die Polizei. Bald nachdem er den Telefonhörer auf die Gabel gelegt hatte, beruhigten sich aber die Streithähne wieder; und erst als die normale Kneipenbetriebsamkeit zurückgekehrt war, betraten zwei Gesetzeshüter das Wirtshaus, inspizierten es mit einem routinierten Blick in die Runde, und ohne jede Verständigung mit dem Wirt marschierten sie zielstrebig auf die vermeintlichen Hausfriedensbrecher zu und verhafteten – die beiden schwarzen Männer. Vertieft in eine leidenschaftliche Diskussion über die Probleme Afrikas wurden diese von der grundlosen Festnahme getroffen wie von einem Blitz aus heiterem Himmel. Empört widersetzten sie sich ihrer Verhaftung und versuchten gleichzeitig, den Polizisten klarzumachen, daß das Ganze ein Mißverständnis sein müßte. In diesem Augenblick eilte der Gastwirt herbei; peinlich berührt stellte er den »Irrtum« der beiden übereifrigen Ordnungshüter richtig.

Mehrmals wurden wir damit konfrontiert, daß Afrikaner, die in Begleitung eines weißen Mädchens waren, in Tanzlokalen oder auf offener Straße von eifersüchtigen deutschen Männern angegriffen wurden. Einmal hatten wir es mit einem aufgebrachten Vater zu tun, der vom Akademischen Auslandsamt verlangt hatte, daß ein schwarzer Student von der Uni verwiesen würde. Die Liebesbeziehung seiner Tochter zu einem Afrikaner war ihm nämlich ein Dorn im Auge, und er sah in diesem fragwürdigen Schritt den besten Weg, ihr Ende zu erzwingen.

Aus unseren Gesprächen über all die erlebten Benachteiligungen und Übergriffe erwuchs die Idee, daß wir selbst etwas tun sollten, um unsere Lebensbedingungen im Gastland zu verbessern. Wenn es uns gelänge, zunächst einen kleinen Kreis von aufgeschlossenen Deutschen anzusprechen, dann stünden die Chancen sicherlich nicht schlecht, mit Hilfe dieses Freundeskreises breitere Teile der Bevölkerung zu erreichen. Durch das Vorbild deutsch-afrikanischer Freundschaft und durch gemeinsame Aufklärungsarbeit hofften wir, zum Abbau althergebrachter Vorurteile beizutragen und ein Klima zu schaffen, in dem langfristig eine freundlichere und mitmenschlichere Haltung Schwarzen gegenüber gedeihen konnte.

Genaugenommen waren das meine Gedanken, und ich war es auch, der ihre Verwirklichung vorantrieb. Nach einigen Wochen fleißiger Werbung für unser Vorhaben verbuchten wir einen ersten Erfolg: Der Deutsch-Afrikanische Club Münster (DACM) wurde gegründet, und seine Gründung im Dezember 1972 mit einem großen Fest gefeiert. Die Mitglieder des DACM rekrutierten sich keineswegs nur aus studentischen Kreisen, vielmehr schlossen sich Menschen unterschiedlichen Alters und mit verschiedenen Berufen dem Verein an; sogar einige angesehene Münsteraner Geschäftsleute kamen zu uns, um mit uns für die Verwirklichung unserer Ziele zu arbeiten. Und Deutsche und Afrikaner blieben im Club nicht unter sich, denn auch Männer und Frauen anderer Herkunft traten ihm bei; so zum Beispiel ein deutsch-spanisches Ehepaar. Ein anderes Paar kam zu uns; er war Deutscher, sie Iranerin. Sie hatten damit zu kämpfen, daß ihre Liebe weder von seiner Familie in Deutschland noch von ihrer Familie im Iran akzeptiert wurde, und sie waren glücklich, im DACM eine Gruppe von Menschen gefunden zu haben, die dachten wie sie, und bei denen sie sich mit ihren Problemen ein wenig aufgefangen fühlten.

Eines der vorrangigen Ziele des Clubs war es, die Verständigung zwischen Deutschen und Afrikanern durch ein beide Seiten ansprechendes Freizeitangebot zu fördern; und tatsächlich war es das große Verdienst des DACM, die Afrikaner in Münster aus ihrer sozialen Isolation herausgehoben zu haben. Ein wöchentlicher Tanz- und Unterhaltungsabend schuf die Atmosphäre, in der man sich ungezwungen beschnuppern und einander näherkommen konnte, und in der Geborgenheit des Clubs wurden freundschaftliche Kontakte zwischen Schwarz und Weiß angeknüpft und gepflegt.

In der Regel ist es ja so, daß bei festlichen Anlässen, die stark von der Kultur eines Landes geprägt sind, die Ausländer immer mehr oder weniger draußen bleiben – zumindest gefühlsmäßig, und zwar auch dann, wenn sie an solchen Veranstaltungen teilnehmen. Betrachten wir zum Beispiel einmal, wie sich ein Afrikaner im deutschen Karnevalstreiben vorkommen muß: Es ist nicht nur so, daß die deutschen Schunkelweisen dem afrikanischen Gefühl für Rhythmus und Musikalität so gar nicht entsprechen, oder daß dem Afrikaner, der auf allen gesellschaftlichen Anlässen gerne tanzt, die deutsche Vorliebe, beim Feiern den ganzen Abend am Tresen zu stehen und Bier und Kurze in stetig feuchtem Wechsel in sich hineinzukippen, völlig fremd ist. Es ist auch so, daß kein Afrikaner wirklich Gefallen an Karnevalsumzügen, Büttenreden oder Gassenhauertexten finden kann, die ihm als Witzfiguren Zerrbilder seiner selbst als Humba-Neger oder primitiver Menschenfresser präsentieren. Der DACM schaffte es nun aber, anläßlich der festlichen Höhepunkte des deutschen Jahreslaufs, Deutsche und Afrikaner gemeinsam auf ihre Kosten kommen zu lassen – mit einer Radtour am Ersten Mai, einer Nikolausfeier und einer großen bunten Karnevalsfete –, einem Maskenball mit afrikanischer Musik.

Auf der Liste seiner Vorhaben hatte der DACM auch den Beitrag zum besseren Verständnis des afrikanischen Kontinents, seiner Kultur und seiner Menschen – nicht zuletzt auch durch originale Begegnung in Afrika selbst – gesetzt. Angeregt durch dieses Fernziel reisten zwei junge Frauen aus Münster etliche Wochen durch Westafrika. Wir afrikanischen Clubmitglieder hatten ihnen Empfehlungsschreiben mitgegeben, die es ihnen ermöglichten, bei unseren Familien in verschiedenen westafrikanischen Ländern zu Gast zu sein und auf diese Weise Land und Leute aus erster Hand kennenzulernen.

Der Club arbeitete über einige Jahre hinweg recht erfolgreich, und seine selbstgestellten Aufgaben waren vielfältig. Sie reichten von konkreten Hilfeleistungen, vor allem für neu angekommene Afrikaner (so zum Beispiel einem privat organisierten kostenlosen Deutschunterricht und der Unterstützung bei der Zimmer- und Arbeitssuche; ein Afrikaner fand durch die Unterstützung des Clubs einen Ausbildungsplatz in Münster), bis hin zu öffentlichen Aktionen, um die Münsteraner Bevölkerung auf die Benachteiligung Farbiger in ihrer Stadt aufmerksam zu machen.

Eine Aktion des Clubs, an der ich teilhatte, versuchte, eine gerade von schwarzen Männern häufig erlebte Diskriminierung zu bekämpfen. Während nämlich schwarze Frauen als exotisch reizvolle Sexobjekte in »weißen« Diskotheken gerne willkommen sind, wird schwarzen Männern der Eintritt dort häufig verweigert. Unsere Aktion zielte darauf ab, diese weitverbreitete Praxis öffentlich anzuprangern und gleichzeitig zu erreichen, daß sie aufgegeben würde. Als gemischte Gruppe machten wir uns abends auf den Weg zu einschlägigen Lokalen. Getrennt nach Hautfarbe verlangten wir dann dort Einlaß, zum Beispiel so: Einige Weiße betraten die Diskothek und wurden ohne weiteres hineingelassen. Gerade, als sie sich anschickten, ihr Eintrittsgeld zu zahlen, kamen wir Schwarze dazu und wurden erwartungsgemäß vom Türsteher abgewiesen. Die Deutschen, die diesen Vorgang »zufällig« beobachtet hatten, protestierten jetzt: »Moment mal, wir sind doch gerade hereingelassen worden, wieso dürfen diese Leute dann nicht rein?« »Das ist nun mal so, Schwarze haben keinen Zutritt.« Und zu uns gewandt fuhr der Mann an der Tür fort: »Also los, habt ihr nicht gehört? Macht, daß ihr weiter kommt!« »Das ist ja nackter Rassismus, was Sie da treiben! Haben wir jetzt südafrikanische Verhältnisse in Deutschland?« entgegnete einer der Deutschen scharf. Nun nahm der Türsteher vielleicht eine Verteidigungshaltung ein und verwies auf die »Anweisung von oben«. In diesem Fall verlangten wir den Geschäftsführer zu sprechen und kündigten an, den Fall in der Presse zu veröffentlichen. Wenn das alles nichts brachte, verließen unsere deutschen Freunde demonstrativ mit uns zusammen das Lokal. Eine Variante dieser Praxis war, wenn an der Diskothekentür nach einer Gesichtskontrolle unser Mitgliedsausweis verlangt wurde. In diesem Fall konnte dann eine Gruppe von Weißen beweisen, daß sie gerade hineingelassen worden waren, ohne Clubmitglied zu sein. Manchmal hieß es auch, »Schwarze Studenten – ja; schwarze Soldaten – nein!« Natürlich konnten wir uns damit nicht zufrieden geben, denn warum durften etwa weiße Soldaten hinein, schwarze aber nicht! Im übrigen ging es uns nicht nur um die Diskriminierung von Schwarzen, sondern von irgendwelchen Gruppen überhaupt, nur daß wir sie konkret an der Benachteiligung von Schwarzen festmachten.

Gelegentlich hatte unser geballter Protest auch Erfolg, und wir durften das Lokal betreten – dieses eine Mal! Einmal begleitete uns ein Zeitungsreporter und schoß aus einem Versteck heraus ein Foto davon, wie zwei Schwarze an der Tür eines Tanzlokals abgewiesen wurden. Anschließend klärte unsere Gruppe den Türsteher darüber auf, daß in den nächsten Tagen mit der Veröffentlichung des Bildes und einem entsprechenden Artikel in der Presse zu rechnen wäre. Als Ergebnis davon muß dieser Mann wohl sofort alle anderen Diskotheken in Münster telefonisch über unsere Aktion informiert haben, denn wo immer wir an diesem Abend noch auftauchten, wir wurden ohne Probleme hereingelassen.

Aktionen wie diese hielten wir schon deshalb für wichtig, um zu zeigen, daß wir nicht länger bereit waren, rassistische Benachteiligungen widerspruchslos zu schlucken. Dennoch war uns klar, daß wir bei denjenigen, die uns bewußt diskriminierten, keine dauerhafte Gesinnungsänderung dadurch erzielen konnten, daß wir sie mit ihrem Fehlverhalten konfrontierten und sie dafür zur Rechenschaft zogen. Wir suchten noch nach anderen Wegen, um direkt an die Gefühle der angesprochenen Deutschen zu appellieren und ihnen eine Chance zu geben, sich mit dem Opfer zu identifizieren. So entstand die Idee zu einem kleinen Theaterstück, das ich anschließend schrieb und zusammen mit einer Gruppe von Deutschen und Afrikanern einübte. Allein die Proben zu dem Stück machten allen Beteiligten viel Spaß, und wir erlebten es als Erfolg, daß wir das Stück 1973 zweimal unter viel Zuspruch aufführen konnten.

In dem Stück wird versucht, das Schicksal eines afrikanischen

Jungen, der ein Stipendium für ein Studium in Deutschland erhält, anschaulich darzustellen. Es vermittelt einen Einblick in die eigenen Hoffnungen des Afrikaners und die überhöhten Erwartungen seiner Angehörigen – einfacher Dorfbauern – in bezug auf sein Studienland Deutschland. Und die Zuschauer werden Zeugen seiner maßlosen Niedergeschlagenheit angesichts seiner enttäuschenden Erfahrungen an einem einzigen Abend in Deutschland, dem Abend seiner Ankunft. Das Stück enthält aber auch einen Ansatz zur Überwindung der Gegensätze und zu einer Annäherung zwischen Schwarz und Weiß, denn der junge Afrikaner trifft auch auf vorurteilsfreie Menschen in Deutschland, die ihn willkommen heißen und ihm helfen, sich in der Fremde zurechtzufinden.

Die Arbeit im Club war für alle Aktiven ein Gewinn, und sie bestätigte unsere Hoffnung, daß eine Handvoll Entschlossener und Einsatzwilliger auf dem Feld der Völkerverständigung an der Basis einiges bewirken kann. Leider ereilte unsere Vereinigung nach einiger Zeit das Los fast aller solcher Zusammenschlüsse: Das allgemeine Interesse ließ nach, die Treffen wurden unregelmäßig besucht, einige gerade der aktiven Mitglieder beendeten ihr Studium und verließen Münster, persönliche Zwistigkeiten schlichen sich ein und taten das ihre – der DACM, der seine wichtige Arbeit so schwungvoll und vielversprechend begonnen hatte, ließ in seinen Aktivitäten nach und schlief zu guter Letzt ein.

8. KAPITEL

Bitterer Honig

Im Dezember 1971 befand ich mich in den Vorbereitungen für mein Physikum. Auch am Sonntag vor Weihnachten hatte ich von früh bis spät über den Büchern gehockt und gepaukt; draußen hatte es von morgens bis abends in Strömen geregnet; und beides war mir auf die Stimmung geschlagen. So kämpfte ich, als ich des Büffelns müde geworden war, mit der Versuchung, mir eine angenehme Abwechslung zu gönnen. Richtig, da war noch diese Schallplatte, die ich mir vom Diskjockey der »Tenne«, einer Münsteraner Diskothek, ausgeliehen hatte, um sie auf Tonband zu überspielen. Sie ihm heute zurückzubringen, wäre ein willkommener Anlaß, auf einen Sprung in die Stadt zu fahren und in der Disko vorbeizuschauen. Und wenn ich schon einmal dort wäre, so machte es auch keinen Unterschied, auf ein Bier zu bleiben.

Kurz vor 11 Uhr abends traf ich in der »Tenne« ein; ich gab die Platte ab und schaute mich um. Da sah ich ein Mädchen, das mir auf den ersten Blick gut gefiel; auf den zweiten Blick forderte ich sie zum Tanzen auf, was sie nicht ablehnte. Die Unterhaltung, die wir beim Tanz begonnen hatten, wollte ich gerne fortsetzen, so lud ich sie zu einem Glas Bier ein. Unsere Sympathie war gegenseitig und sie akzeptierte meine Einladung zu einer Weihnachtsparty. Dann war es auch schon Zeit für sie, zum Bahnhof zu gehen, um den letzten Zug nicht zu verpassen, der sie in ihre Heimatstadt, eine mittlere Stadt unweit von Münster, bringen würde – dort wohnte sie bei ihren Eltern. Ich fuhr sie und ihre Freundin mit dem Auto zur Bahn und versprach, sie am Tag darauf im Büro anzurufen.

Mein Versprechen löste ich am Montag nachmittag ein, dabei wollte ich Genaueres wegen der Weihnachtsparty mit ihr absprechen. Sehr diplomatisch mit dem Anschein von Offenheit und Unkompliziertheit bat sie mich, sie vor der Party zu Hause abzuholen, denn ihre Eltern sähen es vermutlich nicht gern, wenn sie mit einem ihnen völlig fremden Mann zu einer Party – noch dazu in der Großstadt – ginge. Um dem vorzubeugen, sei ihr eingefallen, daß ich ja dann kein Fremder mehr wäre, wenn ich sie daheim abgeholt hätte. Dagegen hatte ich nichts einzuwenden, und wir vereinbarten einen leicht erkennbaren Treffpunkt in der Stadt, von wo aus sie mich zum Haus ihrer Eltern geleiten wollte. Ich machte deshalb große Augen, als Barbara – so hieß das Mädchen – am Heiligen Abend um die Mittagszeit in der Eingangshalle meines Wohnheimes stand, wo sie nach mir gefragt hatte. Ich führte sie hinauf in mein Zimmer, dort erzählte sie mir bei einem Glas Apfelsaft den Grund ihres überraschenden Besuches.

Am Montag morgen hatte sie ihrer Mutter berichtet, sie habe in Münster einen Studenten kennengelernt, von dem sie zu einer Weihnachtsparty eingeladen worden sei. Die prompte abwehrende Reaktion der Mutter hatte gelautet: »Wer zu Weihnachten nicht zu seinen Eltern fährt, der kommt von so weit her, daß er gar nicht nach Hause fahren kann!« Hatte sie da etwa schon an einen Ausländer gedacht? Jedenfalls deuteten ihre Worte darauf hin, daß ihr die Verabredung der Tochter nicht recht war. Um die Mutter umzustimmen, hatte Barbara die Idee gehabt, mich zu bitten, sie im Elternhaus abzuholen.

Sie wollte die Eltern langsam und vorsichtig darauf vorbereiten, wen sie da kennengelernt hatte, denn daß sie einige Schwierigkeiten damit haben würden, den Kontakt zu einem Afrikaner als selbstverständlich zu betrachten, war ihr klar. Doch schon am Abend des selben Tages entbrannte in der Familie ein heftiges Streitgespräch, nachdem sie den Eltern behutsam mitgeteilt hatte, daß sie mit einem Schwarzen verabredet war. Die Eltern wollten ihr erst nicht glauben, der Gedanke war ihnen zu fremd, als daß sie ihn sofort richtig fassen konnten. Letzten Endes begriffen sie aber, daß das Ganze kein Scherz war und gerieten daraufhin in fürchterliche Erregung. Prompt verboten sie der Tochter, sich mit mir zu treffen; und von der Minute an waren sie nicht mehr dazu zu bewegen, noch einmal in Ruhe über alles nachzudenken und von ihrer im ersten Zorn getroffenen Entscheidung abzurücken.

»Mir kommt kein Neger ins Haus!« Kurz, aber unmißverständlich war die Antwort, mit der der Vater das unliebsame Thema für sich selbst beendete. So war die weitere Auseinandersetzung darüber allein eine Sache zwischen Mutter und Tochter. Ein Großteil der Einwände, die die Mutter gegen unsere Verabredung vorbrachte, war getragen von unvernünftigen, zum Teil unbewußten Ängsten, die dabei so fest saßen, daß sie sie unempfänglich machten für jedes Gegenargument. Sie war nicht bereit, vielleicht auch nicht fähig, zu überprüfen, ob ihre stark verallgemeinernden Befürchtungen auf den Einzelfall, um den es sich handelte, überhaupt zutrafen: daß nämlich ihre Tochter im Jahre 1971 einen jungen afrikanischen Studenten begegnet war, den sie sympathisch fand, und dessen Einladung zu einer Party sie gerne annehmen wollte. Denn um mehr ging es genaugenommen noch gar nicht.

Ihre tief verwurzelten Ängste waren so stark, daß sie nicht einmal imstande war, diese harmlose Begebenheit für sich allein zu sehen. Vielmehr rief sie dem Mädchen ins Gedächtnis, was mit jenen deutschen Frauen geschehen war, die sich während des Zweiten Weltkrieges mit Kriegsgefangenen eingelassen hatten – sie waren an den Pranger gestellt und kahl geschoren, die Männer in der Regel umgebracht worden. Mit dieser Schreckenserinnerung aus der Ära des Unmenschen versuchte sie, die Tochter – und letztlich auch sich selbst – einzuschüchtern. Für Barbaras Bemühungen, sie davon zu überzeugen, daß derart brutale Schikanen einer längst vergangenen Epoche angehörten, hatte sie kein Ohr.

Aber ihre Ängste wurzelten nicht nur in der Vergangenheit; vielmehr war ihre Hauptsorge ausgesprochen gegenwartsorientiert, erstreckte sich aber nur bis vor die eigene Haustür, nämlich: »Es ist gar nicht auszudenken, was die Nachbarn dazu sagen würden!« Ja, die Furcht vor übler Nachrede versetzte sie regelrecht in Panik, und sie malte sich die Schande aus, die Barbaras Verhältnis mit einem Neger über die Familie bringen würde. Dazu möchte ich anmerken, daß wenige Jahre später die eine Nachbarstochter über einen beträchtlichen Zeitraum hinweg ganz offen ein Verhältnis mit einem Türken hatte, und die Tochter des anderen Nachbarn heute mit einem Italiener verheiratet ist, mit dem sie seit frühester Jugend befreundet war.

In diesem Zusammenhang fällt mir eine Geschichte ein, die Barbara mir früher einmal erzählt hat. In ihrer Heimatstadt, die der Sitz zahlreicher Industriebetriebe ist, gab es schon früh viele Gastarbeiter; Ende der sechziger Jahre waren es überwiegend Italiener, die großenteils noch ohne ihre Familien in baufälligen Häusern untergebracht waren und dort ein tristes Leben in Männergemeinschaften fristeten. Damals kannte Barbara eine ganze Reihe sehr junger Mädchen, die vorzugsweise ihre ersten sexuellen Erfahrungen mit diesen italienischen Männern machten – selbstverständlich in aller Heimlichkeit auf Parkbänken in der Dämmerung oder in den dunklen Hauseingängen jener Gastarbeiterunterkünfte. Niemals zeigten sie sich mit den Männern, die sie bevorzugten, in der Öffentlichkeit; ja, sie vermieden es sogar, sich in der Stadt von ihnen grüßen zu lassen. Und natürlich wahrten sie vor Eltern und Nachbarn den Anschein, sauber und unerfahren zu sein. Über ihre geheimen Abenteuer wurde nur hinter vorgehaltener Hand mit Gleichaltrigen getuschelt, ja zuweilen geprahlt (»Der Tonio hat mich vielleicht fertiggemacht!«). Selbstverständlich haben sich diese Mädchen, nachdem sie sich ausgetobt hatten, »anständigen« deutschen Jungen zugewandt und sie später geheiratet. Und wer weiß denn heute schon noch etwas von ihrer aufregenden Vergangenheit mit »feurigen« Italienern?! Ich finde, diese Geschichte legt besser als manche erklärenden Worte die doppelte Moral offen, die in diesem Aspekt der »Ausländerfrage« nicht nur in jener Stadt damals herrschte, und der auch Barbaras Mutter zum Opfer gefallen war.

Aber zurück zu den Unvereinbarkeiten in der Verständigung zwischen Mutter und Tochter. Die Mutter hatte Angst vor allem und jedem: vor der Reaktion von Nachbarn, Verwandten und Bekannten; davor, daß ihre jüngeren Kinder sich auf der Straße nicht mehr blicken lassen könnten, ohne daß mit dem Finger auf sie gezeigt würde – also Angst vor dem Verlust des guten Rufes der Familie schlechthin; und sie hatte Angst um die Moral der jüngeren Geschwister, die durch Barbaras schlechtes Beispiel verdorben werden könnten.

Ein Teil ihrer Befürchtungen war eine Folge der in ihrer Generation noch weit verbreiteten sexualfeindlichen Haltung, so zum Beispiel ihre Sorge, ich wolle Barbara nur sexuell ausbeuten und sie hernach sitzen lassen, womöglich mit einem Kind. Diese Sorge gipfelte in der Angst, daß, nachdem Barbara mit einem Neger geschlafen hätte, kein anständiger deutscher Mann mehr etwas mit ihr zu tun haben wolle, weil sie sich unabänderlich in den Ruf einer »Negerhure« gebracht hätte.

Der Streit in Barbaras Elternhaus über ihre Bekanntschaft mit mir konnte nicht an diesem Abend beigelegt werden; vielmehr herrschte dort während der ganzen Vorweihnachtswoche fürchterlich »dicke Luft«, denn Barbara gab noch tagelang die Hoffnung nicht auf, die Mutter doch umstimmen zu können. Aber sie rannte Wände ein mit ihrer verzweifelten Bitte, mich wenigstens erst einmal kommen zu lassen. Die Eltern sollten sich doch zumindest einen persönlichen Eindruck von mir verschaffen, bevor sie eine Freundschaft verdammten, die noch gar nicht einmal richtig angefangen hatte. Ihre maßlose Enttäuschung verdichtete sich zu ohnmächtiger Wut – im Laufe dieses Prozesses setzte sie jedes Mittel ein, das ihr zur Verfügung stand: Sie bettelte, schmeichelte, versuchte zu überreden, durch Argumente zu überzeugen, begehrte auf, weinte, schrie. Doch das Ergebnis all ihrer Anstrengungen war eine völlige Verhärtung der Fronten, bis es – keinen Widerspruch mehr duldend – hieß, jetzt sei es genug; das Thema sei nun ein für alle Male vom Tisch und dürfe nie wieder angerührt werden.

Das ganze Drama ereignete sich, bevor durch eine politische Willenserklärung der damals regierenden SPD das Volljährigkeitsalter von einundzwanzig auf achtzehn gesenkt wurde. Mit ihren knapp neunzehn Jahren war sie den Eltern also noch mehr als zwei Jahre zu Gehorsam verpflichtet. Sie mußte sich ihnen fügen, indem sie also zum Beispiel über die Sache wirklich nicht mehr sprach; aber sie mußte nicht vor einer übermächtigen Instanz »Eltern« kapitulieren, also beispielsweise auf ein Treffen mit mir verzichten – es gab ja noch eine andere Möglichkeit! Und sie war nicht bereit, es ohne Gegenwehr zu schlucken, daß ein Mensch einzig aufgrund seiner Hautfarbe abgelehnt und zurückgewiesen wurde. Deshalb beschloß sie, den Weg zu finden, um zu verhindern, daß ich am Weihnachtstag vergeblich in ihre Heimatstadt käme.

Doch diesen mutigen Vorsatz zu verwirklichen, erwies sich als ein beinahe aussichtsloses Unterfangen, denn sie hatte sich weder meine Anschrift noch meine Telefonnummer notiert; von meinem Namen hatte sie nur den Klang, nicht aber den Wortlaut im Ohr behalten; und mit der flüchtig von mir dahingeworfenen Auskunft »Ich wohne dort im Wilhelmskamp« hatte sie als Ortsfremde nichts anfangen können. Aber all diesen Widrigkeiten zum Trotz gelang es ihr, mich zu finden. Und da stand sie nun, am Mittag des Heiligen Abends, in der Eingangshalle des Hauses Münsterland, zu dem sie sich hatte durchfragen können, und wo sie mich auch prompt antraf. Ich bewunderte damals den Mut und die Willensstärke dieses Mädchens, und es entwickelte sich eine feste und sehr tiefe Beziehung zwischen uns, die noch heute besteht, denn wir sind seit langem miteinander verheiratet.

Unsere Liebe wurde aber noch lange überschattet durch die Spannungen im Verhältnis zu Barbaras Eltern. Einige Monate sah sich Barbara gezwungen, unsere Beziehung vor ihnen zu verheimlichen, doch dann drängte alles in ihr danach, sich offen zu mir bekennen zu können. Es kam zu weiteren heftigen Auseinandersetzungen im Elternhaus, die auf beiden Seiten sehr emotional geführt wurden. Das, worauf die Tochter sich »eingelassen« hatte, war den Eltern zu fremd und deshalb zu gefährlich, als daß sie es hätten begreifen und somit gutheißen können. Und das kam zum Ausdruck in den Befürchtungen der Mutter, die sich in Sätzen wie diesen äußerte: »Hast du denn gar keine Angst, wenn du morgens wach wirst und den schwarzen Mann neben dir im Bett siehst?« oder: »Es kann ja sehr gut sein, daß er unter seinesgleichen ein guter Mensch ist, ein sehr guter vielleicht; aber nicht unter uns. Zu uns paßt er einfach nicht!« Auch die mütterliche Sorge um die Zukunft der Tochter (und deren Kinder) brach immer wieder hervor: »Die armen Kinder, die einmal daraus hervorgehen werden, was soll nur aus denen werden?!« Natürlich saß der Mutter auch ganz einfach die Angst im Nacken, daß sie die Tochter durch mich eines fernen Tages in eine unerreichbar weite Fremde verlieren würde, und diese Angst kleidete sie in folgende Worte: »In dem Klima, da gehst du doch kaputt, das hältst du niemals aus!« Ebenso wußte sie vorauszusagen: »Es mag ja sein, daß er sich, solange er hier lebt, anpaßt und europäische Lebensart annimmt, schließlich verfügt er über genügend Bildung, das zu tun. Aber sobald er wieder zu Hause ist – das garantiere ich dir – fällt er unweigerlich in seine alten Sitten und Gebräuche zurück. Und dabei gehst du vor die Hunde!«

Barbara hoffte letzten Endes, durch eine räumliche Trennung von den Eltern die verhärteten Fronten im Elternhaus so weit entspannen zu können, daß irgendwann doch einmal eine Annäherung der Standpunkte möglich sein würde.

Ein Anlaß bot sich schon bald, denn sie würde in Kürze die Fachoberschule in Münster besuchen, und für viele junge Leute war das ein Grund, erstmals das Elternhaus zu verlassen.

Wenige Wochen, nachdem meine Freundin sich entschieden hatte, nach Münster zu ziehen, konnte sie den Mietvertrag für ein Leerzimmer in einem mehrstöckigen Privathaus unterschreiben. Das Haus gehörte einer gehbehinderten alten Frau, die zusammen mit ihrem unverheirateten Sohn die mittlere Etage bewohnte; die Räume in Erd- und Dachgeschoß waren an junge Mädchen vermietet. Einsilbig und ohne die Spur eines Lächelns zu zeigen, wickelte die alte Dame die Zimmervermietung ab. Ihre Unnahbarkeit störte Barbara aber nicht weiter; für sie zählte im Augenblick nur, daß sie ihr »Wohnungsproblem« so schnell lösen konnte, denn zu ihrer Überraschung hatten die Eltern – wenn auch zögernd und letztlich ungern – ihrem Entschluß zugestimmt, sich in Münster ein Zimmer zu nehmen.

Beim Umzug Anfang Juli 1972 half ihr der ältere Bruder. Im Treppenhaus begegneten sie der Vermieterin, die wie zufällig gerade durch ihre spaltbreit geöffnete Wohnungstür schaute, als sie die ersten Möbel hinaufschleppten. Den Gruß der jungen Leute erwiderte sie mit der Sturheit, die das Mädchen schon an ihr kannte. Nachdem alles im Zimmer untergebracht war und die beiden sich eine kurze Verschnaufpause gegönnt hatten, verließen sie das Haus, und Barbara kehrte erst am folgenden Abend zurück, dieses Mal begleitet von mir. Ich half ihr, einige Koffer und Taschen, die sie bei mir abgestellt hatte, hinüberzutragen. Als wir die Treppe hinaufstiegen, sahen wir die alte Frau – wieder stand sie, auf ihren Gehstock gestützt, in der halbgeöffneten Etagentür. Wir wünschten ihr freundlich einen guten Abend, doch statt zurückzugrüßen, starrte sie uns mit einem sonderbaren Ausdruck in den Augen an, bevor sie heftig ihre Tür hinter sich zuzog. Auf mich wirkte sie irgendwie unheimlich, und noch auf der Treppe raunte ich Barbara dies ins Ohr. Oben angekommen, ergänzte sie: »Jedes Mal, wenn man das Haus betritt, steht sie da wie eine Statue und späht aus ihrer Tür, damit ihr nur ja nichts entgeht. Weißt du, woran sie mich erinnert?

An die Hexe aus ›Hänsel und Gretel‹!« Wir lachten herzlich über diesen treffenden Vergleich. Dann sah ich mich im Zimmer um. Noch immer halb leer, wirkte es mit den wenigen Kleinmöbeln und den herumstehenden Kisten und Taschen nicht gerade einladend. Außerdem herrschte im Dachgeschoß, auf das den ganzen Tag erbarmungslos die pralle Julisonne geschienen hatte, ein kaum erträgliches Treibhausklima. Schon nach einer Viertelstunde verabschiedete ich mich, denn meine Freundin brauchte nun erst einmal Zeit, um sich in ihrer »Bude« einzurichten.

Unmittelbar nachdem ich das Haus verlassen hatte, klopfte es an ihrer Zimmertür. Verwundert darüber, schon so bald Besuch zu bekommen, öffnete sie und sah den Sohn der Vermieterin vor sich. Der nicht mehr ganz junge, untersetzte Mann mit dem aufgedunsenen, bebrillten Gesicht voller Pickel machte auf sie den Eindruck eines nicht erwachsen gewordenen und verspätet pubertierenden Jungen. Zu dieser Erscheinung wollte der barsche Befehlston nicht passen, mit dem er sie aufforderte, zu seiner Mutter zu kommen. Mit einem mulmigen Gefühl im Bauch folgte sie dem Mann, der schweigend vor ihr die engen Treppen hinabstieg und seine Wohnungstür aufschloß. Er ging weiter vor ihr her in die Küche, wo seine am Tisch sitzende Mutter sie mit feindlichen Blicken erwartete. Ohne auf ihren Gruß zu reagieren oder ihr einen Stuhl anzubieten, herrschte die Frau sie an: »Ich bin entsetzt darüber, wen Sie heute ins Haus gebracht haben! Deshalb sprechen mein Sohn und ich Ihnen hiermit unter Einhaltung der gesetzlichen Kündigungsfrist die Kündigung aus. Dies ist ein christliches Haus – solches Pack wie Sie können wir nicht dulden!« Diese Worte trafen Barbara wie Hammerschläge. Ganz benommen davon, wußte sie nichts zu entgegnen; sie schluckte kommentarlos beides, den formalen Hinauswurf und die damit verbundene rüde Beleidigung. Unter den vernichtenden Blicken von Mutter und Sohn, die sich nicht von der Stelle rührten, verließ sie rasch die Wohnung. Später beim Aufräumen versuchte sie, ihre Gedanken und Gefühle zu ordnen. Sie empfand nun die drückende Hitze in dem halbleeren Raum, zu dem sie keine Beziehung mehr herstellen konnte, als unerträglich.

Am nächsten Morgen traf sie zwei ihrer Nachbarinnen, die sie im Haus willkommen hießen. Noch völlig unter dem entmutigenden Eindruck des gestrigen Erlebnisses antwortete sie beklommen: »Ja, ich freue mich auch, euch kennenzulernen. Aber lange werde ich nicht mehr hier sein, denn ich bin gleich nach meinem Einzug schon wieder hinausgeworfen worden.« Aufhorchend lud eines der Mädchen die beiden anderen in ihr Zimmer ein, um dort – vor ungebetenen Lauschern sicher – über alles sprechen zu können. Barbara redete sich von der Seele, was vorgefallen war, und ihre Zuhörerinnen waren darüber nicht weniger empört als sie selbst; andererseits wunderten sie sich nicht über das rabiate Vorgehen der Vermieter. Sie klärten die staunende Neue in ihrem Kreis darüber auf, wie es in Wirklichkeit um dieses »christliche Haus« bestellt war.

Zugegeben, was sie nun vor meiner Freundin ausbreiteten, gehört – aus meiner Feder – in das weite Feld unbestätigter Gerüchte, denn keiner von uns beiden hat es selbst miterlebt; ich will dem Leser diese Geschichte aber dennoch nicht vorenthalten, weil sie bestens geeignet ist, die zweifelhafte Moral von Leuten zu entlarven, die sich selbst im Brustton der Überzeugung »christlich« nennen, ein junges Mädchen aber im gleichen Atemzug um ihres schwarzen Freundes willen als »Pack« einstufen.

Zunächst einmal handelte es sich beim Sohn des Hauses um einen verkrachten Juristen, der sich für einen Experten in allen Rechtsfragen hielt. Das war vielleicht einer der Gründe, weshalb das seltsame Paar von Mutter und Sohn mit allen anderen Anwohnern der Straße in irgendwelche Rechtsstreitigkeiten aus banalsten Anlässen verwickelt war. Den Nachbarn von gegenüber hatten sie beispielsweise deshalb verklagt, weil er morgens um sieben Uhr dreißig immer zu laut mit seinem Wagen aus der Garage fuhr.

Nach seinem abgebrochenen Jurastudium hatte sich der Junior als Lehrer versucht und war in diesem Beruf an seiner Neigung zur Päderastie gescheitert. Er soll sich nämlich homosexuell an zwei Schülern vergangen haben. Ein anderes Mal soll dieser vielseitige Mann in ein benachbartes Schwesternwohnheim eingestiegen sein und dort versucht haben (oder hatte er es geschafft?), eine Krankenschwester zu vergewaltigen. Dabei soll er mit den Worten über die sich heftig wehrende Frau hergefallen sein: »Warum zierst du dich denn so? Das muß doch jede verheiratete Frau über sich ergehen lassen!«

Was die Mieterinnen dieses Hauses betraf (und es waren immer nur Mieterinnen!), so hatte dort noch keine lange gewohnt. Diejenigen, die nicht beizeiten hinausgeflogen waren, hatten selbst das Weite gesucht, sobald sie eine andere Unterkunft gefunden hatten. Denn zum einen lebten sie buchstäblich in Angst vor den Nachstellungen des abartig veranlagten Sohnes, und sie waren sogar eines Nachts allesamt in Decken gehüllt ins Nachbarhaus geflohen, um sich vor ihm in Sicherheit zu bringen. Andererseits waren sie machtlos den krankhaften Überwachungsbestrebungen seiner Mutter und den damit verbundenen Schikanen ausgeliefert. Zum Beispiel saß die Frau jede Nacht so lange auf ihrem Stuhl hinter dem Fenster, von dem aus sie das Gartentor scharf im Auge behalten konnte, bis auch die letzte Untermieterin von ihrem abendlichen Ausgang zurückgekehrt war. Mit dieser kindischen Übung wollte sie jeden Versuch, zur unstatthaften Zeit Herrenbesuch ins Haus zu schleusen, im Keim ersticken. Einmal hatte ein Mädchen mit einem angeborenen Herzfehler dort gewohnt. Sie hatte eines Abends in der Diskothek einen Herzanfall erlitten und war daraufhin von ihrem besorgten Freund nach Hause gebracht worden. Dort wollte er auf den Arzt warten, den er verständigt hatte. Ungeachtet des Gesundheitszustandes des Mädchens kam es zu einer unglaublichen nächtlichen Szene mit den Hausbesitzern. In ihrer bornierten Intoleranz wollten sie sich auf nichts einlassen – sie versuchten mit aller Gewalt, Freund und Arzt hinauszuwerfen, und selbstverständlich erhielt das arme Mädchen am Tag darauf die Kündigung.

Für Barbara klang das alles nach Dingen, die man nicht selbst erleben, sondern nur in Büchern lesen kann – trotzdem (oder gerade deshalb?) paßte der »Rausschmiß« ins Bild. Sie nahm ihn jetzt sehr gelassen hin, ja sie war erleichtert, so kurz und schmerzlos diesem verabscheuenswürdigen Panoptikum entkommen zu sein.

Die »vertragliche Kündigungsfrist«, auf die die juristisch versierte Zimmerwirtin verwiesen hatte, dauerte aber noch vier Wochen – so lange hatte Barbara also Zeit, sich nach einer anderen Wohnstätte umzusehen; so lange war sie aber auch noch nicht vor weiteren Übergriffen dieser Leute sicher. Zu ihrem nächsten Schlag hatten die nämlich bereits am nächsten Tag ausgeholt: Auf der Treppe fand Barbara in einem an sie gerichteten Umschlag die Kopie eines in geradezu lächerlicher Weise mit juristischen Fachausdrücken und zitierten Paragraphen überladenen Briefes. Es war das aufgrund der Minderjährigkeit der Untermieterin an deren Eltern gerichtete formale Kündigungsschreiben, in dem selbstverständlich auch die Angabe des Kündigungsgrundes nicht fehlte.

Nach dem ersten unerfreulichen Abend und den sensationellen Enthüllungen ihrer Mitbewohnerinnen verbrachte Barbara keine einzige Nacht mehr in dem Haus; sie betrat es nur noch, um etwas von dort zu holen oder dort hinzubringen. Sie wohnte vorübergehend bei mir. Wenige Tage später kam es bei einer unserer Stipvisiten dort zu einer Konfrontation zwischen mir und dem Juniorhausherrn. Beim Betreten des Hauses stellte er sich mir in den Weg und versuchte, mich mit beleidigenden Worten zu provozieren. Ich ließ mich davon nicht beeindrucken, aber auf dem Rückweg wiederholte er seine Angriffe. Er lief hinter mir her aus dem Haus hinaus, und noch auf meinem Weg zum Auto warf er mir unqualifizierte Schimpfwörter nach. Als ich außerhalb der Einzäunung angekommen war, blieb ich stehen und rief ihm nun meinerseits zu: »Wissen Sie, was Sie sind? Ein Schwein sind Sie!« Augenblicklich wurde in der mittleren Etage ein Fenster aufgerissen, die Alte beugte sich heraus und mischte sich keifend ein. Nun konnten wir nur noch lachen; wir ließen das wütende Gespann zurück, stiegen in mein Auto und fuhren davon. Anderntags fand Barbara wieder einen Brief auf der Treppe. Es war ein offizielles Hausverbot für mich wegen Beleidigung. Das Schriftstück strotzte wie das vorherige von Parapraphen etc., und es war wiederum nicht an sie, auch nicht sinnvollerweise an mich, sondern an ihre Eltern gerichtet. Was sie da in den Händen hielt, war lediglich ein Durchschlag.

Mich an das mir auferlegte Hausverbot zu halten, fiel mir nicht schwer; ja, es machte mir sogar Spaß, den letztlich so leicht zu verunsichernden Haustyrannen unter strikter Beachtung ihrer Anordnung die Unwirksamkeit dessen vor Augen zu führen, was sie eigentlich mit ihrer Maßnahme bezweckten. So oft ich konnte, begleitete ich meine Freundin zu dem Haus, stieg jedes Mal aus dem Auto und wartete gelassen am Gartentor auf sie – also genau im Blickfeld des Spähplatzes am Fenster, so daß meine Anwesenheit den Argusaugen der zwanghaft dort verharrenden »Schloßwartin« nicht verborgen bleiben konnte.

Bei Barbaras Auszug konnten wir es uns dann nicht verkneifen, diesen mit allen juristischen Wassern gewaschenen Saubermännern noch einen saftigen Denkzettel zu verpassen, mit dem wir der

Unsinnigkeit ihres Hausverbotes die Krone aufsetzten. Wie üblich blieb ich außerhalb des Zaunes stehen. Statt meiner begleitete ein Freund aus Sierra Leone Barbara ins Haus und trug mit ihr zusammen ihr Zimmerinventar nach draußen. Sie taten es mit Bedacht, darum bemüht, nur ja nichts zu überhasten. Dabei versäumten sie es nicht, auf ihren Wegen durchs Treppenhaus laut hörbar zu scherzen und zu lachen. Auch mit dem Beladen des Wagens, den wir direkt vor der Gartenpforte geparkt hatten, ließen wir uns die Zeit, unseren kleinen Triumph so richtig auszukosten.

Schon wenige Tage nach der skandalösen Kündigung hatte Barbara ein anderes Zimmer besichtigen können. Die Hausbesitzerin war eine derbe alte Frau, der man ansah, daß sie ein Leben lang schwer gearbeitet hatte. Die beiden wurden sich rasch über die Vermietung einig; ja, Barbara wollte gerne hier einziehen, fürchtete sich aber vor einer weiteren Niederlage, wenn die Vermieterin erfuhr, mit wem sie zusammen war. Darum sagte sie mit einiger Beklemmung: »Ich möchte das Zimmer gerne nehmen, wenn es sie nicht stört, daß mein Freund schwarz ist.« Die alte Frau stutzte einen Augenblick, vergewisserte sich dann: »Ist er wirklich ganz dunkel?« und beschwichtigte schließlich die eigenen Zweifel mit den Worten: »Das ist nicht so schlimm, die können ja auch katholisch sein!« »Ja, ja, das ist er«, bestätigte Barbara vielleicht ein wenig zu schnell, denn diese Feststellung hatte sie irritiert. Die Frau war immerhin freimütig genug, zuzugeben, daß für sie selbst – allein gelassen – die Hautfarbe des Freundes Grund genug gewesen wäre, der Bewerberin das Zimmer abzuschlagen. Doch beeinflußt durch ihren Sohn, einen Studienrat, hätte sie gelernt, in diesen Dingen umzudenken. Und ihr Sohn wäre sicherlich sehr böse, wenn er erführe, warum sie ihr das Zimmer verweigert hätte. Zu einem späteren Zeitpunkt hätte Barbara nach einem solchen Eingeständnis von sich aus einen Rückzieher gemacht, denn es war danach absehbar, daß es früher oder später zu Konflikten kommen mußte. Nach den Aufregungen der vorangegangenen Wochen war sie aber so eingeschüchtert und fürchtete, letzten Endes noch auf der Straße sitzen zu bleiben, wenn sie nicht dieses Zimmer nähme. Deshalb nahm sie das Angebot erleichtert, wenn auch mit gemischten Gefühlen, an.

Eigentlich fühlte Barbara sich in dem Zimmer sehr wohl; frisch gestrichen, und zum Teil mit ihren eigenen Möbeln versehen, war daraus ein gemütliches Heim geworden. Sie entdeckte, daß ihre Nachbarinnen, zwei Studentinnen, sehr umgänglich waren; das heißt, die eine bekam sie kaum je zu Gesicht, aber mit der anderen freundete sie sich bald an. Andererseits gingen einige »Marotten« der Hausherrin ihr mit der Zeit ganz schön auf die Nerven: So achtete diese streng darauf, daß die Mädchen auch alles immer schön sauber hielten; vor allem das Toilettenbecken lag ihr am Herzen, und sie kontrollierte es ständig. Überhaupt war sie zu ihren Untermieterinnen wie eine Mutter zu ihren Kindern, verwöhnte sie zur Erntezeit mit stark gezuckerten, dampfenden Pflaumenpfannkchen oder frisch gebackenem Apfelkuchen. Aber auch sonst fand sie häufig einen Grund, an die eine oder andere Tür zu klopfen und bei den Mädchen hereinzuschauen. Und in der Abwesenheit einer Mieterin schlich sie sich in deren Zimmer, um dort herumzuschnüffeln. Bald fand sie heraus, daß Barbara in manchen Nächten nicht nach Hause zurückkam, und sie äußerte ohne Umschweife ihr Mißfallen darüber. Ja, sie ging sogar so weit, das Mädchen mit erhobenem moralischem Zeigefinger zu fragen: »Er faßt Sie ja wohl hoffentlich nicht an, wenn Sie nachts bei ihm bleiben?!« Trotz allem konnte Barbara es dort aber ganz gut aushalten. Auch mir begegnete Frau P. immer höflich und korrekt.

Aber sie hatte Vorurteile, und es gelang ihr nie vollständig, sie zu verbergen. Doch ihre Ablehnung richtete sich nicht ausdrücklich gegen mich als Person – ich glaube, wenn sie auf »neutralem Boden« mit mir zu tun gehabt hätte, hätte sie mich entsprechend ihrem einfachen, christlich geprägten Weltbild als armen Afrikaner betrachtet, für den »wir etwas tun müssen«. Der Rahmen unserer Begegnungen war aber ein anderer, und es war ein Stachel in ihrem Fleische, daß sie unter ihrem Dach ein junges Mädchen beherbergte, das ein Verhältnis zu einem Neger hatte. Aber sie hütete sich, ihre Ressentiments offen zum Ausdruck zu bringen; die meiste Zeit unterdrückte sie sie einfach gewaltsam: Phasen, in denen sie sich abweisend und stur verhielt, und Barbara einfach nur spürte, daß irgend etwas Unausgesprochenes in der Luft lag, wechselten mit solchen, in denen ihr altes Interesse am Privatleben der Mieterin die Oberhand gewann, und sie freundlich wie am Anfang war. Und zweimal in der ganzen Zeit ließ sie durchblicken, was ihr nicht paßte. Das erste Mal geschah es sehr indirekt, es wäre auch für sich allein gar nicht erwähnenswert, denn da projizierte sie die eigenen Gefühle in ihren Hund. Sie sagte, daß selbst Waldi – ein schon ziemlich altersschwacher Dackel und ein ausdauernder kleiner Kleffer, der oft den Eindruck erweckte, als ob er oben nicht mehr ganz richtig tickte – es spürte, daß ich anders sei, denn er würde jedes Mal ganz besonders aufgeregt bellen, wenn ich käme. Barbara wußte aber, daß das nicht stimmte, denn der Hund verhielt sich bei mir nicht anders als bei allen anderen Leuten, die das Haus betraten.

Ihr zweiter Vorstoß war weniger subtil, und uns ist nie ganz klar geworden, was sie wirklich mit dieser zielbewußten Arglist bezweckte. Jedenfalls offenbarte sie damit, daß in der Tat nicht mein Schwarzsein an sich, sondern unsere Beziehung der Grund ihrer Ablehnung war. Barbara wohnte etwa ein halbes Jahr dort, als sie ihre Vermieterin um die Erlaubnis fragte, anläßlich ihres zwanzigsten Geburtstages eine kleine Party in ihrem Zimmer geben zu dürfen; gleichzeitig bat sie sie, an diesem Tag die Besuchszeit ausnahmsweise auf vierundzwanzig Uhr zu verlängern. Nach kurzem Zögern stimmte Frau P. zu, und da es zufällig auch ihr Geburtstag war, beschlossen wir, um zweiundzwanzig Uhr mit der ganzen Gesellschaft hinunterzugehen und der alten Frau zu ihrem Wiegenfeste zu gratulieren. Und so geschah es auch. Das Geburtstagskind zeigte verhaltene Freude über unsere Aktion, schien aber gar nicht überrascht zu sein. Sie ließ sich jeden einzelnen Gast persönlich vorstellen. Den Bruder von Barbara erkannte sie, und sogar bei meinem Bruder, den sie nie zuvor gesehen hatte, rief sie spontan aus: »Ja, das ist der Bruder, das sieht man!« Sie behauptete, den Afrikaner, der seinerzeit beim Einzug geholfen hatte, sofort wiederzuerkannt zu haben und erwiderte überschwenglich seinen Gruß. Als jedoch die Reihe an mich kam, erstarb ihr Lächeln; sie machte ein höchst befremdetes Gesicht und frage ohne mit der Wimper zu zucken: »Und wer ist das?« »Aber Frau P., den müssen Sie doch kennen, der kommt doch oft genug hierher!« half Barbara ihr auf die Sprünge. »Nein, ich kann mich nicht erinnern. Wer ist es denn?« »Aber das ist doch Herr Oji, mein Freund!« »Ja, mein Gott – es kommen doch so verschiedene, da weiß ich es eben nicht immer so genau!« lautete die böswillige Antwort, die ihr so überzeugend und wie aus der Pistole geschossen über die Lippen kam, als hätte sie lange für diesen Auftritt geübt.

Wir nahmen diese böse Verleumdung mit einem Lächeln hin, auch unsere Gäste lächelten gezwungen. Eine solche Verschlagenheit hatten wir der alten Frau nun doch nicht zugetraut, denn daß Barbaras Bruder und ich die einzigen männlichen Besucher waren, die Barbara je dort empfangen hatte, das wußte sie sehr genau. Im übrigen frage ich mich, wessen Bruder sie so unverkennbar in meinem Bruder wiedergefunden haben will, wenn sie mich doch gar nicht kannte! Durch diesen Ausrutscher hatte sie schon vorab ihrer ansonsten sehr wirkungsvollen Attacke den Boden entzogen!

Als eine der Untermieterinnen ihr Zimmer aufgab, nahm Frau P. dies zum Anlaß, auch Barbara zu kündigen, mit der lapidaren Begründung, sie wolle jetzt auf junge Männer umstellen. Später erfuhren wir, daß die dritte Mieterin, nämlich die, welche nur ins Haus kam, um ihre Wäsche zu wechseln oder um mal ein Stündchen dort allein zu sein, sonst aber bei ihrem Freund wohnte, noch lange ihr Zimmer behielt.

Mit ihrem nächsten Zimmer glaubte Barbara, Glück gehabt zu haben, obwohl es ziemlich teuer war. Das Haus lag in einer vornehmen Wohngegend, die Eigentümer gehörten dem gehobenen Bildungsbürgertum an und waren darauf bedacht, das auch nach außen hin zu zeigen. Er war ein mürrischer alter Herr, sie eine umgängliche Mitfünfzigerin, die unter chronischer Migräne litt, und deshalb mit ihren Kräften gut haushalten mußte.

Auf den ersten Blick war Barbara beeindruckt von der großzügigen und geschmackvollen Einrichtung des Zimmers, dessen Anmietung Küchen- und Badbenutzung einschloß. Es war außerdem »sturmfrei«, und letzteres galt damals noch nicht als selbstverständlich. Meine Freundin war begeistert, und um von vornherein einer möglichen späteren Enttäuschung vorzubeugen, sagte sie – nicht eingeschüchtert und angstvoll wie vor eineinhalb Jahren, sondern selbstbewußt und bestimmt –: »Ich möchte das Zimmer nehmen; wenn es Sie aber stört, daß mein Freund schwarz ist, dann sagen Sie es mir lieber gleich!« Bedenkenlos äußerte die Hausbesitzerin, daß es für sie vollkommen normal sei; und als sie erfuhr, daß ich unten im Auto wartete, forderte sie Barbara auf, mich hinaufzubitten, damit auch ich mir das Zimmer anschauen könnte. Während ich mich im Raum umsah, so erzählte mir Barbara später, stand sie schweigend neben mir und beobachtete mich mit einem Ausdruck, der eine stark zurückgehaltene Faszination verriet, aufmerksam von der Seite.

Mit diesen Vermietern gab es nie wirkliche Probleme. Sicher, es entging Barbara nicht, daß die beiden einen gewissen unausgesprochenen Unwillen darüber nicht verbergen konnten, daß sie in ihrer Küche ein- bis zweimal die Woche vollständige Mahlzeiten zubereitete, anstatt sich damit zu begnügen, ein Würstchen aufzuwärmen oder ein Ei zu kochen, aber das war alles. Die Frau war – an migränefreien Tagen – stets freundlich und von zurückhaltender Offenheit, der Mann dagegen wirkte immer übel gelaunt und Barbara wußte nie genau, ob das einfach ein Charakterzug an ihm war, oder ob sie seine dauernde schlechte Stimmung auf sich beziehen mußte. Aber davon abgesehen genoß sie das Leben in ihrem neuen Zuhause, und auch ich hielt mich gerne dort auf. Bis dahin hatten wir unsere gemeinsame Zeit bevorzugt in meinem Zimmer im Studentenwohnheim verbracht, schon weil uns dort keine puritanische Besuchszeitregelung einengte. Hier aber fühlten wir uns wohl und konnten frei atmen. Wir wußten auch, daß wir ohne weiteres Gäste mitbringen durften, und als an einem Maiwochenende meine Verwandten aus Hamburg zu Besuch kamen, verbrachten wir den Sonntag mit ihnen in Barbaras Zimmer.

Den Tag begannen wir mit einem ausgedehnten deutschen Frühstück, wobei meine zwei Cousinen, die erst kürzlich aus Nigeria gekommen waren, mit den verschiedenen dunklen Brotsorten, die Barbara aufgetischt hatte, nicht zurechtkamen. Sie kannten nur das in Nigeria übliche Weißbrot und waren überzeugt, dieses Brot müsse verdorben sein. Den Nachmittag nutzten wir zu einem ausgedehnten Spaziergang in den nahegelegenen Allwetterzoo, der am Vortag eröffnet worden war und deshalb Scharen von Besuchern anlockte. Unser Weg dorthin führte durch die Straßen des Wohnviertels mit ihren zum Teil sehr luxuriös gebauten Einfamilienhäusern. In dem gepflegten Vorgarten einer solchen Villa sahen wir einen älteren Herrn mit einer Kamera in der Hand. Bei unserem Anblick stieß er einen Ausruf der Begeisterung hervor. Wir waren acht junge Leute, mit einer Ausnahme alle schwarz; und bei dem sonnigen Maiwetter trugen wir Männer buntbedruckte afrikanische Hemden über unseren Jeans, die Frauen hatten reizvolle afrikanische Kleider nach der damaligen Minimode an, und die Afrikanerinnen trugen kunstvoll geflochtene Haarfrisuren. Der Mann hob uns eine Kamera entgegen und fragte in gebrochenem Deutsch, ob er ein Foto von uns vor seinem Haus machen dürfe. Höflich, aber bestimmt lehnten wir ab. Seine Antwort, nachdem er begriffen hatte, daß meine Absage ernst gemeint war, bestand aus verständnislosem Kopfschütteln. Er habe doch nur das wunderschöne exotische Bild festhalten wollen, wandte er beleidigt ein. Ein wenig verstimmt über sein Ansinnen, sagte ich halb scherzend zu Barbara: »Siehst du, er will uns fotografieren, weil unser farbenfrohes Aussehen sich so schön vor seinem blütenweiß verputzten Haus macht. Bestimmt will er das Bild in sein Album kleben und es stolz allen seinen Gästen zeigen. Aber was ist, wenn er nun eine Tochter hat, die es bewundern und sich, wenn sie herangewachsen ist, in einen Afrikaner verlieben wird? Dann wird er womöglich einen Herzinfarkt bekommen oder seine mißratene Tochter mit Schimpf und Schande aus dem Haus jagen, weil ein schwarzer Schwiegersohn nicht in seine Kreise paßt.«

Während wir diesen Faden noch für uns weiterspannen, erreichten wir den Allwetterzoo. Schon auf dem Vorplatz tummelte sich eine unüberschaubar große Menschenmenge. Als sie uns erblickten, schienen viele dieser Sonntagsausflügler vergessen zu haben, was ihr eigentliches Ausflugsziel war und wozu sie ihre Kameras mitgebracht hatten. Wie auf ein geheimes Zeichen hin lösten sich etliche Einzelpersonen aus der Masse und stürzten mit ihren Kameras auf uns zu, um Fotos von uns zu schießen. So mancher dieser wildgewordenen Hobbyfotografen mag Erfolg gehabt haben, denn wir konnten unmöglich alle abwehren, zumal die meisten von ihnen es nicht einmal für nötig befanden, unsere Erlaubnis einzuholen, bevor sie den Auslöser drückten. Unser exotisches Aussehen gab ihnen wohl das Recht, uns als Freiwild zu betrachten – wie bei einer Safari! Von uns zur Rede gestellt, reagierten einige von ihnen mit Unverständnis, andere sogar mit Frechheit: Wir böten ja so einen reizvoll-fremdartigen Anblick; sie hätten doch beim Knipsen keine böse Absicht; wir sollten uns bloß nicht so anstellen usw.

So gerne meine Freundin auch im Hause der Familie W. gewohnt hatte, ihr Aufenthalt dort wurde schon nach wenigen Monaten gegen ihren Willen beendet. Eines Tages, als die Familie beim Abendbrot saß, wurde Barbara, die gerade in der Küche beschäftigt war, ins Eßzimmer gerufen. Unter den ärgerlichen Blicken seiner Frau und einer erwachsenen Tochter kündigte der Hausherr ihr völlig überraschend und grundlos das Mietverhältnis. Diese Neuigkeit traf das Mädchen wie ein Blitz aus heiterem Himmel, und sie fragte verstört nach dem Warum. Er aber weigerte sich, ihr den Grund zu nennen und berief sich auf sein Recht, ein möbliertes Zimmer jederzeit ohne Angabe eines Grundes kündigen zu können. Ganz offensichtlich handelte es sich bei diesem Akt um die einsam gefällte Entscheidung eines unzufriedenen alten Hausvaters, denn seine Ehefrau war anständig genug, Barbara mitzuteilen, daß sie sie nicht billigte.

Wieder mußte ein Zimmer gefunden werden, das vierte in weniger als zwei Jahren – das war zweifellos ein Rekord! Barbara befand sich mitten in den Prüfungen zur Fachhochschulreife und stand unter erheblichem Zeitdruck. Aber das war nicht der einzige Grund, weshalb sie gleich das erstbeste Zimmer nahm, das sich ihr bot. Es war ein winziges Zimmerchen in einer an junge Mädchen vermieteten Doppelhaushälfte. Die Hausbesitzerin bewohnte die andere Hälfte des Hauses. Mit 170 DM für knappe neun Quadratmeter war das Zimmer eigentlich unverschämt teuer. Aber die Vermieterin, eine vornehme alte Dame, gab in einem ausführlichen Vortrag eine »plausible« Erklärung: »Das Zimmer ist sturmfrei. Und sie müssen bedenken, daß die Matratzen durch ein Liebespärchen sehr viel stärker strapaziert werden als durch eine Einzelperson. Außerdem bin ich im allgemeinen sehr tolerant – schauen Sie, der Diener meiner Tochter ist vom anderen Ufer, und sie erlaubt ihm, seinen Freund mit nach Hause zu bringen. Das finde sie vollkommen in Ordnung. Und es interessiert mich auch nicht, wen meine Mieterinnen ins Haus bringen.« Nun wußte Barbara, daß meine Hautfarbe hier nicht zu einem Stein des Anstoßes werden würde, und sie sagte zu. Und wirklich hat sie hier ein gutes Jahr unbehelligt gewohnt, ohne daß sie jemals Grund zur Klage gehabt hätte. Als sich ihr aber im Frühjahr 1975 die Chance bot, in ein neugebautes Studentenheim umzuziehen, nahm sie ohne zu zögern an – allein die Enge ihres Zimmers und der hohe Mietpreis waren ihr Grund genug.

Nach ihrer unfreiwilligen Odyssee auf dem freien Markt für »Studentenbuden« fühlte Barbara sich zunächst erleichtert, durch ihren

Umzug ins Wohnheim der Willkür privater Zimmervermieter entkommen zu sein. Doch schon bald sollte sie am eigenen Leib erfahren, daß es auch mit der Toleranz studentischer Heimbewohner nicht allzuweit her ist. In dem gerade erst bezugsfertig gewordenen Heim wohnten zum weit überwiegenden Teil ganz junge Leute, die gerade erst oder vor höchstens einem Semester mit dem Studium begonnen hatten, und für viele von ihnen war es die erste »eigene Bude«. Die Struktur der Etage, in der Barbaras Zimmer lag, wurde zudem dadurch bestimmt, daß nicht ein einziger Ausländer dort wohnte; ja, als einzige dort hatte Barbara einen ausländischen Partner; die Atmosphäre war also gewissermaßen sehr »deutsch«. Hinzu kam, daß die Flurbewohner durchdrungen waren von einem übertrieben stark ausgeprägten Gruppengeist und Gemeinschaftssinn. Vielen von ihnen paßte es absolut nicht, wenn jemand sich nicht an einer der zahlreichen Gemeinschaftsunternehmungen beteiligte, zum Beispiel, weil er schon etwas anderes vorhatte. Und so nahm Barbara in dieser Gruppe schon bald eine richtige Außenseiterrolle ein. Da sie sich mit ihren privaten Interessen ohnehin eher außerhalb des Heimes orientierte, hätte ihr das eigentlich nichts ausgemacht, wenn nicht ein Teil ihrer Flurgenossen es sie bei jeder sich bietenden Gelegenheit hätten spüren lassen, zum Beispiel indem sie versuchten, eigene Unzufriedenheiten und Unzulänglichkeiten auf sie zu projizieren. In auffälligem Gegensatz dazu verhielten sich jedoch alle dort mir gegenüber freundlich und ohne jede Ablehnung. Aber ist das nicht wiederum verständlich, wenn man bedenkt, daß ihr Kontakt zu mir niemals so nahe war, daß ihre wahre Einstellung hätte auf die Probe gestellt werden können. Ich kam nur als Gast dorthin, als Mitbewohner brauchten sie sich mit mir nicht auseinanderzusetzen.

Barbara hingegen stieß schon in den ersten Tagen auf versteckte Vorurteile bei ihren neuen Nachbarn. Sie äußerten sich – anfangs zwar noch sehr zaghaft – in naserümpfender Neugier über das fremdartig anmutende Essen, das sie hin und wieder kochte. Mehrheitlich erst vor kurzem Mutters gutem deutschen Kochtopf entwachsen, lebten ihre Flurgenossen wie Generationen von Studenten vor und nach ihnen hauptsächlich von Brot und Mensaessen. Und es wurde auch hier schon bald die Gemeinschaftsküche zum Haupttatort rassistischer Anschläge, denn es blieb bei weitem nicht bei den undiplomatisch vorgebrachten Kommentaren über Aussehen und Geruch der afrikanischen Soßen in Barbaras Pfanne. Wie die meisten Wohnheimküchen landein, landaus war auch diese kein Musterbeispiel deutscher Ordnung und Sauberkeit. Und so dauerte es nicht lange, bis unter den Flurbewohnern erstmals Unmut über die mangelnde Disziplin in der Küche laut wurde. Und wiederum dauerte es nicht lange, bis ein Sündenbock für den beklagenswerten Zustand der Küche gefunden wurde. Die Logik dabei war bestechend einfach und fragwürdig zugleich: Als einzige kochte Barbara häufig vollständige Gerichte, diese »stanken« und sahen »ekelhaft« aus, sogar von »unzumutbarem Fraß« war die Rede, und so lag nichts näher, als ihr die Schuld für allen anfallenden Schmutz in der Küche in die Schuhe zu schieben, waren es nun Brötchenkrümel und Eigelbkleckse auf dem Eßtisch oder Berge von Geschirr, das tagelang achtlos in einer Ecke gestapelt wurde.

Um derartigen Beschuldigungen ein für alle Male den Nährboden zu entziehen, achtete Barbara auf peinliche Sauberkeit in der Küche – und sie war wahrscheinlich die einzige, die das mit aller Konsequenz tat. Doch die Saat übler Nachrede war bereits aufgegangen und trieb ihre Blüten nicht nur in der Küche, sondern auch schon auf den Toiletten und in den Duschräumen, wo die allgemeine Sauberkeit ebenfalls längst zu wünschen übrig ließ. Was auch immer Dusche und WC verunreinigte, waren es braune Flecken im Klobekken oder lange schwarze Haare, die den Abfluß der Dusche verstopften – sie konnten nur von Barbara stammen. Daß Barbara kurzes braunes Haar hatte, zählte nicht; und ein neunmalkluger Flurgenosse wartete sogar mit einer geradezu umwerfenden Erklärung für Barbaras angebliche Urheberschaft dieser Dinge auf: »Es gibt ja Menschen, die aus Gegenden stammen, in denen europäische Toiletten unbekannt sind, und die deshalb nicht damit umgehen können. Nein, im Ernst, ich habe von einem Araber gehört, der sich zum Pinkeln immer auf die Klobrille stellt und ins Becken zielt, weil er es einfach nicht besser weiß.« Es mag ja sein, daß der gute Junge diese phantastische Geschichte geglaubt hat, die ihm irgendwo aufgetischt worden war. Nur – welch' krummer Gedankengänge bedurfte es, um sie auf ein deutsches Mädchen anzuwenden?!

Die Antwort auf diese Frage erhielt Barbara wenig später von einer Lehrerstudentin, die selbst einige Zeit im Ausland gelebt und

Barbara einmal unter vier Augen anvertraut hatte, wie langweilig sie die deutschen Männer fand: »Du bist aber auch viel zu empfindlich. Wenn du mit einem Schwarzen gehen willst, mußt du dich eben mit den bestehenden Vorurteilen abfinden. Jeder hat doch solche Vorurteile. Ich bin da ganz ehrlich, ich hab‘ auch welche, und zwar gegen Chinesen.«

In krassem Widerspruch zu diesen verbalen Übergriffen stand jenes Paradoxum, dem ich ja schon im meinem Wohnheim begegnet war. Sollte nämlich für eine Flurfete gekocht werden, erinnerten sich die Organisatoren an Barbaras nicht wegzuleugnenden Kochkünste und bedrängten sie mit Engelszungen, doch die Soßen fürs Fondue auf ihre eigene Art zuzubereiten!

Selbstverständlich behandelten nicht alle Mitbewohner Barbara gleichermaßen vorurteilsvoll. Ja, eigentlich gingen die Anfeindungen nur von einigen wenigen Leuten in der Etage aus. Deren Einfluß reichte aber immerhin weit genug, um das gutnachbarschaftliche Verhältnis dort zu beeinträchtigen. Auch offenbarte sich das ganze Ausmaß der Vorurteile und ihrer Wirkungen nicht gleich zu Anfang, die Dinge entwickelten sich langsam, beginnend mit scheinbar zufällig dahin geworfenen Bemerkungen, wie z. B. jener Redewendung, die gleich in den ersten Wochen anläßlich eines gemütlichen Abends im Zimmer einer Flurnachbarin fiel: »Den hat man wohl mit der Banane aus dem Urwald gelockt.« Barbara verwehrte sich gegen den Gebrauch dieses Ausdrucks in ihrer Gegenwart, da er unbestreitbar rassistische Assoziationen wachruft. Die anwesenden Studenten reagierten sehr überrascht auf ihren Protest; es entspann sich eine heftige Diskussion, in der alle gemeinsam die strittige Wortwahl verteidigten und behaupteten, sie sei lediglich ein Synonym für »urtümlich« und »urwüchsig«.

Ein anderes Mal kam es innerhalb einer kleinen Gruppe zu einer Diskussion über den Neandertaler, denn zufällig stammte einer der Anwesenden aus dem Neandertal, und Barbara befaßte sich im Rahmen ihres Studiums gerade mit der Ur- und Frühgeschichte. Auf dieser Grundlage versuchte sie, einige der weitverbreiteten und hier ebenfalls geäußerten Ansichten über die vermeintliche Primitivität dieses unseres eiszeitlichen Verwandten zu widerlegen. Aber sie wurde nicht ernst genommen; vielmehr ereiferten sich gerade der »Neandertaler« aus der Runde, ihre Argumente mit folgenden Worten zu entwerten: »Ist doch klar, daß du den Neandertaler nicht für primitiv halten kannst, wo dein Freund schwarz ist. Es gibt ja auch heute noch Rassen, die uns unterlegen sind.« Einstimmig pflichteten die anderen ihm bei.

Nachdem Barbara im Sommer 1972 von Zuhause fortgegangen war, gewannen auch ihre Eltern ganz langsam etwas Abstand zu dem von ihnen als so überaus schwerwiegend empfundenen Problem unserer Freundschaft. Nach einiger Zeit schien es sogar so, als hätten sie sich damit abgefunden, daß ihre Tochter mit mir ging. Aber ich bin sicher, es wäre ihnen lieber gewesen, wenn sie Barbara dazu hätten bewegen können, sich von mir zu trennen.

Im Januar 1973 rief Barbaras Mutter sie eines Tages an und bat sie freundlich, sich doch einen Nachmittag freizunehmen, um eine Nachbarin auf deren Einkaufsbummel in Münster zu begleiten. Es handelte sich um die Frau eines Lehrers , die zusammen mit ihrer Familie nach Argentinien gegangen war, weil der Mann dort – so lautete die im Ort verbreitete Version – Entwicklungshilfe leistete. Und das lag immerhin schon drei Jahre zurück; da aber Barbaras Familie erst vor vier Jahren in diese Nachbarschaft gezogen war, hatte das Mädchen nur eine flüchtige Erinnerung an die Frau. Die Lehrerfamilie machte Urlaub in der Heimat, und angeblich fühlte sich Frau H. nach ihrem Auslandsaufenthalt zu fremd in Münster, um dort allein einen Stadtbummel zu machen. Da niemand anderes sie begleiten könne, habe sie an Barbara gedacht und die Mutter gebeten zu vermitteln. Barbara meinte, in diesem merkwürdigen Antrag einige verräterische Spuren zu erkennen, trotzdem schlug sie die Bitte nicht ab.

Schon fast wäre sie dann aber geneigt gewesen, zu glauben, daß ihre anfängliche Skepsis unangebracht war, denn es wurde ein ganz netter Nachmittag. Sie bummelten durch Warenhäuser und Boutiquen und suchten einen Dritte-Welt-Laden auf, ohne daß Frau H. wirklich etwas gekauft hätte. Es ging ihr wohl doch eher um den geselligen Zeitvertreib. An einem Sondertisch in einem Kaufhaus spendierte sie Barbara ein Pullöverchen für neun Mark, aber davon abgesehen behandelte sie das junge Mädchen, das bei ihrem Wegzug aus Deutschland noch ein halbes Kind gewesen war, wie eine gleichwertige Partnerin; und sie ließ sich nicht im geringsten anmerken, daß sie eigentlich etwas ganz anderes im Schilde führte. So vergingen die Stunden in ungezwungener Unterhaltung; und noch beim Abendessen im Ratskeller – einem gediegenen Restaurant am Prinzipalmarkt, zu dem sie Barbara eingeladen hatte, schien es zunächst, als wäre der ursprüngliche Verdacht des Mädchens völlig unbegründet gewesen. Hatten sie bis dahin nur über banale Dinge geredet, vertiefte sich jetzt das Gespräch, bekam eine Struktur; und wenn Frau H. auch wenig über ihr Leben in Südamerika erzählte, so bemühte sie sich doch um ein paar klärende Worte zu ihrem Argentinienaufenthalt: »Sicher, die meisten Leute denken, wir seien dort, um Entwicklungshilfe zu leisten. Das ist aber nicht richtig. Mein Mann unterrichtet an einer deutschen Schule, die in erster Linie von deutschstämmigen Kindern besucht wird, von Kindern also, deren Eltern ohnehin zur Oberschicht des Landes gehören – und die brauchen keine Entwicklungshilfe.«

Aber dann – und jetzt traf es Barbara doch ziemlich unvorbereitet – erfolgte der Einschnitt im Dialog. Frau H. rückte mit der Sprache, das heißt mit dem wahren Grund dieses arrangierten Treffens heraus: Von der Mutter habe sie erfahren, daß Barbara mit einem Schwarzen gehe und wie unglücklich beide Eltern darüber seien. In Absprache mit der Mutter, nicht jedoch in deren Auftrag, sondern aus ureigenster Initiative habe sie sich daher entschieden, mit dem Mädchen zu reden. Verständlicherweise seien ja die Fronten innerhalb der Familie zu sehr verhärtet, um wirklich noch miteinander sprechen zu können; und sie sei fest davon überzeugt, daß es ihr als neutraler Dritter besser als der eigenen Mutter gelingen werde, sie zu der Einsicht zu bringen, daß sie einen großen Fehler mache. »Sie müssen sich von ihrem Freund trennen, und zwar sofort; denn je eher Sie es schaffen, sich von ihm zu lösen, um so besser ist es für Sie beide!«

Einfühlsam ging sie dann auf den Protest der Jüngeren ein; sie könne sehr gut verstehen, wie schwer ihr dieser Schritt falle, doch es führe kein Weg daran vorbei, wolle sie nicht mit offenen Augen in ihr Verderben rennen. Bei alldem bemühte sie sich, das positive Bild, das Barbara ihr von unserer Beziehung entgegenzusetzen versuchte, nicht zu zerstören. Sie glaubte wohl, das nicht nötig zu haben, da sie als die weitgereiste und welterfahrene Frau, für die sie sich hielt, doch über ganz andere Mittel verfügte; und so ging sie ihre

Sache anfangs ziemlich siegessicher an: »Früher oder später wird Ihre Beziehung an äußeren Widerständen scheitern; Sie haben nämlich nicht die Kraft, dem massiven Druck von außen auf Dauer standzuhalten. Allein – wo wollen Sie denn leben? Es gibt kein einziges Land auf der Erde, das eine rassische Mischehe toleriert, außer vielleicht in Brasilien; aber auch dort kommen solche Ehen nur in den untersten sozialen Schichten vor! Ich weiß, wovon ich rede, denn auch bei uns in Argentinien gibt es Schwarze; und wie alle anderen haben auch wir ein schwarzes Dienstmädchen. Aber anders, als es im Land üblich ist, darf unser Mädchen sogar mit uns am Tisch essen.« Natürlich durfte dieser Hinweis auf die eigene Toleranz nicht fehlen! Sie setzte all ihre Überredungskünste ein, erhitzte sich zunehmend; und als sie nach und nach erkennen mußte, daß ihre Anstrengungen bei Barbara nichts fruchteten, näherte sie sich dem Thema in einem erneuten Anlauf von einer ganz anderen Seite: »Sehen Sie nur einmal meine eigene Ehe. Sie können sich gar nicht vorstellen, gegen welche Widerstände ich meinen Mann geheiratet habe. Ich kann Ihnen sagen, es war am Anfang nicht einfach, und es war auch später noch schwer, damit zu leben! Wir waren das Gespött von Verwandten, Bekannten und Fremden, denn Menschen sind nun einmal gemein. Eine solche bittere Erfahrung möchte ich Ihnen ersparen; deshalb bin ich zu Ihnen gekommen.«

Die große, schlanke Frau hat in ihrer Jugend zweifellos gut ausgesehen; ihr Mann hingegen war von kleiner, unscheinbarer Gestalt, hatte widerspenstiges rötliches Haar und ein unschönes, blutgeädertes Gesicht mit vorstehendem Gebiß. Nach der unerwarteten, beschämenden Selbstenthüllung sah Barbara die Bemühungen ihrer Gesprächspartnerin in einem noch ungünstigeren Licht als zuvor. Denn stünde diese jetzt, nach so vielen Ehejahren, nach drei gemeinsamen Kindern und nach dem Genuß einiger gesellschaftlicher Vorteile an der Seite ihres »häßlichen« Mannes in ihrem Innersten noch zu der Entscheidung, die sie einst in jugendlicher Verliebtheit und vielleicht aus einem gewissen Trotz heraus getroffen hatte, wäre dann nicht ihr gesamtes Denken und ihr Einsatz in Barbaras Fall in eine ganz andere Richtung gegangen?! Statt dessen bewies sie durch ihr eindrucksvolles Engagement, daß sie überhaupt nichts aus ihrem eigenen Lebenskampf gelernt hatte. In ihrem Bekehrungseifer steigerte sie sich sogar so weit, daß sie einen Bestechungsversuch als ihren letzten Trumpf ausspielte und ein wahrhaft überwältigendes Angebot auf den Tisch des Speiserestaurants legte: »Machen Sie Schluß, jetzt bald!« lautete ihr eindringlicher Apell. »Dann lade ich Sie ein, mit uns nach Argentinien zu kommen und einige Zeit bei uns zu wohnen. Das wird Ihnen helfen, den sicherlich nicht leichten seelischen Loslösungsprozeß von ihm zu vollziehen; sie kommen dann schneller darüber hinweg!«

Was mag diese Frau, die Barbara niemals besonders nahegestanden hat, dazu bewogen haben, so weit zu gehen! Wer war sie, dem Mädchen einen solchen Kuhhandel vorzuschlagen, und was für Vorstellungen von der Charakterstärke ihres Gegenübers mag sie gehabt haben? Übrigens erinnert mich diese Passage an das, was die Frau eines Ghanesen vor Jahren erzählte. Allerdings waren es in deren Fall die eigenen Eltern, die zu dem verwerflichen Mittel der Bestechung griffen, nachdem all ihre verzweifelten Bemühungen, der Tochter ihren afrikanischen Freund auszureden, gescheitert waren. Sie versuchten, das Mädchen damit zu ködern, daß sie ihr ein Auto versprachen, falls sie sich freiwillig von ihm trennte.

Aber zurück in den Ratskeller, wo meine Freundin noch bei einem Glas Wein mit Frau H. zusammensaß, die sie in selbsterteilter Mission dazu bringen wollte, mich zu verlassen. Als sie sich zu vorgerückter Stunde eingestehen mußte, daß es ihr aller anfänglichen Siegesgewißheit zum Trotz nicht gelungen war, Barbara von dem vermeintlichen Irrweg abzubringen, wagte sie einen letzten beherzten Vorstoß, der jedoch mehr als alles vorherige Reden das Anmaßende ihres Überlegenheitsanspruchs offenbarte. Sie legte Barbara nahe, sie gemeinsam mit mir zu besuchen. Dann würde es ihr schon gelingen, wenigstens mich von der Sinn- und Hoffnungslosigkeit unserer Verbindung zu überzeugen. Noch immer hielt sie sich für stark genug, wenigstens einen von uns »zur Vernunft« zu bringen. Und was mich am meisten verblüfft, ist, daß sie selbstherrlich daran glaubte, das Recht dazu zu haben.

Bei Barbaras Vater trat im Frühsommer 1973 ein ungewöhnliches Krankheitssymptom auf, dem er zuerst wenig Beachtung schenkte, das ihn aber doch veranlaßte, den örtlichen HNO-Arzt zu Rate zu ziehen. Es lief nämlich neuerdings Wasser aus einem seiner Ohren.

In jungen Jahren hatte er bei zwei Unfällen Schädelverletzungen davongetragen, deshalb wäre es sinnvoll gewesen, kompetentere Fachärzte in der Münsteraner Universitätsklinik aufzusuchen. Vor diesem Schritt zögerte aber sowohl seine Frau als auch er lange Zeit zurück, denn sie befürchteten, daß er mir im Klinikum über den Weg laufen könnte – und dann würden alle dort, Professoren, Ärzte, Schwestern und Patienten erfahren, daß ihre Tochter ein Verhältnis mit einem Schwarzen hätte. Die Angst vor einer öffentlichen Bloßstellung war aber noch immer groß; und wie ernst es wirklich um die Gesundheit des Mannes stand, erfuhren sie erst, als sie im November des Jahres endlich die HNO-Klinik in Münster aufsuchten. Als späte Unfallfolge war seine Gehirnhaut großflächig verschlissen, und was da aus dem Ohr heraustropfte, war Gehirnwasser. Er mußte ganz dringend operiert werden, und diese Operation war nicht ungefährlich. Als wissenschaftlich interessanter Fall wurde er den Studenten in einer Vorlesung vorgestellt. Ich sah ihn von meinem Platz ziemlich weit oben im Hörsaal aus und verhielt mich unauffällig. Er saß dort und blickte in die Runde, während der Professor über einen Fall dozierte. Dann sah er mich. Er unterbrach den Vortrag des Dozenten mit den Worten: »Entschuldigen Sie bitte, aber ich muß erst meinem Schwiegersohn 'Guten Morgen' sagen, der sitzt nämlich dort oben.« Schon stand er auf, stapfte die Treppe zwischen den Bankreihen hinauf, steuerte geradewegs auf mich zu und begrüßte mich ganz freundlich. Ich habe mich natürlich über diese versöhnliche Geste gefreut, die aus seiner Sicht ja wohl eher einen Ausdruck des öffentlichen Bekenntnisses darstellte. Mit den gleichen überschwenglichen Worten stellte er mich später seinen Zimmergenossen vor, als ich ihn am Krankenbett besuchte.

Ich machte beim Professor meinen ganz bescheidenen studentischen Einfluß geltend und erreichte, daß er dem Vater meiner Freundin ein Höchstmaß an medizinischer Aufmerksamkeit und Betreuung zukommen ließ. Bei der komplizierten Operation, bei der der Patient fast einem Herzversagen erlegen wäre, durfte ich hospitieren; und ich glaube, das empfand nicht nur er, sondern auch seine Frau als beruhigend. Diese Ereignisse haben auch sie etwas besänftigt, denn von da an bemühte sie sich redlich um eine Normalisierung des Verhältnisses zu uns.

Aber nicht nur in der Familie, sondern auch im Freundeskreis blieben Barbara Formen jener Erfahrungen nicht erspart, die Frauen in ihrer Lage mit fast vorprogrammierter Zwangsläufigkeit machen. Da war zum Beispiel ihre langjährige »beste« Freundin Ingrid. Die beiden hatten fast alles zusammen gemacht, in den meisten Lebenslagen zusammengehalten und viele Geheimnisse miteinander geteilt. Dann hatten sie etwa gleichzeitig die Männer kennengelernt, die sie später geheiratet haben. Ingrid half ihr bereitwillig, ihr Verhältnis zu mir vor den Eltern zu vertuschen. Das war aber nur möglich, weil die Mädchen weiterhin einen sehr engen Kontakt pflegten und noch oft zusammen ausgingen. So konnte sie an einigen Abend vorgeben, etwas mit Ingrid und deren Freund zu unternehmen, während sie in Wirklichkeit zu mir kam; und andere Abende verbrachte sie tatsächlich mit den beiden. Dabei merkte sie schnell, daß das fürsorgliche Paar es darauf angelegt hatte, sie »an den (deutschen) Mann« zu bringen.

Denn unübersehbar löste ein Junge aus Pauls Clique den anderen in dem eifrigen Bemühen ab, Barbara für sich zu gewinnen. Der nächste stand immer schon parat, wenn sie gerade einem klar gemacht hatte, daß sie an ihm nicht interessiert war. Und nicht erst, als Ingrids und Pauls Gesichter immer länger wurden, weil Barbara bei keinem der Jungen anbeißen wollte, drängte sich ihr der Verdacht auf, daß die beiden bei diesem fließigen Liebeswerben ihre Finger im Spiel hatten. Seitdem vergrößerte sich der Abstand zwischen den Mädchen, und nach Barbaras Ortswechsel kam es zu einer merklichen Abkühlung der alten Freundschaft.

Aber noch einmal zurück zu Barbaras Familie, denn auch die mußte sich ja mit den Reaktionen »der Leute« auf Barbaras Beziehung zu mir auseinandersetzen. Die rassistischen Anfeindungen näherer und entfernter Bekannter blieben nämlich nicht aus, nachdem sich der Grund für Barbaras Auszug aus dem Elternhaus und das Leid der Eltern erst einmal im Ort herumgesprochen hatte. Einiges von diesen Geschichten sickerte im Laufe der Jahre auch bis zu uns durch. So hat zum Beispiel einmal ein Arbeitskollege der Mutter, nachdem sie in der Frühstückspause den Aufenthaltsraum betreten hatte, laut in die Runde gebrüllt: »Wißt ihr, worauf ich jetzt Appetit habe? Auf eine achtzehnjährige nackte Negerin!«

Wie weit Bekannte der Familie in ihrer aus Rassismus genährten Neugier gehen konnten, ohne dabei auch nur einen Gedanken über die Primitivität ihres eigenen Verhaltens zu verschwenden, belegt das Beispiel eines Vorfalls, der sich allerdings erst viel später ereignete, als wir längst verheiratet und mit den Eltern versöhnt waren – und die Mutter deshalb selbstbewußt und schlagfertig auf den Angriff reagieren konnte. Einige Tage nach ihrer Silberhochzeit wurde sie von einem Kollegen am Arbeitsplatz in scheinheiligem Ton angesprochen: »Weißt du, Maria! Wir konnten uns doch einfach diese Hochzeitsgesellschaft nicht entgehen lassen. Wir mußten sie unbedingt sehen, und so kamen wir auf die Idee, uns am Freitag während der Messe auf der Orgelbühne zu verstecken. Und nun sag uns doch mal, wer der hübsche junge Mann war, der mit euch in der ersten Bankreihe saß?!« Prompt entgegnete meine Schwiegermutter: »Nun, ein naher Verwandter muß es auf jeden Fall gewesen sein, sonst hätte er nicht in der ersten Reihe gesessen. Daß es aber nicht mein Sohn war, so viel konntet ihr euch mit ein ganz klein wenig Verstand wohl selber sagen. Also bleibt nur ein Schwiegersohn.« Sie drehte sich um und ließ die lieben Kollegen, denen sie die Pointe geklaut hatte, mit dummen Gesichern zurück.

9. KAPITEL

Gedämpfte Reiselust

Nach bestandenem Physikum erwachte in mir die Reiselust. Der Wunsch, andere Länder kennenzulernen und meinen Horizont auf allen Ebenen zu erweitern, war doch auch eines meiner Motive gewesen, nach Europa zu kommen. Nun hatte ich erstmals genügend Zeit, mir diesen Traum zu erfüllen; woran es aber auch jetzt noch mangelte, war das nötige Kleingeld. Befreit vom Leistungsdruck vorangegangener Studienjahre nutzte ich fortan einen Teil meiner Semesterferien, mir das Reisegeld durch Aushilfsjobs zu verdienen. Manchmal hatte ich Glück und konnte eine Sitzwache in der Klinik machen; diese Nebentätigkeit war aber sehr begehrt unter den fortgeschrittenen Medizinstudenten, und es war nicht leicht, daranzukommen. So verschlug es mich bei meiner Suche nach Ferienarbeit auch in verschiedene Münsteraner Fabriken.

In allen Betrieben, die ich auf diese Weise kennenlernte, gab es so etwas wie einen Aufseher; der saß von den Arbeitern abgetrennt in einem Glaskasten und achtete streng darauf, daß niemand eine unerlaubte Pause machte; er duldete es nicht einmal, daß sich jemand während der Arbeitszeit mal so richtig reckte und streckte. Im hierarchischen Gefälle der einzelnen Unternehmen – vom Firmenchef bis hin zum letzten Hilfsarbeiter – hielten sich die Büroangestellten für etwas Besseres als die Maschinenbediener in den Fabrikhallen. Auch wir Werkstudenten mußten uns ohne Widerspruch in die bestehende Rangordnung einfügen, denn wer sich nicht fügte, flog; und als Aushilfskräfte konnten wir von einem Tag zum anderen ohne Angabe eines Grundes entlassen werden. Einmal hatte ich zusammen mit einem Studienfreund aus Afghanistan einen Job in einer Gummifabrik bekommen. Unsere Arbeitsplätze lagen direkt nebeneinander, unsere Tätigkeit stellte keine geistigen Anforderungen an uns, die wenigen Handgriffe, die wir den ganzen Tag lang wiederholen mußten, führten wir rein mechanisch aus; wir unterhielten uns währenddessen miteinander, machten Spaß und lachten, weil uns die monotone Arbeit so besser von der Hand ging. Aber auch das war nicht erlaubt. Der Vorarbeiter ermahnte uns ausdrücklich, das Reden und Lachen während der Arbeitszeit zu unterlassen, aber wir hielten uns nicht an dieses, in unseren Augen unsinnige Verbot. Dann wurde uns plötzlich von heute auf morgen gekündigt, angeblich, weil unsere Leistungen den Anforderungen des Betriebes nicht entsprachen.

Wo immer ich einen Job bekam, konnte ich die selben Beobachtungen machen; die Arbeit war überall gleichermaßen eintönig, und ganz egal, ob ich sie im Akkord verrichten mußte oder nicht, immer unterstand ich einer strengen Leistungsüberwachung. Wenn ich mir die Arbeiter so betrachtete, gelangte ich zu der Überzeugung, daß Fabrikarbeiter, die ein Leben lang, Tag für Tag, Stunde um Stunde, immer gleiche Handgriffe ausführen müssen, ein Stück ihrer Menschlichkeit verlieren; mir erschienen sie fast wie Teile der Maschinen, die sie bedienten. Mit Betroffenheit registrierte ich, daß es während der Arbeitszeit so gut wie keine Kontaktmöglichkeiten für die Beschäftigten eines Betriebes gab; jeder war zwangsläufig darauf bedacht, sein Pensum zu schaffen, und in diesem Klima gab es so gut wie keinen Raum zur Entfaltung menschlicher Tugenden wie Rücksichtnahme und Hilfsbereitschaft. In der knapp bemessenen Frühstückspause zogen sich die meisten hinter ihre BILD-Zeitung zurück und aßen schweigend die mitgebrachten Butterbrote. Es gab keinen wirklichen Gedankenaustausch unter den Arbeitskollegen; was an Gesprächen zwischen ihnen lief, war ohne jede Tiefe, es erschöpfte sich in banalem Geschwätz, abgedroschenen Witzen und obszönen Bemerkungen. Mittags das gleiche: Die Leute leerten still für sich ihre Henkelmänner oder sie suchten eine nahegelegene Pommesbude auf, hingen dann dort herum und stopften eine Currywurst mit Fritten in sich hinein. Es gab mir zu denken, daß Menschen, die jahrelang, ja mitunter jahrzehntelang täglich acht Stunden in derselben Werkhalle verbringen, sich nicht wirklich näher kommen, daß sie einander trotz der räumlichen Nähe fremd bleiben müssen.

Ich war jung, und ich blieb auch immer nur wenige Wochen am Stück in einem Betrieb. Trotzdem merkte ich, wie die Fabrikarbeit mich auslaugte. Nach Feierabend war ich immer müde, ja richtig erschöpft, und ich konnte nicht mehr die Energie zu irgendeiner geistigen oder kreativen Tätigkeit aufbringen; meine Kräfte reichten gerade noch dazu, nach dem Abendessen eine Flasche Bier aus dem Kühlschrank zu holen, sie vor mich auf den Tisch zu stellen, den Fernseher einzuschalten und mich auf meine Bettcouch sinken zu lassen. Damals begann ich, die Härte des Arbeitsalltags zu begreifen, und ich gewann ein besseres Verständnis für die Welt der Industriearbeiter.

In allen Betrieben, in denen ich gearbeitet habe, herrschte eine auffällige Übereinstimmung in bezug auf mich: Überall wurde ganz selbstverständlich vorausgesetzt, daß ich auch die schwersten körperlichen Arbeiten mit Leichtigkeit erledigen könnte, weil doch die Schwarzen besonders viel »Kraft haben«. Einmal sagte ein Meister zu mir: »Die Sache ist so: Die Neger haben hier (und er zeigte auf seinen Bizepsmuskel) die Note Eins, aber hier (und er zeigte auf seinen Kopf) haben sie die Note Fünf.«

Die immer eintönige, Geist und Körper ermüdende Arbeit in den Fabriken wurde mir durch das Wissen erträglich, daß ich vom gesparten Lohn die ersehnt Urlaubsreise finanzieren konnte, die mich für die Wochen stumpfsinniger Industriearbeit entschädigen würde.

Das Land, das ich in den folgenden Jahren oft und immer wieder gern besuchte, waren die Niederlande, die allein wegen der geringen Entfernung von Münster bis zur niederländischen Grenze ein beliebtes Ziel für Kurzurlaube, Wochenendtrips und Einkaufstouren sind. Wegen seiner Nähe zum Meer und der vollständigen Ebenheit seiner Landschaft, vermittelt das kleine Holland dem Durchreisenden das Gefühl endloser Weite. Und das Bild der holländischen Städte bietet mit den von betriebsamen Frachtern und bunten Hausbooten befahrenen Grachten und den zahllosen Radfahrern auf allen Straßen, einen reizvollen Kontrast zu dem vom Auto beherrschten Straßenbild deutscher Städte.

In Holland hatte ich nie Verständigungsprobleme; ich war überrascht, wie viele Brocken Holländisch ich aufgrund meiner deutschen und englischen Sprachkenntnisse aufschnappen konnte; und es erstaunte mich, daß fast alle Leute, mit denen ich zu tun hatte, ganz passabel Deutsch oder Englisch sprachen. Überhaupt empfand ich die Holländer als ein liebenswertes, aufgeschlossenes Völkchen. Ähnlich wie in England ist das Bild der größeren Städte dort mitgeprägt von einem erheblichen farbigen Bevölkerungsanteil, und ganz anders als in Deutschland oder anderen Ländern Europas habe ich es nie erlebt, daß mich jemand auf der Straße angestarrt oder mir ein rassistisches Schimpfwort nachgerufen hätte.

Nichtsdestotrotz wurde meine erste Reise in die Niederlande durch einen unangenehmen Zwischenfall gestört. Ich hatte vor, in dem holländischen Städtchen Enschede, das von Münster ja nur eine gute Autostunde entfernt ist, einen Einkaufsbummel zu machen. Ich hatte Lust, einmal das Warenangebot jenseits der Grenze mit dem in Deutschland zu vergleichen; wollte mich mit afrikanischen Lebensmitteln eindecken, die drüben leicht, hüben aber nur schwer zu bekommen sind; und es reizte mich, mich davon zu überzeugen, ob die holländischen Chinarestaurants wirklich so gut waren wie ihr Ruf. Die Freude auf den schönen Tag in Enschede wurde mir aber um Haaresbreite verdorben durch den »begeisterten« Empfang an der niederländischen Grenze. Es war, als hätten die Zollbeamten nur auf mich gewartet, denn sie winkten ausnahmslos allen Autofahrern in meiner Sichtweite, daß sie ungehindert den Grenzübergang passieren durften. Mir aber signalisierten sie, mit meinem Wagen einen bestimmten Platz anzusteuern und dort zu warten. Später wurde ich aufgefordert, auszusteigen und meinen Reisepaß vorzuzeigen. Mein Paß wurde von vorne nach hinten und von hinten nach vorne durchgeblättert – mein Visum war in Ordnung; dann wurde ich über meinen Aufenthalt in Deutschland und den Zweck meiner Reise ausgefragt und mein Auto gründlichst durchsucht. Zuletzt fragte man mich, ob ich eine Schußwaffe bei mir hätte. Bis dahin war mir die ganze Prozedur in erster Linie lästig gewesen. Jetzt spürte ich eine ratlose Bitterkeit in mir aufsteigen, denn auf einmal wußte ich, wie leicht echte Terroristen von einem Land Europas ins andere reisen konnten, auch wenn ihre Fotos auf allen Fahndungslisten standen. Die Zollbeamten gaben ihnen, wie allen unauffällig aussehenden weißen Autofahrern, freundlich das Handzeichen zur freien Weiterfahrt, während sie ihre Zeit damit vergeudeten, Leute wie mich wie Kriminelle zu behandeln. Diese Erkenntnis entbehrte nicht einer gewissen Ironie, auch wenn diese meinen tiefen Groll nicht mildern konnte. Und so sagte ich provokativ: »Sie haben doch alles abgesucht. Bei ihrem Können dürften sie eine Waffe gefunden haben, wenn ich eine hätte!« Eine solche Widerrede duldeten die uniformierten Männer aber nicht; schroff wiesen sie mich zurecht, daß ich ihre Fragen nur mit »ja« oder »nein« zu beantworten hätte, andernfalls könnte ich gleich an der Grenze wieder kehrtmachen und meinen Einkauf in Holland vergessen.

Letzten Endes ließen sie mich ins Land, doch der Schock saß tief, denn damals wußte ich noch nicht, daß mir ähnliches auf all meinen Reisen in Europa widerfahren sollte: Sei es Dänemark, Schweden oder Italien – wann immer ich ins Auto, in den Zug oder ins Flugzeug stieg, um in ein beliebiges europäisches Land zu fahren, konnte ich gewiß sein, daß ich nicht dem scharfen Blick der diensthabenden Beamten am Grenzkontrollposten entgehen würde. Immer wieder zitierten sie mich aus der Reihe der Wartenden heraus und unterzogen mich einer strengen Kontrolle; mal suchten sie nach Schmuggelgut, mal nach Waffen, mal nach Rauschgift, und wieder ein anderes Mal nahmen sie meinen Paß mit und suchten irgendetwas, das ich nicht weiß, in einem dicken Buch – irgendeine Schikane ließen sich fast alle europäischen Grenzwächter einfallen, wenn sie mich sahen.

Im Sommer 1974 lagen neun Semester Medizinstudium hinter mir, alle vorgeschriebenen Praktika waren abgeleistet, die notwendigen Scheine erworben: Es war Zeit, das Staatsexamen zu machen. Bevor ich mich aber auf den Hosenboden setzte und mit dem Büffeln anfing, wollte ich mir noch einen erholsamen Urlaub gönnen, denn ich wußte, in dem vor mir liegenden arbeitsreichen Jahr bis zum Ende des Examens würden Vergnügungen aller Art ganz klein geschrieben werden. Meine Freundin und ich wählten die Schweiz als Reiseziel; ein Freund, der früher dort studiert hatte, vermittelte uns ein Zimmer in einem Studentenwohnheim in Bern. So konnten wir in dem teueren Touristenland Schweiz einen preisgünstigen Urlaub als Selbstversorger verbringen. Wir waren in der Tat geschockt, was für ein teures Pflaster die Schweiz ist. Die Freundin unseres Freundes, eine Schweizerin, erzählte uns, daß es in den Einzelhandelsgeschäften in schweizerischen Urlaubsorten drei

Preise für alle Waren gäbe – der eine Preis gelte nur für Einheimische aus der näheren Umgebung, der zweite für alle anderen Schweizer, und ein dritter, entschieden höherer Preis für alle ausländischen Touristen. Aber nicht nur bei den Preisen, sondern auch in anderen Bereichen war eine konservative, alles Fremde ausgrenzende Lebenshaltung der Schweizer unverkennbar.

Wir erwarben je ein Rundreiseticket der Schweizer Bundesbahn, womit wir innerhalb von sieben Tagen jede beliebige Entfernung auf allen Eisenbahnlinien der Schweiz zurücklegen durften. So verbrachten wir einen Teil unseres Ferienaufenthaltes damit, kreuz und quer durch das Alpenland zu gondeln und die großenteils wirklich atemberaubende Schönheit seiner Landschaften im Vorbeifahren in uns aufzunehmen. Ich hatte noch nie zuvor schneebedeckte Berggipfel in natura gesehen, und als wir sie vom Zugfenster aus das erste Mal in weiter Ferne wahrnahmen, wollte ich meiner Freundin einfach nicht glauben, daß es Berge waren. Ich hielt die Erscheinung am Horizont für Wolken und wettete sogar mit ihr, daß ich recht hätte.

Während unserer ausgedehnten Bahnreisen durch die Schweiz machten wir es uns so gemütlich wie möglich; glücklicherweise waren die Züge nie sehr voll; und wenn die gegenüberliegenden Plätze frei waren, erlaubten wir es uns, uns entspannt auf unsere Sitze zu fläzen und unsere Beine hochzulegen. Um dabei die Sitzbänke zu schonen, zogen wir die Schuhe aus oder legten eine Zeitung darunter. Bei der Fahrkartenkontrolle wies uns einmal ein Schaffner in barschem Ton darauf hin, daß wir unsere Füße nicht auf die Sitzfläche legen dürften, weil wir sonst nämlich die freien Plätze für andere Fahrgäste blockieren würden. Sein Argument schien uns ziemlich weit hergeholt zu sein, denn ein einziger Blick in die Runde bewies, daß es genügend freie Plätze in unserem Wagen gab, und daß allein in unserer Sichtweite noch drei bis vier andere Reisende es sich auf die gleiche Art bequem gemacht hatten wie wir. Der Schaffner hatte die Fahrkarten dieser Leute routinemäßig kontrolliert, ohne sie auf ihr »unartiges« Verhalten hinzuweisen; offenbar waren nur wir ihm ein Dorn im Auge. Wir dachten deshalb gar nicht daran, seinem unfreundlichen Verweis Folge zu leisten, sondern blieben schweigend auf unseren Plätzen sitzen und ließen unsere Füße wo sie waren. Durch unseren unerwarteten Ungehorsam irritiert, muß der Mann nun wohl geglaubt haben, wir hätten seine im Schweizer Dialekt gesprochene Aufforderung nicht verstanden; nachdem er auch mit einem hochdeutschen Versuch an uns gescheitert war, wandte er sich nachdrücklich, doch schon etwas verunsichert, an meine Freundin, aber die blieb stur. Die Leute um uns herum verfolgten neugierig, wie der Bahnbeamte aufgeregt in allen ihm bekannten Sprachen auf uns einredete, aber niemand nahm seine Anstrengungen zum Anlaß, selbst die Füße von den Stizplätzen zu nehmen – warum auch, schließlich waren ja nur wir gemeint. Er bemühte sich auf Englisch, Französisch und Italienisch, dann war sein fremdsprachliches Repertoire erschöpft, und nach jedem vergeblichen Versuch nahm seine Nervosität zu. Ich glaube, er fühlte sich zuletzt buchstäblich verarscht, jedenfalls war er sehr erregt. Als ich auch auf seine wütend hervorgebrachte Aufforderung, ihm meinen Paß auszuhändigen, nicht reagierte, verschwand er mit meinem Ticket, das er noch immer in der Hand hielt. Von unseren Plätzen aus konnten wir verfolgen, wie er gleich hinter unserem Waggon den Zug verließ. Daraufhin stand ich auf, lief hinter ihm her und verlangte vom Trittbrett herunter – höflich und auf Hochdeutsch – meinen Fahrschein. Er machte keinerlei Anstalten, ihn mir zu geben, schaltete vielmehr nun seinerseits auf stur, deshalb stieg ich aus, um ihn aus größerer Nähe aufzufordern, mir mein Eigentum zurückzugeben. Die planmäßige Weiterfahrt des Zuges stand unmittelbar bevor, und noch immer weigerte sich der Mann – jetzt mit einem schadenfrohen Grinsen im Gesicht – mir meine Fahrkarte herauszugeben. Auf mein Rundreiseticket, das noch einige Tage gültig war, wollte ich nicht verzichten, und ich wollte es auch nicht riskieren, den Zug zu verpassen. Deshalb sah ich mich gezwungen, mein Billett (wie es auf schweizerdeutsch auch heißt) gewaltsam an mich zu nehmen. Es kam zu einem kleinen Handgemenge, in dessen Verlauf mein Gegner versuchte, mich mit dem Gerät, das zum Lochen von Fahrkarten dient, am Arm zu verletzen. In dem Moment erklang die Aufforderung, die Türen zu schließen, und auch der Pfiff als Signal zur Abfahrt des Zuges ertönte. Entschlossen griff ich deshalb noch einmal nach meinem Billett und entriß es dem Uniformierten mit einem heftigen Ruck. Mit Verliererblick sah er mir nach, als ich auf den Zug sprang, der sich just in dieser Sekunde in Bewegung setzte.

Summa summarum habe ich viel erlebt auf meinen Reisen in Europa und dabei einiges wegstecken müssen im Umgang mit uniformierten Staatsdienern. Die Schwierigkeiten fingen aber nicht immer erst bei der Einreise oder gar im Ausland selbst an; mitunter hatte ich vielmehr den Eindruck, daß die Vertretungen einiger europäischer Staaten hier in der Bundesrepublik einen wahren Feuereifer darauf verwenden, einreisewilligen Ausländern aus der sogenannten Dritten Welt schon gleich bei der Beantragung eines Visums die Reiselust zu dämpfen.

Die österreichische Variante dieses unschönen Spiels war, mich bei der Antragstellung derart in die Mangel zu nehmen, daß ich es fast aufgegeben hätte, wenn es nicht so wichtig gewesen wäre. Aber dieses Mal ging es nicht um eine Urlaubsreise, es ging darum, daß mein Bruder 1976 von Deutschland aus nach Jugoslawien reisen wollte, um sich dort nach Studienmöglichkeiten umzuschauen. Seine Zugfahrt dorthin führte durch das ehemals kaiserlich-königliche Alpenreich, und ich mußte für ihn ein Durchreisevisum beantragen – eine reine Formsache, sollte man meinen, aber dem war nicht so. Es bedurfte stundenlanger Verhandlungen mit den Vertretern der österreichischen Obrigkeit, die hartnäckig darauf hinarbeiteten, mich kleinzukriegen, bevor sie sich letztendlich dazu herabließen, ihren Stempel in den Paß meines Bruders zu setzen.

Seither habe ich zweimal freiwillig auf eine Auslandsreise verzichtet, weil ich nicht mehr bereit war, mich den diskriminierenden Auflagen zu beugen, an die die Erteilung eines Touristenvisums gebunden war. Aber das war erst viel später, in den achtziger Jahren, als ich schon lange in Deutschland verheiratet war, hier meinem Beruf als Arzt nachging und eine unbegrenzte Aufenthaltsberechtigung für Deutschland besaß. Für das kurze Vergnügen eines eintägigen Betriebsausfluges der Mitarbeiter der Freiburger Universitätszahnklinik konnte ich es einfach nicht auf mich nehmen, all die Papiere beizubringen, die das Französische Konsulat verlangte, um mir ein Visum zu bewilligen, so zum Beispiel meine Heiratsurkunde, eine Gehaltsbescheinigung und einen Kontoauszug. Ich zog es vor, an diesem Tag zur Arbeit zu gehen. Ein anderes Mal wollte ich mit Frau und Kind nach Spanien reisen, doch die unglaublichen Bedingungen, an die die Spanische Botschaft die Erteilung eines

Visums knüpfte, empörten uns solcherart, daß wir es gewissermaßen verweigerten, unser Geld in Spanien auszugeben.

Von meinem Sommerurlaub in der Schweiz war es bis dahin aber noch ein weiter Weg, auf dem es nun zunächst einmal die beschwerliche Strecke meines Staatsexamens mit all den körperlichen und nervlichen Strapazen, die eine solche Zeit mit sich bringt, zu überwinden galt. Vorläufig war an eine weitere Urlaubsreise also gar nicht zu denken; ja, ich möchte fast behaupten, meine Abwechslung in dem folgenden arbeitsreichen und anspannungsreichen Jahr war die Aufeinanderfolge der vielen medizinischen Wälzer, die ich durchzuackern hatte.

Ich gehörte noch einer Generation von Medizinstudenten an, die ihr Studium mit einer Reihe von mündlichen Einzelprüfungen in den verschiedenen Disziplinen abschlossen. Ich hatte während meines Studiums genug erlebt, mir waren genügend Steine in den Weg gelegt worden, um zu wissen, daß ich in einer mündlichen Prüfung, die ja immer auch eine persönliche Begegnung war, stärker mit dem Faktor Vorurteil rechnen mußte als in irgendeiner Form der schriftlichen Prüfung. So war ich also darauf eingestellt, mich noch ein letztes Mal der unangefochtenen Macht meiner Professoren ausliefern zu müssen, die nach Gutdünken und oft auch geblendet durch rassistische Vorbehalte ihre Noten verteilen würden.

Wie auch die Prüfungen während des Studiums wurde das mündliche Staatsexamen als Gruppenprüfung abgehalten; das heißt, es mußten sich Studenten zu Vierergruppen zusammenfinden zu dem Zweck, sich gemeinsam vorzubereiten und zusammen in die einzelnen Teilprüfungen hineinzugehen. Ich war nun also wieder mit einer Schwierigkeit konfrontiert, die ich von meinem ganzen Studium her kannte, daß es nämlich für mich fast unmöglich war, eine Examensgruppe zu finden, es sei denn, ich schloß mich mit anderen Ausländern zusammen. Nun war es aber so, daß es in meinem Examenssemester außer mir keinen Ausländer gab!

Ein guter deutscher Bekannter riet mir in aller Freundschaft, seiner Gruppe nicht beizutreten, weil damit zu rechnen war, daß seine Kameraden meine Anwesenheit in der Gruppe hinsichtlich der Noten ausnutzen würden. Und so stand ich denn da als einer der letzten meines Semesters ohne Examensgruppe, bis ich endlich auf die beiden anderen stieß, die gleich mir niemanden gefunden hatten, der bereit gewesen wäre, mit ihnen zu arbeiten. Wir taten uns zusammen zu einer Dreiergruppe, zwei deutsche Kollegen und ich. Einer meiner beiden Partner war seit langem für sein Übermaß an Wissen bekannt. Während der Vorlesungen und Seminare hatte er fundierte wissenschaftliche Diskussionen mit den Professoren geführt, dabei meistens mit seinen Argumenten recht gehabt, und oft war es ihm sogar gelungen, einen Professor in echte Verlegenheit zu bringen. So war es denn kein Wunder, daß er zwar von allen wegen seiner umfangreichen Kenntnisse beneidet wurde, daß aber dennoch niemand bereit war, in einer Gruppe mit ihm zu arbeiten; alle fürchteten, daß sein überdurchschnittliches Können den Abstand zwischen ihm und dem Rest der Gruppe ungewöhnlich groß erscheinen ließe und die Resultate der anderen um mindestens eine Note herunterdrücken würde. Im Grunde war er ein netter Kerl und durchaus kollegial eingestellt, auch wenn er es als eingefleischter Bücherwurm nie gelernt hatte, wirklich zu leben. Mein zweiter Leidensgenosse verkörperte das genaue Gegenteil des ersten. Er war für einen Studenten schon verhältnismäßig alt, Familienvater mit drei Kindern und hatte die verhängnisvolle Angewohnheit, mitten in einer mündlichen Prüfung einen Block zu bekommen; er war dann so aufgeregt, daß er urplötzlich alles vergaß, was er vorher sicher beherrscht hatte; und beim besten Willen war er dann nicht mehr fähig, seinem gepeinigten Gedächtnis auch nur eine korrekte Antwort abzuringen. Der Grund, weshalb niemand ihn in seiner Gruppe haben wollte, war also die Furcht, daß sein Versagen die gesamte Gruppe in ein schlechtes Licht rücken könnte.

So fanden sich denn die drei schwarzen Schafe zusammen, zwei ausgestoßene Deutsche und ich. Noch heute freue ich mich, durch diesen seltsamen Zufall zwei so liebenswerte deutsche Kollegen getroffen zu haben. Wir waren ein patentes Team, sind während des Examens miteinander durch dick und dünn gegangen und haben in jeder Lage zusammengehalten. Oft, wenn der Franz seinen Block bekam, haben der Karsten und ich ihn aus dieser verzwickten Lage gerettet, indem wir alles aufboten, um den Professor davon zu überzeugen, daß der Franz eigentlich der Gruppenstärkste sei, aber dummerweise gerade heute einen schlechten Tag erwischt hätte. Manchmal hat auch der Karsten bereitwillig sein Licht unter den

Scheffel gestellt, um die Noten von Franz und mir nicht zu sehr zu drücken. Immerhin hat es aber mindestens drei Prüfungen gegeben, in denen ich doch mehr wußte als der Karsten mit seiner medizinischen Enzyklopädie im Kopf, und ich sogar imstande war, die Fragen, bei denen er passen mußte, auf Verlangen des Prüfers richtig zu beantworten. In allen drei Prüfungen bekam er aber doch – all seinen Protesten zum Trotz – die bessere Note als ich.

Nun ja, das alles ist inzwischen lange her, geflossene Tränen sind wieder getrocknet, andere Dinge wurden später wichtig. Und wenn ich heute zurückblicke, muß ich in der Erinnerung an jene Zeit doch manches Mal lachen.

Das bestandene Staatsexamen wurde (wie es sich gehört) mit einer (be-)rauschenden Fete gefeiert; und danach hatte ich einen Urlaub redlich verdient. Dieses Mal sollte es Rom sein, die ewige Stadt; es hat mich nämlich immer weitaus mehr gereizt, die großen Städte Europas mit ihrem Reichtum an Kulturgütern kennenzulernen, als irgendwo an einem Strand im touristischen Niemandsland in der Sonne vor mich hin zu schmoren. Auch die Einsamkeit der Berge mit ihrer unberührten (?) Natur übte niemals die gleiche Anziehungskraft auf mich aus wie das Flair der europäischen Großstädte.

Vor unserer Italienreise ergab sich kurzfristig die Gelegenheit zu einer Wochenendfahrt nach Brüssel. Zu viert – ein nigerianischer Freund, seine schweizerische Freundin, meine Freundin und ich – begaben wir uns mit meinem kleinen Simca auf die Reise. Die belgischen Grenzer verblüfften uns mit einer unerwarteten Variante des an allen europäischen Grenzen erlebten »Räuber und Gendarm«-Spieles. Der Beamte warf nur einen flüchtigen Blick auf die Reisepässe von uns beiden Nigerianern; die Pässe der beiden Europäerinnen besah er sich hingegen sehr genau, hielt sie noch einem in der Nähe stehenden Kollegen unter die Nase, besprach sich mit ihm, und dann verschwanden beide mit den Ausweisen in einem kleinen Häuschen. Durchs Fenster konnten wir erkennen, wie sie sie mit Aufzeichnungen in einem dicken Buch verglichen; danach kamen sie mit unergründlichen Mienen zum Auto zurück und händigten den Mädchen wortlos ihre Pässe aus.

Wir setzten bei strahlendem Sonnenschein unsere Reise fort und erreichten Brüssel am Nachmittag. Behutsam steuerte ich mein

Auto durch die fremde Stadt; da schnitt mir plötzlich – aus einer Nebenstraße kommend – ein Fahrzeug die Vorfahrt und fuhr mir seitlich in den Wagen. Gott sei Dank kamen wir mit einem gewaltigen Schrecken und einem geringfügigen Blechschaden an beiden Autos davon. Der belgische Autofahrer, ein Mann aus der Provinz, dem die Stadt gleichfalls fremd war, hätte sich gerne möglichst rasch aus der Affäre gezogen, doch irgendwer hatte schon die Polizei verständigt. Einsichtig gab er seine Schuld zu Protokoll. Zwar erwies sich die Verständigung mit dem Belgier und der Brüsseler Polizei als mühsam, weil niemand von ihnen ein Wort Deutsch oder Englisch sprach, und auf unserer Seite nur die Schweizerin über hinlängliche Französischkenntnisse verfügte, dennoch kam es zu guter Letzt unter den Augen der Polizei zu einer gütlichen Einigung zwischen dem Unfallverursacher und mir; und da der Schaden an meinem Wagen in der Tat unbedeutend war, wäre der Vorfall sicherlich bald danach in Vergessenheit geraten ...

Inzwischen war es Abend geworden, und wir mußten uns auf die Suche nach Hotelzimmern machen. Wir waren einfach so ins Blaue gefahren, ohne für eine Übernachtungsmöglichkeit vorzusorgen, denn wir konnten ja nicht ahnen, wie problematisch es sein würde, in Brüssel ein Quartier zu finden. Stundenlang liefen wir durch die Stadt – unser Auto hatten wir alsbald nach dem Unfall irgendwo abgestellt, weil uns der Schreck noch in allen Gliedern saß, und weil wir uns bei der Suche nach einem Hotel nicht noch mit Parkplatzproblemen herumschlagen wollten. Ich weiß nicht mehr, wie viele Absagen wir schon bekommen hatten, als wir beschlossen, unsere Freundinnen allein vorzuschicken, um durch diesen kleinen Trick endlich an ein Zimmer zu kommen. Zweimal waren die Mädchen erfolgreich, und zweimal erteilte man ihnen eine Abfuhr, als sie mit ihren schwarzen Partnern im Schlepptau zurückkamen. Müde und zerknirscht waren wir im Begriff, uns auf eine ungemütliche Nacht im Simca einzustellen, wo wir eingepfercht wie die Sardinen in der Dose versuchen müßten, etwas Schlaf zu finden. Da trafen wir auf der Straße einen Afrikaner – einen Nigerianer, wie sich herausstellte –, der uns überaus hilfsbereit zu einer bescheidenen kleinen Pension geleitete, in der unsere Hautfarbe kein Hindernis war, uns für unser Geld zwei Zimmer zu vermieten.

Der junge Mann war so nett, uns an den beiden folgenden Tagen in der Stadt herumzuführen, so daß wir es schließlich ihm verdankten, daß der Aufenthalt in Brüssel sich doch noch zu einem angenehmen Erlebnis mauserte. Natürlich waren wir begierig, das »Männeken Piß« zu sehen, welches als Wahrzeichen der belgischen Hauptstadt einen gewissen Ruhm genießt. Unser nigerianischer Begleiter, der seit Jahren in der Stadt wohnte, kannte diese Skulptur gar nicht, und wir mußten Passanten nach ihrem Standort fragen. Als wir sie endlich gefunden hatten, waren wir enttäuscht, wie unscheinbar klein dieses Männeken doch ist, das in einer Mauernische am Straßenrand steht und unermüdlich in einen Brunnen pißt.

Eine große Überraschung sollte ich jedoch Wochen nach meiner Rückkehr aus Belgien erleben. Mir flatterte unverhofft ein amtliches Schreiben von der belgischen Justiz ins Haus, in dem mir die Schuld an jenem Autounfall zugewiesen wurde, verbunden mit der Forderung, eine bestimmte Summe Geldes zu zahlen. Das war nun doch die Höhe! In meiner Empörung ignorierte ich diesen Brief sowie zwei weitere, die ihm folgten. Dann, Monate später, wurde mir in einem letzten, sehr bösen Brief unter Androhung einer Haftstrafe verboten, meinen Fuß jemals wieder auf belgischen Boden zu setzen.

Ja, sie waren zum Teil deprimierend, meine Erfahrungen im europäischen Ausland, doch keine davon – nicht einmal das belgische Abenteuer – ist in meiner Erinnerung so lebendig geblieben wie die überaus aufmerksame Behandlung durch den britischen Zoll bei meiner zweiten Englandreise. Das war aber erst nach meinem Studium, im März 1976, als ich schon als Arzt in einem deutschen Krankenhaus arbeitete. Da in Deutschland alles seine Richtigkeit haben muß, und deutsche Behörden diese auch gerne »schwarz auf weiß« dokumentieren, befand sich unter Aufenthalts- und allgemeiner Arbeitserlaubnis in meinem Paß der Zusatzvermerk, daß es mir gestattet war, als Arzt in Deutschland zu arbeiten.

Ich wollte gemeinsam mit meiner Freundin ein paar Urlaubstage bei meinem Vetter in London verbringen und hatte mich deshalb rechtzeitig um ein Touristenvisum bemüht, das man damals nur bekam, wenn man eine schriftliche Einladung eines in England lebenden Verwandten oder Freundes vorweisen konnte. Diese Auflage der Britischen Botschaft hatte ich erfüllt, und so befand sich in meinem Paß ein gültiges Einresevisum. Denn obwohl ich als Bürger eines Mitgliedstaates des Commonwealth eigentlich berechtigt war, ohne einen solchen Sichtvermerk ins Inselreich einzureisen, wollte ich nicht das Risiko eingehen, etwa an der Grenze zurückgewiesen zu werden – ich wußte nämlich, wie unnachgiebig britische Zollbeamte mit Einreisenden aus ihren ehemaligen Hoheitsgebieten in Afrika und Asien verfuhren, seit es seit Anfang der siebziger Jahre mit dem einst so mächtigen Königreich wirtschaftlich bergab ging. Übrigens sei am Rande bemerkt, daß in der Zeit, als sich England in einer wirklich mißlichen Wirtschaftslage befand, eine Äußerung Idi Amins Schlagzeilen in der Boulevardpresse gemacht hatte. Der berüchtigte damalige Staatschef Ugandas hatte den Stolz der Briten dadurch verletzt, daß er spöttisch kundgetan hatte: »Wenn es den Engländern noch lange so schlecht geht, werde ich ihnen mal eine Schiffsladung Bananen 'rüberschicken.«

Nach einstündigem Flug von Düsseldorf nach London erreichten wir gegen achtzehn Uhr in bester Urlaubsstimmung die Paßkontrolle im Gatwick-Airport und reihten uns in die Schlange der wartenden Fluggäste ein. Als die Reihe an uns kam, warf der Beamte einen flüchtigen Blick in den bundesdeutschen Personalausweis meiner Freundin und gab ihr dann zu verstehen, daß alles o. k. sei. Nicht so bei mir! Er blätterte eifrig in meinem Reisepaß herum, danach sah er mich prüfend an und zitierte mich auf die Seite, wo ich zu warten hatte, bis alle anderen Passagiere abgefertigt waren. Ich war der einzige farbige Fluggast in der Chartermaschine gewesen, die uns hierher gebracht hatte; nun war ich der einzige, der nicht ohne weiteres die Grenzkontrolle passieren durfte. Spielchen dieser Art kannte ich ja schon, trotzdem stieg der Ärger in mir auf. Der Zollbeamte hatte meinen Paß einbehalten, nun gab er ihn seinem Kollegen, der ihn ebenfalls eingehend studierte und daraufhin verlangte, mein Reisegepäck zu sehen. Die beiden begleiteten uns zum Förderband, wo unsere Sachen als einzige noch darauf warteten, abgeholt zu werden. Nachdem geklärt war, welches Gepäckstück wem von uns zweien gehörte, beachteten sie den Koffer meiner Freundin nicht weiter; nur meine Reisetasche war interessant für sie. Sie forderten mich auf, die Tasche zu öffnen, hiernach durchsuchten sie sie gewissenhaft. Dabei fiel ihnen der Brief meines Vetters in die Hände; sie nahmen ihn aus dem Umschlag und machten Anstalten, ihn zu lesen. Solange hatte ich mit verhaltenem Zorn ruhig dagestanden und sie gewähren lassen; doch jetzt wehrte ich mich. Höflich, aber bestimmt wies ich die Zöllner darauf hin, daß dies ein persönlicher Brief war und ich nicht damit einverstanden sei, wenn sie ihn läsen. Sie setzten sich betont gleichgültig über meinen Widerspruch hinweg, und ich gewann den Eindruck, daß das Ganze ihnen Spaß machte. Was sollte das alles? Hatte nicht das Schreiben seinen offiziellen Zweck bereits erfüllt? Welches Recht hatten die Männer, es zu lesen? Ich war jetzt so zornig, daß ich dem Zöllner den Brief aus der Hand riß, ihn in meine Tasche steckte und mich hartnäckig weigerte, ihm das Papier wieder auszuhändigen. Daraufhin erklärten sie mein Gepäck für beschlagnahmt und begannen mit einem regelrechten Verhör: Was ich in Deutschland machte, was ich in England suchte, wie lange ich dort zu bleiben gedächte, wieviel Geld ich bei mir trüge, und ob ich etwas zu verzollen hätte. Ich antwortete wahrheitsgetreu, daß ich als Arzt in Deutschland arbeitete, meinen Urlaub bei meinem Vetter in England verbringen wollte, etwa zwei Wochen zu bleiben gedächte, 2 500 DM bei mir trüge und nichts zu verzollen hätte. Meine Erklärungen reichten ihnen nicht, sie durchwühlten meine Reisetasche aufs neue und gaben sich danach immer noch nicht zufrieden. Vielmehr nahmen sie mich fest, um den Fall in Ruhe untersuchen zu können, wie sie verlauten ließen. Sie brachten mich in einen kleinen Raum und befahlen mir, dort zu bleiben; meine Freundin wiesen sie an, einen Warteraum aufzusuchen und dort den Verlauf der Dinge abzuwarten. Barbara verlangte, bei mir zu bleiben, da sie mit mir gemeinsam hier angekommen sei und wir beide zusammengehörten. Die Beamten verwehrten strikt ihr Ansinnen und begleiteten sie zum Warteraum. Zuvor schlossen sie mich in dem kleinen Zimmer ein und ließen mich dort eine Zeitlang allein. Nach ihrer Rückkehr protestierte ich gegen ihre Vorgehensweise und verlangte, einen Anwalt zu sehen oder mit dem nächsten Flugzeug nach Deutschland zurückzufliegen. Die schroffe Antwort lautete, ich sei im Augenblick ihr Gefangener, und sie könnten deshalb mit mir machen, was sie wollten. Das Land dürfe ich im übrigen erst verlassen, wenn sie ihre Untersuchung abgeschlossen hätten. Sie zwangen mich, mich nackt auszuziehen, und sie tasteten mich von Kopf bis Fuß ab. Was sie eigentlich suchten, wollte ich wissen. »Haschisch«, war die einsilbige Antwort, danach durchforsteten sie zum wiederholten Male meine Reisetasche. Natürlich fanden sie nicht, was sie zu finden gehofft hatten, weshalb sie sich nun eine Variante ihres Spieles einfallen ließen: Es sei nicht glaubwürdig, daß ich vorhätte, Urlaub in England zu machen, und ich solle endlich mit der Sprache herausrücken und gestehen, was ich wirklich hier wolle. Noch einmal versuchte ich, ihnen klar zu machen, daß ich einen festen Wohnsitz in Deutschland hatte und dort durch eine geregelte Arbeit mein tägliches Brot verdiente. (Mit etwas gutem Willen hätten sie das auch meinem Paß entnehmen können.) Ich fügte hinzu, daß wegen der Wirtschaftskrise in England niemand, der in Deutschland sein Auskommen gefunden hätte, ernstlich daran denken könne, illegal nach England überzusiedeln. Und um meine Worte zu unterstreichen, bestand ich darauf, umgehend nach Deutschland zurückgeschickt zu werden. Darauf ließen sie sich aber immer noch nicht ein. Zu guter Letzt sagte einer der beiden: »Sie behaupten also, Arzt zu sein. Nun, das werden wir gleich feststellen. Warten Sie hier, wir holen einen Arzt, der Sie prüfen wird.« Das verschlug mir erst einmal die Sprache; innerlich mahnte ich mich, ruhig zu bleiben und einen kühlen Kopf zu bewahren. Einer der Männer verließ den Raum, und es dauerte eine ganze Weile, bis er zurückkam. Einen Arzt hatte er zu so später Stunde an einem Samstagabend nicht mehr auftreiben können. Aber das sei auch nicht so schlimm, wie er sagte, denn nun werde er selbst mir medizinische Fragen stellen, die er mir riete, in meinem eigenen Interesse zu beantworten. Er kramte ein kleines gedrucktes Heftchen hervor und stellte mir daraus Fragen zur »Ersten Hilfe«. Ich gab ihm nun nicht die knappen, laienhaften Antworten, die sein Büchlein vorsah, sondern hielt zu jeder Frage einen ausführlichen Vortrag, in den ich reichlich medizinisches Fachvokabular einfließen ließ. Natürlich verstand er nicht einmal die Hälfte von dem, was ich ihm vortrug; und ich genoß die kleine Genugtuung, zu beobachten, wie er zusehends unsicherer auf seinem Stuhl herumrutschte. Am Ende der von ihm inszenierten Prüfung räusperte er sich verlegen, lobte tief beeindruckt mein umfangreiches Wissen und sagte anerkennend: »Ich glaube nun, daß Sie Arzt sind.« Ich konnte mir nun nicht länger verkneifen, ihm zu entgegnen: »In meinen kühnsten Träumen hätte ich es niemals für möglich gehalten, daß eines Tages ein Zollbeamter einen fertig ausgebildeten Arzt auf dessen medizinische Kenntnisse hin prüfen würde!« Vor Verlegenheit nun ziemlich kleinlaut geworden, erlaubte er mir jetzt, meine Reise fortzusetzen, jedoch nicht, ohne sich noch einmal – einlenkend – von mir bestätigen zu lassen, daß ich wirklich nicht in England bleiben wollte. Ich versprach, ihm als Beweis nach meiner Rückkehr nach Deutschland eine Ansichtskarte zu schicken.

Als ich endlich meine Freundin aus dem Wartesaal abholen konnte, wo sie besorgt ausgeharrt hatte, war es nach zweiundzwanzig Uhr. Mehr als vier Stunden war ich in der Gewalt der Zöllner gewesen, die sich einen Zeitvertreib daraus gemacht hatten, mich zu schikanieren. Daß nicht mehr dahintersteckte, sah man schon daran, daß sie uns als Paar völlig ignorierten. Mein Gott, hätte ich wirklich Haschisch ins Land einschmuggeln wollen, ich hätte es doch niemals selbst auf meiner auffälligen schwarzen Haut getragen ...

Übrigens, während Barbara auf mich wartete, war sie einmal unruhig auf dem Flur auf und ab gegangen und hatte dort einen der beiden Zollbeamten getroffen und nach mir gefragt. Der Mann hatte sie wissen lassen, daß man mich voraussichtlich noch am gleichen Abend des Landes verweisen würde. Sie hatte daraufhin verlangt, in diesem Fall mit mir nach Deutschland zurückzukehren. Nein, das sei nicht möglich, hatte er mir zur Antwort gegeben, da es gegen sie als EG-Angehörige keinerlei Bedenken gäbe, und sie deshalb ungehindert einreisen könnte. Wenn sie aber unbedingt nach Deutschland zurück wolle, dann müsse sie – bitte schön – allein und auf eigene Kosten fliegen.

Als ich nach dem Ende dieser Reise wieder in Münster angekommen war, kaufte ich sogleich eine Ansichtskarte und schrieb darauf: »Wie Sie sehen, habe ich Ihre schöne Insel schon wieder verlassen. Nebenbei bemerkt, es ist kein Wunder, daß es in Afrika Leute gibt, die England so hassen, wie Idi Amin es tut, wenn Sie uns alle an Ihren Grenzen so behandeln wie mich!«

Die Schikanen am britischen Zoll waren aber noch nicht das letzte Hindernis auf dieser denkwürdigen Reise. Während wir auf dem Hinweg geflogen waren, hatten wir geplant, die Rückreise mit der Eisenbahn zu machen, da wir damit rechneten, daß unsere Koffer viel zu schwer sein würden. Wir wollten nämlich in England ausgiebig einkaufen: afrikanische Lebensmittel, die wir in Deutschland nicht bekommen konnten, und einiges an modischer Kleidung.

Über ein Studentenreisebüro hatten wir Plätze in einem Sonderzug gebucht, und unsere Tickets waren nur für diese eine Fahrt gültig. Woran wir beim besten Willen nicht gedacht hatten, war, daß ich selbst für eine Durchreise durch Belgien, bei der ich den Zug nicht verlassen würde, als Nicht-EG-Angehöriger ein Transitvisum brauchte. Nachdem wir nun die Fähre aus England verlassen hatten, mußten wir uns auf belgischem Boden einer Paßkontrolle unterziehen, bevor wir in unseren Zug einsteigen durften. Und siehe da, das fehlende Visum wurde zum Stolperstein. Wieder wurde ich festgenommen, wieder eingesperrt. Diesmal war mein Gefängnis ein Gitterverschlag, ähnlich den Zellen, wie man sie in Wildwestfilmen oft sieht. Meine Freundin und ich mußten all unsere Überzeugungskraft aufwenden, um den Beamten klarzumachen, daß es sich nur um ein Versehen, nicht um eine böse Absicht gehandelt hatte, daß wir uns auf der Durchreise befänden, und daß wir unseren Zug unbedingt erreichen müßten, der in wenigen Minuten abfahren würde, da wir mit unserer Sonderfahrkarte mit keinem anderen Zug fahren dürften. Nachdem sie uns noch einige Zeit hingehalten hatten, setzten sie mürrisch den Sichtvermerk in meinen Paß und entließen mich aus meiner Zelle. (Es wird im übrigen durchaus auch mal so gehandhabt, daß ein Visum überhaupt erst bei Grenzübertritt beantragt und problemlos erteilt wird, gerade dann, wenn es sich nur um ein Transit- oder ein Tagesvisum handelt!) Wir rannten, was unsere Beine hergaben, behindert durch übervolle Koffer und Taschen, die so schwer waren, daß wir sie kaum tragen konnten. Völlig außer Atem schafften wir es in letzter Sekunde, auf den Zug aufzuspringen, der soeben angefahren war.

»Die reine Wahrheit wird häufiger als alles andere der Übertreibung beschuldigt.«
(Conrad)

10. KAPITEL

Stolpersteine auf meinem Weg

Das Studium mit all seinen Höhen und Tiefen – den genossenen Freuden sowie den verflossenen Tränen – lag hinter mir, war ein Teil meiner Vergangenheit geworden. Ein neuer Lebensabschnitt breitete sich vor mir aus, an den ich entschlossen und zuversichtlich herantrat, denn ich erwartete von ihm nicht die gleichen Härten, die ich in meinen ersten Jahren in Deutschland durchgemacht hatte. Ich hatte lange genug in diesem Land gelebt, um zu wissen, was es heißt, als Schwarzer unter Weißen zu studieren oder meine schwarze Haut auf den Wohnungsmarkt zu tragen; ich war auf der Suche nach Ferienjobs klüger geworden und oft genug in Europa gereist, um zu erkennen, daß der Rassismus ein (böses) Spiel ohne Grenzen ist. Ein Schwarzer, der naiv genug ist, nicht an rassistische Vorurteile zu glauben, wird gezwungen, sie wahrzunehmen und als ständigen Begleiter auf seinem Weg in die Welt der Weißen zu akzeptieren. Trotzdem glaubte ich 1975 wirklich noch, nach acht Jahren Europaaufenthalt hätte ich mich an diese Dinge gewöhnt und Diskriminierungen könnten mir nichts mehr anhaben. Doch ich wurde schon bald von der Realität eingeholt und eines Besseren belehrt.

Zunächst einmal ging es jetzt darum, meine Medizinalassistenzeit (MA-Zeit) abzuleisten. Sie gehörte zur ärztlichen Ausbildung, wie heute das PJ, das Praktische Jahr, mit dem junge Mediziner ihr Studium beschließen, jedoch mit einigen wichtigen Unterschieden: Der »Arzt im Praktikum«, wie es heute heißt, wird, soviel ich weiß, für seine Arbeit nicht bezahlt, und ihm wird auch keine selbständige Aufgabe im Krankenhaus zugewiesen. Er darf Anamnesen aufnehmen, Blutdruck messen, Blut abnehmen und auch mal allein eine Spritze geben, mehr nicht. Bei der morgendlichen Visite bildet er immer das Ende des »Schwanzes« aus jüngeren Kollegen, die dem Chef- oder Oberarzt ins Krankenzimmer folgen. Ganz ähnlich sah damals schon der Arbeitstag eines Medizinalassistenten in einer Uniklinik aus; sein Kollege in einem kleineren oder mittleren Krankenhaus aber war eigenverantwortlicher Arzt und erhielt ein Gehalt für seine Leistung. Der ihm übertragene Zuständigkeitsbereich war abhängig von der Größe des Hauses und der Personalsituation dort. Ich war froh, noch nach der alten Ordnung eingestellt zu werden, und das nicht nur des Geldes wegen, sondern auch wegen der vielfältigeren Lernmöglichkeiten, die eine selbstverantwortliche ärztliche Tätigkeit mir bot.

Doch bevor es so weit war, stand ich vor einem ganz anderen Problem, nämlich überhaupt einen Ausbildungsplatz zu finden; das heißt, genaugenommen stellte sich mir dieses Problem gleich vier mal während des einen Jahres meiner MA-Zeit, denn es war nicht üblich, diese in nur einem Haus abzuleisten, es sollte ja auch eine Zeit des Sammelns möglichst breitgefächerter Erfahrungen sein. Und eine Stelle zu bekommen, war für mich bedeutend schwerer, als ich es mir hätte träumen lassen. Von deutschen Kollegen wußte ich nur, daß sie sich in ein, zwei Krankenhäusern vorstellten und sich dann aussuchen konnten, wo sie anfangen wollten. Zwar hatte ich auch von den Schwierigkeiten anderer Ausländer bei der Stellensuche gehört, aber es gibt eben immer wieder Erfahrungswerte, die man nicht aus den Erzählungen anderer gewinnen kann. Jetzt war ich Arzt, hatte ich gedacht, hatte die gleichen Voraussetzungen wie jeder deutsche Studienabsolvent, und die Zahl der offenen Stellen war groß. Also, was konnte mir schon passieren?!

Welch ein Irrtum! Schon bald konnte ich nicht mehr zählen, wie oft mir bei telefonischen Anfragen mitgeteilt worden war: »Wir bedauern, aber die Stelle ist schon besetzt.« Einige Male hat nach mir ein deutscher Bekannter dort angerufen – dann war interessanterweise der Platz wieder frei! Einige Chefärzte ließen mich kommen, mein ausländischer Akzent war also für sie kein Hinderungsgrund; beim ersten Blick in mein schwarzes Gesicht sagten sie aber ganz schnell: »Der Posten ist leider zwischenzeitlich vergeben worden.« Manchen Weg hätte ich mir sparen können, wenn ich gleich am Telefon darauf hingewiesen hätte, daß ich schwarz bin. Als sich die Ablehnungen häuften, gingen wir dazu über, daß meine Freundin statt meiner anrief, wobei sie meinen ausländischen Namen nannte und mich als ihren »Verlobten« bezeichnete. Sie erhielt einige Termine für mich, und wieder machte ich manchen Weg umsonst.

Doch Ausnahmen gibt es immer, und schließlich konnte ich in mehreren Häusern meine MA-Zeit ableisten. Mit dem Antritt meiner ersten Stelle (im kath. Krankenhaus in Bockum-Hövel) wurde ich sozusagen direkt ins kalte Wasser geworfen, denn man machte mich, der ich doch frisch von der Uni kam, ganz unvorbereitet zum Stationsarzt mit all der Verantwortung, die eine solche Position mit sich bringt. Zuerst war ich unsicher, ob ich mit meinem Mangel an Erfahrung dieser schweren Aufgabe überhaupt gewachsen sein würde – doch ich packte sie an und wuchs in sie hinein. In den ersten Tagen konnte ich die Namen der verschiedenen Medikamente, die meine Patienten bekamen, noch nicht behalten. Glücklicherweise stand mir auf der Station eine sehr erfahrene Ordensschwester zur Seite. Sobald sie die geringste Unsicherheit bei mir bemerkte, flüsterte sie mir ganz selbstverständlich die richtige Bezeichnung ins Ohr. So fiel mein Zögern den Patienten eigentlich gar nicht auf, und nach vierzehn Tagen kannte ich alle Mittel. Auf der Station erwartete mich ein Übermaß an Arbeit, und ich war ständig gefordert, mein Bestes zu geben. Aber das war eine gute Schule, aus der ich sehr profitiert habe. Mein Aufgabenbereich war vielseitig, eines Nachts habe ich sogar eine junge Frau von Zwillingen entbunden. Nur einmal in dieser Zeit wurde ich mit der Ablehnung eines Patienten konfrontiert. Ein Betrunkener, der im Suff gestürzt war, wurde in der Nacht zu mir gebracht. Als er begriff, daß ich der diensthabende Arzt war, brüllte er hemmungslos: »Von dem Neger laß' ich mich nicht anfassen!« Ich trug es mit Fassung, und nachdem die Schwestern und ich beruhigend auf ihn eingeredet hatten, ließ er seine Verletzungen von mir behandeln.

Das war übrigens das erste und einzige Mal während meiner vieljährigen ärztlichen Berufspraxis in Deutschland, daß ein Patient mich diskriminiert hat. Ich habe so etwas nie wieder erlebt. Nur einmal später, als ich in einer Münsteraner Klinik als Assistenzarzt arbeitete, ereignete sich ein kleiner Zwischenfall, der aber vielleicht einen anderen Hintergrund hatte. Ein Medizinprofessor teilte das Krankenzimmer mit einem Handwerksmeister. Ich kam herein, um beiden eine Spritze zu geben, und der Professor war als erster an der

Reihe. Er guckte mich mit großen Augen an und fragte mißtrauisch: »Können Sie das denn überhaupt?« Möglicherweise war das ja nur die Skepsis des berufserfahrenen Älteren gegenüber dem Jüngeren, den er für einen Anfänger hielt. Ihre Wirkung verfehlte sie aber nicht, denn mein Bettnachbar, ein medizinischer Laie, schaute nun ziemlich verängstigt drein, als die Reihe an ihn kam.

Im allgemeinen sind afrikanische Ärzte bei den deutschen Patienten sogar sehr beliebt, ohne daß ich eine Erklärung wüßte, warum das so ist. Die meisten Probleme, die wir auf beruflicher Ebene haben, werden durch mißgünstige deutsche Kollegen verursacht, oder sie entstehen durch Chefärzte, die uns und unsere erschwerte Arbeitsmarktsituation ausnutzen wollen. Zum Beispiel ist es so, daß ein Chefarzt, der einmal eine »gute« Erfahrung mit einem Afrikaner gemacht hat, ohne zu zögern den nächsten einstellt. Von ihm erwartet er natürlich das gleiche Verhaltensmuster, das er bei dessen Vorgänger so sehr geschätzt hat: Unterwürfigkeit, totale Ergebenheit und bedingungslosen Einsatz. Hat dagegen ein Chefarzt eine »schlechte« Erfahrung mit einem von uns gemacht, projiziert er sie bedenkenlos auf alle Schwarzen, und keiner von uns hat mehr eine Chance, von ihm eingestellt zu werden. Mit anderen Worten: Selbst von so hochgebildeten Inhabern wichtiger öffentlicher Ämter werden wir alle über einen Kamm geschoren!

Das zweite Krankenhaus, in dem ich als Medizinalassistent arbeitete, war ein Haus in Gelsenkirchen, in dem mit Ausnahme des Chefs alle Ärzte Ausländer waren. Noch auffälliger aber war, daß alle Kollegen außer mir unverhältnismäßig alt waren und nicht in der Bundesrepublik, sondern in Ostblockländern studiert hatten. Sie alle sprachen nur gebrochenes Deutsch, und sie wurden vom Chef auf das Niveau von Arbeitssklaven herabgedrückt. Keiner von ihnen war dort glücklich, sie ertrugen aber dennoch alle Demütigungen widerspruchslos. Sie hatten ja auch keine andere Wahl, waren sie doch schon heilfroh, mit ihren geringen Sprachkenntnissen überhaupt eine Anstellung gefunden zu haben. Im übrigen wurden sie gut bezahlt – keiner von ihnen hatte je im Leben so viel Geld gesehen. Ich war weiß Gott der einzige dort, der sich gegen die herablassenden Umgangsformen des Chefs wehrte, und sich auch sonst nicht alles gefallen ließ; ich meine zum Beispiel die täglichen Beleidigungen, das Herunterputzen im Beisein von Patienten, das an der Tagesordnung war, häufige willkürliche Verlängerungen der Dienstzeit – überhaupt, seiner Laune nach Belieben ausgeliefert zu sein, und seine Laune war immer mies. Dieser Mann hatte eine so ausgeprägte Herrenmentalität in ihrer unangenehmsten Erscheinungsform, daß er nicht fähig war, mit deutschen Untergebenen zu arbeiten. Alle Deutschen, die er jemals eingestellt hatte, haben es nicht länger als einen Monat bei ihm ausgehalten. Und weil ich so »aufsässig« war, wurde ich vor dem Ende meines Vertrages gekündigt, mein Gehalt für die verbleibenden Monate wurde mir ausgezahlt, damit ich ohne Aufsehen ging.

Am Tage meiner »fristlosen« Kündigung ging ich zu Fuß die etwa drei Kilometer weite Strecke bis zum nächsten Krankenhaus, um mich dort vorzustellen. Ich erreichte das Haus in der Mittagspause und traf den Chefarzt zusammen mit seinen Oberärzten und Assistenten beim Kaffee an. Sie luden mich freundlich ein, mich dazu zu setzen. Das tat ich, trug mein Anliegen vor und wurde sofort eingestellt. In dem menschlichen Arbeitsklima dieses Krankenhauses machte ich eine sehr gute Erfahrung mit dem Chef, den Kollegen und auch mit den Patienten.

Während der letzten sechs Monate meiner Medizinalassistentenzeit arbeitete ich in der Chirurgischen Abteilung des Krankenhauses in Rheda-Wiedenbrück. Unser Team dort war sehr klein, deshalb entfielen auf jeden der Assistenten überdurchschnittlich viele Dienste. Neben meiner regulären Arbeitszeit leistete ich zwei Wochenenddienste im Monat und zwei Nachtdienste in der Woche, so daß ich nur eine über die andere Nacht wirklich schlafen konnte. Es war außerordentlich anstrengend, dieses Übermaß an Nachtdiensten zu bewältigen, und es hatte eine neurotisierende Wirkung auf mich. Als Folge davon befand ich mich auch in meinen dienstfreien Nächten in »Dienstbereitschaft«, und das Läuten des Telefons und der grelle Ton des Piepsers verfolgten mich im Schlaf. Die Störung war auch nicht so ohne weiteres durch die Beseitigung der Ursache zu beheben, denn noch ein halbes Jahr später schreckten mich die Geräusche dieser Rufapparate, die ich im Unterbewußtsein zu hören meinte, aus dem Nachtschlaf.

Während dieses letzten Ausbildungsabschnitts sehnte ich mich oft nach meiner im großen und ganzen doch recht angenehmen Studienzeit zurück, die sich unter dem Eindruck der jetzt durchlebten extremen Arbeitsbedingungen in meiner Erinnerung vielleicht sogar noch verklärt haben mochte; und es war mir ein Trost zu wissen, daß ich nach meiner MA-Zeit an die Uni zurückkehren würde. Denn das zu tun, hatte ich lange zuvor beschlossen, als in mir der Plan gereift war, Facharzt für Zahn-, Mund- und Gesichtschirurgie zu werden. Ärzte dieser Fachrichtung müssen aber doppelt approbiert sein, das heißt, sie müssen sowohl das Studium der Humanmedizin als auch das der Zahnmedizin hinter sich gebracht haben. Wenn man dabei, so wie ich es getan hatte, zuerst Medizin studiert hat, werden beim anschließenden Zahnmedizinstudium die vorklinischen Semester anerkannt, und das Physikum braucht nicht noch einmal gemacht zu werden. Dadurch verkürzt sich die Studiendauer erheblich, und Berichten zufolge ist es nicht ungewöhnlich, wenn Ärze den Studiengang der Zahnmedizin in zwei bis drei Jahren durchlaufen. Noch einmal für zwei bis drei Jahre Student zu sein und im geschützten Raum der Hochschule eine zusätzliche Qualifikation zu erwerben, bevor ich mich endgültig in den rauhen Wind des Berufslebens stürzte – der Gedanke behagte mir wohl. Auf der breiten Basis medizinischer und zahnmedizinischer Kenntnisse aufbauend den Weg zum Zahn-, Mund- und Gesichtschirurgen einzuschlagen, hatte mir seit langem als Fernziel vorgeschwebt; nun bestärkte mich die eigene tägliche Erfahrung des nervenaufreibenden Berufsstresses in diesem Entschluß; die Kollegen in Rheda-Wiedenbrück pflichteten mir bei; und selbst mein Chef dort sagte bekräftigend, er hätte die gleiche Wahl getroffen, wenn er jünger gewesen wäre.

So hatte mich also im Wintersemester 1976/77 die Uni wieder. Mein Studienort war wiederum Münster, dort traf ich auf zwei deutsche Kollegen – ebenfalls Ärzte, die das gleiche Berufsziel hatten wie ich, und mit einem der beide, Klaus, freundete ich mich bald an. An mein neues Studium ging ich mit viel Elan heran, auch noch, als ich ernüchtert feststellen mußte, daß sich das Zahnmedizinstudium auf eine unerfreuliche Weise grundsätzlich von dem der Humanmedizin unterschied. Die Ausbildung war in viel stärkerem Maße berufsbezogen, es gab viele handwerklich-technische Arbeiten im Labor zu verrichten, die streng kontrolliert wurden; und es war eher die Ausnahme als die Regel, daß dabei alles so glatt lief, wie man es erhoffte. Ich fing an, nachträglich jene Zahnmedizinstudenten zu verstehen, die mit mir im gleichen Heim gewohnt hatten, als ich noch relativ unbeschwert meinem Medizinstudium nachgegangen war. Damals hatte ich sie verächtlich belächelt, wenn sie Abend für Abend erst spät – stöhnend und in gebeugter Haltung – aus dem Labor zurückkamen und sich über ihre harten Studienbedingungen beklagten. Denn wir Mediziner hatten eine denkbar schlechte Meinung von ihnen, hielten sie für faul und dachten: »Die übertreiben doch alles maßlos, wollen sich wichtig machen mit ihrem Gejammer, denn so schlimm, wie die tun, kann es doch gar nicht sein!« Wie schnell wurde ich jetzt, da ich einer von ihnen war, eines Besseren belehrt. In der Tat war das Studium verschulter als die Schule selbst; es war so geartet, daß wir mit den Studenten anderer Fakultäten nurmehr den Ausweis gemeinsam hatten. Wie von einem »Zahnradwerk« angetrieben, hasteten wir von einem Kurs, von einer Klausur, von einem Testat zum anderen – ein Prozeß, in dessen Verlauf dem Studenten ein »klinisches Gesicht« verpaßt wird; das heißt, seine Persönlichkeit wird so verändert, daß er sich von einem ganz normalen jungen Menschen, der für seine Mitmenschen und die Welt, in der er lebt, aufgeschlossen ist, in einen Fachidioten verwandelt, der stundenlange Monologe in Fachchinesisch hält und auf einer Party nichts Besseres zu tun weiß, als den richtigen Gebrauch von Zahnseide vorzuführen. Das Schicksal, in dieses unmenschliche Getriebe eingespannt zu sein, teilte ich mit allen meinen Kommilitionen; wir alle steckten unser tägliches Quäntchen an Ungerechtigkeiten ein, mit denen versucht wurde, uns systematisch zu Duckmäusern zu machen. Es waren oft Kleinigkeiten im Verhalten derjenigen, die für unsere Ausbildung verantwortlich waren; zumeist mangelte es ganz einfach an Fingerspitzengefühl im Umgang mit uns und an Einfühlungsvermögen für unsere Lage. Und ich muß sagen, dieses System ist im allgemeinen ziemlich erfolgreich. Der »typische« Zahnmediziner, wie ihn die Klinik im Laufe von fünf Jahren produziert, ist völlig angepaßt, unsensibel für die psychischen Probleme anderer, ein Ellenbogenfreak für die Umwelt, und damit im Grunde nicht mehr lebensfähig – alle entwicklungsfähigen Ideale, mit denen er einst an die Uni kam, wurden untergraben, um »den Zahnarzt« zu formen.

Wenn ich hier so nachdrücklich die Härten eines elitären Studienganges nachzuzeichnen versucht habe, so mag es dem Leser unglaubwürdig erscheinen, wenn ich im folgenden behaupte, daß es noch eine Steigerung dieser allgemeinen Rahmenbedingungen gab. Und trotzdem ist es wahr: Die Schikanen, die ich selbst während meines Zweitstudiums erdulden mußte, übertrafen in der ihnen zugrundeliegenden Arglist und Unberechenbarkeit alles, was irgendeiner meiner deutschen Kollegen zu ertragen hatte. Es gehörte nicht viel dazu, ganz schnell zu merken, daß meine Arbeiten sehr viel schärfer kontrolliert wurden als die der deutschen Studenten (nicht nur mir fiel das auf!); und der Umgangston der Assistenten, die mich »betreuten«, ließ so gut wie alles zu wünschen übrig.

Damit der Leser verstehen kann, wie schwer das für meinen Werdegang wog, sollte ich vielleicht zunächst die Rolle der Assistenten in der Zahnmedizin etwas näher umreißen, denn diese haben den Studenten gegenüber eine fast unumgrenzte Machtposition. In der Regel sind es sehr junge Leute, die selbst erst vor ein bis zwei Semestern ihr Staatsexamen gemacht haben. Sie sind weniger auf das große Geldverdienen aus (denn sonst hätten sie zumindest in den Jahren damals eine Stelle in der freien Praxis vorgezogen), als daß sie eine wissenschaftliche Karriere anstreben bzw. es ganz einfach genießen, Macht auszuüben; manche wollen aber auch nur einige Jahre im überschaubaren Rahmen der Hochschule Erfahrungen sammeln und dabei die Muße finden, ihre Doktorarbeit abzuschließen. Ihre eigentliche Aufgabe ist es, die Studenten bei ihren praktischen Arbeiten anzuleiten, den Entstehungsprozeß einer Arbeit in seinen einzelnen Schritten zu beaufsichtigen, nachzusehen, ob alles richtig geworden ist, auf Fehler hinzuweisen und deren Korrekturen zu überwachen. So haben sie sozusagen täglich »Hautkontakt« mit Studenten, die von ihnen abhängig sind; und ihre Befugnis, die Ausführung unserer Arbeit zu bewerten, verleiht ihnen die Gewalt, über unser Wohl und Wehe zu entscheiden, denn sie bestimmen, ob und wie schnell wir vorankommen. Ein Großteil von ihnen nutzt diese Machtstellung schamlos aus; und die Studenten, die wissen, daß sie ihnen auf Gedeih und Verderb ausgeliefert sind, ziehen daraus oft die Konsequenz, in diesem teuflischen Spiel mitzumischen nach dem Motto »Rette sich, wer kann«. Dieses System von Unterdrückung und Machtmißbrauch bringt Semester für Semester neue Generationen von »Arschkriechern« hervor, die mit

Speichelleckereien nach oben und Fußtritten nach unten um die Gunst der »Assis« buhlen und bei jeder sich bietenden Gelegenheit ihre Kommilitonen in die Pfanne hauen. Das ist der Grund, weshalb studentische Solidarität, wie man sie in anderen Fachbereichen ganz selbstverständlich antrifft, in der Zahnmedizin eher ein Fremdwort ist. Denn bei der Durchführung ihrer Kontrollen machen die »Assis« sehr wohl Unterschiede; je nachdem, wie »gut« sich zum Beispiel ein Student mit ihnen stellt, kommt es ohne weiteres vor, daß sie ein oder gar beide Augen zudrücken.

Bei mir hielten es die Assistenten aber – von wenigen Ausnahmen abgesehen – so, daß sie meine Arbeiten mit haarspalterischer Genauigkeit nur auf Schwachstellen hin untersuchten und mir diese dann mit vernichtenden Worten und in bissigem Tonfall vorwarfen, gerade so, als wäre ich in ihren Augen von vornherein unfähig, überhaupt etwas richtig zu machen. Daß ihre Unzufriedenheit mit meinem Handwerk aber nicht an meiner mangelnden Qualifikation zu feiner Handarbeit lag, ließ sich leicht feststellen. Es gab nämlich durchaus Wege, herauszufinden, ob ich wirklich unbegabter war als die anderen. So gab ich zum Beispiel einmal eine von mir angefertigte Arbeit, die gerade ein Assistent als mangelhaft zurückgewiesen hatte, einem deutschen Kollegen. Wenige Tage später legte er sie demselben Assistenten zur Beurteilung vor, und siehe da: der bewertete sie als sehr gut! Den Nachweis konnte ich also erbringen und so zumindest mir selbst bestätigen, daß ich nicht annähernd so schlecht war, wie ich gemacht wurde. Doch was nutzte es mir letzten Endes – ich konnte solche Beweise nicht dazu verwenden, mir mehr Gerechtigkeit zu ertrotzen! Dieser Art waren die Schwierigkeiten, mit denen ich über die Jahre zu kämpfen hatte; und der Druck, der auf mich ausgeübt wurde, nahm ständig zu.

Wie bereits erwähnt, begann ich mein Zahnmedizinstudium mit dem ersten klinischen Semester. Als studierendem Arzt wurde mir das Physikum erlassen, aus dem Vorklinikum brauchte ich nur die zahnmedizinischen Grundkurse nachzuholen. Diese dienten der Vorbereitung der Arbeit, die wir später am Menschen zu leisten hatten. Der Student erwirbt seine handwerklichen Fertigkeiten nämlich zuerst mit Hilfe von Zahngips und künstlichen Zähnen und anschließend an Phantomköpfen, denen er alle Arten von Zahnersatz und Zahnfüllungen verpassen muß, bevor man ihn zur Arbeit an Patienten zuläßt. Meine Schwierigkeiten begannen mit dem Phantomkurs in der konservierenden Zahnheilkunde (KONS): Am Ende des Semesters wurde mir als einzigem von vierzig Kursteilnehmern der Schein verwehrt, obwohl ich nachweislich alle erforderlichen Leistungen erbracht hatte. Verständnislos fragte ich den Professor nach dem Grund für die Verweigerung, und er entgegnete schroff: »Sie haben während des Semesters zu viel gefragt und dadurch Unsicherheit bewiesen.« Meine Proteste halfen mir nicht. Erbarmungslos ließ er mich den Kurs wiederholen, was den Verlust eines Semesters bedeutete.

Den ersten Kurs am Patienten in der KONS (KONS I) mußte ich ebenfalls zweimal machen, obwohl ich die erforderliche Punktzahl erreicht und auch die mündliche Prüfung, die das Semester beschloß, bestanden hatte. Der Schein wurde mir versagt mit der lapidaren Begründung, meine Arbeit sei im Endergebnis nicht gut genug gewesen. Wie war das nun wieder möglich, wo doch ein Assistent jeden meiner Arbeitsschritte abgenommen hatte, und ich immer erst dann weiterarbeiten durfte, wenn er ihn für gut befunden hatte? Erbittert, weil ich nun schon zwei Semester auf so ungerechte Weise verloren hatte, fragte ich Professor B.: »Warum hat man denn den Patienten meine Arbeit zugemutet, wenn sie wirklich so schlecht war? Das ist doch gar nicht zu verantworten!« Der Professor schwieg betreten, Schamesröte stieg in sein Gesicht, doch an seiner Entscheidung änderte das nichts. Die Machtposition der Professoren in der Zahnmedizin ist die von absoluten Herrschern. Sie betrachten die Studenten als die Geringsten unter ihren Untertanen und machen mit ihnen, was sie wollen.

Parallel zur KONS mußte ich auch den Kurs in der Paradontologie absolvieren. Am Ende des Semesters legte ich die für den Scheinerwerb erforderliche Prüfung ab; sie galt als bestanden, wenn der Kandidat sechzig Punkte erlangt hatte. Diese Grenze, so stand es schwarz auf weiß auf meinem Papier, hatte ich erreicht und damit Anspruch auf den Schein. Paradoxerweise hieß es aber, ich sei durchgefallen; und der Professor bestand darauf, mich auch noch mündlich zu prüfen. Ich war der einzige, dem das widerfuhr, aber ich mußte mich fügen. Die Prüfung war von A bis Z die reinste Farce; es wurde mir nicht eine einzige fachbezogene Frage gestellt. Der Prüfer begann mit der Provokation: »Sie sind doch schon ein fertiger Mediziner. Wozu machen Sie denn dann noch Zahnmedizin?« In diesem Stil ging es weiter; mir wurden nur Fragen aus der Medizin gestellt, und zwar ausschließlich »Kleingedrucktes«, oder aber solche Fragen, die ganz eindeutig als Fallen erkennbar waren. Alles, was mit der Prüfung bezweckt wurde, kam zum Ausdruck in der abschließenden Bemerkung des Professors, in der die ganze Inszenierung gipfelte: »Da können Sie sich aber freuen. Sie bekommen den Schein. Aber machen Sie sich darauf gefaßt, daß ich sie beim nächsten Mal härter drannehmen werde!«

Schon im ersten Kurs in der KONS war es mir schwergefallen, eine ausreichende Zahl an Patienten zu finden, um die geforderten Behandlungen durchführen zu können, weil nämlich Schwester Erika, die für die Versorgung der Studenten mit geeigneten Fällen zuständig war, mich geflissentlich übersah. Glücklicherweise gab es in meinem privaten Bekanntenkreis genügend Personen mit Karies, denen es nichts ausmachte, die Unannehmlichkeiten in Kauf zu nehmen, die die Behandlung durch einen Studenten mit sich bringt. Als ich nun den Kurs im nächsten Semester wiederholen mußte, war es für mich noch schwieriger, Patienten zu bekommen, denn ich hatte das Reservoir an bereitwilligen Freunden mit Löchern in den Zähnen ausgeschöpft und war nun mehr als zuvor auf das Wohlwollen von Schwester Erika angewiesen. Aber sie wollte mir nicht wohl, und so oft ich auch zu ihr lief – ich ging leer aus, während alle anderen schon an ihren Stühlen arbeiteten und Punkte sammelten. Da wußte ich mir nicht mehr anders zu helfen, als Anzeigen in Studentenheimen auszuhängen, mit denen ich geeignete Personen suchte. Ich machte zwei solche Anschläge, einen in dem Heim, in dem ich wohnte, und einen im Nachbarheim. Als Resultat dieser Aktion wurde ich am Montag morgen zu Professor B. zitiert. In scharfem Ton wies er mich zurecht, daß es Studenten verboten sei, für ihre Dienstleistungen zu »werben«, und ich deshalb kein Recht hätte, auf diese Weise Patienten zu suchen. Ich fragte ihn, was ich denn machen sollte, da ich doch in der Klinik keine Fälle zugewiesen bekäme. Mich selbst fragte ich allerdings, auf welche mysteriöse Weise der Professor von meinen Suchanzeigen erfahren haben mag, da er wohl kaum seine Abendspaziergänge dazu nutzte, die Anschlagbretter in den Münsteraner Studentenheimen zu inspizieren!

Irgendwie bekam ich dann doch genügend Leute zusammen, und

ich konnte so forsch arbeiten, daß ich am Ende des Semesters sogar mehr als die erforderlichen Füllungen gelegt hatte. Da passierte mir in der letzten Behandlungssitzung ein kleines Mißgeschick, das keineswegs ungewöhnlich im Klinikalltag war, aber in meinem Fall höchst ungewöhnliche Konsequenzen nach sich zog und somit zu einem wichtigen Meilenstein auf meinem Weg durch dieses Studium war.

Zehn Tage vor Semesterende hatte ich bis auf einige Polituren alle im Kurs geforderten Leistungen erbracht, und mit Ausnahme von zwei kleinen Füllungen waren sie mir auch von den aufsichtsführenden Assistenten einwandfrei testiert worden. Die fehlenden Polituren stellten keine große Anforderungen an mein Können und beanspruchten nur wenig Zeit – ich hätte sie demnach in den verbleibenden Tagen mühelos erbringen können. Die beiden letzten Kunststofffüllungen an den Frontzähnen einer Patientin hatte ich gerade fertiggestellt, erhielt für sie aber kein Testat, denn während ich an ihnen arbeitete, war mir eben jenes Mißgeschick passiert, das den Stein der folgenden Ereignisse ins Rollen brachte. Bevor ich nämlich die Füllungen aufbringen konnte, mußte ich die Zähne mit einer scharfen Säure behandeln. Versehentlich kam ein Tröpfchen davon auf die Unterlippe der Frau und verursachte dort zunächst eine leichte Rötung, dann bildeten sich einige Bläschen an der Stelle. Deshalb beichtete ich der zuständigen Assistentin mein Ungeschick, als ich sie zur Abnahme der Füllungen rief. Sie geriet über den Unfall so sehr in Zorn, daß sie vor der Patientin empört ausrief: »So etwas habe ich ja noch nie gesehen!« Und als sie in aufwiegelndem Tonfall hinzufügte: »Warum lassen Sie sich von so einem bloß noch behandeln?!« streifte sie mich mit einem Blick, aus dem äußerste Geringschätzung sprach. In diesem Moment bekam das bis dahin intakte Vertrauensverhältnis zwischen der Patientin und mir einen Bruch, der meine weitere Arbeit mit ihr erheblich gefährdete. Die künstlich übertriebene Aufregung der Assistentin machte die gesamte Situation noch peinlicher, als sie es ohnehin schon war. Trotzdem bat ich sie höflich, mir die beiden Kunststoffüllungen zu testieren, was sie aber mit der höhnisch vorgebrachten Begründung abwehrte: »Erst mal sehen, ob sich später noch ein Spalt zeigt. Vorher kein Testat!« Es war im Grunde aber nicht nur rücksichts-, sondern auch verantwortungslos von der Assistentin, die Angelegenheit vor der Patientin so hochzuspielen. Und tatsächlich beklagte sich die Frau erst nach diesem ungezügelten Auftritt weinend über die »schlimme« Verletzung, die ich ihr zugefügt hätte. Als Folge davon durfte ich sie nicht weiter behandeln.

Eine Woche später untersuchte Professor B. sie gründlich, aber zu seinem eigenen Verdruß fand er in den Füllungen keinen Spalt, den er hätte mir anlasten können. Trotzdem gab er mir kein Testat für meine Arbeit. Bis dahin hatte ich mich schon in aller Form für meine ungeschickte Handhabung der Ätzflüssigkeit entschuldigt, und bei der Gelegenheit von der Patientin erfahren, daß die Bläschen innerhalb von drei Tagen problemlos abgeheilt waren.

Bis zum Ende des Semesters fragte ich Professor B. dreimal, was ich denn nun tun könne, um meinen Schein zu »retten«, denn nach seiner Untersuchung der Patientin hatte er mich mit der Bemerkung abgewiesen, deren Zähne würden jetzt von einem Assistenten poliert, und was meinen Schein anginge, so habe er sich noch nicht entschieden. Auch die nächsten Tage hielt er mich hin und sorgte dafür, daß die für mich so wertvolle Zeit ungenutzt verstrich. Sein Verhalten konnte ich damals wie heute nicht anders deuten, als daß ich ihm mit der einen Sekunde Unachtsamkeit und der daraus resultierenden geringfügigen Verletzung der Patientin einen höchst willkommenen Anlaß geliefert hatte, mir den Schein wiederum vorzuenthalten. Und so hieß es denn auch ganz lapidar am letzten Praktikumstag, ich habe den Anforderungen des Kurses nicht genügt, der Schein über die erfolgreiche Teilnahme könne mir deshalb nicht ausgestellt werden. Aber es reichte Prof. B. nicht, mich für eine kleine Unachtsamkeit so unverhältnismäßig hart zu strafen, vielmehr ließ er sich noch einen Schritt weiter zu einer unerhörten Gemeinheit treiben. Mein Studienfreund Klaus schickte mich am Tag nach der Scheinvergabe zum Schwarzen Brett, damit ich selbst den Anschlag lesen könne, der am Morgen dort angebrcht worden war. Ich traute meinen Augen nicht, als ich las, was dort schwarz auf weiß geschrieben stand: Professor B. hatte öffentlich vor mir gewarnt mit der Begründung, ich sei eine Gefahr für die Patienten! Fassungslos starrte ich auf den Anschlag, und ich begann zu begreifen, daß B. wirklich vor nichts zurückschreckte, wenn es darum ging, mir zu schaden. Und so faßte ich angesichts der unverschämten Worte auf dem Anschlagbrett den Entschluß, bis an die Grenzen meiner Möglichkeiten zu gehen und gegen den Verlust eines weiteren Semesters zu kämpfen. So niedergeschlagen ich auch damals war, in dem Augenblick flackerte in mir ein Funken der Hoffnung auf, daß es in diesem Land doch letztlich eine Instanz gäbe, vor der ungeachtet von sozialem Stand, Herkunft und Hautfarbe die Gerechtigkeit siegen werde; und ich war bereit, gerichtlich gegen die Entscheidung des Professors vorzugehen.

Nachdem ich diesen Weg gewählt hatte, führte mein erster Schritt mich mit der Bitte um Rechtsschutz ins ASTA-Büro. Damit war ich aber auch schon an eine der Grenzen meiner Möglichkeiten gestoßen, und die Ungleichheit der Gegner in diesem Kampf begann sich auszuwirken. Zwar wurde mir der beantragte Rechtsschutz gewährt, aber er war an eine Auflage geknüpft, die sich schon bald als ein ungutes Omen erwies. Für das Verfahren war ich nämlich an die Vertragsanwältin des ASTA gebunden, und der schlechte Eindruck, den ich im ersten Gespräch mit ihr gewann, trügte nicht: Sie vermittelte mir das Gefühl, daß sie dem Fall nur ein äußerst geringes Interesse entgegenbrachte, und ich verließ ihre Kanzlei mit der ernstlichen Befürchtung, ihr Einsatz würde nicht ausreichen, um meine Sache vor Gericht durchzuboxen.

Nun, im Juli legte sie gegen Prof. B.s Entscheidung, mir den Schein zu verweigern, schriftlich Widerspruch ein; sie räumte aber ein, daß mir Gelegenheit gegeben werden sollte, in der vorlesungsfreien Zeit die noch fehlenden Polituren zu erbringen, um so doch noch den Schein zu erhalten. Daraufhin vergingen zwei Monate, ohne daß die Zahnklinik auf den Widerspruch reagiert, geschweige denn mir Gelegenheit gegeben hätte, die fehlenden Testate nachzuholen. Die Anwältin tat von sich aus nichts, um die Sache zu beschleunigen, und nur zögernd ließ sie auf mein ungeduldiges Drängen hin ihrem ersten Brief zwei Mahnschreiben folgen – allein gelassen hätte sie ruhig abgewartet und in Kauf genommen, daß die Zeit gegen mich arbeitete. Und schon stand das neue Semester vor der Tür; es mußte etwas geschehen, damit ich wußte, woran ich war – mit anderen Worten, damit ich wußte, welchen Kurs ich im Wintersemester zu belegen hatte. Ich bat sie deshalb, beim Verwaltungsgericht einen Antrag auf einstweilige Anordnung zur Herausgabe des Scheines zu stellen. Aber erst nachdem ich in einer längeren Auseinandersetzung mit ihr darauf bestanden hatte, kam sie sehr widerwillig diesem Ersuchen nach.

Am Abend des 23. Oktober, einem Freitag, klingelte mein Telefon. Es war meine Anwältin, die mich folgendes wissen ließ: Ihr läge ein Schreiben des Gerichtes vor, zu dem meine Stellungnahme gefordert sei; und die Frist dazu liefe am Montag, dem 26. Oktober, ab. Sie selbst habe aber bis dahin keinen Besprechungstermin für mich frei, sie werde deshalb dafür sorgen, daß mir das Schreiben noch mit der Abendpost zugeschickt werde. Dann könne ich in aller Ruhe übers Wochenende meine Stellungnahme abfassen und sie ihr am Montag hereinreichen.

Doch so aufgeregt ich am Samstag morgen dem Postboten entgegenharrte, er hatte den angekündigten Brief für mich nicht – und das Anwaltsbüro war natürlich übers Wochenende geschlossen! Am Montag morgen erreichte ich die Juristin endlich telefonisch an ihrem Schreibtisch. Es täte ihr zwar schrecklich leid, sagte sie mit einem Verlegenheitsräuspern, aber der Gerichtsbrief läge noch in ihrer Akte. Es war nicht die Zeit, lange mit ihr über ihre Nachlässigkeit zu streiten; ich stieg ins Auto, fuhr zu ihrem Büro und holte mir dort persönlich das Papier ab. Beim Lesen mußte ich mehrmals kräftig schlucken: Es war ein sehr inhaltsschwerer Schriftsatz aus der Feder von Prof. B., dem sich der Dekan der Medizinischen Hochschule »vollinhaltlich« angeschlossen hatte, ohne mich überhaupt zu kennen (!). In dem ausführlichen Kommentar folgte buchstäblich ein Hammer auf den anderen. Doch interessanterweise nahm der Vorfall, der zu dem Rechtsstreit geführt hatte, darin nur einen verhältnismäßig kleinen Raum ein. B. begründete die Verweigerung des Scheins vielmehr mit Argumenten, die in der ganzen Angelegenheit bisher noch gar nicht zur Diskussion gestanden hatten. Und zu einer solchen Anklageschrift sollte ich nun innerhalb eines bereits angebrochenen Tages schriftlich Stellung beziehen, sie meiner Anwältin übermitteln, die dafür zu sorgen hatte, daß die Stellungnahme formgerecht ausgearbeitet noch am selben Abend im Verwaltungsgericht vorläge.

Prof. B. hatte das Mißgeschick, das mir mit der Säure passiert war – die eigentliche Ursache für die Verweigerung des Scheins –, zu einer groben Fahrlässigkeit aufgebaut, die sowohl den Ausbruch der Assistentin als auch die Wiederholung des Kurses rechtfertigte. Er hatte aber tunlichst verschwiegen, daß ich zuvor bereits bei zwei anderen Patienten sechs Kunststoffüllungen kunstgerecht ausgeführt und einwandfrei testiert bekommen hatte. Gerade das aber war doch der Beweis dafür, daß es sich in der Tat nur um ein kleines Mißgeschick und nicht, wie in seiner Lesart, um eine grobe Fahrlässigkeit gehandelt hatte! Ich weiß im übrigen, daß solche Ungeschicklichkeiten im Klinikalltag häufig sowohl Studenten als auch Assistenten unterlaufen. Mir ist aber kein einziger Fall bekannt, bei dem sich daraus für den »Schuldigen« unangenehme Folgen von auch nur annähernd der Tragweite ergeben hätten wie bei mir.

B. hielt sich in seiner Darlegung übrigens nicht lange bei dieser Sache auf, sondern ging bald zum Angriff mit ganz anderen Geschützen über. So machte er zum Beispiel geltend, ich hätte insgesamt zehn polierte Füllungen nicht erbracht. Ein ungeheuer eindrucksvoller Vorwurf, der dem Laien suggerieren sollte, es fehlten mir die genannten Füllungen samt Politur – und das wäre in der Tat ein schwerwiegendes Defizit. Tatsächlich bedeutete es aber nur, daß ich die betreffenden Füllungen nicht poliert hatte. Und auch das stimmte nicht für alle diese Füllungen, denn zwei davon hatte ich poliert. Die Politur ist immer der allerletzte Arbeitsschritt, und die zuständige Assistentin hatte ihn bei der Endabnahme nicht gesondert in meinem Testatheft bescheinigt, sondern mir gleich das Endtestat für die komplette Zahnbehandlung gegeben. Wie sie zu Recht betonte, deckte es alles, also auch die Polituren ab – und Professor B. kann nicht im Ernst geglaubt haben, daß einer seiner Assistenten mir für eine unpolierte Füllung jemals ein Endtestat gegeben hätte. Vielmehr ist er sozusagen mit der Lupe durch mein Testatheft gegangen auf der schadenfrohen Suche nach geringfügigen Auslassungen, die er mir dann böswillig als Unterlassungen auslegen konnte. Wäre er bei den Testatheften der anderen Praktikanten in derselben Weise verfahren, er hätte gewiß zahlreiche Parallelen gefunden. Es ist leicht denkbar, daß er dann konsequenterweise dem gesamten Kurs die Scheine für die erforderliche Teilnahme hätte verweigern müssen!

Das Fehlen der anderen acht Polituren kreidete er mit spitzfindig an, obwohl er ganz genau wußte, daß ich sie dank seines eigenen Eingreifens nicht mehr hatte ausführen können. Ich hatte beabsichtigt, die Politur aller Zähne in einem Arbeitsgang am letzten Behandlungstag vorzunehmen, weil das für die Patienten angenehmer wäre. Alle Kursteilnehmer verfuhren so, ohne daß es jemals beanstandet worden wäre. Ganz im Gegenteil, wir wurden von den Assistenten sogar häufig dazu ermutigt, es so zu machen! Prof. B.s Darstellung, ich wäre nicht rechtzeitig zu Semesterende mit meiner Arbeit fertiggeworden, weil ich mich nicht an die ausdrückliche Auflage gehalten hätte, daß gelegte Füllungen immer in der darauffolgenden Sitzung zu polieren seien, war deshalb schlichtweg gelogen. Denn wie ich bereits mehrfach betont habe, durften wir ohne den »Segen« der Assistenten mit keinem neuen Arbeitsschritt beginnen, und sie ließen es ohne weiteres zu, daß ich mit der Behandlung eines neuen Zahnes begann, ohne den vorherigen poliert zu haben.

Ich könnte nun noch mehrere Seiten damit füllen, die quasi an den Haaren herbeigezogene Anschuldigungen, mit denen Prof. B. seiner willkürlichen Entscheidung nachträglich Gewicht zu verleihen versuchte, aufzulisten und ihnen durch die Gegenüberstellung meiner Gegenargumente die Spitze zu nehmen. Mit dem eigentlichen Auslöser des Rechtsstreites hatten diese Dinge jedoch nichts zu tun, sie dienten meinem Widersacher nur dazu, meine angebliche Unfähigkeit zu beweisen und seine durch nichts zu rechtfertigende Gewaltmaßnahme abzusichern. Im übrigen träge eine solche Auflistung von Details aus dem Praktikumsalltag angehender Zahnärzte nichts zum Thema des Buches bei. Ich spare sie deshalb guten Gewissens hier aus, möchte zwei Punkte jedoch nicht unerwähnt lassen: daß nämlich Prof. B. darauf beharrte, es sei unmöglich gewesen, mir in den zehn Semestertagen (nachdem mir die Patientin weggenommen worden war) Gelegenheit zu geben, die fehlenden Polituren anderweitig zu erbringen; und überdies dürfe grundsätzlich nicht während der vorlesungsfreien Zeit nachgearbeitet werden. Demgegenüber konnte ich aber namentlich Studenten nennen, denen gerade das erlaubt worden war; und ich kannte auch jemanden, dem der Schein ausgehändigt worden war, obwohl er nicht alle geforderten Kursleistungen erbracht hatte. Und dennoch wollte Prof. B. das Gericht glauben machen, es wäre nicht mit zweierlei Maß gemessen worden!

Die Anwältin reichte meine Stellungnahme beim Gericht ein, und es verstrichen weitere nervenzehrende sechs Wochen Wartezeit, bis endlich ein Gerichtsbeschluß vorlag: Ich hatte das Verfahren verloren! Aber der Beschluß war mir in all seinen Ungereimtheiten völlig unverständlich. Ich las ihn immer wieder, und mit jedem Mal verstärkte sich der Eindruck, daß meine Stellungnahme mit den von mir erbrachten Beweisen bei der Urteilsfindung gar nicht berücksichtigt worden war. Das Urteil bezog sich ausschließlich auf die Behauptungen des Professors und gab diese – man wagt es kaum zu glauben – auch noch fehlerhaft wieder! Ich vermute, die Richter waren mit der komplizierten fachspezifischen Materie des Falles einfach überfordert und hatten die Zusammenhänge gar nicht verstanden. Der Beschluß enthielt nämlich eine Reihe von sachlichen Unrichtigkeiten, die aber so speziell zahnmedizinischer Natur waren, daß ich den Leser damit verschonen möchte. Diese Schnitzer gipfelten in der absurden Feststellung, ich hätte Füllungen (!) nicht erbracht, die mir sogar Prof. B. zweifelsfrei anerkannt hatte!

Ich suchte die Anwältin auf, um mit ihr die Möglichkeiten zu besprechen, die mir jetzt noch blieben, denn nach dem Urteil wollte ich noch nicht die Flinte ins Korn werfen. Doch meine Unterredung mit ihr verlief enttäuschend. So sagte sie mir z. B.: »Ja, Sie haben verloren, da läßt sich nun auch nichts mehr machen.« Meine Einwände wischte sie beiseite mit der lapidaren Bemerkung: »Der Professor hat aber gesagt ...« Mir drängte sich das Gefühl auf, auch sie kannte meine Ausführungen zum Kommentar meines Gegners gar nicht, obwohl sie sie doch selbst – versehen mit ihrem Stempel und ihrer Unterschrift – dem Gericht übermittelt hatte. Zumindest aber hatte auch sie nicht begriffen, worum es bei der ganzen Sache eigentlich ging!

Nach einem weiteren Wortgefecht mit mir willigte sie äußerst widerstrebend darin ein, Beschwerde gegen das Urteil einzulegen. Sie verfaßte sie selbst und legte sie mir zur Unterschrift einer eidesstattlichen Erklärung vor. Nach allem, was ich mit ihr erlebt hatte, erstaunte es mich schon fast nicht mehr, daß das Schriftstück einige auffällige sachliche Fehler enthielt, mit denen wir uns vor Gericht nur blamieren konnten. Also verweigerte ich die Unterschrift; doch darüber setzte sie sich ebenso gleichgültig hinweg, wie über meine eindringliche Bitte, die Beschwerde in dieser Form nicht abzuschikken. Sie hatte es bereits getan und ließ ihr nun an Stelle der eidesstattlichen Erklärung eine knappe Korrektur folgen.

Mein anschließendes Gespräch mit dem ASTA enttäuschte mich ebenfalls, dann dort wollte man mir nur dann weiterhin Rechtsschutz gewähren, wenn die Anwältin noch Aussicht auf Erfolg für das Verfahren sähe. Nun, diese Aussicht war in der Tat gering, und das mangelnde Engagement meines Rechtsbeistandes vergrößerte sie keineswegs. Doch so widrig die Umstände auch schienen – ich konnte mich nicht dazu durchringen, mich mit einem derart fragwürdigen Urteil abzufinden. Also beschloß ich, auf meine eigenen Kosten mit einem Anwalt meiner Wahl weiterzukämpfen. Und ich fand auch eine Anwältin, die bereit war, den Fall zu übernehmen. Inzwischen war aber das Wintersemester weit vorgeschritten, und ich konnte es mir nicht erlauben, untätig zu Hause zu sitzen und ein weiteres Semester zu verlieren, während ich auf den Ausgang meines Verfahrens wartete.

Um mich so gut es eben ging abzusichern, hatte ich zu Semesterbeginn mit Professor B. vereinbart, daß ich den Kurs wiederholen, zusätzlich aber auch jene Leistungen erbringen würde, die in KONS II, also im Nachfolgekurs, gefordert wurden, so daß mir je nach Ausgang des Prozesses die Teilnahme entweder als KONS I oder II angerechnet werden konnte. Es hatte schon etwas Widersinniges, eine solche Absprache ausgerechnet mit meinem Gegner in einem schwebenden Verfahren zu treffen, aber es war nun einmal so, daß ich im Studienalltag auch in dieser kritischen Zeit von dem Professor abhängig blieb.

Nun, meine neue Anwältin beantragte beim Verwaltungsgericht noch einmal, mir den Schein notfalls auszuhändigen, nachdem mir die Möglichkeit zum Nacharbeiten der fraglichen Polituren gegeben worden sei. Schon ihr erster Schriftsatz zeigte aber, daß sie mit einem ganz anderen Schwung an die Sache heranging als ihre Vorgängerin. Sie bemühte sich darum, dem Gericht die höchst komplizierten Sachzusammenhänge in gut lesbarer Form dazulegen; aber sie konnte es nicht verhindern, daß das Verfahren sich noch weiter in die Länge zog. Unterdessen ging das Semester zu Ende – ich bestand den Kurs und erhielt den Schein. Paradoxerweise erwuchs mir daraus ein bedeutsamer Nachteil, denn dadurch war mit einem Schlage noch während des Verfahrens sowohl meine Klage gegenstandslos geworden (den umkämpften Schein hatte ich ja nun!) als auch genau das eingetreten, was ich durch den Prozeß verhindern wollte, nämlich der Verlust eines weiteren Semesters! Dem versuchten wir durch einen Antrag auf Abänderung der Klage entgenzuwirken; wir hofften damit zu erreichen, daß mir im Falle eines positiven Prozeßausganges das im Wintersemester belegte Praktikum per Gerichtsbeschluß als KONS II anerkannt würde.

Doch es ergaben sich noch weitere Komplikationen – mit den Kursen KONS I und II waren nämlich jeweils die der Paradontaltherapie I und II gekoppelt, und diese Kurse durften in der Praxis der Zahnklinik Münster nicht auseinandergezogen werden. Ich war also gezwungen gewesen, gleichzeitig mit KONS I auch Paradontologie I zu wiederholen, einen Kurs, den ich bereits bestanden hatte, der aber andererseits laut Studienordnung für studierende Ärzte für mich gar nicht verbindlich war, das heißt, den ich eigentlich gar nicht zu absolvieren brauchte!

Im Februar 1979 lag endlich eine zweite Stellungnahme von Prof. B. vor, in der er seinen letzten Trumpf ausgespielt hatte: Er berief sich darauf, daß er mir die Wiederholung von KONS I gar nicht als KONS II anrechnen könne, weil eben die Regelung gelte, daß die KONS-Kurse mit denen der Paradontologie untrennbar verknüpft seien und mir im Falle einer Anerkennung als KONS II ja Parandontologie II fehlen würde – und das sei nun einmal nicht zulässig! Damit fiel er mir gleich doppelt in den Rücken; zum einen hinterging er mit diesem Argument nämlich unsere zuvor getroffene mündliche Vereinbarung, zum anderen ignorierte er eiskalt die für mich gültige Studienordnung für Ärzte. Doch sein Schreiben wies noch andere Merkwürdigkeiten auf. Er erwähnte nämlich jetzt mit keinem Wort mehr all jene früheren Anschuldigungen gegen mich, die doch das Gerüst seines ersten Kommentars ausgemacht hatten. Zwar beharrte er hartnäckig auf meiner angeblich mangelnden Kursleistung, konzentrierte sich nun aber auf die Füllungen bei meiner letzten Patientin. Er behauptete weiterhin, daß es nicht möglich sei, während der Ferien nachzuarbeiten; jetzt, da ich Zeugen genannt hatte, die das Gegenteil beweisen konnten, verwies er allerdings darauf, daß diese Möglichkeit in wenigen besonders begründeten Einzelfällen gewährt werde, ein solcher bei mir jedoch nicht gegeben gewesen sei.

Völlig konträr zu dieser Behauptung hatte er aber gerade zur gleichen Zeit, am Ende des Wintersemesters, durch öffentlichen Anschlag am Schwarzen Brett bekanntgegeben, daß alle Studenten, die ihre Scheine wegen fehlender Endtestate nicht bekommen hatten, diese nach Erfüllung bestimmter Auflagen in der vorlesungsfreien Zeit erhalten würden.

Dann trat ganz plötzlich eine erstaunliche Wende in dem Verfahren ein, die ich mit freudiger Erregung begrüßte, denn ich hatte sie schon fast nicht mehr erwartet. Die Richterin, die den Fall bearbeitete, hatte eine Anfrage an die Zahnklinik geschickt, die uns zeigte, daß sie sich gut in die Materie eingearbeitet und die komplizierten Zusammenhänge verstanden hatte. Eine korrekte Beantwortung dieser Anfrage hätte B. gezwungen, sich selbst in allen Punkten, die er bis dahin gegen mich vorgebracht hatte, Lügen zu strafen, denn keine seiner bisherigen Behauptungen wäre dann noch länger zu halten gewesen.

Es läßt sich denken, mit welcher Spannung ich seine Reaktion erwartete, denn endlich gab es für mich eine begründete Hoffnung, den Fall zu gewinnen. Allerdings geht aus den Prozeßakten, die sich heute in meinem Besitz befinden, nicht hervor, daß Professor B. diese verfängliche Anfrage jemals beantwortet hätte! Und dann – nur wenige Tage später – wurde ich jäh aus meinem flüchtigen Hoffnungstraum gerissen und auf den harten Boden der Realität zurückgeworfen. Ich hielt nämlich das »unanfechtbare« Urteil des Verwaltungsgerichtes in den Händen, das mich zum Verlierer des Verfahrens erklärte. Dieses Urteil war in der beißenden Ironie seiner abwegigen Begründungen die reinste Farce!

Für das Gericht war damit der Fall abgeschlossen, eine Möglichkeit, noch einmal gegen das Urteil vorzugehen, gab es nicht. Ich mußte mich damit abfinden, daß nicht derjenige Recht bekommen hatte, dem es zustand, sondern der, der den längeren Arm hatte! Das tat weh, und mir wurde bewußt, daß ich von Anfang an die denkbar schlechtesten Karten gehabt hatte, um dieses Spiel zu gewinnen.

Schließlich agierte Professor B. in seiner Funktion als ein nahezu unanfechtbares Organ der übermächtigen Institution Universität, von der ich als Student abhängig war. Im Zweifelsfall konnte er sich darauf verlassen, daß diese Institution seine Entscheidungen nach außen hin decken würde, was durch das Eingreifen des Dekans ja auch geschehen ist!

Aufgrund ihrer Kontakte zum Gericht erfuhr meine Anwältin, die das Urteil ebenso unvorbereitet traf wie mich, folgende denkwürdige Zusammenhänge: Die Richterin, aus deren Feder die Anfrage an die Zahnklinik stammte, hatte unmittelbar danach für eine Woche Urlaub genommen. Während ihrer kurzen Abwesenheit hatten zwei andere Richter den Fall, ohne auf eine Antwort von B. zu warten, mit erstaunlicher Schnelligkeit zum Abschluß gebracht! Ich fragte mich damals und tue es noch heute, was da wohl hinter den Kulissen gespielt worden ist?!

Ich empfinde den Gerichtsbeschluß als eine schmerzliche Niederlage, die ich nur schwer verkraftet habe. Danach fühlte ich mich außerstande, mein Studium in Münster fortzusetzen, denn dort wäre ich weiterhin dem Mann auf Gedeih und Verderb ausgeliefert gewesen, von dem ich nach diesem Prozeßausgang erst recht keine Fairneß mehr erwarten konnte – vielmehr mußte ich annehmen, daß sich nach seinem überraschend leicht errungenen Sieg meine Studienbedingungen noch verschlimmern würden. Deshalb entschied ich mich ohne langes Zögern, den Studienort zu wechseln; und es gelang mir auch, noch rechtzeitig vor Beginn des Sommersemesters einen Platz an einer anderen Universität zu bekommen.

»Und ist es auch Wahnsinn,
so hat's doch Methode.«
(Hamourt)

11. KAPITEL

Vom Regen in die Traufe

Im Sommersemester fand ich mich also in der Zahnklinik der Medizinischen Hochschule in Düsseldorf wieder. Nach der nervenaufreibenden und kräftezehrenden Münsteraner Zeit war ich in zweifacher Hinsicht, wenn nicht klüger, so doch vorsichtiger geworden. Zum einen verschwieg ich in Düsseldorf tunlichst, daß ich Arzt war; denn falls das einer der Gründe für die durchlebten Härten gewesen sein sollte, wollte ich in Zukunft erst gar keinen Nährboden für Mißgunst auf dieser Basis aufkommen lassen. Zum anderen erzählte ich in Münster niemandem, nicht einmal guten Freunden, daß ich den Studienplatz gewechselt hatte – ich war einfach aus der Stadt verschwunden. Denn nach allem, was ich durchgemacht hatte, rechnete ich mit dem Schlimmsten, selbst damit, von Mitgliedern des Lehrkörpers oder Studenten aus Münster in Düsseldorf verleumdet zu werden, wenn mein neuer Studienort in diesen Kreisen bekannt würde; und das wollte ich um jeden Preis verhindern.

Der »Alptraum«, den der Versuch, in Münster Zahnmedizin zu studieren, bedeutet hatte, lag hinter mir, und ich war mit dem festen Willen, das denkbar Beste aus meinem Wechsel zu machen, nach Düsseldorf gekommen. Doch meine naive Hoffnung auf fairere Studienbedingungen wich schon nach wenigen Tagen der schmerzlichen Erkenntnis, daß ich »vom Regen in die Traufe« geraten war, wie man auf deutsch so schön sagt. Das Benehmen der Assistenten hier unterschied sich durch nichts von dem ihrer Münsteraner Kollegen. Allerdings hatten sie sich noch eine besondere Schikane ausgedacht, mittels derer sie ihre Machtstellung auszukosten und uns Studenten zu unterdrücken suchten: Sie schickten allmorgendlich einige von uns, ihnen Brötchen und Cola zu besorgen. Bei aller

Bescheidenheit und Duldsamkeit, die ich mir auferlegt hatte, überschritt das die Grenze dessen, was ich hinzunehmen bereit war. Denn wie ich selbst hatten etliche Studenten schon vor ihrem Studium einen anderen Beruf ausgeübt, waren älter und gesetzter als die unreifen Schnösel von »Assis«, die uns auf diese Weise zu ihren persönlichen Lakaien herabwürdigten. Da sich alles in mir gegen diese Erniedrigung sträubte, weigerte ich mich, solche Aufträge auszuführen. Selbstverständlich folgten meiner Weigerung verschärfte Repressalien auf dem Fuße.

Zu der Unterdrückung durch die Assistenten kam das ablehnende Verhalten der Studenten, die in dieser Hinsicht keinen Deut besser waren als das Gros ihrer Kommilitonen in Münster. Waren dort aber einzelne Kollegen immerhin so offen gewesen, daß sich ein mehr oder weniger freundschaftliches Verhältnis zwischen uns entwikkeln konnte, so sah ich mich hier einer starren Masse weißbekittelter Gestalten gegenüber, die mir durch Zurückweisung oder Nichtbeachtung tagtäglich zu verstehen gab: »Du gehörst nicht zu uns, wir wollen nichts mit dir zu tun haben.« Die einzige Studentin, zu der ich einen »normalen« Kontakt herstellen konnte, war eine Indonesierin, die von den anderen ebenso erbarmungslos ins soziale Abseits gedrängt wurde wie ich.

Übrigens ergab sich im Laufe des Semesters einmal ein auf oberflächlicher Neugier basierendes Gespräch zwischen einer jungen deutschen Studentin und mir. Ungläubig den Kopf schüttelnd, wollte sie wissen, ob meine Frau denn wirklich mit mir nach Afrika gehen würde, ob sie denn gar keine Angst vor Schlangen und anderen wilden Tieren hätte. Diese stereotype Fragestellung irritierte mich, denn ich hätte von einer gebildeten jungen Frau – einer Studentin – ein differenzierteres Afrikabild erwartet als ausgerechnet dieses anscheinend unausrottbare Klischee eines von Schlangen und anderen wilden Tieren wimmelnden Kontinents. Wenn sie noch wenigstens nach der möglichen Schwierigkeit gefragt hätte, sich in einer völlig fremden Kultur zurechtzufinden! Deshalb antwortete ich ihr mit der provokativen Gegenfrage: »Sag mal, Claudia, denkst du eigentlich gar nicht, bevor du sprichst?« Aus großen Augen starrte sie mich an: »Denken, Chima? Sag jetzt bloß, du denkst wirklich noch selbst? Das tue ich schon lange nicht mehr. Ich lese die Zeitung und so, dabei erfahre ich, was gedacht wird in unserem Land, und dem schließe ich mich dann an. Damit komme ich eigentlich recht gut klar.« Vor dem Hintergrund des beschämenden Verhaltens der großen Mehrheit der Zahnmedizinstudenten und auch der Assistenten spricht diese peinliche Selbstenthüllung Bände, deshalb habe ich sie hier niedergeschrieben.

Nachdem ich in Münster den Schein für KONS I erworben hatte, mußte ich entsprechend dem vorgeschriebenen Studienverlauf nun den Kurs Prothetik I belegen. Und damit begann ich mein erstes Semester in Düsseldorf. Aber auch hier bekam ich lange Zeit keine Patienten für meine praktische Arbeit zugeteilt. Also auch in diesem Punkt wiederholte sich das böse Spiel, das man zuvor in Münster mit mir getrieben hatte. Allein die Ohnmacht gegenüber dieser folgenschweren Benachteiligung, das Warten in Ungewißheit zehrten an meinen Nerven und führten zu Depressionen. Der Kurs lebte von der praktischen Arbeit am Patienten; aber ich war zum Nichtstun verurteilt – das bedeutete, daß es mir unmöglich gelingen konnte, genügend Punkte zu sammeln, um meinen Schein zu erhalten. Zu guter (?) Letzt, als ich selbst schon gar nicht mehr damit rechnete, überließ man mir gnädigerweise doch noch zwei Patienten, aber da neigte sich das Semster schon seinem Ende zu. Die eine war eine alte Frau, mit der die Arbeit nicht einfach war; der andere ein Mann, der schon in der ganzen Zahnklinik als besonders schwer zu handhabender Querkopf verschrien war, und den infolgedessen niemand anders mehr behandeln wollte. Es war ein Italiener, der immer hartnäckig auf seiner Meinung beharrte, auch wenn alle anderen etwas anderes sagten. Mit der Planung seiner Prothese war er von Anfang an nicht zufrieden gewesen, das hatte er dem Professor und dem Oberarzt oft in aller Deutlichkeit zu verstehen gegeben. Die hatten ihn aber nicht für voll genommen, ihn zum »Spinner« erklärt und keine weiteren Einwände gelten lassen. An diesem »Spinner«, an dem vor mir schon ausgebildete Zahnärzte gescheitert waren, sollte ich mir nun die Zähen ausbeißen. Was ihn mir dann aber doch einigermaßen sympathisch erscheinen ließ, war, daß er mehrfach laut seinem Unmut darüber Luft machte, daß die Assistenten mich rücksichtslos in seiner Gegenwart zusammenstauchten, wenn sie auch nur das Mindeste an meiner Arbeit auszusetzen hatten.

Natürlich reichten – zumal angesichts der vielen Schwierigkeiten, die gerade die Arbeit an diesem Patienten mit sich brachte – die wenigen Wochen bis zum Ende des Semesters nicht mehr aus, um den Zahnersatz fertigzustellen und die für den Scheinerwerb nötigen Punkte zusammenzutragen. Es war demnach nur die logische Folge eines hintertriebenen Spiels, bei dem nicht ich die Fäden in der Hand hielt, daß ich meinen Schein nicht bekam. Schon wieder so vernichtend geschlagen worden zu sein, war unbeschreiblich niederschmetternd für mich. Trotzdem kämpfte ich weiter; ich wollte mir nicht den Vorwurf machen müssen, irgend etwas unversucht gelassen zu haben. Deshalb bat ich den Professor flehentlich, sich dafür einzusetzen, daß ich das Semester nicht zu wiederholen brauchte. Nach kurzer Bedenkzeit ordnete er an, daß ich als einziger aus meinem Kurs mündlich geprüft werden sollte – alle anderen hatten ja das Kursziel erreicht.

Zum anberaumten Termin erschienen noch zwei andere Kandidaten, die ihren Schein nicht bekommen hatten: ein Deutscher und eine Indonesierin; beide waren aber zwei Semester weiter als ich im Kurs Prothetik II. Mit einer einzigen Ausnahme konnte ich alle Fragen, die mir gestellt wurden, korrekt beantworten; und ich gab auch richtige Antworten auf jene Fragen, bei denen der deutsche Prüfling passen mußte. Eigentlich wußte der Deutsche ziemlich wenig, und der prüfende Oberarzt machte seiner Enttäuschung über ihn Luft, indem er ihn zornig anfuhr: »Sie sind Deutscher! Wieso können Sie nicht, was der kann?« Auch die Assistenten ließen ihn spüren, wie sehr sein Versagen sie ärgerte. Einer von ihnen brauste auf: »Sie sollten sich schämen, daß ein Ausländer mehr weiß als Sie!« Die Indonesierin konnte wohl nach den enormen Anspannungen des hinter ihr liegenden Semesters den Druck der Prüfungssituation nicht mehr aushalten. Sie bekam zuerst einen totalen Block – wußte also rein gar nichts mehr –, dann brach sie weinend zusammen.

Nach der Prüfung hielt die unerträgliche Spannung noch weiter an, weil die Resultate erst am Tag darauf bekanntgegeben wurden. Ich fand in der Nacht keinen Schlaf, unruhig wälzte ich mich in meinem Bett: War es gutgegangen? Würde ich nun den Schein bekommen? Oder würde sich das teuflische Spiel wiederholen, das ich schon zur Genüge kannte? Die Verkündung des Ergebnisses versetzte mir einen heftigen Schock. Was ich dort erfuhr, war so unfaßbar, daß man wohl Ähnliches erlebt haben muß, um es glauben zu können. Und genau das ist der Grund, weshalb ich jahrelang geschwiegen und mit kaum jemandem über all jene bitteren Erfahrungen gesprochen habe. Ich wollte mich nicht immer wieder damit konfrontieren, daß die Zuhörer – wenn sie schon nicht offen ihre Zweifel aussprachen – mir zumindest durch ihr Mienenspiel oder gewisse Andeutungen zu verstehen gaben, was sie von meinen Erzählungen hielten, nämlich: »Na, Chima! So etwas kann doch gar nicht wahr sein. Verschweigst du uns nicht einen Teil der Geschichte? War es nicht in Wirklichkeit doch ganz anders?« Nun, auf die Gefahr hin, daß auch der Leser so denkt, hier die wahre Version: Als einziger von uns dreien hatte der Deutsche die Prüfung bestanden, die Indonesierin und ich waren durchgefallen! »Aber das ist doch absolut unmöglich«, hämmerte es in meinem Kopf, »das muß ein ganz fataler Irrtum sein!« Völlig am Boden zerstört, forderte ich mit letzter Kraft eine Begründung. Diese lautete, ich wisse ja sehr genau, daß ich eine Frage nicht beantwortet hätte! Das war zuviel! Eine so haarsträubende Unverschämtheit konnte ich nicht einfach widerspruchslos schlucken. Ich beschwerte mich leidenschaftlich, und mit dem Mut der Verzweiflung schrie ich dem Oberarzt ins Gesicht, er könne mich nur über meine Leiche zur Wiederholung des Kurses zwingen. Dieser Ausbruch ohnmächtiger Wut konnte natürlich einen Mann, der ganz berechnend aus schierer Niedertracht gehandelt hatte, nicht erweichen; ungerührt zuckte er mit den Schultern und ließ mich stehen.

Noch einmal wandte ich mich an den Professor, der mich bis dahin nicht merklich anders als andere Studenten behandelt hatte. Inständig bat ich ihn, das geschehene Unrecht nicht auf sich beruhen zu lassen. Irgendwie schien er ein Einsehen zu haben und mir helfen zu wollen. Er ließ sich nämlich dazu bewegen, mir eine Nachfrist zu setzen, innerhalb derer ich die Prothese des Italieners fertigstellen konnte. Es wird aber damals wohl weniger so gewesen sein, daß er wirklich mir eine Gnade erweisen wollte, als daß er dem Patienten gegenüber (auch wenn er ihn als Spinner abgetan hatte) nun endlich in Zugzwang geraten war. Wie dem auch sei, ich war ihm ungeheuer dankbar, denn seine Entscheidung war meine große Chance. Ich war so sehr mit den Nerven herunter, daß ich glaubte, den nochmaligen Verlust eines Semesters nicht zu verkraften. So begab ich mich mit größter Konzentration an die Arbeit; der Professor überwachte persönlich jeden meiner Arbeitsschritte; ich schaffte es, die Prothese in der festgesetzten Frist fertigzustellen und wartete nun mit Bangen auf den Augenblick der Endabnahme. Es war nämlich üblich, daß dabei der Professor die Prothese ein letztes Mal einsetzte und damit die Behandlung abschloß. Während er sich nun mit professionellem Gebaren im Mund des Patienten zu schaffen machte, schickte er mich mit einem Auftrag in eine andere Ecke des Saales – ich war also gar nicht in der Nähe, als sich die Katastrophe ereignete! Wie ich bereits erwähnte, war der Italiener mit der Planung seiner Prothese (die ich im übrigen nicht zu verantworten hatte) von Anfang an nicht einverstanden gewesen; die Verantwortlichen hatten sich jedoch gleichgültig über all seine Proteste hinweggesetzt. Ob aber das letztendliche Fiasko wirklich auf eine Fehlplanung der Prothese zurückzuführen war, weiß ich nicht, denn ich hatte sie zuvor mehrfach problemlos eingepaßt. Der Professor hingegen hatte die größten Schwierigkeiten, sie richtig in den Mund des Patienten hineinzubekommen, und krach – da passierte das Malheur! Bei dem Versuch, die Prothese mit Brachialgewalt in die für sie vorgesehene Lage zu zwängen, brach der ins Schwitzen geratene Ordinarius dem armen Mann einen seiner wenigen noch verbliebenen eigenen Zähne ab! Das Entsetzen über diesen groben Kunstfehler und die eigene Blamage machte sich in einem gewaltigen Zornesausbruch Luft, bei dem der Professor völlig außer Kontrolle geriet und in den leeren Saal hinein brüllte: »Der Oji bekommt seinen Schein nicht!«

Das war's. Für mich war er von dieser Minute an nicht mehr zu sprechen; und das bedeutete das Ende meines kurzen, unglücklichen Zwischenspiels in Düsseldorf. Hier konnte ich keinen Tag länger bleiben; deshalb packte ich meine Sachen, löste meine Wohnung auf und kehrte zurück nach Münster, wo meine Familie noch immer wohnte. Ich war mit meinen überstrapazierten Nerven und auch mit meinen körperlichen Kräften völlig am Ende. Der massive psychische und physische Druck während der nunmehr drei Jahre, die mein bisher so erfolgloses Zahnmedizinstudium mich schon gekostet hatte, war einfach zu stark gewesen, um ihm noch länger standzuhalten. Ich bedurfte dringend der Ruhe – brauchte Abstand von diesem mörderischen Studium, um mich selbst wiederzufinden und mir über alles, was mir in diesen Jahren widerfahren war, klar zu werden. In dieser Zeit reifte in mir die Überzeugung, daß ein Hochschulwechsel im Grunde gar keine Lösung meiner Probleme sein konnte, denn die Zusammensetzung der Leute, mit denen ich es an deutschen Universitäten zu tun hatte, und deren Charaktere wiesen ganz offenbar von Hamburg bis zum Bodensee die gleichen Merkmale auf, jedenfalls, was ihr Auftreten gegenüber einem abhängigen Ausländer betraf. Und so durchlebte ich eine Phase, in der ich mir einredete, es sei besser, mit dem Teufel zu kämpfen, den ich schon kannte, als mich in die Klauen eines fremden Satans zu werfen. Infolge des aus meiner Medizinerzeit übriggebliebenen »guten Drahtes« zum Studentensekretariat hätte ich nämlich ohne weiteres an die Uni Münster zurückkehren können. Diesen Schritt hatte ich sogar schon gemacht, doch dann zog ich in plötzlicher Panik meinen Fuß wieder zurück, denn der Gedanke, mich erneut der Gewalt jener unberechenbaren Tyrannen auszusetzen, die mit Arglist und Heimtücke alles, aber auch alles getan hatten, um mir das Rückgrat zu brechen, brachte mich fast um den Verstand. Aber auch die Vorstellung, nach den Semesterferien nach Düsseldorf zurückzukehren, wo ich ja noch eingeschrieben war, und mich dort weiterhin von denselben Leuten demütigen zu lassen, die mich zum wehrlosen Spielball ihrer Launen und zur willkommenen Tretmatte ihrer eigenen Unfähigkeit gemacht hatten, machte mich aufs neue krank.

Allerdings war ich auch jetzt, nach so vielen kaum verkraftbaren Niederlagen noch fest entschlossen, nicht das Handtuch zu werfen. Ich wollte noch einen Versuch machen, mein Studium, das mich soviel Schweiß und Tränen gekostet hatte, zu einem guten Ende zu bringen. Deshalb faßte ich mir ein Herz und bewarb mich bei allen nun noch in Frage kommenden Universitäten in Deutschland und nahm den Platz, in Hannover, an, der mir geboten wurde. Meine Devise für die Zeit dort sollte sein: nur nicht aufzufallen, alles widerspruchslos zu schlucken, was mir vorgesetzt wurde, gegen keine auch noch so schmerzliche Willkürmaßnahme aufzubegehren und ergeben, aber zielstrebig auf den Abschluß meines Studiums hinzuarbeiten. Ich verhielt mich, wie schon bei meinem Wechsel nach Düsseldorf; niemand erfuhr, wo ich war, und an der Hochschule verschwieg ich sowohl meinen Berufsstand als auch – um alle nur denkbaren Quellen der Mißgunst auszuschalten – dieses Mal sogar die Tatsache, daß ich verheiratet war und eine deutsche (!) Familie in Münster hatte. Als ein unbeschriebenes Blatt ging ich nach Hannover, um dort so unauffällig wie möglich die fehlenden Semester abzuleisten.

Vor Beginn des Sommersemesters 1980 packte ich also zum zweiten Mal meine Koffer und verließ Münster, dieses Mal mit dem Ziel Hannover. Ich mietete ein Zimmer in einem Studentenwohnheim und richtete mich darauf ein, hier für einige Zeit ein Junggesellendasein zu fristen; denn auch dieser Studienplatzwechsel erforderte eine räumliche Trennung von meiner Familie. Meine Frau studierte in Münster, und sie konnte es sich nicht leisten, mir mit unserer dreijährigen Tochter in mein unsicheres Vagabundendasein von einer Uni an die nächste zu folgen, das ich ein Jahr zuvor mit meinem Wechsel nach Düsseldorf begonnen hatte. So mußten wir also wieder in Kauf nehmen, daß wir uns nur zweimal im Monat für ein bis zwei Tage sehen konnten, später, als ich in meinen Examensvorbereitungen saß, sogar nur einmal in vier Wochen. Auch das war eine der Härten, die die an deutschen Universitäten erlebten Diskriminierungen mir aufzwangen.

Meine Studienbedingungen in Hannover glichen jenen in Münster und Düsseldorf aufs Haar; nur hatte ich inzwischen gelernt, anders damit umzugehen. Die täglichen Schikanen waren mir zur wohlvertrauten Gewohnheit geworden, und ich war jetzt schwer darauf bedacht, meinen Mund zu halten und alles zu schlucken oder zu verdrängen, was mich störte. Auch wenn es völlig gegen meine Natur verstieß, unterschied ich mich nun gar nicht mehr von der Masse jener Duckmäuser und Angsthasen, die das Zahnmedizinstudium dadurch hervorbringt, daß es von der Vorklinik an ganz systematisch durch aggressive Willkürmaßnahmen Druck ausübt und Angst schürt. Trotzdem war es unvermeidbar, daß ich als »Neuer« in den Reihen der Studenten auffiel, meine dunkle Hautfarbe machte mich sozusagen unübersehbar. Und auch hier wollten mich meine Kommilitonen nicht als einen der ihren annehmen; sie konnten nichts mit mir anfangen und zeigten mir das deutlich: sie blieben unter sich, mieden möglichst jeden näheren Kontakt mit mir und wichen allen meinen Versuchen, ihnen entgegenzugehen, aus. Nun hätte ich ja denken können, das sei so, weil ich als Fremder nach so und so vielen Semestern in ihre gewachsene Gemeinschaft eingedrungen war, doch der Gegenbeweis war gleichzeitig mit mir an die

Hochschule gekommen: ein Studienortwechsler aus Berlin, ein Deutscher im gleichen Semester wie ich; die Kollegen nahmen ihn schnell unter sich auf, wurden mit ihm »warm«, und nach wenigen Wochen merkte man gar nicht mehr, daß auch er noch vor kurzem hier fremd gewesen war.

Ich empfand meine Isolation an der Hochschule als ganz furchtbar belastend, fühlte mich dort wie ein Aussätziger. Doch zum Glück lernte ich außerhalb der Uni einige nette Menschen kennen, darunter auch Deutsche, mit denen ich freundschaftlichen Umgang pflegen konnte – sonst hätte ich das Leben in Hannover wohl kaum ertragen. So aber gaben mir die Kontakte zu diesen Menschen etwas Halt, und mit ihrer moralischen Unterstützung und mit einem Höchstmaß an Geduld und Ausdauer arbeitete ich mich Schritt für Schritt an das Ende meines Studiums heran.

Gleich das erste Semster wurde zu einer ungeheuer harten Bewährungsprobe für mich. Ich hatte den Kurs in der Prothetik belegt, den ich in Düsseldorf durch die Einwirkung höherer Gewalt nicht bestanden hatte. Das Schicksal hatte es so gewollt, daß zur Zeit meines Hochschulwechsels ein neuer Ordinarius an die Medizinische Hochschule Hannover berufen worden war. Es war Prof. R. aus Würzburg; gemeinsam mit Professor J., der dieses Amt bisher allein bekleidet hatte, war ihm nun hier die Leitung der Prothetischen Abteilung übertragen worden. Sein Ruf als sadistischer Choleriker, den er bei den Studenten in Würzburg genossen hatte, war ihm nach Hannover vorausgeeilt. Nicht nur das, es hieß sogar, die Studenten in Würzburg hätten seinen Weggang mit einem rauschenden Fest gefeiert. Bei uns polterte er vom ersten Tag an als unumschränkter Tyrann durch die Reihen, verbreitete Angst und Schrekken. Widerspruch war er nicht gewohnt und lernte ihn auch jetzt nicht kennen. Alles kuschte um seines lieben eigenen Vorteils willen. In seinem Machtbereich konnte er Mitarbeiter um sich scharen, die »funktionierten« und Kritik höchstens mal hinter seinem Rükken äußerten, aber auch das nur ganz leise. Seine Position gegenüber den Studenten war unangefochten; er führte sich auf wie ein kleiner Gott, der seine Macht aus den Abhängigkeiten und Ängsten der Studenten bezog. Die waren auch ohne ihn vorhanden, aber er provozierte sie noch zusätzlich durch unberechenbare Zornesausbrüche und einschüchternde Drohgebärden. Und wagte es wirklich einmal jemand, ihm auch nur den geringsten Widerstand entgegenzusetzen, so wurde er in einer Art heruntergemacht, die bei jedem Hund zur Demutshaltung geführt hätte. Mit mürrischem, verbissenem Gesicht beherrschte er seine Abteilung, hier mit ausgestrecktem Arm Anweisungen gebend, dort in barschem Ton ein lockeres Gespräch abstellend – die »Assis« täuschten Geschäftigkeit vor, den Studenten blieb das Wort im Halse stecken. Und in diesem Klima wurden Patienten behandelt – von Studenten, die lernen sollten.

Aber die Furcht, die er ganz allgemein verbreitete, potenzierte sich für mich noch dadurch, daß ich von Anfang an das untrügliche Gefühl nicht loswurde: Dieser Mann hat es wie kein anderer auf dich abgesehen; hüte dich vor ihm! Zuerst war es nur so etwas wie eine dumpfe Ahnung, doch bittere Erfahrungen bestätigten mir später, wie Recht ich damit gehabt hatte. Ich arbeitete so konzentriert, wie es in einer so spannungsgeladenen Atmosphäre überhaupt möglich war; dabei war mir immer bewußt, daß Professor R. und seine Mitarbeiter mich scharf im Auge behielten – mit rücksichtsloser Härte sorgten sie dafür, daß ich keine frohe Stunde mehr hatte. Damals gab es in der prothetischen Abteilung eine schwarze Assistentin aus Ghana. Ihr Auftreten mir gegenüber unterschied sich insofern von dem ihrer Kollegen, daß sie mich niemals schikanierte oder unterdrückte. Sie war gerecht in ihrer Beurteilung, ansonsten verhielt sie sich jedoch neutral und distanziert, so wie zu allen anderen Studenten auch. Es konnte ihr nicht entgangen sein, wie sehr ich unter der unfairen Behandlung von Professor R. und seinen Mannen litt, aber auch da zeigte sie keinerlei Solidarität mit mir; sie hielt sich konsequent aus allem heraus. Nur einmal – es war in meinem dritten Semester in Hannover, ich besuchte Prothetik II, den letzten Kurs vor dem Staatsexamen –, da ließ sie mich wissen, daß sie mich unter vier Augen sprechen müsse. Als sie sicher sein konnte, daß unser Gespräch von niemandem belauscht wurde, vertraute sie mir an, was sie in einer Dienstbesprechung gehört hatte. Dort hatte R. nämlich laut verkündet, daß »der Oji« keinen Schein bekommen werde. Das war in der Woche vor Pfingsten gewesen, also mitten im Semester; und mein Leistungsstand, der sich in Punkten bemaß, gab keinerlei Hinweis darauf, daß ich den Kurs nicht bestehen würde. Sie warnte mich eindringlich, mit äußerster Sorgfalt zu arbeiten und alles, aber auch alles zu vermeiden, was mir in irgendeiner Weise zum Nachteil gereichen konnte. Kurz nach unserem Gespräch hat sie die Uni verlassen. Ich mußte den Schock, den ihre Eröffnung bei mir ausgelöst hatte, erst einmal verwinden. Aber dann machte ich große Anstrengungen, hundertfünfzig-, nein, zweihundertfünfzigprozentige Arbeit zu leisten und jede nur denkbare Konfrontation zu vermeiden. Und mit fast übermenschlichem Einsatz schaffte ich es, ohne nennenswerte Konflikte das Semester zu überstehen und alle geforderten Leistungen zu erbringen. Trotzdem wollte R. mir am Ende den Schein verweigern; es kam zu einem regelrechten Machtkampf zwischen ihm und J., dem anderen Prothetik-Professor, in dem sich R. aber Gott sei Dank nicht durchsetzen konnte.

Das Ganze zehrte in unbeschreiblichem Maße an meinen Kräften. Ich hatte mich doch wegen der nicht enden wollenden Schikanen und ihrer bitteren Folgen schon seit Anfang dieses Studiums so elend gefühlt, daß ich oft nahe daran war, einfach alles hinzuwerfen und in meinen Beruf zurückzukehren. Immer wieder plagten mich nagende Zweifel an der Richtigkeit meines Tuns. Hatte ich es eigentlich nötig, mich so erniedrigen zu lassen, nur um dieses Zweitstudium durchzustehen? Brauchte ich wirklich die zusätzliche Qualifikation als Zahnarzt? Hätte ich es nicht sehr viel einfacher gehabt, wenn ich wie das Gros meiner Kollegen nach dem Medizinstudium eine Facharztausbildung angetreten hätte? Niemals hätte der Streß dort das Maß erreicht, das ich nun fünf Jahre lang aushielt, und zumindest hätte ich einen Verdienst gehabt, von dem ich mit meiner Familie relativ sorgenfrei hätte leben können, statt finanziell über Jahre hinweg am Rande eines Abgrundes zu jonglieren – die andere Seite meines Kampfes! Neben den aktuellen Sorgen, die meine Studienbedingungen mir auflasteten, quälten mich solche Fragen bis zu dem Tag, an dem ich meinen letzten Schein unwiderruflich in der Tasche hatte.

Dennoch gab ich mir an jedem auch noch so dramatischen Tiefpunkt einen Ruck und raffte mich zum Weitermachen auf. Ich wäre mir wie ein Versager vorgekommen, wenn ich auf halbem Weg aufgegeben hätte, und wollte jenen, die mir mit aller Verbissenheit Steine vor die Füße warfen, nicht das Vergnügen bereiten, darüber so unglücklich zu stolpern, daß ich auf der Strecke blieb. Ich war nämlich davon überzeugt, daß nichts als nackter Rassismus in einer ganz heimtückischen Spielart hinter all der Niedertracht steckte. Ich ging schließlich wie jeder andere Student meinen Verpflichtungen an der Uni nach und trat dabei niemandem auf die Füße; und in Theorie und Praxis war ich nicht schlechter als alle anderen. Was hätte also sonst die Ursache für die abgrundtiefe Feindschaft sein sollen, die mit unverhohlener Schadenfreude immer neue Demütigungen hervorbrachte? Hätten sie nicht die beiden anderen studierenden Ärzte vergleichsweise kollegial und fair behandelt, dann hätte in Münster ja noch der Neid der Assistenten auf meinen ärztlichen Doktortitel eine brauchbare Erklärung geliefert, denn viele der jungen Zahnärzte, die uns betreuten, besaßen keinen solchen Titel. Es war aber durchaus denkbar, daß der Unmut darüber, daß ein Schwarzer den Weg zu einer in Deutschland hochprivilegierten medizinischen Fachrichtung eingeschlagen hatte und beruflich einmal über ihnen stehen würde, ihre Boshaftigkeit provozierte. Doch weder in Düsseldorf noch in Hannover konnte ich sie mit dieser Vermutung »entschuldigen«! Und die Professoren, mit denen ich es zu tun hatte – sie standen doch ganz oben in der akademischen Hierarchie, hatten also alles erreicht, was sie vom Beruf erwartet haben mochten –, welche niedrigen Motive trieben sie zu den kaum faßbaren Ungerechtigkeiten, mit denen sie mich traktierten, wenn es nicht tief in Fleisch und Blut eingegrabene rassistische Vorurteile waren?

Aber das Grübeln allein half mir nicht weiter, wenn ich trotz allem im Studium vorankommen wollte. Das einzige, was mich wirklich voranbringen konnte, waren Zähigkeit und Höchstleistungen und die Entschlossenheit, denen, die mich mit diabolischer Arglist zum Versager stempeln wollten, zu beweisen, daß sie Unrecht hatten. Und letzten Endes machten sich meine Ausdauer und Willenskraft bezahlt: In den drei Semestern in Hannover schaffte ich es, alle wichtigen Scheine zu sammeln, die mir noch fehlten, ohne noch einmal einen Kurs wiederholen zu müssen.

Das Studium als eine Zeit der Hetze von einem Kurs oder Praktikum zum nächsten war nun überstanden – welch ein tonnenschwerer Stein fiel mir vom Herzen! Jetzt galt es, die letzte harte Bewährungsprobe – das Staatsexamen – zu bestehen, und das würde mir noch einmal den Einsatz all meiner Kräfte abverlangen. Denn solange nicht alle Prüfungsergebnisse unumstößlich festlagen, hatte ich mein Ziel nicht erreicht.

Die Examenstermine fielen in die vorlesungsfreie Zeit des Sommersemesters 1981, und wie in der Medizin »zu meiner Zeit« wurde auch in der Zahnmedizin das Staatsexamen noch in Form mündlicher Teilprüfungen abgehalten; hinzu kamen allerdings die praktischen Prüfungen in den Fächern, in denen vorwiegend handwerklich-technische Fertigkeiten nachgewiesen werden mußten. Ebenfalls war es üblich, Examensgruppen zu bilden; und das war für meine Kommilitonen ein letzter willkommener Anlaß, mir noch einmal die Tür vor der Nase zuzuschlagen: Um mich herum formierten sich Gruppen fürs Finale – ich blieb allein. Wen ich auch ansprach – abweisendes Achselzucken und die Floskel: »Tut uns leid«; es fand sich niemand bereit, mich in seine Gruppe aufzunehmen. Ganz zuletzt besann ich mich auf zwei Studenten, mit denen ich gelegentlich Jazz-Platten gehört hatte. Ich ging noch einmal auf sie zu; ihr Team war als Vierergruppe bereits vollständig – ein Grund für sie, zu zögern –, aber sie hatten Mitleid mit mir, und so gingen wir schließlich zu fünft statt zu viert ins Examen.

Ganz unten auf unserem Terminkalender standen die beiden Prüfungen in der konservierenden Zahnheilkunde (KONS) und in der Prothetik – in den beiden »großen« Fächern also. Aber sie waren nicht nur deshalb die wichtigsten, weil sie die arbeitsintensivsten waren, sondern auch, weil bei Nichtbestehen eines dieser Fächer das ganze Examen wiederholt werden mußte. Bis dahin war für mich alles glatt gegangen; die anderen Prüfungen waren ohne nennenswerte Zwischenfälle verlaufen, auch wenn ich mit der Notenverteilung nicht immer ganz zufrieden gewesen war – aber daß im Spiel um die Notenvergabe in gemischt-nationalen Gruppen immer der Ausländer, wenn nicht der Verlierer, so doch der Dumme war, wußte ich ja. Und so hatte ich mit keiner anderen Erwartung daran teilgenommen, als überhaupt zu bestehen.

Dann kam die Prüfung in der KONS. Sie bestand aus zwei Teilen, vor der mündlichen Prüfung war eine praktische Leistung zu erbringen. Bei der Beurteilung meiner praktischen Arbeit, einer auf Hochglanz polierten Amalgamfüllung, erlebte ich etwas, das meines Wissens nie zuvor an einer der drei Hochschulen, an denen ich studiert habe, vorgekommen ist: Nach der endgültigen Fertigstellung der

Zahnfüllung begutachtet der Professor normalerweise mit bloßem Auge die Arbeit des Kandidaten im Mund des Patienten und bewertet sie danach. Um nun die von mir angefertigte Füllung zu kontrollieren, nahm er sich eine Lupe zur Hilfe. Aber das reichte ihm noch nicht, denn mit diesem Instrument hätte er ja möglicherweise doch irgendwelche winzigen Spalten oder Unebenheiten übersehen können. Er ließ ein Diabild machen, das die Füllung in überdimensionaler Vergrößerung zeigte, hängte es wie eine Röntgenaufnahme an die Tafel und untersuchte meine Arbeit so auf mögliche Fehler. Zu seinem eigenen Verdruß konnte er aber nichts finden, was ihm Grund gegeben hätte, sie abzulehnen.

In der mündlichen Prüfung war ich imstande, alle Fragen des Professors sehr ausführlich zu beantworten und sogar mit Zeichnungen an der Tafel zu erläutern. Er machte einen höchst zufriedenen Eindruck und nickte des öfteren zustimmend mit dem Kopf, und am Ende hatte ich ein ziemlich gutes Gefühl. Wie immer wurde aber unsere Anspannung dadurch verzögert, daß die Noten erst am folgenden Tag bekanntgegeben wurden. Doch schon ohne unsere Ergebnisse zu wissen, gönnte unsere Gruppe es sich an diesem Abend, gemütlich miteinander auszugehen und etwas zu trinken, denn wir alle hatten Grund, anzunehmen, es sei gut gegangen. Beim Glas Bier in der Kneipe wollte indes keine so rechte Stimmung unter uns aufkommen. Die Anstrengugnen der vergangenen Wochen steckten uns wohl noch in den Knochen, und die Spannung der heutigen Prüfungssituation hielt uns noch gefangen – oder gab es da noch etwas anderes, Unausgesprochenes, zwischen uns? Zu meiner Verwunderung äußerte nach dem zweiten Glas Bier einer der Kollegen sein Unbehagen hinsichtlich der durchgestandenen Prüfung, und die anderen pflichteten ihm bei. Übereinstimmend waren sie auf einmal der Ansicht, heute sei nicht gerade ihr Tag gewesen und es sei zu erwarten, daß die Ergebnisse entsprechend mager ausfielen. Diese Gefühle konnte ich nicht teilen, daher fing plötzlich einer von ihnen damit an, meine heutige Leistung lobend hervorzuheben; und die anderen stimmten ihm zu: »Aber du warst ja auch echt gut drauf. Du warst mit Abstand der Beste von uns!« »Ich wette, du hast die einzige Eins gemacht.« »Der Prof war ja mächtig beeindruckt von dir, das konnte er gar nicht verbergen.« »Bei uns hat er sich viel mehr zurückgehalten.« Zwar bestätigten ihre anerkennenden Worte meinen vermeintlichen Erfolg; ihre unzufriedenen Gesichter und der gereizte Unterton in ihren Stimmen verrieten aber, daß sie sich eben nicht neidlos darüber freuten, vielmehr waren sie eifersüchtig, weil ich in ihren Augen besser abgeschnitten hatte als sie. Das ganze Gerede war mir ziemlich peinlich, und trotz meines Reichtums an Erfahrung empfand ich eine gewisse Trauer darüber, daß nicht einmal die Leute mit mir solidarisch waren, mit denen ich nun schon so viele Wochen so eng zusammenarbeitete – daß nicht einmal sie es mir gönnten, dieses eine Mal der Bessere gewesen zu sein.

Bei der Noteneröffnung am nächsten Morgen erlebten wir jedoch eine Überraschung, mit der nun wirklich keiner aus unserer Runde gerechnet hatte: Mein Ergebnis war das schlechteste von allen! Ich biß die Zähne zusammen und schluckte meine Enttäuschung hinunter. Auch meine Kollegen machten betroffene Gesichter. Jetzt waren sie es, denen ihr Gerede vom gestrigen Abend peinlich war, denn sie wußten genau, daß es bei der Notenverteilung nicht mit rechten Dingen zugegangen war. Entrüstet schlug einer von ihnen vor, daß wir alle zusammen zum Professor gehen und eine Begründung für meine Note fordern sollten. Das lehnte ich ab. Was hätte es denn genutzt? Ich wußte auch so, was gespielt wurde. Da machten sich die vier ohne mich auf, den Professor zu fragen. Seine kurz angebundene Antwort lautete: »Er hat meine Fragen halt nicht ausführlich genug beantwortet.« »Ja, aber warum haben Sie sich dann damit zufriedengegeben und nicht weitergebohrt?« Seine Ausflucht war die Weigerung, weiter über dieses Thema zu diskutieren.

Während der Zeit meines Staatsexamens kam eine neue Assistentin in die Prothetische Abteilung der Hannoveraner Zahnklinik. Es war Hilde, eine gute Freundin von mir. Wir hatten zusammen in Münster studiert und dort anfangs die gleichen vorklinischen Kurse besucht. Aber ihr Studium war »glatt« gelaufen; und wie das Schicksal es wollte, führte ihre erste Stelle nach dem Examen sie nach Hannover in meine unmittelbare Nähe. Wir hatten uns immer gemocht, und der Kontakt zwischen uns war nie ganz abgebrochen, seit ich im Sommer 1979 die Uni Münster verlassen hatte. Bevor sie ihre Arbeit in der Klinik aufnahm, besuchte sie mich in meinem Wohnheim; ich erzählte ihr von meinen Schwierigkeiten an der Hochschule und bat sie, um Himmels willen niemanden dort merken zu lassen, daß wir uns privat kannten. Andernfalls befürchtete ich ernstlich unangenehme Konsequenzen für uns beide. Und obwohl sie meine Probleme in Münster selbst miterlebt hatte und auch von denjenigen in Düsseldorf wußte, konnte sie meine Befürchtungen nicht ganz nachvollziehen, ja, empfand sie als übertrieben; trotzdem versprach sie mir, sich nichts anmerken zu lassen, und dieses Versprechen hielt sie auch bis zuletzt.

Nun arbeitete also meine alte Freundin Hilde in der Zahnklinik, und wir begegneten uns dort wie zwei Fremde – im Grunde war das schon verrückt! Sie sah nun selbst, wie mich die anderen Assistenten behandelten, und sie bekam im Kreise ihrer Kollegen so manches von dem mit, was diese über mich redeten, wenn sie glaubten, unter sich zu sein. Jetzt, da sie keine Studentin mehr war, sah sie die Dinge mit anderen Augen als früher, und wenn wir uns gelegentlich privat trafen, fragte sie mich: »Chima, was hast du denen bloß getan, daß sie dich so abgrundtief hassen?« Eines Mittags saß sie mit einigen Arbeitskollegen in der Kantine, als ich mit meinem Teller in der Hand an ihrem Tisch vorbeiging. Mein bloßer Anblick war für einen aus der Tafelrunde Grund genug, irgendeine abfällige Bemerkung über mich zu machen, worauf die anderen beifällig lachten. Da fragte Hilde möglichst unbedarft: »Was habt ihr eigentlich gegen ihn? Ich finde es reichlich fies, was ihr so über ihn redet und wie ihr ihn behandelt. Das macht ihr doch mit keinem anderen!« »Aber Hilde!« versetzte einer in anzüglichem Ton, »du legst dich ja ganz schön ins Zeug. Gefällt dir dieser Bursche etwa?« Und die anderen stimmten in ein höhnisches Gelächter ein. Darin erschöpfte sich die »Rechtfertigung« für ihr unverschämtes Verhalten, aber vielleicht hatten sie damit auch schon vielmehr preisgegeben als ihnen bewußt war!

Bald darauf war es Zeit für meine Prothetikprüfung. Meine Gruppe hatte sich bei Professor J. angemeldet, und mir fiel wahrlich ein Stein vom Herzen, als ich mich sicher fühlte, im Examen nicht der Willkür von Professor R. ausgeliefert zu sein. Denn ganz gleich, wie »scharf« J. auch immer sein mochte, bei R. würde es für mich noch tausendmal schlimmer werden. Unser Prüfungstermin stand bereits fest, da ließ mich R. eines Morgens zu sich rufen; in sadistischer Freude klärte er mich darüber auf, daß ich nicht, wie geplant, den Termin bei Professor J. wahrnehmen könne. Er selbst habe diese Änderung vornehmen lassen, da er mich prüfen wolle. Er nannte mir die Gruppe, der ich mich zu diesem Zweck anschließen sollte. Bei seinen ersten Worten war mir der Schrecken in alle Glieder gefahren; und nun stand ich vor ihm wie ein geschlagener Hund und war nur froh, daß es Europäern im allgemeinen nicht sehr leicht fällt, in meinem Gesicht zu lesen. Alles in mir begehrte auf und ich hätte am liebsten laut hinausgeschrien, was ich dachte. Aber ich riß mich zusammen, denn ich hatte ja doch keine andere Wahl, als diese hinterhältige Machtausspielung wehrlos zu erdulden.

Auch die Prothetikprüfung war zweigeteilt; tagsüber arbeiteten wir im Labor, und nachts bereitete ich mich auf die »Mündliche« vor, denn zeitlich schloß sich diese unmittelbar an die praktische Prüfung an. Ich arbeitete verbissen und holte alles nur menschenmögliche aus mir heraus, denn um nichts in der Welt wollte ich R. den Triumph gönnen, eine Lücke bei mir zu finden, die ihm die Handhabe lieferte, mich noch in der letzten Prüfung zu vernichten. Hilde war so nett, mir abends nach Dienstschluß den theoretischen Lehrstoff abzuhören. Sie tat es gewissenhaft und versuchte gleichzeitig, mir Mut zu machen, indem sie mich tröstete: »Bei deinem umfangreichen Wissen brauchst du wirklich keine Angst zu haben, Chima, dir kann gar nichts passieren!«

Der Ablauf der praktischen Prüfungsarbeit entsprach haargenau demjenigen in den vorausgegangenen Kursen. Jeder Schritt mußte sorgfältig von einem Assistenten begutachtet und abgenommen werden, bevor es erlaubt war, weiterzuarbeiten. Diese Regelung spielte den Assistenten eine weitere – eine letzte – Möglichkeit in die Hand, mich zu schikanieren, ja, mir bewußt zu schaden, und das nicht einmal durch eine zu strenge oder gar ungerechte Beurteilung. Ganz gleich, wen von ihnen ich aufsuchte, um die Beendigung eines Teilschrittes zu melden, er gab mir eine unwirsche Antwort und schickte mich auf meinen Platz zurück, um dort auf ihn zu warten. Es dauerte jedes Mal eine nervenzerreißende Ewigkeit, bis der Gerufene sich bequemte, zu mir zu kommen; erst ging er noch zu Hinz und Kunz, die sich nach mir gemeldet hatten, hielt ein Schwätzchen mit einem Kollegen oder vergaß mich schlichtweg. Die Übereinstimmung im Verhalten der verschiedenen Assistenten war dabei so auffällig, daß es kein Rätselraten darüber geben konnte, was hinter ihrer Langsamkeit steckte. Wäre es nach dem Willen der Mehrheit dort gegangen, sie hätten mich gewissenlos über meiner unfertigen

Examensarbeit grau werden lassen. Hilde war die einzige von ihnen, die immer gleich zu mir kam, wenn sie frei war. Ihre Kollegen nahmen ihr selbstverständlich ihren vorbehaltlosen Einsatz übel; sie beobachteten ihn einige Male stirnrunzelnd, dann machten sie sie deswegen mit anzüglichen Worten an: »Was rennst du immer zu dem Oji? Kannst es wohl kaum erwarten, wieder zu ihm zu kommen! Glaub nur nicht, wir hätten nicht längst gemerkt, wie scharf du auf ihn bist!« Ich gab mir alle Mühe, mich nicht von dem gemeinen Boykott der »Assis« verunsichern zu lassen; ich arbeitete mit allergrößter Konzentration und immerhin zügig genug, um die absichtlich zugefügten Zeiteinbußen auszugleichen. Und ich wurde – zum Verdruß derer, die es verhindern wollten – in der vorgeschriebenen Zeit fertig und konnte meine Prothese rechtzeitig abgeben. Die Endabnahme erfolgte durch den Professor selbst, und er nahm meine Arbeit ohne jede Beanstandung ab.

Eine mündliche Prüfung beschloß das Ganze; jetzt war Professor R. am Zuge, das umzusetzen, was er sich vorgenommen hatte, als er mich aus der Gruppe von Professor J. herausgenommen und zu sich befohlen hatte. Er nahm mich äußerst scharf aufs Korn, ersparte mir nichts; aber ich war so gut vorbereitet, daß ich alle seine Fragen, auch die beiden Fangfragen, die er sich als besondere Leckerbissen aufgehoben hatte, ohne ein einziges Mal zu stocken, fließend beantworten konnte. Durch alle Examensphasen hindurch hatte mich eine nervliche Hochspannung in Atem gehalten, aber diese letzten Wochen waren einer unaussprechlichen Zerreißprobe gleichgekommen, die sich erst jetzt, als ich mit Ungeduld der Bekanntgabe des letzten wichtigen Teilergebnisses entgegenzitterte, ihrem Höhepunkt näherte. Am Tag vor der offiziellen Noteneröffnung sah mich dann Professor R. ganz zufällig im Labor. Er hielt seine Schritte inne, zögerte sekundenlang, kam direkt auf mich zu und sagte dann nach einem kurzen, verlegenen Räuspern: »Herr Oji, Sie waren sehr gut.« Ich war so verblüfft von dieser spontanen Geste, daß ich ebenfalls nur verlegen lächeln konnte, denn dieser tyrannische Despot wäre weiß Gott der letzte gewesen, von dem ich ein solches Zugeständnis erwartet hätte. War das der Mann, der mich in kaltblütiger Berechnung aus meiner Examensgruppe herausgenommen hatte, um sicherzustellen, daß ich nun wirklich so gnadenlos geprüft wurde, wie nur er selbst es konnte?! Meine Leistung muß ihn in unvorstellbarem Maße überwältigt haben, um ihn zu diesem Schritt zu verleiten! – Dann kam die Stunde der Wahrheit! Ich mußte an mich halten, um nicht laut aufzuschreien: Die Note, die ich bekommen hatte, war die letzte, die überhaupt noch zum Bestehen der Prüfung ausreichte!

Aber dann war alles vorbei. Ich hatte bestanden, und das war das einzige, was in diesem Augenblick zählte. Nach der offiziellen Notenverkündung sammelten sich alle anderen Examenskandidaten in der Vorhalle, um dort mit Sekt das bestandene Examen zu begießen. Ich hielt mich abseits von ihnen, ihre Freude war nicht meine Freude, und was ich selbst empfand, nachdem ich meinen – gemessen an ihnen – ungleich härteren Kampf siegreich beendet hatte, konnte keiner von ihnen mit mir teilen. Mit ganz ungewohnt leichten Schritten begab ich mich auf den Heimweg, meine Füße schienen kaum den Boden zu berühren. Ich fühlte mich benommen, ja, fast berauscht, so als schützte eine Schicht aus Watte um meinen Kopf herum meine Sinne vor der Wahrnehmung von Umweltreizen. Ohne jedes Empfinden für Zeit und Raum errreichte ich mein Wohnheim, öffnete die Tür zu meinem Zimmer mechanisch und traf, ohne mir meines Tuns bewußt zu werden, die Vorbereitungen, mich zu duschen. Ich suchte den Duschraum auf, legte das Handtuch ab, das ich um meine Hüfte geschlungen hatte, stellte den Duschknopf an und trat unter das herabbrausende Wasser. Dort blieb ich etwa eine Stunde; mit dem Schweiß des heutigen Tages schrubbte ich die Ängste und Anspannungen von Monaten, ja, von Jahren von meiner Seele, doch es wollte mir noch nicht gelingen, sie ganz zu entfernen. Während nämlich das heiße Wasser über meinen mager gewordenen Körper rieselte, wünschte ich, es könnte jene zentnerschwere Last, die mich fast erdrückt hatte, auflösen und fortspülen. Doch – so widersinnig es auch klingen mag – trotz der schwindelerregenden Leere, die ich in mir spürte, blieb der Eindruck, von einer ungeheuren Spannung umklammert zu sein. Ja, es bedurfte einer bewußten Leistung meines Verstandes, mir eindeutig klarzumachen, daß nun wirklich alles vorbei war; denn im Grunde hatte ich die Uni in einem recht verschwommenen Gefühl von Freiheit verlassen, das ich gar nicht in seiner ganzen Tragweite erfassen konnte. Zu stark empfand ich noch den nagenden Schmerz über alles erlittene Unrecht; und so war das, was ich im Augenblick am wenigsten begreifen konnte, die Tatsache, daß diese endlos erscheinende, fast unerträgliche Tortur, die mein Studium gewesen war, am heutigen Tag beendet sein sollte. Und eine grenzenlose Erschöpfung bemächtigte sich meiner, während dieser neue Gedanke sich langsam einen größeren Raum in meinem Gehirn eroberte.

Als ich aus dem Duschraum kam, lief mir auf dem Flur meine Frau in die Arme. Sie war nach Hannover gekommen, um jetzt bei mir zu sein. Wir beschlossen, mit einem ausgiebigen chinesischen Essen diesen wichtigen Tag zu feiern. Doch irgendwie erlebte ich den Abend unwirklich wie in einem Traum, an dessen Echtheit ich noch nicht glauben konnte. Aber in den ganzen Wust überwältigender Empfindungen, die mich durchströmten, drängte sich immer wieder eine unbeantwortete Frage: Wie ließ sich Professor R.s gestriges spontanes Kompliment mit der heute tatsächlich erteilten Note vereinbaren?

Nach fünf bitteren Jahren, die mehr Ähnlichkeit mit einem Horrortrip gehabt hatten als mit einem Studium, hätte nach dem Willen von Professor R. diese letzte Prüfung diejenige sein sollen, die mir noch ganz zum Schluß das Genick brechen würde. Doch ich hatte »überlebt«, hatte bestanden! Welche Rolle spielte da die Note?! Sowieso hatte ich niemals mit einer Bewertung gerechnet, die meiner Leistung gerecht geworden wäre. Trotzdem stimmte mich das, was geschehen war, irgendwie nachdenklich, denn die Note, die ich erhalten hatte, stand in unvereinbarem Widerspruch zu der überraschenden versöhnlichen Geste von Professor R., der persönlich zu mir gekommen war und mit deutliche Anerkennung in der Stimme gesagt hatte: »Herr Oji, Sie waren sehr gut.« Ohne dieses unbegreifliche Eingeständnis hätte ich keinen einzigen Gedanken auf das Zustandekommen meines Ergebnisses verschwendet, aber so tauchte die Frage nach dem Warum am Abend und in der Nacht nach der Noteneröffnung unwillkürlich vor mir auf; und ich versuchte, mich damit abzufinden, es hier mit einem jener Rätsel zu tun zu haben, die für immer ungelöst bleiben. Nun sollte ich aber einmal mehr erfahren, daß Gottes Wege unergründlich sind, denn ich erhielt meine Antwort. Seit Hilde in der Prothetischen Abteilung arbeitete, hatte sich für mich der Vorhang einenSpaltbreit geöffnet und mir den Blick hinter die Kulissen freigegeben.

Als Mitglied von Professor R.s Team hatte Hilde an der Notenkonferenz teilgenommen. Im Verlauf dieser Besprechung wurde sie Zeugin davon, wie ihre Kollegen den Professor bedrängten, mich um jeden Preis durchfallen zu lassen. »Bedenken Sie doch, was geschieht, wenn er das Examen besteht?« erhitzte sich einer. »Dann braucht er nur noch eine deutsche Frau zu heiraten, und er kann in Deutschland bleiben. Wollen Sie das?« Solcherart in die Enge getrieben, verteidigte sich der Professor mit Nachdruck: »Es tut mir leid, ich kann ihn beim besten Willen nicht durchfallen lassen, der Mann ist einfach zu gut! Aber keine Sorge, der bleibt schon nicht hier, das erlaubt seine Regierung gar nicht! Der kauft sich sechs Latzhosen und geht nach Nigeria zurück, sobald er das hier alles hinter sich hat.« (Dazu muß ich anmerken, daß ich damals unterm Kittel gerne Latzhosen trug, die nicht nur bequem, sondern auch zu jener Zeit modern waren.)

»Und ich saß dort und mußte die Luft anhalten, denn jetzt durfte erst recht niemand erfahren, auf welcher Seite ich stand. Mir blieb nichts anderes übrig, als gute Miene zum bösen Spiel zu machen«, erzählte Hilde mir am nächsten Morgen beim Frühstück, zu dem ich sie eingeladen hatte. »Ich habe einfach meinen Ohren nicht getraut, Chima. Ich dachte nur: ›Das darf doch nicht wahr sein!‹ Und ich schwöre dir, niemals im Leben hätte ich solche Dinge geglaubt, wenn ich sie nicht mit eigenen Ohren gehört hätte. Sag mir bloß eines, Chima: In was für einer Welt leben wir eigentlich?«

12. KAPITEL

Afrikanische Märchen und Berufserfolg

Nach dem bestandenen Examen hätte ich dringend einer Zeit der völligen Ruhe und Abgeschiedenheit bedurft, einer Art Vakuum, um mich von den durchlebten Strapazen und den durchlittenen Ängsten zu erholen, eines Ortes, an dem meine zermarterte Seele genesen und mein abgezehrter Körper neue Kräfte sammeln könnten, um wieder ein ganzer Mensch zu werden. Aber solch ein heilendes Refugium war mir nicht vergönnt; denn kaum in Münster angekommen, holte mich der rauhe Alltag mit all seinen unaufschiebbaren Forderungen ein. Nur eines tat ich, um zumindest symbolisch einen Schlußstrich unter die traumatischen Jahre meines Zweitstudiums zu ziehen: ich gab eine große Examensfete, und die wurde ein rauschendes Fest.

Es war für mich eine zwingende Notwendigkeit, ganz schnell eine gut bezahlte Arbeit zu finden, denn die hinter uns liegenden Jahre waren auch eine Zeit schwer verkraftbarer finanzieller Belastungen und materieller Entbehrungen gewesen. Darum beabsichtigte ich, vor meiner Ausbildung zum Facharzt für Zahn-, Mund- und Gesichtschirurgie für ein bis zwei Jahre bei einem niedergelassenen Zahnarzt zu arbeiten. Damals waren nämlich die Verdienstmöglichkeiten in der freien Praxis noch ungleich besser als heute, und ich hoffte, durch diese Wahl schnell auf einen grünen Zweig zu kommen.

Für die Mehrheit meiner Studienkollegen, das wußte ich, war die Stellensuche kein Problem. Viele von ihnen hatten sogar schon lange vor dem Examen eine feste Stelle, die sie ganz nach Belieben nach einer kürzeren oder längeren Verschnaufpause besetzen konnten. Sie waren Deutsche, und selbst, wenn ihnen kein Vater, Onkel oder sonstiger Verwandter oder Bekannter zum rechten Zeitpunkt einen Platz in seiner Praxis freihielt, war es für sie ein Leichtes, bald etwas Passendes zu finden.

Wie anders sah dagegen meine eigene Situation aus! Während des Studiums oder gar in der Zeit des Examens hatte ich weiß Gott andere Sorgen gehabt, als mich auf auf dem Stellenmarkt umzusehen – damit mußte ich bis nachher warten! Aber bereits zwei Tage nach der letzten Prüfung schlug ich die »Zahnärztlichen Mitteilungen« auf und durchforstete sie nach geeigneten Angeboten. Da war es wieder, das alte Diskriminierspiel in einer neuen Variante: Die allermeisten Anzeigen begannen mit den Worten: »Deutscher Assistent« oder zumindest »Assistent mit deutscher Approbation gesucht«. Die allerwenigsten suchten einfach nur einen »Assistenten«. Doch auch sie sollten mich nicht zu falschen Hoffnungen verleiten, denn wiederum beschränkte der größte Teil der Inserenten spätestens bei der telefonischen Kontaktaufnahme seine Suche auf Deutsche, allenfalls auf EG-Angehörige mit deutscher Approbation. Nicht-EG-angehörige ausländische Ärzte und Zahnärzte erhalten aber zunächst keine Approbation, sondern nur eine vorübergehende Erlaubnis, ihren Beruf in der Bundesrepublik auszuüben. Eine Approbation erhalten wir nur in besonders begründeten Ausnahmefällen nach Erfüllung etlicher, schwer erfüllbarer Auflagen. Es ist so schwer, sie zu bekommen, daß Betroffene sogar behaupten, es sei leichter, die deutsche Staatsbürgerschaft, als eine Approbation zu erwerben.

Das Verzwickte an meiner Situation war nun, daß manche Zahnärzte mich – wie sie sagten – nicht deshalb zurückwiesen, weil ich Ausländer war, sondern weil ich keine Berufserlaubnis besaß. Diese wurde vom Regierungspräsidenten aber erst dann erteilt, wenn der Bewerber eine Stelle nachweisen konnte. Ich lief nun zum zuständigen Sachbearbeiter beim Regierungspräsidenten, um die Schwierigkeiten zu erläutern, die sich aus dieser Handhabung ergaben. Da könne er mir auch nicht helfen, ließ er mich achselzuckend wissen, denn mir zuliebe könne er von dieser Regelung keine Ausnahme machen. Also, ohne Arbeitsstelle keine Berufserlaubnis, ohne diese aber auch keine Stelle – gute Aussichten waren das! Mit meiner Arbeitssuche war ich demnach in eine ausweglose Sackgasse geraten, und ich mußte versuchen, mir selbst wieder da hinauszuhelfen.

Zwei meiner deutschen Freunde hatten zahnärztliche Praxen in Münster. Beide benötigten zwar keinen Assistenten, waren aber so hilfsbereit, mir pro forma zu bescheinigen, daß sie mich einstellen wollten. Nun konnte ich gleich zwei Stellen vorweisen und erhielt daraufhin die Berufserlaubnis für den Regierungsbezirk Münster. Die erste Hürde im Hindernislauf um einen Arbeitsplatz war damit genommen.

Eine andere Hürde erwuchs mir paradoxerweise schon aus dem Zeugnis über den erfolgreichen Abschluß meines Zahnmedizinstudiums. Wo immer ich dieses Papier vorlegte, rief es zumindest Stirnrunzeln, wenn nicht noch deutlichere Reaktionen hervor. Die Ursache war ein diskriminierender Zusatz zum Zeugnistext, der geeignet war, beim Leser den Eindruck zu erwecken, dieses Dokument wäre ungültig, in jedem Fall aber wertlos. Nachdem ich ein paarmal auf diesen Sachverhalt angesprochen worden war, hatte ich die Nase voll. Ein Zeugnis, das mir mehr schadete als nutzte, wollte ich nicht behalten; deshalb schrieb ich an das zuständige Ministerium einen Brief mit der Bitte, den folgenden Satz aus dem Zeugnis zu streichen: »Diese Bescheinigung ist keine Bestallung als Zahnarzt; sie enthält auch nicht die Erlaubnis zur Ausübung des zahnärztlichen Berufs im Sinne des § 13 des Zahnheilkundegesetzes in der zur Zeit gültigen Fassung.«

Erfreulicherweise hatte mein Protest in diesem Fall Erfolg. Der niedersächsische Kultusminister zog das Zeugnis ein und stellte mir ein neues aus, das den diskriminierenden Zusatz nicht enthielt.

Aus persönlichen Gründen war es mir damals wichtig, in der näheren Umgebung von Münster zu arbeiten. In der Stadt herrschte zum Glück kein Mangel an offenen Stellen, und so bewarb ich mich voller Zuversicht. Doch schon stand ich vor der nächsten Barriere, denn wo ich auch anrief, hieß es: »Wir können Sie leider nicht einstellen, denn Münster ist kein zahnärztliches Notstandsgebiet, und als Ausländer dürfen Sie nur noch in Notstandsgebieten arbeiten. So schreibt es die Zahnärztekammer vor.« Zuerst hielt ich diese Erklärung für eine Beschönigung der Tatsache, daß die betreffenden Kollegen mich aus anderen Motiven heraus ablehnten. Ich wandte mich an die Zahnärztekammer, die diese Vorschrift aber bestätigte, und auch keine Ausnahme davon machen wollte, als ich angab, deutsch verheiratet zu sein. Danach schrieb meine Frau einen Brief an die Zahnärztekammer, in dem sie den Grundgesetzparagraphen 6 anführte, dem zufolge (sie und ihre Tochter als) Deutsche das Grundrecht auf den Schutz von Ehe und Familie genießen. Die Anwendung der Notstandsregelung auf mich zwänge ihnen aber eine räumliche Trennung vom Ehemann und Vater auf, da sie selbst aus Studiengründen noch an Münster gebunden sei. Im übrigen wisse sie, daß es in der Stadt genügend offene Zahnarztstellen gäbe, die auch mit deutschen Zahnärzten besetzt würden. Als deutsche Ehefrau eines ausländischen Zahnarztes fordere sie deshalb, mit den Ehefrauen deutscher Zahnärzte gleichgestellt zu werden. Die arrogante Antwort der Zahnärztekammer belehrte sie darüber, daß es nicht einzusehen sei, mir in der von Zahnärzten überfüllten Universitätsstadt Münster eine Stelle zu geben, *nur* damit sie dort ihrem Studium nachgehen könne. Mit dem Schutz von Ehe und Familie habe das nichts zu tun.

Also vergruben wir unsere Hoffnung auf einen Job in der Nähe von Münster und stellten uns darauf ein, noch mindestens so lange getrennt leben zu müssen, bis meine Frau ihr Studium beendet haben würde. Wenn ich fortan die »Zahnärztlichen Mitteilungen« aufschlug, richtete sich mein Augenmerk auf alle Stellenangebote in ganz Deutschland, die für Ausländer offen zu sein schienen. In den nächsten Wochen machte ich -zig Anrufe und schrieb zahlreiche Bewerbungsbriefe. Doch alle meine Anstrengungen waren vergebens – ich erhielt nur Absagen, wenn ich überhaupt eine Antwort bekam. Manche Kollegen begründeten ihre Ablehnung entschuldigend damit, daß sie selbst zwar keine Vorurteile hätten, es ihren (sehr konservativen) Patienten aber nicht zumuten könnten, von einem Schwarzen behandelt zu werden. Ach ja, auch beim Arbeitsamt hatte ich mich arbeitssuchend gemeldet, und die Zentralstelle für Arbeitsvermittlung in Frankfurt schickte mir auch ein Angebot – nach drei Jahren! Ich konnte nur darüber lachen, denn inzwischen war ich seit langem berufstätig. Trotzdem bewarb ich mich spaßeshalber bei dem vermittelten Kollegen und erhielt – eine freundlich formulierte Absage!

Ich bin sicher, wenn ich nur lange genug gesucht hätte – vielleicht einige Monate, vielleicht aber auch wie ein nigerianischer Freund aus Münster einige Jahre (!), dann hätte ich letzten Endes eine Assistentenstelle in der freien Praxis gefunden. Doch, wie gesagt, so lange konnte ich nicht warten; darum gab ich gegen Ende November mein ursprüngliches Vorhaben auf und bewarb mich als wissenschaftlicher Assistent bei den Kieferchirurgischen Abteilungen aller in Frage kommenden deutschen Universitätskliniken. Innerhalb einer Woche konnte ich mich dann über die verbindliche Zusage aus Freiburg freuen und mich darauf einstellen, sofort nach meiner Rückkehr aus Nigeria Anfang Januar 1982 meinen Arbeitsplatz dort anzutreten.

Denn das war die zweite Aktivität, die mich in diesen Wochen in Atem hielt: meine Reise nach Nigeria. Gleich nach bestandener Prüfung hatte ich nach Hause geschrieben und meine Angehörigen vom Ende meines Studiums unterrichtet. Beiläufig hatte ich in diesem Brief um ein Ticket für einen Heimflug gebeten, diesen Gedanken aber nicht weiter verfolgt. Und so war ich doch überrascht, als einige Wochen später der erbetene Flugschein bei mir eintraf. Nun ging alles Hals über Kopf; auf die Schnelle mußte ich alle notwendigen Reisevorbereitungen treffen; und schon zwei Wochen später, Anfang Dezember, saß ich in einer Lufthansamaschine, mit der ich in wenigen Stunden die etwa viertausend Kilometer überbrückte, die zwischen Deutschland und Nigeria liegen. Mein Gott, war ich aufgeregt, denn dies war mein erster Besuch zu Hause nach nunmehr vierzehn Jahren Europaaufenthalt. Zu gerne wäre ich mit meiner Familie geflogen, doch eine innere Stimme riet mir zur Vernunft, mahnte mich, nicht übereilt meine Frau und ein kleines Kind mit in ein Land zu nehmen, in das ich doch selber fast wie ein Fremder reiste.

Vier Wochen blieb ich in Nigeria, verbrachte dort Weihnachten, Silvester und Neujahr; und ich war zutiefst erschüttert von dem, was ich dort vorfand. Zu vieles war mir in beängstigender Weise fremd – nur weniges erinnerte mich an das Land, das ich vierzehn Jahre zuvor verlassen hatte. Es drängte sich mir die Frage auf, ob der Ort, an den ich zurückgekehrt war, überhaupt meine Heimat war oder aber nur deren Karikatur.

Eine erste herbe Enttäuschung erlebte ich bei meiner Ankunft. Nicht, daß ich eine genau umschriebene Erwartung daran gehabt hätte, auf eine bestimmte Weise von meinen Leuten empfangen zu werden; aber ich hatte noch ein lebendiges Bild davon im Kopf, wie es früher gewesen war, wenn einer von uns aus Übersee zurückkam:

Das ganze Dorf oder aber zumindest alle Verwandten waren auf den Beinen, um dem lang vermißten Familienmitglied singend und tanzend entgegenzugehen und es mit zahlreichen kleinen Geschenken willkommen zu heißen. Und natürlich waren jung und alt zu einem festlichen Begrüßungsmahl geladen. Als seinerzeit mein älterer Vetter nach seinem Studium aus England zurückgekehrt war, war das ganze Dorf nach Lagos gereist, um ihn direkt vom Flughafen abzuholen. Aber ich erlebte nichts, was auch nur entfernt an diese alte Sitte erinnert hätte. Verwandte und Bekannte reagierten auf mein Kommen mit Zurückhaltung, wenn nicht gar mit Interesselosigkeit. Nur ein paar ganz nahe Angehörige kamen, um mich willkommen zu heißen oder mich zum Essen in ihre Häuser einzuladen. Noch befremdender aber war es, daß mir schon bei der Begrüßung aus aller Munde ganz ungeniert dieselbe unbescheidene Frage gestellt wurde: »What did you bring for us?«

Oh ja, ich traf in Nigeria auf eine völlig veränderte Wirklichkeit, und ich mußte ihr wohl oder übel ins Auge sehen: Die Großfamilie als ein Hort der Geborgenheit und des Zusammenhaltes war nur noch eine Farce; die in ihr einst hochgeachteten menschlichen Werte zu inhaltslosen Floskeln verkommen. Korruption und Mißwirtschaft beherrschten das Land, ungezügeltes Konsumverhalten gepaart mit einer geradezu schamlosen Gier regierten die Köpfe und – schlimmer noch – die Herzen der Nigerianer. Als besonders abstoßend aber empfand ich, daß sie all ihr Streben kritiklos gerade auf jene Güter richteten, die aufgeklärte Europäer längst als schädlich oder überflüssig erkannt hatten und deshalb zu meiden versuchten. Im übrigen war es gefährlich geworden, in Nigeria zu leben. Nach Einbruch der Dunkelheit traute sich fast keiner mehr auf die Straße, um dort nicht einer Bande von »armed robbers« in die Hände zu fallen. Aber auch in ihren Häusern fühlten sich die Städter nicht sicher; sie verbarrikadierten sich nachts hinter einbruchsicheren Gittern, die vor allen Haustüren und Fenstern angebracht waren.

Aber war das ein Wunder? Die kurze Zeit des Ölbooms hatte die Charaktere selbst der einfachsten Dorfleute verdorben; in jenen Jahren kannten alle Nigerianer nur ein einziges Ziel, nämlich etwas abzubekommen vom »national cake«. Die Entwicklung des Landes blieb dabei auf der Strecke, denn die Öldollars versickerten in den dunkelsten Kanälen. Und jetzt, da der Boom vorbei war, gab es immer noch einige wenige, die sich jeden Luxus leisten konnten; die Mehrheit der Bewohner dieses übervölkerten Landes trieb derweil am Rande eines Abgrundes dahin – schien sich dessen aber nicht einmal bewußt zu sein. Diese Mißstände waren eine Folge jenes falschen Weges, den das Land in blindem Eifer eingeschlagen hatte, als es glaubte, sich zu »entwickeln«. Tatsächlich hat es aber nur billige Imitationen hervorgebracht, und zwar mit Vorliebe von solchen westlichen Errungenschaften, die letzten Endes zerstörerisch wirken. Im Gegensatz zu den hochtechnisierten Industriestaaten ist ein Land wie Nigeria aber zu arm, um sich die Folgekosten dieser irregeleiteten Entwicklung leisten zu können.

Aber mit derartigen Argumenten stand ich in Nigeria allein in weiter Flur und stieß damit bei meinen Landsleuten auf taube Ohren. Nun, in der Theorie kannte ich all diese Dinge ziemlich gut; es war aber etwas anderes, mit eigenen Augen zu sehen, wohin das Land und seine Leute trieben. Was mich jedoch am meisten schokkierte, war das allenthalben fehlende Bewußtsein für den Ernst der eigenen Lage – mehr noch, daß die Betroffenen für keinerlei Aufklärung auf diesem Gebiet offen waren. All mein Reden über die Mechanismen der Ausbeutung zwischen der sogenannten Ersten und Dritten Welt, über die auch in Nigeria nicht mehr zu übersehende Umweltverschmutzung und andere brennende Themen stießen auf Unverständnis – ja, ich erntete Spott. Ich mußte mir eine nahezu unüberwindbare Kluft zwischen mir und meinen Landsleuten eingestehen. Ihnen waren ganz andere Dinge wichtig als mir; sie nahmen mich und meine Argumente gar nicht für voll. Und überhaupt – es reichte nicht einmal zu einem Gespräch auf meinem Niveau, auch nicht bei Studenten und Universitätsabsolventen. Männer und Frauen interessierten sich in erster Linie für eines, nämlich, »how to make money«, die Frauen darüber hinaus oder sogar noch vorrangig fürs Heiraten. Ja, das war für Frauen aller Bildungs- und Gesellschaftsschichten allererste Priorität. Heiraten um jeden Preis, ganz gleich wen, Hauptsache einen Mann, denn erst dann fühlten sie sich als vollwertige Gesellschaftsmitglieder. Dies sind die Ausschnitte aus dem Leben in Nigeria, die mich während meines Besuches dort am meisten betroffen gemacht haben. Sie spiegelten den nigerianischen Zeitgeist wieder, waren das Resultat einer gesellschaftlichen Veränderung, an der ich keinen Anteil gehabt hatte. Deshalb waren mir die Denk- und Handlungsweisen der Nigerianer so erschreckend fremd.

Neben einem heftigen Kulturschock, der bei mir gleich aus zwei Quellen genährt wurde (einmal aus dem Vergleich mit dem Land, in dem ich nun seit Jahren lebte, zum anderen aus der Erinnerung an das Land, das ich einst verlassen hatte und in das ich nun zurückgekehrt zu sein glaubte), brachte mir dieser Nigeriaaufenthalt nichts als grenzenlose Frustration. Während all der Krisen, die ich in Deutschland durchlebt hatte, hatte mich unter anderem auch jener Gedanke aufrecht gehalten, der mir seit meiner Schulzeit als Fernziel im Kopf schwebte: Wenn ich eines Tages all das geschafft hätte, was ich studienmäßig in Europa erreichen wollte, wollte ich nach Nigeria zurückkehren, meine Kenntnis dort zum Nutzen des Landes einsetzen und mir eine Existenz aufbauen. Aber – war das noch ein Land, in das ich guten Gewissens zurückkehren konnte? Ich fürchtete »nein«! So sah ich in diesen vier Wochen meine langgehegte Hoffnung auf die Erfüllung eines alten Traumes wie Mahlsand zwischen meinen Händen zerrinnen. Ich fühlte mich aber nicht nur desillusioniert, sondern mit einem Schlage entwurzelt – empfand mich als einen heimatlosen Passagier, der mit schwerem Gepäck auf dem Rücken ziellos zwischen zwei Welten wanderte, ohne einen Platz zu finden, an dem er seine Last abstellen und zur Ruhe kommen konnte. Nigeria war mir so unsagbar fremd geworden und schleuderte mir mit nie geahnter Kaltschnäuzigkeit ins Gesicht: Du paßt nicht mehr hierher. Du bist keiner mehr von uns! Und Deutschland hatte mir in den vergangenen Jahren zu oft und zu schadenfroh zu verstehen gegeben, daß ich dort nicht erwünscht, allenfalls für eine begrenzte Zeit geduldet war, als daß in mir auch nur die geringste Hoffnung hätte aufkeimen können, daß ich hier jemals wirklich eine Heimat finden möge. Das waren die Gefühle, mit denen ich Nigeria verließ und nach Deutschland zurückreiste – es waren niederschmetternde Gefühle, doch konnte und wollte ich ihnen nicht erlauben, allzu sehr Besitz von mir zu ergreifen, denn mein Verstand mahnte mich, daß dieses Problem jetzt nicht aktuell sei. Zunächst einmal erwartete mich in Deutschland eine neue Aufgabe, die meine ungeteilte Aufmerksamkeit in Anspruch nehmen würde, denn es galt jetzt, meine Facharztausbildung in Angriff zu nehmen, die noch einige Jahre meines Lebens kosten würde, und erst danach wäre es an der Zeit, eine Entscheidung zu treffen, wo ich bleiben und was ich tun sollte.

Noch geschwächt von einem Malariaanfall reiste ich wenige Tage nach meiner Rückkehr aus Nigeria erwartungsvoll nach Freiburg, um meine Stelle als Assistent in der Universitätszahnklinik anzutreten. Dort wurde mir gleich am Morgen meines ersten Arbeitstages ein denkwürdiger Vorgeschmack dessen vermittelt, was das Arbeitsklima in dem Team ausmachte, dem ich nun angehörte. Ich erschien pünktlich in der Klinik und wußte erst nicht so recht, wohin ich mich wenden sollte. Ich ging auf einige Helferinnen zu, die schwatzend auf dem Flur standen, grüßte freundlich und fragte, wo ich um diese Zeit die Ärzte finden könne. Eines der Mädchen beschrieb mir den Weg zu dem Raum, in dem die Ärzte zur allmorgendlichen Dienstbesprechung zusammentrafen. Ich fand ihn ohne weitere Schwierigkeiten, klopfte an und trat ein. Es waren bereits einige Kollegen versammelt, aber keiner von ihnen nahm überhaupt Notiz von mir. War es hier so selbstverständlich, daß ein Fremder in die ärztliche Dienstbesprechung hereinplatzte, daß es niemanden mehr interessierte, wer der Eindringling war?

Ich kannte keinen der Anwesenden, denn ich hatte auf meine Bewerbung hin eine verbindliche Zusage erhalten, ohne zuvor zu einem persönlichen Vorstellungstermin geladen worden zu sein. Und so wußte ich nicht, daß es der Erste Oberarzt, Professor ND, war, der im Laufe der Besprechung ganz nebensächlich bemerkte: »Ach übrigens, das ist unser neuer Assistent, Herr Oji«, wobei er mit dem Arm in meine Richtung wies. Die Kollegen quittierten diese beiläufige Einführung des Neuen in ihren Kreis mit Desinteresse; kaum einer wandte sich nach mir um, geschweige denn, daß jemand mich durch ein kurzes Kopfnicken begrüßt hätte. Nur einer aus der Runde, Wolfgang B., kam am Ende des Treffens auf mich zu, gab mir die Hand und hieß mich herzlich willkommen. Freundlich half er mir, mich erst einmal unter den neuen Gegebenheiten zurechtzufinden; er nahm sich die Zeit, mir den Umkleideraum zu zeigen, einen leeren Spind für mich zu suchen und mir zu erklären, was am ersten Arbeitstag noch wichtig zu wissen ist.

Die Interesselosigkeit der anderen vermittelte mir ein Gefühl des Nichtangenommenwerdens, der Zurückweisung, das ich vom Studium her noch in bitterer Erinnerung hatte. Und ich hatte nach all jenen schmerzlichen Erfahrungen der vergangenen Jahre keinen Grund, daran zu zweifeln, daß ihr Verhalten die Ablehnung eines Schwarzen im Kollegium widerspiegelte. Doch ausnahmsweise wurde ich in diesem Punkt später eines Besseren belehrt, denn niemandem, der nach mir neu zu uns kam, wurde ein liebenswürdigerer Empfang bereitet als mir an jenem ersten Morgen! Ich erkannte bald, daß an meinem Arbeitsplatz ein äußerst kühles und unpersönliches Klima herrschte – eine Atmosphäre, in der das kollegiale Verhältnis rein sachbezogener Natur war und von einem formellen Umgangston bestimmt wurde. Ein freundschaftlicher Kontakt wurde jeweils nur von wenigen einzelnen innerhalb fester Cliquen gepflegt; darüber hinaus war es schon fast ein Wunder, wenn zwei miteinander so »warm« wurden, daß sie nach Feierabend zusammen auf ein Bier in die Kneipe um die Ecke gingen.

Irgendwie schien aber das frostige Arbeitsklima, in das ich geraten war, seinen Ursprung in der »Chefetage« zu haben. Durch seine Ausstrahlung schuf unser Chef, Professor S., nämlich eine ganz unnatürliche Distanz zu seinen Assistenten. Er interessierte sich für nichts anderes als seine Privatpatienten und die Berufspolitik; grundsätzlich erschien er nicht bei den täglichen Dienstbesprechungen, und wenn es keinen anderen zwingenden Grund gab, ließ er sich nur bei der Chefvisite und der Vorstellung neuer Patienten blicken. Bei diesen Anlässen sprach keiner von uns ein Wort, vielmehr tat jeder so, als lausche er ehrfuchtsvoll den mit selbstgefälligem Gebaren vorgetragenen und meist unnötig langatmigen Monologen des Chefs. Wenn sich – was höchst selten vorkam – doch einmal ein Dialog entwickelte, dann nur zwischen ihm und seinem Ersten Oberarzt; und diese Zwiesprache war immer sehr einseitig, denn letzterer widersprach seinem Herrn nie und gab ihm unterwürfig in allem recht. Professor S. dachte überhaupt nicht daran, sein Erfahrungswissen mit uns zu teilen; tat er es aber ausnahmsweise doch einmal, dann spürbar von oben herab, und immer verbunden mit der arroganten Frage: »Wissen Sie das etwa nicht? Aber das hat man doch zu wissen!« Mir hat er in den fast vier Jahren meiner Facharztausbildung nur ein einziges Mal bei einer Operation zur Seite gestanden, und das auch nur, weil an dem Tag kein anderer älterer Assistent zur Verfügung stand, der es hätte tun können. Eine Zahnärztin ließ, nachdem sie schon jahrelang in unserer Abteilung gearbeitet hatte, einmal verlauten, sie glaube nicht, daß der Chef sie überhaupt kenne! Nun, ich lief nicht Gefahr, von ihm übersehen oder verwechselt zu werden, allerdings konnte er sich nie merken, aus welchem Land ich eigentlich komme. Jeden x-beliebigen Dritte-Welt-Ausländer, auf den die Rede kam, bezeichnete er pauschal als meinen »Landsmann«. Den Anschein der Unerreichbarkeit, den Professor S. um sich verbreitete, setzte er bewußt und gezielt zum Aufbau eines ganz bestimmten Images ein, nämlich des über alles und jeden erhabenen Halbgottes in Weiß. Einmal in drei bis vier Jahren gab er ein Fest für seine Mitarbeiter. Bei diesem Anlaß sahen wir, die wir weiter unten in der Klinikhierarchie standen, ihn nur umringt von seinen Kronprinzen, die beschämend auffällig um seine Gunst buhlten. Sie versuchten, sich gegenseitig darin zu übertreffen, ihn zu hofieren; und wie auf Kommando brachen sie auf jeden seiner Witze einstimmig in ein angepaßtes, bestätigendes Lachen aus, das stark gekünstelt klang.

Trotz all dieser Dinge, die ich in lebhafter Erinnerung behalten habe, blieben mir gewisse Unterschiede im Verhältnis der Deutschen zueinander und zu mir nicht verborgen, auch wenn sie anfangs eher unterschwellig zum Ausdruck kamen. Zum Beispiel war es auf der Station, der ich zuerst zugeteilt worden war, üblich, daß Ärzte und Schwestern sich morgens zum gemeinsamen Frühstück mit frischen Brötchen und Kaffee zusammenfanden, und natürlich schloß ich mich nicht davon aus. Doch schon bald hörte ich flüsternde Stimmen hinter meinem Rücken, die mir nachsagten, ich müsse »immer erst frühstücken«, bevor ich mit der Arbeit beginnen könne. Von diesem Geschwätz unangenehm berührt, fand ich mich nach einiger Zeit immer seltener und schließlich gar nicht mehr zur geselligen Kaffeerunde ein. Statt dessen brachte ich mir Joghurt, Flocken und Studentenfutter mit, mixte mir ein leckeres Müsli daraus und verzehrte es für mich allein in einer stillen Ecke. Aber auch damit lieferte ich den anderen einen Grund für ihr boshaftes Gemunkel; jetzt hieß es: »Der Oji meidet uns. Er praktiziert umgekehrte Apartheid!«

Zu Anfang meiner Ausbildung stürzte ich mich begeistert in mein neues Arbeitsfeld und wollte nichts auslassen, was dazugehörte; auch die Forschung interessiert mich. Mein Interesse und meine Nachfrage nach geeigneten Projekten stießen aber auf keine Resonanz; das Angebot, mich an Forschungsaufgaben zu beteiligen, blieb aus; statt dessen wurden direkt vor meinen Augen deutsche Kollegen, auch dienstjüngeren, immer wieder solche Angebote gemacht. Es stand dort zum Beispiel ein Akupunkturgerät ungenutzt herum und sammelte Staub. Schon während meines Studiums hatte ich mich mit der Akupunktur beschäftigt und einige Kurse dazu besucht. Jetzt hätte ich gerne mit diesem Gerät gearbeitet und trug dem Chef mein Anliegen vor. »Sehr interessant«, lautete die Antwort, »aber zuvor muß ich noch das und das mit dem und dem in Tübingen klären, danach können Sie gerne mit dem Gerät forschen.« Sprach's, drehte sich um und ließ mich stehen. Von Zeit zu Zeit erinnerte ich ihn an meinen Wunsch, worauf er regelmäßig entgegnete: »Ja, ja, ich habe es nicht vergessen, aber ich habe die Sache mit dem Tübinger Kollegen noch nicht geklärt. Gedulden Sie sich noch ein wenig, und fragen Sie mich ruhig immer wieder.« Dabei beließ er es dann. Zwei Jahre hielt er mich mit ähnlich klingenden Ausreden hin, die er jedes Mal mit den Worten beschloß: »Aber fragen Sie mich ruhig immer wieder.« Dann hatte ich die Nase voll, denn inzwischen hatte ich begriffen, daß es ihm absolut nicht ernst mit seinen Vertröstungen war. Andererseits hatte ich bis dahin unfreiwillig die Gelegenheit erhalten, ihn »richtig« kennenzulernen, den wahren Charakter hinter seiner aufgesetzten Maske der Erhabenheit zu durchschauen, aber das ist eine andere Geschichte.

Ich war froh, für den Übergang in Freiburg eine Unterkunft im Personalwohnheim bekommen zu haben, denn es war nicht ganz leicht, eine angemessene Wohnung für meine Familie und mich in der Stadt zu finden. Meine Kollegen wußten von meinen Bemühungen um eine Wohnung, und es war ihnen auch kein Geheimnis, daß ich fremd in Freiburg war. Aber nicht einer von ihnen zeigte in dieser Hinsicht auch nur das geringste Interesse an mir oder hätte auch nur andeutungsweise seine Hilfe angeboten. Ich muß zugeben, daß mich trotz meines langen Deutschlandaufenthaltes diese Haltung unangenehm berührte. Für mich wäre es völlig selbstverständlich gewesen, einem Menschen in einer vergleichbaren Lage zu helfen, wenn ich die Möglichkeit dazu gehabt hätte. Nichts dergleichen geschah. Allerdings fragte mich einer der Oberärzte, Herr St. – ein alteingesessener Freiburger, dessen Vater viele Häuser in der

Stadt besitzt –, allmorgendlich in bedeutungsvollem Unterton, wobei ein falsches Lächeln seinen Mund umspielte: »Na, Herr Oji, noch immer keine Wohnung gefunden?« So oft ich seine Frage bestätigte und ihn scherzhaft bat, mir zu helfen, winkte er ab: »Oh nein, leider kann ich Ihnen da auch nicht weiterhelfen.« Auch Professor S. hatte mitbekommen, daß ich auf der Suche nach einer Wohnung war, seiner Natur entsprechend ließ ihn das aber völlig kalt. Entgegen seiner Gewohnheit, sich von dort fernzuhalten, betrat er eines Morgens überraschend das Besprechungszimmer. Ohne jeden Bezug zu mir, und ohne mich überhaupt anzusehen, warf er einige Zettel auf den Tisch, die er mit den knappen Worten kommentierte: »Die Uni hat Wohnungen zu vergeben.« Nun, nach einigen Wochen fand ich eine Wohnung, ohne daß es dazu der hilfreichen Unterstützung lieber Kollegen bedurft hätte.

Wie jede andere chirurgische Ausbildung verläuft der Weg zum Zahn-, Mund- und Kieferchirurgen in der Praxis über eine intensive Zusammenarbeit und einen ständigen Austausch zwischen den älteren, berufserfahrenen und den jungen, auszubildenden Ärzten. Zu meiner Zeit lief in der Freiburger Universitätsklinik das Ausbildungsprogramm folgendermaßen ab: Zuerst zeigten die älteren Kollegen den jüngeren die einfachen Eingriffe und leiteten sie dazu an, sie auszuführen. Sie begleiteten sie, bis sie Sicherheit gewonnen hatten. Erst dann erhielten die Assistenzärzte Zugang zu mittleren bis schweren Operationen, bei denen der Erste Oberarzt so lange assistierte, bis sie sie zuverlässig beherrschten.

Trotz meiner bitteren Studienerfahrungen an verschiedenen zahnmedizinischen Hochschulen hatte ich mir eine bestimmte Idealvorstellung von Lehrern und Lernen bewahrt, mit der ich im Januar 1982 meine Facharztausbildung antrat. Ich ging davon aus, daß der Auszubildende durch das Vorbild des Lehrers lernen, durch konstruktive Kritik auf den richtigen Weg geführt und durch ermutigenden Zuspruch in seinen Lernerfolgen bestärkt werden sollte, so daß er in einer vertrauensvollen Atmosphäre Professionalität und Perfektion erlangen könnte. Ein solches positives Lernklima erwartete ich um so mehr in einem Kollegium von mehr oder weniger Gleichen vorzufinden, im dem sich Lehrende und Lernende nur durch den Vorsprung der Jahre, nicht aber durch Standesgrenzen voneinander unterscheiden. Und tatsächlich konnte ich in der folgenden Zeit beobachten, daß es genau dieser freundliche und verständnisvolle Führungsstil war, in dem die jungen deutschen Kollegen unterrichtet wurden. Was aber mich selbst betraf, so wehte der Wind aus einer anderen Richtung! Nur zwei der fortgeschrittenen Assistenten machten sich die Mühe, mich ruhig und einfühlend und mit dem erforderlichen Quäntchen kollegialer Toleranz zu unterweisen; alle anderen hatten es offenbar nur darauf abgesehen, mir zu zeigen, was ich nicht konnte. Bei der geringsten Unsicherheit meinerseits riß ihnen sofort der Geduldsfaden; der kleinste Anlaß genügte ihnen, mich mitten in einer Operation anzuschreien und wie einen dummen Jungen herunterzuputzen. Sie benahmen sich, als unterstellten sie, daß ich nicht fähig wäre, hinzuzulernen. Hatten sie denn erwartet, daß ich mit einem Chirurgenbesteck in den Händen geboren und mir all das bereits in die Wiege gelegt worden wäre, was ich unter ihrer geduldigen Anleitung doch erst lernen sollte? Wann immer ich eine Lücke offenbarte oder zugab, daß ich etwas nicht wußte, wurde dies von fleißigen Mäulern dem Chef zugetragen mit den Worten: »Der Oji hat mal wieder Schwierigkeiten . . .« Und Professor Sch. bemühte sich nicht ein einziges Mal darum, sich ein eigenes Bild von meinem Können oder Nichtkönnen zu machen; vielmehr übernahm er bereitwillig das ungeprüfte Urteil der anderen über mich. All das war so frustrierend und demoralisierend, daß es mir oft schwer fiel, nicht die Flinte ins Korn zu werfen, sondern unbeirrt weiterzumachen; und natürlich verlangsamte das Ganze meine Ausbildung. Doch ich hatte schon Schlimmeres erlebt und ließ mich daher nicht so leicht entmutigen. Ich arbeitete mit größter Sorgfalt, prägte mir haargenau jeden Handgriff ein und versuchte, auf diese Weise so viel wie nur möglich zu lernen. Wenn es die organisatorische Planung, der ich unterworfen war, nur eben zuließ, hielt ich mich an jene beiden Kollegen, die mir nichts Übles wollten.

Jeder Ausbildungsassistent mußte ein bestimmtes Pensum von Operationen absolviert haben, bevor er sich zur Facharztprüfung anmeldete. Irgendwie schafften es nun die Verantwortlichen immer wieder, den OP-Plan so zu erstellen, daß er mich meinen deutschen Kollegen gegenüber benachteiligte; und es dauerte nicht lange, bis ich in einen merklichen Rückstand geriet. Ein Kollege, der gleichzeitig mit mir seine Stelle angetreten hatte, kam bedeutend schneller voran als ich, und schon bald mußte ich mit ansehen, daß auch dienstjüngere Assistenten, selbst solche, die bis zu zwei Jahren nach mir gekommen waren, Operationen ausführten, an die man mich nicht heranließ. Mir überließ man immer gerne die Stationsarbeit – eine zweifellos wichtige Aufgabe, die mich meinem Ausbildungsziel aber nicht näher brachte. Nur wenn ich mich oft und laut genug beschwert hatte, wies man mir auch mal einen schwierigen Eingriff zu, den ich dringend machen mußte, um mein Ausbildungssoll zu erfüllen. Einmal standen wir alle vor der Tafel, an der die Operationen für den nächsten Tag eingetragen waren, und auch mein Name war dort vermerkt. Ein Weisheitszahn sollte entfernt werden, und das hatte ich schon oft gemacht. Alarmierend rief einer der Kollegen aus: »Aber sein Vater (der des Patienten) ist Arzt!« Schwupp – kommentarlos wurde mein Name ausgewischt und der eines Deutschen angeschrieben. Es deprimierte mich sehr, von jenen so stiefkindlich behandelt zu werden, die mir ohne jeden Zwang einen Platz in ihrem Team angeboten hatten und nun für mein berufliches Fortkommen verantwortlich waren. Den jüngeren deutschen Kollegen war es durchaus bewußt, wie sehr ich benachteiligt wurde; und es gab einige wenige, die das bedauerten oder denen es peinlich war. Aber es gab auch welche, die sich nicht schämten, sich auf meine Kosten zu profilieren.

Angehörige aller Berufsgruppen irren sich gelegentlich oder machen Fehler bei der Verrichtung ihrer täglichen Arbeit – wir Ärzte bilden hier keine Ausnahme. Das Tragische daran ist nur, daß der Irrtum eines Arztes sich immer unmittelbar am Menschen, und zwar an seinem höchsten Gut, der Gesundheit, auswirkt und deshalb zu fatalen Folgen führen kann. Aber nicht jedes ärztliche Versehen ist gleich ein folgenschwerer Kunstfehler; oft sind es verzeihliche Mißgriffe, die dem Operateur unbemerkt passieren, und sie fallen unter den Kanon der kalkulierbaren Operationsrisiken. Natürlich waren solche Unfälle in unserem Operationsalltag nicht sehr häufig, und wenn sie sich ereigneten, konnten dem Patienten zumeist vertretbare Erklärungen dafür gegeben werden – aber sie kamen unbestreitbar auch bei uns vor! So wurde mal der falsche Zahn gezogen, ein Nerv geknackst oder gar getötet, oder beim Ziehen eines Weisheitszahnes der Kiefer gebrochen. Für den Operierenden war das natürlich immer eine peinliche Angelegenheit;

und traf das Pech einen deutschen Kollegen, so waren sich alle, die davon wußten, einig, daß die Sache vor dem Chef bzw. dem Ersten Oberarzt verheimlicht und vor dem betroffenen Patienten vertuscht werden mußte. Traf es aber mich, dann lag der Fall ebenso klar: Mißgünstig und schadenfroh wurde mein Fehler brühwarm dem Chef zugetragen: »Der Oji hat mal wieder Mist gebaut!«

Die Feindseligkeit meiner älteren Kollegen und Vorgesetzten lag wie ein drohender Schatten über den Jahren meiner Ausbildung, denn ich wußte nie, zu welchen Schlägen gegen mich sie sie schlimmstenfalls treiben würde. Immerhin war der Kollege Uli S., der mich seine Ablehnung besonders oft und gern spüren ließ, skrupellos genug, eines Tages das böse Gerücht in die Welt zu setzen, ich schliefe während meiner Nachtdienste nicht in der Klinik. Diese ungeheuerliche Lüge wirbelte vorübergehend viel Staub auf, verlief dann aber im Sande. Das heißt, so ganz spurlos vorlor sie sich nicht im Sand, denn wenn auch keine Beweise für diese infame Behauptung erbracht werden konnten, und sie darum auch keine ernsthaften Konsequenzen nach sich zog, so verstieg sich die in ihrem Denken von ihr vergiftete Klinikleitung doch dazu, die Nachtschwestern zur Überwachung meiner nächtlichen Anwesenheit im Dienstzimmer zu benutzen. Denn in den folgenden Wochen häuften sich in auffälliger Weise Anrufe der diensthabenden Schwestern, die mich wegen irgendwelchen Lappalien aus dem Schlaf klingelten, so manches Mal auch nur »verwählt« hatten, oder sonst einen ebenso belanglosen wie fadenscheinigen Vorwand fanden, im Dienstzimmer durchzuläuten. Nach einiger Zeit ebbten diese Kontrollanrufe wieder ab, wohl auch, weil der von ihnen erhoffte Erfolg ausblieb!

Ach übrigens – auch hinsichtlich der Nacht- und Wochenenddienste galten für mich nicht dieselben Spielregeln wie für alle anderen. Die Dienste waren folgendermaßen gestaffelt: Den vierten Dienst leistete ein Zahnarzt; er verbrachte die Nacht oder das Wochenende ebenso in der Klinik, wie der kieferchirurgische Assistent, der den dritten Dienst versah. Der zweite Dienst war ein Bereitschaftsdienst und entfiel auf einen erfahreneren Kieferchirurgen; dieser konnte sich außerhalb der Klinik aufhalten, mußte aber jederzeit telefonisch erreichbar sein und in solchen Notfällen, denen sich der Jüngere nicht allein gewachsen fühlte, sofort kommen. Im ersten

Dienst hielt sich ein Oberarzt für ganz schwierige Fälle ebenfalls in Rufbereitschaft. So wurde zu einer Zeit ein jüngerer Kollege zum Bereitschaftsdienst befördert, obwohl es eigentlich mir zugestanden hätte. Der Kollege wußte das und lehnte standhaft seine Bevorzugung ab, doch unsere Vorgesetzten bestanden darauf, daß sie ihn befördern wollten. Ihm war das sehr unangenehm, und er verschwieg ihnen nicht, daß er ihre Entscheidung unfair fand, weil eigentlich ich an der Reihe gewesen wäre und mit Sicherheit nicht weniger könnte als er. Aber sein Widerspruch verhallte ohne jede Resonanz. Später sagte er mir unter vier Augen: »Chima, es ist schlimm, was die mit dir machen. An deiner Stelle bliebe ich nicht hier. Sieh zu, daß du etwas anderes findest; hier kommst du doch nicht voran.« Er hatte gut reden, denn er war ja nicht an meiner Stelle, oder genauer gesagt: er steckte nicht in meiner Haut; und ich wußte nur zu genau, daß ich an keiner anderen Klinik in Deutschland etwas anderes erleben würde als die hier erfahrenen Benachteiligungen. Deshalb gab es für mich nur noch eine Devise, und die lautete: Durchhalten – koste es, was es wolle. Ein Wechsel kam nicht in Frage, denn ich hatte kein Verlangen mehr danach, so wie früher vom Regen in die Traufe zu kommen. Ich wußte aber auch, daß mein Kollege, der es nur gut mit mir meinte, das nicht verstehen würde; ich verzichtete deshalb darauf, das Thema mit ihm zu vertiefen.

Irgendwann konnten meine Vorgesetzten mir den zweiten Dienst nicht länger vorenthalten, aber selbst da fand sich noch eine Tür, die sie vor mir verschlossen hielten: Sie ließen mich keinen Außendienst machen, das heißt, die Betreuung von Patienten in anderen Kliniken, die einer kieferchirurgischen Behandlung bedurften, wurde ausgeklammert. Normalerweise war sie Bestandteil des zweiten Dienstes, nun wurde sie zu einem Privileg, das allein den deutschen Kollegen vorbehalten blieb.

Um alles, was meinem Weiterkommen dienlich gewesen wäre, und was sich eigentlich automatisch aus Dienstalter etc. hätte ergeben sollen, mußte ich kämfen. Nur unter ständigen Protesten und Beschwerden über meine Zurücksetzungen erreichte ich, daß man mir letztendlich – wenn auch dann noch zögernd – das zukommen ließ, was mir zustand.

Damals kannte ich einen Augenarzt aus Sierra Leone; er war als Offizier von seiner Regierung nach Deutschland geschickt worden, um hier die Facharztanerkennung zu erwerben. Er war ein sogenannter »Gastarzt«, denn er hatte nicht hier studiert, war im Auftrag seines Landes hier, erhielt ein Stipendium von seiner Regierung, und deshalb für die Arbeit, die er wie jeder andere Ausbildungsassistent leistete, keine Bezüge von der Universitätsklinik. Das Maß an Diskriminierungen, das er an seinem Arbeitsplatz, der Augenklinik der Universität Freiburg, erdulden mußte, überstieg alle seine Erwartungen, und oft wohl auch seine Kräfte. Im Gespräch mit mir weinte er einmal bitterlich darüber. Ich versuchte, ihn damit zu trösten, daß es mir nicht anders als ihm erginge, doch davon wollte er nichts hören, vielmehr wehrte er ab mit den Worten: »Oh nein, mach mir nichts vor. Dir als Dr. Dr. kann es doch gar nicht so schlecht gehen wie mir! Du bist schon so lange in Deutschland, hast hier studiert und alles – du kennst die Leute, mit denen du es zu tun hast, und sie respektieren dich, denn du bist schon fast einer von ihnen. Ich dagegen – ein Gastarzt, und nur so kurze Zeit im Land –, ich weiß nicht, wie man am besten mit ihnen umgeht, und das lassen sie mich spüren, deshalb schikanieren sie mich von morgens bis abends.« Es gelang mir nicht, ihm diesen kurzsichtigen Glauben zu nehmen, und ebenso konnte ich ihn nicht davon überzeugen, daß ein Wechsel der Klinik keine Lösung seiner Probleme sein würde. Gegen meinen nachdrücklichen Rat gab er kurze Zeit später in Freiburg auf und ging nach Berlin, wo er bessere Bedingungen vorzufinden hoffte.

Solange ich meine Ausbildung noch nicht abgeschlossen hatte, biß ich die Zähne zusammen und schluckte, was immer man mir zumutete; mein einziger energischer Protest richtete sich gegen meine Benachteiligung bei der Vergabe von Operationen, denn schließlich mußte ich eines Tages eine bestimmte Anzahl davon vorweisen. So überwand ich Schritt für Schritt die Steine, die mir in den Weg gelegt wurden und konnte letztendlich das für die Zulassung zur Facharztprüfung notwendige Pensum vorlegen. In die Prüfung, die außerhalb der Klinik abgehalten wurde, ging ich gut vorbereitet hinein und bestand sie ohne Probleme. Hätte ich mich nun aber der Illusion hingegeben, daß mir als Facharzt ein höheres Maß an Kollegialität entgegengebracht werden würde, dann hätte ich nach bestandener Prüfung eine herbe Enttäuschung erlebt; die Schikanen wurden nämlich nicht weniger – sie nahmen eher zu! Oder war es nur so, daß ich sie jetzt noch deutlicher als vorher empfand? Wie dem auch sei – nun, da ich nicht mehr um jeden Preis durchhalten mußte, war ich nicht bereit, so viel wie vorher widerspruchslos hinzunehmen. Ich wollte das Jahr, das mir bis zum Ende meines Vertrages noch blieb, nutzen, um meine Berufserfahrungen zu vergrößern, und mich währenddessen in aller Ruhe nach einer geeigneten Stelle umsehen. Aber ich war fest entschlossen, in der Klinik gegen alle Ungerechtigkeiten aufzubegehren, selbst wenn ich deshalb meinen Arbeitsplatz verlieren sollte. Damit war besiegelt, daß sich Konfrontationen in Zukunft nicht vermeiden lassen würden.

Ich erinnere mich an einen Vorfall aus dieser Zeit; laut OP-Plan sollte ich einen kleinen Eingriff vornehmen, dessen Ausführung ich sicher beherrschte. Beim Betreten des Operationssaales traf ich auf den Kollegen Wolfgang B., der in vollständiger OP-Bekleidung bereitstand, um mir zu assistieren. Ich war völlig überrascht, denn so hatte es nicht auf dem Plan gestanden! Ich verlangte eine Erklärung; dem Wolfgang war das alles ziemlich peinlich, und er gestand mir, daß er angewiesen worden sei, meine Arbeit zu überwachen. »Ich kann nichts dafür«, sagte er, sich hilflos für seine unfreiwillige Rolle entschuldigend. Die Maßnahme, zu der man ihn mißbraucht hatte, erzürnte mich so sehr, daß ich stehenden Fußes den Ersten Oberarzt bei einer Operation im Nebenraum aufsuchte und ihm ganz entschieden erklärte, ich sei unter diesen Umständen nicht bereit, zu operieren, das könne der Kollege nun selber tun. Entschlossen zog ich mich um und verließ den Operationssaal.

Bald darauf war wieder einmal ein Dienstplanwechsel fällig, und nach meiner Meinung stand mir nun endlich einmal die Leitung einer Station zu. Diesen Anspruch hatte ich beizeiten angemeldet und erwartete, daß man ihn jetzt, da ich Facharzt war, auch berücksichtigte. Welch ein Irrtum! Man schickte mich als Assistenten in die Ambulanz, wo mich nur wenige Aufgaben erwarteten, die meiner Qualifikation entsprachen. Stationsarzt wurde wie üblich ein junger deutscher Kollege, der seine Facharztausbildung noch längst nicht beendet hatte. Er war ungefähr zwei Jahre nach mir zu uns gekommen, mir seither ständig vorgezogen worden und erhielt nun die Position, auf die ich schon lange ein Recht gehabt hätte. Übrigens ist er eineinhalb Jahre nach mir zur Facharztprüfung angetreten und dabei durchgefallen!

Der seit Jahren in mir aufgestaute Ärger, die aus seiner ständigen

Unterdrückung resultierenden nervlichen Anspannungen und die verschärften aktuellen Spannungen am Arbeitsplatz griffen schließlich meine Gesundheit an. Ich hatte schon immer einen empfindlichen Magen, jetzt brach eine langwierige Magenschleimhautentzündung aus, die mir schwer zusetzte, denn bei jeder kleinen Aufregung trat sie äußerst schmerzhaft in Erscheinung. Mitte März 1986 verschlimmerten sich meine Magenbeschwerden solcherart, daß ich einen befreundeten Arzt aufsuchte, der in Freiburg praktizierte. Er riet mir dringend, mir etwas Ruhe zu gönnen und ein paar Tage zu Hause zu bleiben. Auf ein ärztliches Attest verzichtete ich, weil ich glaubte, mich innerhalb der drei Krankheitstage, die mir ohne schriftliche Krankmeldung zustanden, gut genug erholen zu können, um danach wieder arbeiten zu gehen. Aus diesem Vorfall versuchten meine Vorgesetzten den Strick zu drehen, der meinen Arbeitsplatz abwürgen sollte. Deshalb kann ich – auch wenn es kleinlich erscheint – den genauen Hergang der Ereignisse hier nicht aussparen:

Am Dienstag morgen, den 18. März 1986, erschien ich pünktlich zum Dienst und suchte dort vergeblich den Oberarzt der Ambulanz, Dr. St., meinen derzeitigen direkten Vorgesetzten. Ich wollte ihm mitteilen, daß es mir nicht gut ging und ich deshalb zum Arzt gehen mußte. St. war jedoch nirgends zu finden, und es konnte mir auch niemand sagen, wo er sich aufhielt; deshalb gab ich in der Abteilung Bescheid, bevor ich mich von dort entfernte, blieb aber noch einige Zeit im Klinikgebäude, um mich von einem Kollegen zahnärztlich behandeln zu lassen. Dann fuhr ich zu meinem Hausarzt und anschließend zurück zur Klinik. Jetzt traf ich St. an, der jedoch so aufgebracht reagierte und so ungezügelt seinem selbstgerechten Zorn über mein »unerlaubtes Fernbleiben vom Dienst« Luft machte, daß ich kaum in der Lage war, ihn darüber aufzuklären, wo ich gewesen war, warum ich es ihm nicht schon morgens hatte sagen können, und daß ich aus gesundheitlichen Gründen ein paar Tage zu Hause bleiben mußte. Ich hatte das Gefühl, daß er mir überhaupt nicht einmal zuhörte. Rechthaberisch beharrte er auf seiner Sicht der Dinge und verlangte von mir, den heutigen Tag als Urlaub zu melden. Erst den darauffolgenden Mittwoch wollte er als Krankheitstag gelten lassen. Ich ärgerte mich sehr über seine starrköpfige Machtdemonstration; aber gut, wenn er es so wollte, dann würde ich halt von Mittwoch bis Freitag, also drei Tage lang, zu Hause bleiben und den heutigen Dienstag als Urlaubstag melden. Aber diese Formalität, die in der Verwaltung erledigt werden mußte, konnte noch warten – ich würde jetzt erst einmal nach Hause gehen. Ich war verstimmt über die Demütigung durch St., erschöpft von den Anstrengungen des Tages, und mein Magen erinnerte mich schmerzhaft daran, daß ich krank war und Ruhe brauchte. In dem Zustand machte ich mir nicht einmal Gedanken darüber, daß es keine Zeugen gab, die unser Streitgespräch mit angehört hatten.

Am Morgen des 24. März, also am darauffolgenden Montag, wurde ich gleich nach Dienstbeginn von den Herren Professor J., der seit dem Ausscheiden von Professor ND die Stelle des Ersten Oberarztes bekleidete, und Dr. St. in das Vorzimmer des Chefs gerufen. Es konnte nichts Gutes bedeuten, wenn gerade die beiden Männer, die mich ihre Feindschaft am deutlichsten spüren ließen, mir gemeinsam diese förmliche Aufforderung schickten. Mit einem flauen Gefühl im Magen betrat ich das Vorzimmer und dort saßen sie und erwarteten mich mit unheilverheißenden Mienen. Ohne mir auch nur die geringste Möglichkeit zu geben, selbst etwas zum Verlauf der Dinge auszusagen, legte J. mir ein Schreiben der Klinikverwaltung vor und befahl mir schroff, es zu lesen und zu unterschreiben. Staunend nahm ich zur Kenntnis, was dort geschrieben stand, und weigerte mich dann, meine Unterschrift darunter zu setzen, weil der Inhalt des Schriftstückes ganz und gar nicht mit dem tatsächlichen Geschehen um meine Krankmeldung übereinstimmte. Aus dem Schrieb ging hervor, daß ich vom 18. (Dienstag) bis (Sonntag) 23. März (!) unerlaubt der Arbeit ferngeblieben wäre. In der ganzen Zeit hätte ich mich weder telefonisch entschuldigt noch eine Arbeitsunfähigkeitsbescheinigung vorgelegt. Ich wurde darauf hingewiesen, daß ich damit gegen meine Dienstpflichten in einer Weise verstoßen hätte, die nicht gebilligt werden könne; daß ich diesen Brief als förmliche Abmahnung aufzufassen und bei nochmaligem Vorkommen mit arbeitsrechtlichen Konsequenzen zu rechnen hätte. Das Ganze würde in meine Personalakte aufgenommen werden.

Ich wußte, die beiden Männer, die mir gegenübersaßen, waren mir nicht wohlgesonnen und würden meinen Einwänden keinen Wert beimessen. Und zumindest einer von ihnen wußte ebenso gut wie ich, daß die gegen mich vorgebrachten Behauptungen unwahr waren. Ohne mit der Wimper zu zucken, hörte er sich meine Richtigstellung an und blieb stumm. Und J., dem ich durchaus zutraute, mit St. unter einer Decke zu stecken, verlangte ungerührt, daß ich die fehlende Arbeitsunfähigkeitsbescheinigung nachreichte, und ich entsprach dieser Forderung. Doch damit war die Angelegenheit noch nicht etwa vom Tisch, denn zum einen schickte mir die Verwaltung einige Tage später auf dem Postwege ein gleichlautendes Schreiben ins Haus; zum anderen kam mir zu Ohren, daß der Erste Oberarzt herumgebrüllt habe, er wolle doch mal feststellen, was das für ein Arzt sei, der den Oji krankgeschrieben hätte. Und tatsächlich berichtete mir mein Hausarzt kurze Zeit später, daß seine Helferin, wenige Tage nachdem er das Attest für mich ausgestellt hatte, in seiner Abwesenheit einen Anruf der Zahnklinik entgegengenommen habe. Der angekündigte zweite Anruf sei aber ausgeblieben. So weit war es also schon gekommen, daß ein Professor Dr. J., Erster Oberarzt in der Abteilung für Zahn-, Mund- und Gesichtschirurgie der Universität Freiburg, sich dazu verleiten ließ, durch einen leicht durchschaubaren Kontrollanruf bei einem niedergelassenen Arzt den Wahrheitsgehalt meiner Aussage sowie den eines ordnungsgemäßen ärztlichen Attestes zu überprüfen! Schlimm!

Die knappe Woche Schonfrist, mit der ich mich begnügt hatte, reichte bei weitem nicht aus, um von meinen Magenbeschwerden wirklich zu genesen. Aber nicht nur, weil ich mich viel zu früh wieder in das krankmachende Milieu meines Arbeitsplatzes begeben hatte, sondern auch, weil dort gleich am ersten Tag die altvertrauten Schikanen knüppeldick in verschärfter Form auf mich niederprasselten, drehte sich mir im wahrsten Sinne des Wortes der Magen um; und fortan verschlechterte sich mein Gesundheitszustand so sehr, daß ich mich im Mai noch einmal krank melden mußte. Um eine Erfahrung reicher geworden, legte ich aber dieses Mal rechtzeitig zwei aufeinanderfolgende Arbeitsunfähigkeitsbescheinigungen für den Zeitraum von zwei Wochen vor.

Am Samstag der ersten Woche meiner Krankmeldung fand eine seit langem geplante, großangelegte kulturelle Veranstaltung in Freiburg statt, die »Afrikanische Nacht«, die den Freiburgern die afrikanische Kultur nahebringen und deren Erlös der südafrikanischen Antiapartheidsbewegung zugute kommen sollte. In der Vergangenheit hatte ich mich stark in der politischen und kulturellen Afrikaarbeit in Freiburg engagiert, mich inzwischen aber von der aktiven Mitarbeit auf diesem Feld zurückgezogen. Nun waren die Veranstalter der »Afrikanischen Nacht« schon vor Monaten mit der Bitte an mich herangetreten, im Rahmen dieses Festes afrikanische Märchen vorzutragen. Ich hatte damals zugesagt und konnte mich so kurzfristig nicht aus meiner Verpflichtung lösen – wollte es wohl auch nicht, denn aus der Zeit meiner eigenen aktiven Arbeit in Politik und Kultur wußte ich, was es bedeutete, wenn jemand, der freiwillig eine gesellschaftliche Verpflichtung übernommen hat, die Veranstalter praktisch kurz vor Toresschluß, wenn es zu spät ist, Ersatz zu finden, sitzen läßt. Obwohl ich mich also ziemlich krank fühlte, fuhr ich mit dem Taxi (!) zum Ort des Geschehens, trug drei Märchen vor, was auf gar keinen Fall länger als eine halbe Stunde beansprucht hat, und zog mich dann wieder zurück, denn die Anstrengung schwächte mich noch, und ich fühlte mich dem Trubel auf dem Fest nicht gewachsen.

Am Montag morgen schlug dann aber das Schicksal in Form eines Zeitungsartikels zu; in der Badischen Zeitung erschien nämlich ein fast eine Seite langer Bericht über die »Afrikanische Nacht«, in welchem am Rande erwähnt wurde, daß Chima Oji Märchen vorgetragen hätte. Als dessen Konsequenz wurde mir wenige Tage später per Kurier die fristlose Kündigung meines Arbeitsverhältnisses ins Haus geschickt.

Mein Anwalt klärte mich darüber auf, daß mein Verhalten durchaus keine Kündigung rechtfertigte! Nun, ich wußte auch ohne diese Rechtsauskunft, was hinter der ganzen Sache steckte. Bestimmte Leute in der Klinik wollten mich gerne loswerden; sie hatten seit langem einen Anlaß gesucht und nun begierig die erstbeste Gelegenheit beim Schopfe gepackt, ohne zunächst einmal zu prüfen, ob sie überhaupt rechtens handelten. Es kam zu einem Vergleich mit dem Ergebnis, daß mir die Fortsetzung meines Arbeitsverhältnisses jetzt nicht mehr zuzumuten sei. Die Kündigung zum genannten Termin wurde in beiderseitigem Einvernehmen aufrechterhalten und ich erhielt eine finanzielle Abfindung für den Zeitraum, den eine vertragliche Kündigung ausgemacht hätte.

Nun muß ich ergänzen, daß die Kündigungsgeschichte sich während eines Auslandsaufenthaltes von Professor S., meines Chefs, ereignete; eingefädelt worden war sie – wie zuvor die Sache mit der förmlichen Abmahnung – vom Ersten Oberarzt, Professor J., und seinem Gesinnungsgenossen, Dr. St., dem Zweiten Oberarzt. Nach seiner Rückkehr rief mich Professor S. zu sich in sein Büro. Als gewiefter Diplomat, der er war, drückte er mir feierlich sein »aufrichtiges Bedauern« aus über alles, was passiert war, und er gab sich Mühe, mir zu versichern, daß es in seiner Anwesenheit nicht hätte geschehen können. Hätte er damals auch nur geahnt, daß ich es schon lange besser wußte, daß ich hinter seine Maske geschaut hatte und mir klar war, daß sein ganzes scheinheiliges Gerede nur den einen Sinn hatte, sein Gesicht zu wahren, ich glaube, er wäre im Erdboden versunken. Aber ich ließ mir nichts anmerken, ließ ihn reden und lächelte höflich, als er in seiner Rede fortfuhr mit den Worten, ich sei zu schade, um in die freie Praxis zu gehen, und mir riet, statt dessen unbedingt weiterhin wissenschaftlich zu arbeiten. Seine Züge hellten sich auf, als er von meiner Absicht erfuhr, in meine Heimat zurückzukehren; er sicherte mir zu, mir für den Aufbau einer Klinik in Nigeria alte Geräte, die unbenutzt im Keller herumlagen, zur Verfügung zu stellen; und er versprach, mir für meine wissenschaftliche Arbeit in Nigeria eine Diaserie zu besorgen. Natürlich blieb es – wie ich es kaum anders erwartet hatte – bei diesen leeren Versprechungen. Trotzdem bin ich ihm – schon, um ihn daran zu binden – gut ein Jahr lang nachgelaufen, um die versprochenen Dinge zu bekommen. Er vertröstete mich so lange in gewohnter Weise mit fadenscheinigen Ausflüchten, bis ich es aufgab.

Nichtsdestotrotz (und trotz der anderen, noch böseren Erfahrungen mit ihm, von der im nächsten Kapitel die Rede sein wird) war ich ihm auch in gewisser Weise dankbar, denn immerhin hat er es mir ermöglicht, in seiner Klinik meine Facharztausbildung abzuschließen – was immer für eigennützige Motive ihn auch dazu bewogen haben mögen! Da ich seinesgleichen kenne, weiß ich, daß das noch lange keine Selbstverständlichkeit war. Zwar tat er nichts, um mich zu fördern oder mich gegen die Anfeindungen anderer zu schützen, obwohl er die Macht dazu besessen hätte; auch ließ er mich in einer ganz entscheidenden Krise im Stich und arbeitete sogar eindeutig gegen mich; aber er ging nicht so weit, mir meinen Weg ganz zu verbauen, und das war unter den gegebenen Umständen nach all meinen vorherigen Erfahrungen schon fast mehr, als ich erwarten konnte. Meinen Dank versuchte ich durch zwei geschnitzte afrikanische Holzmasken auszudrücken, die ich ihm von meiner Reise nach Nigeria im Sommer 1986 mitbrachte.

»Je größer die Macht,
desto gefährlicher ihr
Mißbrauch.«
(Burke)

13. KAPITEL

Im Ränkespiel hochschulpolitischer Machtinteressen

Nun ist es aber an der Zeit, die Geschichte meines Kampfes um unsere Wohnung in der Goethestraße in Freiburg zu erzählen. Es war ein Kampf um alles oder nichts, der fast ein Jahr lang unser Leben stark beeinflußte. Er stand übrigens in engem Zusammenhang mit meinem Arbeitsplatz in der Freiburger Universitätsklinik, deshalb muß alles, was ich im vorangegangenen Kapitel geschildert habe, auch im Lichte der auf den folgenden Seiten dargestellten Ereignisse gesehen werden und umgekehrt. Denn zwar handelt es sich bei Beruf und Wohnung meistens um zwei voneinander getrennte Lebensbereiche, doch in diesem besonderen Fall waren sie auf schicksalhafte Weise miteinander verbunden – durch den Umstand nämlich, daß mein Arbeitgeber, der Kanzler der Universität Freiburg, ebenfalls mein Wohnunggeber war. Die Macht, die sich für ihn aus dieser Doppelrolle ergab, und deren Mißbrauch sind der Grund, weshalb der an sich schon so unschöne und nervenbelastende Streit um die Wohnung beinahe zum Verhängnis für meine Ausbildung geworden wäre.

Aber nicht aus Liebe zum Detail erzähle ich auf den folgenden Seiten die Wohnungsgeschichte mit der dort erkennbaren Ausführlichkeit – es ist vielmehr notwendig, weil sich das Zusammenspiel und die Tragweite der Ereignisse nur aus den geschilderten Einzelheiten ergeben. Ich habe ja schon einmal darauf hingewiesen, daß es für mich als Neu-Freiburger gar nicht leicht gewesen ist, eine Unterkunft zu finden, und dabei habe ich auch nicht unerwähnt gelassen, daß ich von seiten der Klinik bei der Wohnungssuche keine Hilfe bekam. Auf mich allein gestellt fand ich dann aber doch etwas Passendes für meine Familie und mich: eine möblierte Wohnung, in der wir mit einem befristeten Mietvertrag als »Untermieter« einziehen konnten. Es war eine universitätseigene Wohnung, deren Mieter für zwei Jahre als Gastdozent in die USA gehen und sie für diesen Zeitraum untervermieten wollte. So hatten wir das Glück, nach dem jahrelangen beengten Wohnen im Studentenheim in eine traumhaft schöne Wohnung einziehen zu können, die mit einhundertunddreißig Quadratmetern Wohnfläche sehr geräumig und zudem äußerst preiswert war und als einen weiteren Vorteil eine bevorzugte Freiburger Wohngegend aufzuweisen hatte. Ihr wesentlicher Nachteil war halt, daß wir sie schon nach zwei Jahren wieder verlassen sollten.

Aber schon ganz bald wurde in uns die Hoffnung auf eine gleichwertige Wohnung im selben Haus geweckt. Genau gesagt, bereits am Tage unseres Einzuges hatten wir erfahren, daß dort eine andere universitätseigene Wohnung voraussichtlich noch während unserer Zweijahresfrist frei werden würde. Die Information war verbunden mit dem Tip, uns rechtzeitig um die Übernahme der Räumlichkeiten zu bemühen. Diesen guten Rat brauchte man mir nicht zweimal zu geben; gleich am nächsten Tag, also Anfang Juni 1982 – lange bevor die Auszugsabsichten des Mieters offiziell bekannt wurden –, bekundete ich im Wohnungsreferat der Universität mein Interesse. Der zuständige Sachbearbeiter, Herr B., empfahl mir, eine schriftliche Bewerbung einzureichen, und ich folgte seinem Vorschlag umgehend. Dabei verwies ich unter anderem auf die Benachteiligungen bei der Wohnungssuche aufgrund meiner dunklen Hautfarbe. Es erschien mir sinnvoll, die Dringlichkeit meines Anliegens mit diesem Argument zu unterstreichen, weil ich wirklich glaubte, bei dem Vermieter Universität nicht auf die althergebrachten und auf dem freien Wohnungsmarkt weitverbreiteteten Vorbehalte zu stoßen. – Ich hatte wohl immer noch nicht genug erlebt, um es besser zu wissen!

Obwohl es Herr B. versäumte, den Erhalt meiner Bewerbung schriftlich zu bestätigen, glaubte ich, ihm vertrauen zu können und hoffte auf die Wohnung. Denn bei meinen gelegentlichen telefonischen Anfragen beteuerte er immer wieder, daß ich der erste und einzige Anwärter auf die Wohnung sei. Im übrigen könne aber über eine Weitervermietung erst entschieden werden, wenn der derzeitige Wohnungsinhaber eine schriftliche Kündigung eingereicht habe, und das sei noch nicht geschehen.

Nachdem ich mehrfach mit einer gleichlautenden Versicherung auf später vertröstet worden war, läßt es sich leicht denken, was für große Augen wir machten, als unser Nachbar im Frühsommer 1983 einen jungen Mann durchs Haus führte und als seinen Nachmieter vorstellte. Es handelte sich um einen im Rektorat der Universität angestellten Juristen. Noch sehr viel merkwürdiger aber war, daß Herr B., der doch mit Sicherheit davon wissen mußte, auch nach diesem Ereignis mir gegenüber an seiner früheren Version festhielt.

Eine unerwartete Wende in der Wohnungsangelegenheit brachte dann ein Brief meines Vermieters aus Amerika.

Darin ließ er uns wissen, daß er nicht nach Freiburg zurückkehren würde, und schlug uns vor, ihn als Hauptmieter seiner Wohnung abzulösen. Natürlich war uns nichts lieber als das, und ich schickte Herrn B. umgehend eine schriftliche Bewerbung. Eine Antwort blieb er mir wiederum schuldig; doch als ich ihn wenig später im Büro anrief, wiederholte er, worauf er hinsichtlich der Nachbarwohnung seit mehr als einem Jahr beharrt hatte: Über eine Neuvergabe der Wohnung könne frühestens nach Vorliegen einer schriftlichen Kündigung des jetzigen Hauptmieters entschieden werden. Abweichend von all seinen bisherigen Äußerungen brachte er nun aber erstmals »zwei ernsthafte Interessenten« für beide frei werdenden Wohnungen im Hause Goethestraße 28 ins Spiel – beide seien im Rektorat der Universität beschäftigt (!) und müßten deshalb bei der Wohnungsvergabe berücksichtigt werden.

Ein Monat verstrich, ohne daß sich irgend etwas tat. Erst Mitte September gestand Herr B. in zwei weiteren Telefonaten, daß nunmehr – nachdem mein Vermieter schriftlich seine Auszugsabsichten in der näheren Zukunft in Aussicht gestellt hätte (er hatte sein Mietverhältnis aber noch nicht gekündigt!) – eine Entscheidung zugunsten eines anderen Bewerbers getroffen worden sei. Entgegen all seinen früheren Äußerungen und nicht ohne eine gewisse Arroganz hieß es nun, es ginge nicht an, daß derjenige, der zufällig als erster etwas vom Freiwerden einer Wohnung erführe, diese auch bekäme. Die Person, der die Wohnung nun zugesagt worden sei, sei viele Jahre im Rektorat der Uni beschäftigt gewesen und kürzlich zum Stellvertretenden Verwaltungsdirektor der Klinik ernannt worden. Deshalb habe sie den Vorrang bei der Vergabe der Wohnung vor mir, der ich ja noch nicht so lange Universitätsangestellter sei.

B. gab nun auch erstmals zu, daß die Nachbarwohnung, um die wir uns seit mehr als einem Jahr bemüht hatten, bereits vergeben war. Diese Aussage wurde allerdings in keinem der folgenden Briefe bestätigt. Auf die Frage, warum wir keinen schriftlichen Bescheid über diese Entwicklung bekommen hätten, betonte er nachdrücklich, daß der Kanzler die Entscheidung über die Wohnung erst vor ein bis zwei Tagen getroffen hätte; und er versprach, mir umgehend eine vom Kanzler unterschriebene Absage zuzuschicken.

Auf einen solchen Ausgang meiner Anstrengungen war ich nicht gefaßt gewesen, und ich war auch nicht bereit, die jetzige Situation schicksalsergeben hinzunehmen und widerstandslos auf die Wohnung zu verzichten, denn ich empfand die im Rektorat getroffene Entscheidung als ebenso unfair wie unsozial. Es drängte sich mir das untrügliche Gefühl auf, daß hier ein Schützling des Kanzlers auf meine Kosten protegiert werden sollte. Der Mann, dem unsere Wohnung versprochen worden war, war geschieden und folglich alleinlebend, soviel wußte ich sicher. Er hatte sich zunächst gesträubt, das neue, ihm übertragene Amt anzunehmen, soviel hatte ich zumindest gerüchteweise erfahren. Versuchte man nun etwa, ihm durch das verlockende Angebot dieser komfortablen einhundertunddreißig Quadratmeter großen Wohnung seine neue Position schmackhaft zu machen?

Um aber meine Chancen richtig einschätzen und meine Schritte abwägen zu können, brauchte ich eine qualifizierte Rechtsberatung. Ich suchte meinen Anwalt auf und erfuhr folgendes: Mein Mietvertrag mit dem derzeitigen Wohnungsinhaber war bis zum 31. 5. 84 befristet. Ich konnte daher über dieses Datum hinaus keine rechtlich begründeten Ansprüche erheben. Allerdings war mein Vermieter verpflichtet, mir die Wohnung bis zum Ende unseres Vertrages zur Verfügung zu stellen, da er ja keinen Eigenbedarf geltend machte. Er war deshalb auch nicht befugt, sein Mietverhältnis mit der Uni vor Ablauf dieser Frist zu beenden. So lange war also unser Verbleib in der Wohnung gesichert, und die Uni konnte auf legalem Wege nicht daran rütteln, so sehr sie auch im weiteren Verlauf der Dinge versuchte, mir die Wohnung vorzeitig streitig zu machen. Laut Auskunft meines Anwaltes wäre es moralisch gesehen zwar von ihr zu erwarten, mir als Familienvater, der sich bezüglich des Mietverhältnisses nie etwas zuschulden kommen lassen hatte, die Wohnung auch nach dem 31. 5. zu überlassen, auf dem Rechtswege könne sie dazu allerdings nicht gezwungen werden. Andererseits könne sie aber mit keinem üblichen Mittel durchsetzen, daß wir termingerecht auszögen, es sei denn, sie klage uns aus der Wohnung heraus. Und ein solcher Prozeß dürfe erfahrungsgemäß lange dauern, etwa so lange, bis ich meine Facharztausbildung abgeschlossen hätte und die Wohnung nicht mehr brauchte. Nun kannte ich die Ausgangslage für meinen Kampf. Ach ja, noch eines gehörte dazu: In Unkenntnis seiner vertraglichen Verpflichtungen gegen mich kündigte mein Vermieter die Wohnung doch zum 31. 10. 83, und das war also in den Auseinandersetzungen der folgenden Wochen der Auszugstermin, auf den sich das Rektorat fixiert hatte.

Ich bemühte mich, mir die Wohnung auf dem Verhandlungswege zu erhalten. Um in diesen Verhandlungen eine stärkere Position zu haben, erschien es mir sinnvoll, die Unterstützung eines meiner Vorgesetzten, also eines hochrangigen Universitätsangehörigen, zu erbitten. Ich wandte mich zunächst an meinen Chef, Prof. S., denn wenn ich auch am Arbeitsplatz kein besonders positives Bild von ihm gewonnen hatte, so war ich doch noch naiv genug, zu glauben, daß er sich im Ernstfall in einer universitätsinternen Streitsache für seine Untergebenen einsetzen würde. Schließlich war er sehr aktiv in der Hochschulpolitik, und ich nahm an, daß er sogar den Kanzler persönlich kannte. Aber wie so oft, wenn ihn einer seiner Leute dringend brauchte, hatte der vielbeschäftigte Mann auch dieses Mal keine Zeit. Ich wandte mich deshalb hilfesuchend an Prof. ND, den damaligen Ersten Oberarzt; er versprach, etwas in der Sache zu tun und rief zunächst einmal ganz unbürokratisch Herrn B. im Wohnungsreferat an, um für mich ein gutes Wort bei ihm einzulegen. Als prompte Reaktion auf diesen Anruf erhielt ich die wenige Tage zuvor versprochene schriftliche Absage. Sie war erst nach diesem Anruf abgeschickt worden und nicht, wie vereinbart, vom Kanzler, sondern nur von dessen Angestellten, Herrn B., unterschrieben. Prof. ND verwendete sich ein zweites Mal, er schrieb dem Kanzler einen freundlichen Brief, in dem er sich mit dem Gewicht seiner Person dafür einsetzte, mir die Wohnung bis zum Ende meiner Facharztausbildung, also für weitere zwei Jahre, zu überlassen. Der

Kanzler der Uni Freiburg sah keine Notwendigkeit, ihm auf diesen persönlichen Brief zu antworten. Er hielt es für ausreichend, mir noch eine schriftliche Absage zukommen zu lassen, diesmal aber ausführlicher begründet und mit seiner eigenen Unterschrift versehen. Es hieß darin, die Uni habe bereits vor geraumer Zeit (!) einer anderen Person die bindende Zusage (!) gegeben, bei Freiwerden einer Wohnung im Hause Goethestraße 28 dort einziehen zu dürfen und sei nun an dieses Versprechen gebunden. Deshalb könne der Abschluß eines Mietvertrages mit mir nicht erfolgen, obwohl die Uni gerne mit mir einen Dauermietvertrag abgeschlossen hätte (!). Gleichzeitig wurde ich aufgefordert, zum Zeitpunkt der Vertragskündigung durch den Hauptmieter die Wohnung pünktlich zu räumen.

Diese Sätze waren mir Anlaß, mich selbst an den Kanzler zu wenden und ihn auf Unvereinbarkeiten in ihnen hinzuweisen, die förmlich nach einer Korrektur schrien. In meiner ausführlichen Antwort bemängelte ich einleitend, daß er bis dahin noch nicht auf den Brief von Prof. ND reagiert hatte. Dann betonte ich, daß die »geraume Zeit« seiner Darstellung all dem widersprach, was der zuständige Sachbearbeiter mir jemals gesagt hatte. Diplomatisch verwies ich darauf, daß ich seine Beteuerung, die Uni hätte gerne einen Dauermietvertrag mit mir abgeschlossen, zwar als Bekundung seines guten Willens auffaßte, er sich aber andererseits gerade dadurch als Repräsentant der Uni mir gegenüber unglaubwürdig machte, weil er gleichzeitig all meine bisherigen Bemühungen um eine der beiden frei werdenen Wohnungen im genannten Haus ignorierte. Ich äußerte den Verdacht, von Herrn B. die ganze Zeit bewußt und absichtlich hingehalten worden zu sein, obwohl intern bereits andere Entscheidungen getroffen worden waren. Auch versäumte ich es nicht, ihn auf die Rechtslage bezüglich meines Vertrages aufmerksam zu machen – über diesen Sachverhalt hatte er sich bis dahin ja kalt lächelnd hinweggesetzt. Dabei konnte ich doch vorausschicken, daß er als Jurist die geltende Rechtslage kannte, jedoch meine vermeintliche Unwissenheit zu seinem Vorteil auszunutzen versuchte. Abschließend erklärte ich noch einmal, weshalb die Wohnung so wichtig für mich war, und appellierte an ihn, uns – auch im Interesse der Glaubwürdigkeit der Uni – die Wohnung zu überlassen. Es war ein langer Brief, den ich da geschrieben hatte, und er zog eine interessante Reaktion nach sich.

Zum einen gab er den Anstoß, Prof. ND nun endlich persönlich zu antworten. In einem kurzen förmlichen Brief bat der Kanzler den Professor um Verständnis dafür, daß die Wohnung nicht an mich vermietet werden könne. Zum anderen ließ er sich durch ihn dazu bewegen, sich für mich »einzusetzen«. Über dieses großzügige Entgegenkommen informierte er mich im Brief vom 26. 9., der an Widersprüchen ebenso reich war wie sein Vorgänger. Untermauert durch den nochmaligen Hinweis auf die bindende Zusage, der einer anderen Person bereits gegeben worden war, ließ er mich wissen, daß sich an seiner Entscheidung nichts mehr ändern werde. Mit seiner Belehrung, daß die Wohnungen im Hause Goethestraße 28 als Unterkunft für »Dauerbedienstete« der Uni bestimmt seien, brachte er eine aufschlußreiche neue Version ins Spiel, denn davon war bisher nie die Rede gewesen. Vielmehr hatte der derzeitige Noch-Hauptmieter der Wohnung als wissenschaftlicher Assistent in genau dem gleichen Arbeitsverhältnis gestanden wie ich. Über meinen Status an der Uni schien sich der Kanzler aber nicht klar zu sein (wenn ich ihm nicht unterstellen möchte, daß er die Tatsachen absichtlich verdrehte), denn er steckte mich in eine Kategorie mit Personen, die »nur vorübergehend im Bereich der Uni forschen oder lehren«, und die deshalb »nach Möglichkeit im Gästehaus untergebracht werden«. Und sich dafür zu verwenden, daß ich eine solche Möglichkeit erhielt, dazu hatte ihn mein »eindringlicher Appell« bewegt. Während er also seine Absichten noch durch den Deckmantel der Fürsorglichkeit und des guten Willens zu verschleiern suchte, legte er doch schon unbewußt seine Karten offen: Personen, die nur vorübergehend im Rahmen der Uni forschen oder lehren, kommen direkt aus ihrer ausländischen Heimat als Gäste an die Uni. Ich hingegen stand im selben Arbeitsverhältnis wie jeder deutsche Universitätsangehörige, ausgenommen natürlich diejenigen in höheren Positionen, denn strenggenommen sind nur diese Dauerbedienstete – selbstverständlich sind sie alle Deutsche!

Im übrigen diente der Brief des Kanzlers als offizielles Schreiben wohl eher dazu, die wahren Absichten des Rektorates zu beschönigen bzw. zu verschleiern. Er muß daher in Verbindung gesehen werden mit einem telefonischen Anruf des Herrn B., in dem dieser uns aufforderte, die Wohnung spätestens bis zum 31. 10. zu verlassen, andernfalls stellte er die Möglichkeit einer Zwangsräumung in

Aussicht, denn die Uni habe sich in einem »Vorvertrag« verpflichtet, dem neuen Mieter die Wohnung ab dem 1. 11. zur Verfügung zu stellen. Natürlich wurde diese nur mündlich ausgesprochene Drohung niemals schriftlich bestätigt.

Der Form halber erkundigte ich mich nach der Unterbringungsmöglichkeit im Gästehaus; dort wurde mir eine siebzig Quadratmeter große Dreizimmerwohnung angeboten, die einschließlich aller Nebenkosten sogar noch etwa 100 DM teurer war, als meine einhundertunddreißig Quadratmeter große Vierzimmerwohnung, aus der ich jetzt vertrieben werden sollte. Der Umzug dorthin hätte zwangsläufig auch einen Schulwechsel für unsere Tochter mit sich gebracht, und außerdem hätte mein Wohnen dort zu einer neuen Abhängigkeit von der Uni als Vermieter geführt. Ich sah keinen Grund, weshalb ich dieses »großzügige« Angebot annehmen sollte, zumal mein Mietvertrag noch für mehr als sieben Monate gültig war.

Meine Weigerung bewirkte, daß das Rektorat einen weiteren Brief an Prof. ND schickte und ihn darüber unterrichtete, daß ich die Wohnung im Gästehaus, die mir nur durch den besonderen Einsatz des Kanzlers reserviert worden war, abgelehnt hätte. Weder in diesem noch in einem der folgenden Briefe wurde mein Recht, bis zum 31. 5. 84 in der Wohnung zu bleiben, erwähnt. Prof. ND wurde aber pauschal darauf hingewiesen, daß das Rektorat aufgrund der bestehenden Rechtslage (die nicht näher definiert wurde) verpflichtet sei, für meinen Auszug zu sorgen. Daraufhin verwendete sich Prof. ND noch einmal für mich, wobei er sich so ausdrückte, daß es nicht einmal des berühmten Sprungs über den eigenen Schatten bedürfe, um hier eine unbürokratische Lösung zu finden, zumal da ich, wie er betonte, die Uni nach Abschluß meiner Facharztausbildung verlassen und dann ohnehin die Wohnung frei machen würde. Der Brief des Professors wurde nicht beantwortet.

Ich schrieb dem Kanzler einen weiteren Brief; darin bedankte ich mich für seinen Einsatz und berichtigte das Mißverständnis hinsichtlich meiner Stellung an der Uni, um dadurch meine Ablehnung der Gastwohnung verständlich zu machen. Dann erläuterte ich noch einmal, daß es mir wichtig sei, einen Schulwechsel für meine Tochter zu vermeiden, den ein Umzug in eine weiter entfernte Wohngegend aber zwangsläufig mit sich bringen würde, und ich führte auch den höheren Mietpreis als Grund meiner Weigerung an.

Abschließend bedauerte ich, daß in dem letzten Brief an Prof. ND meine Ablehnung des Angebotes des Kanzlers pauschal gerügt wurde, ohne sie jedoch im Zusammenhang mit all diesen, dem Rektorat bekannten Faktoren zu sehen. Ich schloß meinen Brief mit dem Ausdruck der Hoffnung, daß man uns doch unsere Wohnung überlassen möge! Mein Brief zog zwei Antworten nach sich. Die eine war ein neuer Brief des Kanzlers, dessen wesentliche Aussage die Feststellung war, daß meine Berechtigung, in der Wohnung zu bleiben, endete, wenn der Hauptmieter oder die Uni das beiderseitige Mietverhältnis kündigte. Die zweite Antwort, unterschrieben von Herrn B., möchte ich hier wörtlich wiedergeben:

»Sehr geehrter Herr Dr. Oji,
auf Ihre o. g. Schreiben teile ich Ihnen mit, daß an Sie *keine* Wohnung im Hause Goethestraße 28 vermietet wird.
Im übrigen ist es für mich nicht verständlich, daß Sie die Ihnen vom Staatlichen Liegenschaftsamt Freiburg (...) angebotene 4-Zimmer-Wohnung nicht angemietet haben.
Einen *Anspruch*, in einer bestimmten Wohngegend von Freiburg zu wohnen, haben Sie nicht.«

Diesen Brief empfand ich nun in der Tat in mehrfacher Hinsicht als ärgerlich. Zum einen: Der Kanzler hatte mein an ihn gerichtetes Schreiben doch schon beantwortet. Warum nun auch noch mit fast zweiwöchigem Abstand dieser recht persönlich klingende Brief des Herrn B.? Und ließ er nicht etwas viel an über den normalen Diensteifer eines Regierungsamtmannes hinausgehendem privaten Einsatz erkennen? – Zum anderen: Es war mir nach der Rechtsberatung durch meinen Anwalt natürlich klar, daß ich früher oder später die Wohnung Goethestraße aufgeben mußte. Ich sah nur nicht ein, weshalb ich einem so unfairen Gegner dadurch entgegenkommen sollte, daß ich vorzeitig das Feld räumte.

Trotzdem bemühte ich mich selbstverständlich privat und außerhalb des Streites mit der Uni darum, eine andere, passende Wohnung zu finden. In diesem Bestreben hatte ich mich unter anderem an das Staatliche Liegenschaftsamt gewandt, allerdings die mir zugewiesene Wohnung nicht genommen, weil sie mir aus vielerlei Gründen nicht zusagte. Ich war doch auch nicht verpflichtet, die erstbeste Wohnung zu nehmen, die mir angeboten wurde, wenn ich noch mindestens sieben Monate Zeit hatte, eine andere zu finden.

Was mich aber am meisten aufbrachte, war die Bezugnahme des Herrn B. auf meine Verhandlungen mit dem Liegenschaftsamt. Ja, war es denn wirklich zu glauben, welche behördlichen Stellen da hinter meinem Rücken gegen mich zusammenarbeiteten?! Wie war es zu dieser »Amtshilfe« gekommen, und überhaupt: Mit welchem Recht gab das Liegenschaftsamt meinem derzeitigen Vermieter Auskünfte über mich? Wessen Interessen vertrat diese Behörde?

Meinen Ärger über diesen Brief des Herrn B. wollte ich nicht einfach so schlucken. Ich machte ihm Luft in einem ebenso persönlichen Brief, wie er ihn mir geschrieben hatte:

»Sehr geehrter Herr B.,

Ihr Schreiben vom 8. 11. 1983 habe ich erhalten. Die in dem Schreiben implizit zum Ausdruck gebrachte Auffassung, ich hätte die angebotene Wohnung nur aus Gründen der Wohnlage abgelehnt, weise ich zurück. Meine wirklichen Gründe sind Ihnen aus unserem bisherigen Schriftwechsel sehr wohl bekannt.

Gleichzeitig nehme ich Ihr Schreiben zum Anlaß, Ihnen mit Nachdruck zu sagen, daß ich *Sie* persönlich für unsere derzeitige prekäre Wohnungssituation verantwortlich mache. Sie haben mich seit meiner ersten Bewerbung im Juni 1982 1 Jahr und 3 Monate lang kontinuierlich mit beschönigenden Ausflüchten hingehalten und letztlich – als Sie keine andere Möglichkeit mehr hatten – die Verantwortung über eine Vergabe der Wohnung ganz auf den Kanzler geschoben.

Wäre nicht Ihre schamlose *Verlogenheit*, mit der Sie mich – um den Anschein und Ihr Gesicht zu wahren – bis zuletzt (Sept. 83) im unklaren und damit in der Hoffnung auf die dauerhafte Vermietung einer Wohnung in diesem Hause belassen hätten, dann befände ich mich jetzt nicht in der gegenwärtigen Lage.

Ich verbitte mir deshalb, daß ausgerechnet Sie mir nun, da Sie nichts mehr zu verbergen haben, sagen, ich hätte keinen Anspruch auf eine Wohnung, die meinen Bedürfnissen hinsichtlich der Wohnlage entspricht. Es geht Sie absolut nichts an, wo ich zu wohnen wünsche, letztlich diktiere ich Ihnen ja auch nicht, wo oder wo nicht Sie sich eine Wohnung suchen dürfen.«

Mit diesem Brief endete mein Kontakt zum Rektorat der Uni. Ich erhielt von Herrn B. keine Antwort und ich schrieb auch keine weiteren Briefe. Und damit war mein Versuch, selber auf dem Verhandlungswege eine Einigung zu erzielen, gescheitert. Aber auch an diesem Punkt gab ich noch nicht auf; einen weiteren Versuch wollte ich wagen, bevor ich mich völlig geschlagen gab.

Noch einmal suchte ich meinen unmittelbaren Vorgesetzten, Herrn Prof. S., auf. Aber dieser Halbgott in Weiß ließ mich lange hinhalten, bevor er mir einen Gesprächstermin gab. Als ich dann endlich die Gelegenheit hatte, ihm mein Problem vorzutragen, versprach er tatsächlich, mir zu helfen. Ich sollte in den nächsten Tagen zu ihm zurückkommen, er werde zwischenzeitlich mit dem Rektor der Uni sprechen. Nun begann das Hinhalte- und Vertröstespiel aufs neue, aus der einen Woche Wartezeit wurden Wochen, in denen der Gesprächstermin immer wieder verschoben wurde, wobei er mich mehrmals stundenlang vor seiner Tür sitzen ließ. Letztlich gab ich die Hoffnung auf, von diesem Mann überhaupt irgendeine Hilfe zu bekommen. Und das heißt mit anderen Worten, daß ich meinen Kampf um die Wohnung als verloren betrachtete.

Im Rektorat allerdings schien man noch nicht davon überzeugt zu sein, daß ich mich geschlagen gegeben hatte. Man schien mit dem Schlimmsten zu rechnen, nämlich damit, daß ich über den 31. 5. hinaus hartnäckig in der Wohnung verharren würde. Und so sannen die Herren dort auf eine wirksame Lösung, um diese Möglichkeit von vornherein zu vereiteln. Denn daß sie auf dem Wege des Rechtes die schlechteren Karten hatten, das wußten sie ebenso gut wie ich. Da sie aber entschlossen waren, mich mit allen Mitteln vor die Tür zu setzen, mußte es eben auf dem Wege des Unrechts geschehen.

In all meinen Bemühungen, mir die umstrittene Wohnung zu erhalten, hatte ich übersehen, in welch einer vertrackten Situation ich wirklich steckte. Es sollte nämlich nun sehr zu meinen Ungunsten ins Gewicht fallen, daß mein Wohnunggeber und mein Arbeitgeber ein und dieselbe Person war. Denn die Macht, die diese Doppelrolle ihm verlieh, erlaubte es ihm, mich mit Hilfe von Sanktionen, die meinen Arbeitsplatz betrafen, zum Verlassen der Wohnung zu zwingen.

Mein Arbeitsverhältnis bei der Uni war naturgemäß ein zeitlich befristetes, d. h., mein Dienstvertrag mußte zum Jahresende verlängert werden, damit ich meine Facharztausbildung fortsetzen konnte. Ich hatte die Verlängerung des Vertrages rechtzeitig beantragt, und sie war auch schon bewilligt worden. Auf dem Papier fehlte nur noch die Signatur meines Chefs sowie meine eigene Unterschrift. Da wurde ich plötzlich von der Verwaltung darüber informiert, daß mein Vertrag aus der Verlängerung herausgenommen worden war, da über diese noch einmal entschieden werden müsse. Ich erhielt den Hinweis, dies hinge mit der Wohnungsgeschichte zusammen. Als nächstes stellte sich heraus, daß ich vorsorglich aus der Gehaltsliste für 1984 herausgenommen worden war, und tatsächlich erhielt ich im neuen Jahr einige Monate lang kein Gehalt. Mein Chef war für mich praktisch nicht zu sprechen. Als ich dann doch wenige Tage vor dem Jahreswechsel ein Gespräch mit ihm führen konnte, klärte er mich darüber auf, daß mein Vertrag nun nicht, wie bereits vereinbart, um ein weiteres Jahr verlängert werden würde, sondern nur bis zum 31. 5. 84; falls ich zu diesem Zeitpunkt meine Wohnung nicht verlassen hätte, müßte ich meinen Arbeitsplatz in der Klinik noch am gleichen Tage räumen. Das alles teilte er mir mündlich mit, eine schriftliche Bestätigung dieser Nötigung erhielt ich nicht.

Das war ein schwer zu verkraftender Schlag. Ich war so deprimiert, daß ich glaubte, meine Ausbildung in dieser Klinik nicht fortsetzen zu können und begann, mich nach einer anderen Stelle umzusehen. Aber wäre das eine praktikable Lösung gewesen? Als Kieferchirurg war ich, um den Facharzt zu erwerben, auf eine Stelle an einer Universitätsklinik angewiesen. Der Kreis der Kieferchirurgen, die mich ausbilden konnten, war aber eine kleine Clique von Professoren, die sich alle gegenseitig kannten. Und das war eine denkbar ungünstige Vorausetzung für einen Neubeginn an einem anderen Ort! Ich entschied mich schweren Herzens, meinen verletzten Stolz und meine gekränkten Gefühle im Interesse der Fortsetzung meiner Ausbildung, für die ich bereits so vieles in die Waagschale gelegt hatte, hintanzustellen, wieder einmal zu schlukken und meine Wohnung, aus der mich die Uni, wenn es mit rechten Dingen zugegangen wäre, nicht so bald herausbekommen hätte, meinem Arbeitsplatz, von dem für mich so vieles abhing, zu opfern.

Ich bemühte mich jetzt verstärkt um eine andere Wohnung, und mit der freundlichen Hilfe eines meiner Professoren fand ich auch eine, die in etwa meinen Bedürfnissen entsprach, und in die ich termingerecht einziehen konnte. Doch der Weg zur Arbeit fiel mir in den nächsten Wochen außerordentlich schwer, noch schwerer aber fiel es mir, die Tage in der Klinik durchzustehen. Der Wohnungsstreit und das Tauziehen um die Vertragsverlängerung waren im ganzen Kollegenkreis bekannt, und es wurde so einiges gemunkelt. Doch da geschah so etwas wie ein Wunder: Innerhalb der Universität kam ein Mensch auf mich zu, der aus nächster Nähe miterlebt hatte, welchen Verlauf die Dinge genommen hatten, nachdem die Kommunikation zwischen dem Rektorat und mir abgebrochen und Prof. S. eingeschaltet worden war. Aus Wut und Enttäuschung über das bösartige Intrigenspiel, in dem der Professor bereitwillig eine entscheidende Rolle übernommen hatte, wagte dieser Mensch einen Schritt, der ihn stehenden Fußes seinen eigenen Arbeitsplatz gekostet hätte, wenn seine Handlung »aufgeflogen« wäre. Streng vertraulich spielte er mir die Fotokopie des Schriftwechsels zwischen Prof. S. und dem Kanzler in dieser Angelegenheit zu, den der Professor unter Verschluß hielt, und bis heute hat niemand gewußt, daß ich diese Briefe besitze.

Auf der Suche nach wirksamen Repressalien, die mich endlich zum Verlassen meiner Wohnung zwingen würden, schrieb der Kanzler der Universität Freiburg am 17.11.1983 einen Brief an meinen Chef, Prof. S., mit dem er ihn in den Wohnungsstreit hineinzog. Besonders der erste Abschnitt dieses Briefes wirft ein Licht auf die vom Kanzler eingeschlagene Taktik, deshalb möchte ich ihn hier zitieren:

»Als Anlage übergebe ich Ihnen zur Kenntnisnahme ein Schreiben von Herrn Dr. Oji. Es bedarf kaum weiterer Ausführungen, daß es mit den Pflichten eines wissenschaftlichen Angestellten kaum in Einklang zu bringen ist, in dieser Weise beleidigende Schreiben über das Rektorat abzufassen. Als Dienstvorgesetzter von Herrn B. sehe ich aber – da es sich bei Herrn Oji um einen ausländischen Gast handelt – davon ab, Strafantrag wegen Beleidigung zu stellen. Ich darf Sie jedoch darum bitten, bei einer eventuellen in Betracht kommenden Vertragsverlängerung diesen Vorgang mit zu berücksichtigen.«

Nun, dieses Schreiben bestätigte mir im nachhinein den Zusammenhang von Maßnahmen, deren Wirkung ich bereits schmerzlich zu spüren bekommen hatte. Aber war die Bitte, »bei einer eventuell in Frage kommenden Vertragsverlängerung diesen Vorgang mit zu berücksichtigen«, nun ein Diktat oder nur ein Vorschlag? Bedenkt man, daß der Kanzler der Ranghöhere von beiden und gewissermaßen die oberste Instanz innerhalb der Hochschulhierarchie war, dann kann man seine Worte als eine diplomatisch formulierte Anordnung auffassen, an die Professor S. folglich gebunden war. Zieht man aber andererseits S.s. unantastbare Stellung als Beamter auf Lebenszeit, Chefarzt und Lehrstuhlinhaber in Betracht, dann kommt man zu dem Schluß, daß seine Position stark genug war, sich über die Weisung des Kanzlers hinwegzusetzen und als mein unmittelbarer Dienstvorgesetzter souverän seine eigene Entscheidung zu treffen, wenn er es gewollt hätte. Aus dieser Sicht hatte er allein die vorübergehende Verweigerung meiner Vertragsverlängerung, die Streichung meines Namens aus der Gehaltsliste und schließlich die Koppelung von Auszugstermin und Erhalt bzw. Verlust meines Arbeitsplatzes zu verantworten. Dabei oblag es ihm in der Rolle, die er mir gegenüber innehatte, doch eigentlich, mich zu schützen und die Rahmenbedingungen für einen reibungslosen Ablauf meiner Ausbildung zu schaffen! Aber er war eben mehr »Politiker« als Arzt und Vorgesetzter, und so war seine Entscheidung wohl eher ein Schachzug in jenem hochschulpolitischen Ränkespiel, in dem sie beide, er selbst und der Kanzler, so kräftig mitmischten.

Übrigens handelte es sich bei dem »beleidigenden« Brief, auf den der Kanzler sich bezog, um meinen letzten Brief an Herrn B., der auf Seite 238 dieses Buches wiedergegeben ist. Interessant ist auch, daß der Kanzler sogar in diesem Schreiben an Professor S. versuchte, einen falschen Eindruck von der geltenden Rechtslage zu vermitteln. Als ob er es nicht besser gewußt hätte!

Wichtiger als der Brief des Kanzlers war mir aber das auf der nächsten Seite abgedruckte Antwortschreiben von Professor S., für das dieser sich sehr lange Zeit gelassen hatte. Ja, er hat es erst verfaßt, nachdem er im Rahmen seiner Machtbefugnisse eine wirksame Lösung des Problems herbeigeführt hatte, nämlich nachdem er mich mit der Befristung meines Arbeitsvertrages bis zum 31. 5. zur Aufgabe der Wohnung gezwungen hatte. Interessanterweise erwähnte er diesen, für den Kanzler so wichtigen Sachverhalt in seinem Brief aber nicht!

Rektorat der Universität
z. Hd. des Kanzlers,
Herrn Dr. S.

Hauspost

Betr: Herrn Dr. Dr. Chima OJI

Sehr geehrter Herr Dr. S.:

Ich bedanke mich für die Übersendung der Fotokopie des Briefes unseres Herrn Oji an Herrn B.

Im Prinzip bin ich mit Ihnen einverstanden, daß ein derartiger Stil nicht einreißen darf und es tut mir leid, daß Herr B. durch Herrn Oji beleidigt wurde. Für mich stellt Herr Oji ein gewisses Problem dar. Wir haben ihn vor 2 Jahren als Weiterbildungsassistenten angestellt, da er bei der Vorstellung einen ordentlichen Eindruck machte. Er gab an, und dazu steht er auch heute noch, nach Beendigung seiner Weiterbildung wieder in seine Heimat zurückzukehren. Ich habe vor einigen Jahren mit einem schwarzen Mitarbeiter sehr gute Erfahrungen gemacht; dieser Kollege hat uns verlassen müssen, weil er die Arbeitsgenehmigung nicht verlängert bekam, er habilitiert sich gerade in Nordrhein-Westfalen; seine Qualifikation ist weit über dem Durchschnitt.

Unter dem Eindruck dieser Erinnerung und auch in dem Bestreben auf der einen Seite etwas Lebendigkeit in den Mitarbeiterstab zu bekommen und gleichzeitig mit dem Wissen, daß er nach Erlangung des Facharzttitels uns wieder sicher verlassen wird, haben wir Herrn Dr. Oji eingestellt. Er ist kein sehr guter Assistent, aber doch immerhin so, daß er nicht untragbar ist.

Wie ich mittlerweile erfahren habe, leidet seine Frau außerordentlich unter den Hänseleien, die den Mischlingskindern, die aus dieser Ehe stammen, widerfahren; Herr Oji ist deshalb in einer ständigen Verteidigungssituation und er braucht sehr viel Zeit, um Vertrauen zu gewinnen.

Dies mag z. T. seine Überreaktion in der Wohnungsangelegenheit erklären, es hindert mich aber auch daran, nun Herrn Oji unter

Hinweis auf Ihr Schreiben, die anstehende Verlängerung zu verweigern. Ich möchte eigentlich Herrn Oji die Chance geben, durch eine Verlängerung um ein Jahr bei uns den Facharzt zu erwerben und Sie deshalb bitten, ihm nochmals eine Vertragsverlängerung um ein Jahr zu gewähren.
Im Verweigerungsfalle würden wir gegenüber seiner Familie, an der er offenbar außerordentlich hängt, inhuman handeln, ganz abgesehen davon, daß die bisherige Investition die unser Land in ihn getätigt hat, sich nur negativ auswirken würde.
Falls Sie hier nicht mit mir einer Meinung sein können, wäre ich Ihnen für eine Rücksprache dankbar.

Mit freundlichen Grüßen

Professor Dr. S.

Was da zusammengeballt auf knapp zwei Seiten Briefpapier an Diffamierungen steht, und welche Assoziationen hier geweckt werden sollen, ist so ungeheuerlich, daß es kaum zu glauben wäre, wenn man nicht den Briefbogen, auf den er getippt wurde, selbst in Händen hielte und den Text schwarz auf weiß vor Augen sähe. So jedenfalls erging es mir beim Lesen dieser Zeilen. Ja, mehr noch, ich mußte meine Augen reiben, um ein vermeintliches Flackern vor ihnen wegzuwischen und den Eindruck einer optischen Täuschung zu beseitigen. Und als ich es dann begriff, daß die Worte, die ich gerade in mich aufgenommen hatte, wirklich dort auf dem Papier standen, stellte sich mir die brennende Frage: »Wie kommt dieser Mensch dazu, so etwas zu schreiben?«

Es heißt da zum Beispiel: »Wir haben ihn (...) eingestellt, weil er bei der Vorstellung einen ordentlichen Eindruck machte.« Ich möchte daran erinnern, daß ich zwei Jahre zuvor ohne jedes persönliche Vorstellungsgespräch, lediglich auf der Grundlage eines formalen Bewerbungsschreibens eingestellt worden war. Sowohl meinen Chef, Professor S., als auch dessen Ersten Oberarzt habe ich zum ersten Mal gesehen, nachdem ich meine Stelle schon angetreten hatte. Diese Lüge diente also offenbar dazu, zu vertuschen, daß es nur die beiden im folgenden genannten Gründe waren, die zu meiner Einstellung geführt hatten. Und welchen Sinn hatte es, im

Zusammenhang dieses Briefes zu betonen, daß ich nach meiner Weiterbildung in meine Heimat zurückkehren werde? Bei diesem Satz muß wohl der schon früher im Buch angesprochene Neid deutscher Kollegen auf hochqualifizierte ausländische Ärzte bzw. ihre Angst, wir könnten doch hierbleiben, Pate gestanden haben!

Die Zitierung der früher gemachten sehr guten Erfahrung mit einem überdurchschnittlich qualifizierten schwarzen Mitarbeiter als die eine Begründung für meine Einstellung entlarvt in der Tat die Vorurteilshaftigkeit des Professors. Nach dieser Äußerung muß ich also davon ausgehen, daß nach mir, der ich ja angeblich »kein sehr guter Assistent« war, nie wieder ein Schwarzer die Chance hat, von S. eingestellt zu werden. In die gleiche Kategorie gehört das Bekenntnis, er habe mich eingestellt »in dem Bestreben (...) etwas Lebendigkeit in den Mitarbeiterstab zu bekommen«. Darum also hatte man mich vor in- und ausländischen Gästen immer wie ein werbewirksames Aushängeschild benutzt, während ich im vorausgegangenen Kapitel ja zur Genüge geschildert habe, wie stiefkindlich man mich innerhalb des Mitarbeiterstabes behandelt hat!

Der nächste Satz ist ganz besonders aufschlußreich, fast so etwas wie ein Schlüsselsatz. Es ist in aufgeklärten Kreisen in Deutschland eine allgemein bekannte Tatsache, daß Frauen und Ausländer auf den gleichen Arbeitsplätzen wie deutsche Männer doppelt, ja dreifach so gut sein müssen wie letztere, wenn sie wollen, daß ihre Leistung anerkannt wird. Daraus läßt sich ableiten, wie gut ich tatsächlich gewesen sein muß, wenn mein Chef mich als keinen sehr guten Assistenten einstufte, und nicht einfach nur als keinen guten; in letzterem Falle hätte er mich sicherlich auch nicht als »nicht untragbar« bezeichnet! Abgesehen davon möchte ich noch einmal daran erinnern, daß er niemals die Gelegenheit genutzt hat, mir bei meiner Arbeit so nahezukommen, daß er in der Lage gewesen wäre, meine Leistung aus eigener Anschauung bewerten zu können. Für sein Urteil verließ er sich vier Jahre lang ausschließlich auf Kollegenklatsch, dessen Wahrheitsgehalt er nie überprüfte.

Doch nun kommt der Gipfel: Professor S., der sich niemals die Mühe gemacht hatte, den Menschen Oji persönlich zu erfahren, der meine Frau nie gesehen hatte und nichts über sie wußte, weil niemand im gesamten Umfeld der Klinik meine Familie kannte, erdreistete sich, folgendes über uns zu berichten: »Wie ich mittlerweile erfahren habe, leidet seine Frau außerordentlich unter den Hänseleien, die den Mischlingskindern, die aus dieser Ehe stammen, widerfahren; Herr Oji ist deshalb in einer ständigen Verteidigungssituation, und er braucht sehr viel Zeit, um Vertrauen zu gewinnen.« Diese Aussage ist ein unglaublich starkes Stück. Ich möchte dazu aber lediglich anmerken, daß im gesamten Zeitraum, auf den S. sich beziehen konnte, nämlich die eineinhalb Jahre, die wir bis dahin in der Goethestraße in Freiburg gewohnt hatten, Hänseleien der genannten Art niemals vorgekommen sind. Das Problem war also gar nicht relevant! Im übrigen hatten meine Frau und ich damals nur ein Kind.

Und dann plötzlich die Anwandlung humanitärer Fürsorglichkeit für den in seine Obhut gegebenen Ausbildungsassistenten (und dessen Familie!), die unterwürfige Bitte an den Ranghöheren, mir »nochmals eine Verlängerung (...) zu gewähren« etc. – Schmalz, um eine längst getroffene Entscheidung zu legitimieren, oder nur Honig, um ihn dem Kanzler um den Mund zu schmieren?

Die Antwort des Kanzlers, die die ganze Affäre abschloß, ist noch in zweifacher Hinsicht interessant, denn zum einen gestand der Verfasser hier zum ersten Mal seit Beginn der Streitigkeiten mein Recht, bis zum 31. 5. in der Wohnung zu bleiben. Zum anderen fallen auch an diesem Kanzlerschreiben die für ihn typischen Widersprüche ins Auge. Einerseits »obliegt (eine Entscheidung über meinen Verlängerungsantrag) ausschließlich der Klinikverwaltung«, und deshalb werde er sich »in keiner Weise (...) einschalten«; andererseits drohte er damit, daß »etwa erforderliche Räumungsstreitigkeiten (...) Rückwirkungen auf das Arbeitsverhältnis (...) haben könnten.« Doch nun wird es klar: Der Widerspruch ist nur ein scheinbarer, denn der Kanzler läßt letztlich keinen Zweifel daran, daß er bereit ist, seine ganze Macht dazu zu mißbrauchen, seinen Willen durchzusetzen.

14. KAPITEL

Ein Stein des Anstoßes

Eine junge Mutter war mit ihrem kleinen Sohn an einen nahegelegenen See gefahren, um dort zu baden. Die sommerliche Hitze hatte viele Städter hinaus ins Grüne getrieben, um sich im kühlen Naß des Sees zu erfrischen, und so fand die Frau erst nach einigem Suchen eine freie Stelle an der Seite des Sees, deren Wassertiefe für Kinder geeignet war. Da kam ein älterer Herr auf sie zu, der sie schon bei ihrer Platzsuche mit seinen Blicken verfolgt hatte. Mit betonter Freundlichkeit grüßte er sie und bemerkte dann: »Was für ein niedliches Adoptivkind Sie da haben.« »Oh, danke, aber das ist mein eigener Sohn, ich habe ihn nicht adoptiert«, lautete die Antwort der jungen Mutter. Sofort verfinsterte sich der Gesichtsausdruck des Mannes, er wandte sich um und schaute in die Runde, als wolle er sich einen Überblick über sein Publikum verschaffen. Dann rief er aus: »Schaut her, Leute, was dabei heraus kommt, wenn ein Weib sich mit einem Neger einläßt!«

Diese Szene hat sich 1989 an einem Badesee im Salzburger Land in Österreich abgespielt. Eine österreichische Freundin von uns und deren kleiner Sohn waren die Opfer dieser Anprangerung, die an einen Rückfall in eine ganz unmenschliche Epoche erinnert. Und sie ist nur ein Beispiel dafür, daß sich die Ablehnung einer schwarzweißen Liebesbeziehung in gewisser Weise verschärft, wenn ein solches Paar daran denkt, zu heiraten und Kinder zu haben. In Deutschland und anderswo in Europa erfährt das Paar diese Ablehnung innerhalb der Familie des einheimischen Partners und im näheren Freundes- und Bekanntenkreis, in der Öffentlichkeit von zumeist fremden Menschen und – nun, da die Beziehung durch die Ehe institutionalisiert wird – von Behörden.

Allein aus meinem Bekanntenkreis kann ich zahlreiche Beispiele dafür anführen.

So reagierten die Eltern eines Mädchens, das vor Jahren in Münster einen Afrikaner heiraten wollte, mit den Worten: »Ein weißer Müllmann wäre uns lieber als dieser schwarze Arzt.« Die Eltern eines anderen Mädchens, ein Apothekerehepaar aus dem Ruhrgebiet, haben buchstäblich den Schock, den die Hochzeit ihrer Tochter mit einem Afrikaner ihnen versetzt hat, nicht überlebt. Sie begingen gemeinsam Selbstmord. Eine junge Frau heiratete nach langjähriger Freundschaft einen Ghanesen. Mit ihren Eltern hatte sie sich schon vor Jahren wegen dieser Beziehung überworfen; sie hatten ihr ursprünglich ein Auto schenken wollen, falls sie sich von dem Mann trennte. Als sie nun ihr erstes Kind bekam, weigerten sich die Großeltern strikt, das Enkelkind zu sehen, und von ihrem Bruder erfuhr die Frau, daß die Mutter angemerkt hatte: »Na ja, so lange sie klein sind, sind sie ja ganz niedlich.«

Ein mit uns befreundetes deutsch-nigerianisches Ehepaar wollte vor einigen Jahren die bereits vor der Hochzeit geborene gemeinsame Tochter als ehelich erklären lassen. Doch der Standesbeamte bremste den Antrag der beiden zunächst einmal mit den Worten: »So einfach ist das ja nun auch nicht, schließlich gibt es in der Umgebung doch genügend amerikanische Kasernen!« Die deutsche Ehefrau eines anderen Nigerianers ging nach Ablauf ihres ersten Ehejahres zur Ausländerbehörde, um die Aufenthaltsgenehmigung für ihren Mann verlängern zu lassen. Denn es ist ja so, daß ein ausländischer Ehepartner nach der Heirat mit einer Deutschen zunächst eine Aufenthaltsgenehmigung für ein Jahr bekommt, und nur, wenn die Ehe dann noch besteht, wird das Papier um drei Jahre verlängert. Erst danach besteht ein Anspruch auf eine unbefristete Aufenthaltserlaubnis. Das Paar wird also behördlicherseits gewissermaßen gezwungen, eine Ehe auf Probe zu führen! Und so fragte der zuständige Beamte auch prompt die Frau: »Wie? Sind Sie etwa immer noch verheiratet?« (Das war aber noch vor der Zeit, als so viel Wirbel um sogenannte Scheinehen ausländischer Asylbewerber mit deutschen Frauen gemacht wurde.) Ende der siebziger Jahre wurde in »eingeweihten Kreisen« ein Zitat des Chefs der Münsteraner Ausländerbehörde bekannt. Zu verschiedenen Anlässen hatte der Mann vor Zeugen die folgende Taktlosigkeit von sich gegeben: »So ein Ausländer ist doch bereit, jede deutsche Frau zu heiraten, ganz gleich, wie sie aussieht – und wenn sie den Arsch mitten im Gesicht hat –, Hauptsache, er kann hierbleiben.«

Dieses eine Mal blieb ich verschont; das heißt, meine Frau und ich erlebten keinerlei Anfeindungen, als wir uns 1976 entschlossen zu heiraten. Selbstverständlich hätte auch ich so wie andere Ausländer eigentlich das sogenannte »Ehefähigkeitszeugnis« erbringen müssen – Dokumente aus der Heimat, durch die unter anderem nachgewiesen werden sollte, daß ich dort noch nicht verheiratet war. Alle meine Papiere, wie Geburtsurkunde etc., waren aber im Biafrakrieg zerstört worden, und so gab sich das zuständige Standesamt damit zufrieden, daß ein Verwandter beschwor, daß ich ich war und zu Hause noch keine Frau hatte. Die Nigerianische Botschaft beglaubigte diese Aussage.

Es ist allerdings nicht in jedem Fall so einfach, besagtes Ehefähigkeitszeugnis zu erlangen, wobei der Schwierigkeitsgrad von Behörde zu Behörde verschieden ist, ja sogar vom guten Willen des einzelnen Standesbeamten abhängen kann. Übrigens wurden im Zuge der Wellen, die die »Scheinehen«diskussion geschlagen hat, die Bedingungen erschwert: Die Nachweise müssen jetzt in jedem Fall im Heimatland des ausländischen Partners erbracht werden, und das ist für viele Betroffene mit großen Schwierigkeiten verbunden, wenn nicht gar unmöglich. Andererseits waren die Voraussetzungen schon immer unterschiedlich, je nach Herkunftsland des Kandidaten, denn die deutschen Behörden berücksichtigen bei der Ausstellung eines Ehefähigkeitszeugnisses paradoxerweise auch das Heimatrecht des Mannes, obwohl die Ehe doch in Deutschland und nach dem hier geltenden Eherecht geschlossen wird. In einigen Fällen wird sogar ein sogenanntes Potenzzeugnis verlangt. Der Eheanwärter muß (ich kenne Leute, denen dieses widerfahren ist!) von zu Hause mitgebrachten oder durch Onanie in der Praxis eines Arztes erzeugte Spermien abgeben, die dann auf ihre Fruchtbarkeit untersucht werden. Damit kann nun zwar die Zeugungsfähigkeit des Mannes nachgewiesen werden – aber seine Potenz?!

Nachdem ich die von mir geforderten Papiere vorgelegt hatte, stand unserer Heirat amtlicherseits nichts mehr im Wege. Es kam allerdings auch bei uns einmal zu einer Konfrontation mit einer Behörde, aber das war erst viel später in Freiburg, als wir schon sieben oder acht Jahre verheiratet waren. Meine Frau wollte irgend etwas für mich beim Ausländeramt erledigen – ich glaube, es ging damals um meinen Antrag auf eine Aufenthaltsberechtigung. Dieses Dokument bedeutet für den ausländischen Partner und seine deutsche Familie eine wesentlich höhere aufenthaltsrechtliche Sicherheit. Ohne sie lebt die Familie nämlich immer mit dem Risiko, daß der ausländische Partner doch einmal aus irgendeinem Grund ausgewiesen werden kann, und deshalb versuchen die Behörden natürlich, den Erwerb dieser Urkunde nach Möglichkeit zu erschweren.

Barbara mußte bei ihrem Amtsbesuch die Anmeldebestätigung des Einwohnermeldeamtes Freiburg vorlegen, um den Wohnsitz der Familie nachzuweisen, und der Datumsstempel auf diesem Papier war leider etwas unleserlich. Hinzu kam, wie sich später herausstellte, daß das Freiburger Ausländeramt unsere Akte verschlampt hatte, die ihm bei unserem Umzug von der Stadtverwaltung Münster zugeleitet worden war. Aus irgendeinem unerklärlichen Grund hatte es die Unterlagen an die Behörde des Heimatkreises meiner Frau geschickt, wo sie nun seither Staub sammelten. Und nun war eine Beamtin des Ausländeramtes frech genug zu behaupten, Barbara wohne gar nicht in der auf der Anmeldebestätigung angegebenen Wohnung, sie habe die Bescheinigung gefälscht (!), um »dem Mann« einen »gemeinsamen Wohnsitz« zu verschaffen.

Doch zurück zum Thema Heirat: Meine Schwiegereltern, für die zunächst eine Welt zusammengebrochen war, als ihre Tochter mich kennengelernt und sich für die Freundschaft mit mir entschieden hatte, hatten gelernt, unsere Beziehung zu akzeptieren; gegen unsere Hochzeit hatten sie nun keine Einwände mehr.

Aber als unsere Tochter geboren war, häuften sich auch in unserem ganz privaten Lebensbereich wieder die Erfahrungen mit dem Rassismus unserer Mitmenschen. Es waren Erfahrungen, in denen unser Kind bzw. meine Frau als Mutter eines »Negerkindes« die Objekte von Vorurteil und Diskriminierung waren. Natürlich sind mir im Laufe der vielen Jahre, die ich in Deutschland verbracht habe, auf der Straße und anderswo oft abfällige Bemerkungen nachgerufen worden; so hieß es zum Beispiel in der Zeit, als die Fernsehserie »Roots« zum ersten Mal ausgestrahlt wurde, an jeder Straßenecke »Kunta Kinte«, »Kunta Kinte«. Vokabeln wie »Neger«, sogar

»Buschneger« und »Oh, ist der schwarz« waren über alle Jahre hinweg an der Tagesordnung. Ich gewöhnte mich an sie, ja, ich lernte, sie zu überhören. Aber ich erinnere mich an zwei Begebenheiten, wo mir Wörter dieser Art nachgerufen wurden, als ich mit meiner kleinen Tochter zusammen war. Einmal – Enyi war noch ein Baby – trug ich sie auf dem Arm, um in der Nachbarschaft etwas einzukaufen. Da kam mir aus einer Hauseinfahrt heraus eine Horde Straßenkinder mit Spielzeugpistolen in den Händen entgegengerannt; die Kinder brüllten aus Leibeskräften: »Guckt mal, der Neger mit seinem Kind, den erschießen wir jetzt.« Damals war Enyi noch zu klein, um zu verstehen, worum es ging. Das andere Mal aber war sie zwei Jahre alt und verstand genau, was gesagt wurde. Ich hielt sie an der Hand und ging mit ihr durch die Stadt. Eine deutsche Familie überquerte die Straße und lief dann ein paar Schritte hinter uns. Plötzlich sagte der Vater zu seinem Sohn (nicht etwa umgekehrt!) »Sieh mal da, ein Gorilla.« Der Junge lachte laut über den Scherz, den sein Vater gerade gemacht hatte. Nur die Mutter protestierte und gab zu verstehen, daß sie von solchen Späßen nicht viel hielt. Enyi fragte mich: »Papa, hast du gehört, was der Mann da gesagt hat?« Ich gab vor, es nicht gehört zu haben, und sie wiederholte es für mich. »Ich glaube, der meint dich«, fügte sie hinzu. »Das macht nichts. Ich denke, es wäre schön, ein Gorilla zu sein, denn Gorillas sind sehr glückliche Tiere. Aber das weiß der Mann anscheinend nicht.« Mehr sagte ich nicht, denn ich wollte ihr Gelegenheit geben, das Gehörte zu verarbeiten. Am nächsten Morgen erzählte sie ihrer Mutter davon. Diese antwortete ihr, daß das wohl ein ganz dummer Mann gewesen sein müsse.

Die Begegnungen, bei denen unser Kind zum »Stein« wurde, an dem sich Mitbürger »stießen«, fanden meistens »auf der Straße« oder an anderen öffentlichen Orten, wie zum Beispiel im Bus oder beim Einkaufen, statt. Es fiel uns auf, daß sie häufiger waren, wenn Barbara mit dem Kind allein, als wenn ich mit ihm oder wir alle drei zusammen waren, und daß sie merkwürdigerweise mit zunehmendem Alter des Kindes seltener wurden. Und es waren Angehörige aller Schichten und Altersgruppen, Männer, Frauen und Kinder, die ihre Vorurteile gegenüber dem »Mischlingskind« bzw. der Frau, die sich »mit einem Neger eingelassen« und diese »Schande« in die Welt gesetzt hatte, nicht zurückhalten konnten.

Unterschiede gab es in der Art und Weise, wie die Leute ihre Vorurteile äußerten und wie weit sie dabei gingen. Manche Leute starrten einfach nur das Kind bzw. dessen Mutter an, rümpften vielleicht die Nase oder schüttelten den Kopf, bevor sie weitergingen. Andere beugten sich einfach über das Kind, um es zu berühren – es zu streicheln, die weichen schwarzen Löckchen zu betatschen oder ihm gar Süßigkeiten in die Hand zu drücken. Sie taten dies, ohne zuvor die Mutter des Kindes anzusprechen oder auch nur Blickkontakt zu ihr aufzunehmen.

Meine Frau empfand gerade dieses Verhalten als besonders ärgerlich und wehrte sich in der Regel dagegen. In der deutschen Gesellschaft sind Zärtlichkeiten unter Fremden nun einmal nicht das Übliche! Andere – weiße – Kinder wurden ja auch nicht angefaßt, davon konnte sie sich oft überzeugen. Es war immer wieder nur unser Kind, das in wildfremden Menschen den Drang zu derart distanzlosen Sympathiebezeugungen weckte. Barbara vertrat den Standpunkt, daß schon der Respekt vor der Persönlichkeit eines Kindes, auch wenn es noch sehr klein war, diese Art von Körperkontakt durch Fremde verbiete. Es kümmerte die Streichler nämlich gar nicht, ob das Kind überhaupt angefaßt werden wollte oder nicht, und so kamen solche Übergriffe gegen den Willen von Mutter und Kind fast Vergewaltigungen gleich. Aber auch ganz einfach aus hygienischen Gründen war es ihr noch lange nicht recht, wenn jeder Beliebige an ihrem Kind herumfummelte.

»Richtig kennenlernen« sollte sie diese Leute aber erst, wenn sie es »wagte«, sich gegen deren Verhalten zu wehren und das Anfassen des Kindes zu verbieten. Ausnahmslos wurden sie dann frech und warfen ihr vor, daß sie eingebildet sei. Einmal, Enyi war gerade sieben oder acht Monate alt, passierte es wieder, daß eine fremde Frau sich auf der Straße ganz unvermittelt über den Kinderwagen beugte, um das Baby zu liebkosen. Barbara gab ihr zu verstehen, daß sie dies nicht wünschte. Die Frau, eine Dame in den Vierzigern, empörte sich heftig, nannte sie »eingebildet« und das Kind »doch so niedlich«. Und dann fragte sie in bissigem Ton: »Haben Sie denn auch einen Papa dafür?« Barbara schlug zurück: »Was geht Sie das an? Hoffentlich haben Sie selbst einen Papa für ihre Kinder!« Dieser unerwartete Angriff, der ja einen Zweifel an ihrer eigenen sexuellen Unbescholtenheit beinhaltete, muß die Frau ziemlich getroffen haben, denn es dauerte einige Zeit, bis sie sich wieder gefaßt hatte. Barbara hatte inzwischen ihren Kinderwagen weitergeschoben und ihr Ziel, eine Apotheke, erreicht. Doch gleich, nachdem sie sie betreten hatte, öffnete sich die Tür, die Frau schaute herein und sagte, wie um sich selbst zu rehabilitieren: »Ich habe sieben Kinder und zwei Väter dafür!« Schlagfertig antwortete Barbara: »Nun, dann hoffe ich, daß für jedes einzelne der Kinder ein Vater dabei ist.«

Diese Episode hatte in der Apotheke noch ein amüsantes Nachspiel. Meine Frau nahm damals die »Pille«, und manchmal vergaß sie, sich rechtzeitig vor dem neuen Einnahmemonat ein Rezept zu besorgen. In der Apotheke (in derselben, die sie jetzt gerade aufgesucht hatte) war man auch dann nicht ohne weiteres bereit, ihr das Medikament auszuhändigen, wenn sie versprach, das Rezept nachzureichen. Man rief zuerst den behandelnden Arzt an, um sich durch seine Zustimmung abzusichern. Und mit diesem Anliegen war Barbara nun in die Apotheke gekommen. Die Apothekerin hatte den kurzen Wortwechsel zwischen den beiden Frauen mitangehört. Höflich erkundigte sie sich, was denn die Ursache des Streites gewesen sei. »Stellen Sie sich vor, sie hat mich gefragt, ob ich einen Vater für mein Kind habe.« »Nein, so was«, antwortete die Apothekerin und ging zur Tür, als wolle sie der Frau nachsehen. Auf dem Rückweg warf sie einen verstohlenen Blick in den Kinderwagen, denn bis dahin hatte sie das Kind noch nicht gesehen. »Das ist aber wirklich eine Unverschämtheit! – Ist doch niedlich, der Kleine«, sagte sie dann beschwichtigend. Als sie wieder hinter der Theke stand, trug Barbara ihren Wunsch vor. Sofort, ohne jeden Einwand, weil kein Rezept vorlag, ging die Apothekerin zur entsprechenden Schublade, holte das Medikament und reichte es ihr ohne jedes weitere Wort!

Meistens war es so, daß Passanten, gewissermaßen im Vorbeigehen, spontane Bemerkungen über das Kind fallen ließen, angefangen von recht harmlosen Ausrufen wie »Oh, wie niedlich!«, »Ach, wie süß!«, »Schau mal, das Negerkind dort! Ist das nicht süß!«, die sogar als Ausdruck einer gewissen Freude beim Anblick des hübschen, exotisch aussehenden Kindes gewertet werden konnten, bis hin zu weniger freundlich klingenden Kommentaren, wie »Guck mal, ein Neger!«, »Ist das ein Neger oder eine Negerin?«, war die Bandbreite dieser Äußerungen weiß Gott nicht groß. Gemeinsam war ihnen allen, daß sie nicht als direkte Ansprache an meine Frau gerichtet, sondern ihr nachgerufen wurden. Die Personen, die sich in dieser Art verlauten ließen, taten dies in einer plumpen und rücksichtslosen Weise, taktlos hinsichtlich ihrer Lautstärke, Blickrichtung und Gestik. Sie befanden sich in der unmittelbaren Nähe meiner Frau und meiner Tochter, blieben zum Zweck der Äußerung stehen, zeigten mit dem Finger auf das Kind, schauten sich auffällig um oder starrten Mutter und Kind schamlos an. Und selbst die scheinbar unschuldigsten dieser Äußerungen waren nicht immer so harmlos gemeint, wie sie zunächst klangen und wie viele Leute gerne behaupten. Barbara konnte dies leicht »beweisen«, indem sie ggf. einfach zu Enyi sagte: »Schau mal, was *die* für ein niedliches Kind haben! Ist das nicht süß?!« Dann reagierten die sich eben noch so sicher fühlenden Passanten mit Betroffenheit, wurden unsicher und gingen weg.

Dann gab es noch die Personen, die meine Frau direkt auf das Kind ansprachen. Sie taten es fast ausschließlich mit den beiden folgenden Sätzen: »Was ist das für ein niedliches Kind! Haben Sie es adoptiert?« Antwortete sie darauf, daß es ein eigenes Kind sei, folgte prompt die stereotype Antwort: »Das ist ja nicht schlimm!«, eventuell ergänzt durch den Satz: »Das arme Kind kann ja nichts dafür.« Es gab aber auch eine Minderheit, die dann sagte, das sei schön! Die Frage nach der Adoption kam auch in dieser – indirekteren – Variante vor: »Was für ein niedliches Kind! Es sieht genauso aus, wie das Adoptivkind meiner Schwester.« Wenn Barbara sich in solchen Fällen gegen das Wort »schlimm« verwehrte, erlebte sie stets das gleiche schablonenhafte Verhalten, das auch die Streichler zeigten, wenn ihnen gesagt wurde, daß ihre Zärtlichkeiten nicht erwünscht waren: Die Frager wurden böse und warfen ihr ihre Einbildung vor, oder sie wurden unsicher und fingen vielleicht sogar an, sich zu verteidigen. Eines jedoch macht die vielgestellte Frage nach dem Adoptivkind deutlich: Ganz gleich, welche Motive ein deutsches Ehepaar auch im Einzelfall haben mag, wenn es sich dazu entscheidet, ein Kind aus der Dritten Welt zu adoptieren, die Gesellschaft bewertet diesen Schritt als positiv, ja, er erhöht sogar das Image einer Familie. Stellt sich nun aber heraus, daß es sich bei dem exotisch aussehenden Kind um ein eigenes handelt, dann muß betont werden: »Das ist nicht schlimm!« Die eigentliche Botschaft dieser Feststellung liegt auf der Hand, nämlich genau das Gegenteil: es ist schlimm!

Auch Kinder stellten Barbara, nachdem sie zuvor Enyi intensiv betrachtet hatten, die stereotype Frage: »Ist das dein Kind?« Auf die bejahende Antwort folgte dann oft in frechem Ton: »Der sieht aber wie ein Neger aus!« Einmal fragte ein Mädchen wörtlich: »Ist das einer von diesen Negerjungen, die man so adoptieren kann?«. Und ein anderes wollte wissen: »Wo gibt's die?«

Wiederum gab es aber auch Menschen, die meine Frau einfach nur besorgt oder interessiert fragten, ob denn das Kind das hiesige Klima vertrüge oder ob es schon Deutsch könne. Interessanterweise gab es mit denen, die diese Frage von vornherein so dezent formulierten, niemals Ärger. Sie blieben auch dann freundlich, wenn sie erfuhren, daß es sich um ein eigenes Kind handelte.

Als Enyi größer wurde, kam es auch hin und wieder vor, daß sie selbst direkt angesprochen wurde, zumeist von anderen Kindern. Mit etwa zwei Jahren brachte sie gelegentlich die draußen aufgeschnappten Ausdrücke mit nach Hause, die sie in ihrem Spiel dann wieder aufgriff, so zum Beispiel »Kunta Kinte«, »Bist du ein deutsches Kind?« und »Du Neger, du!«. Einmal war meine Frau mit ihr auf dem Spielplatz und konnte dort gerade noch verhindern, wie ein etwa vierjähriger Junge die Zweijährige von einer Mauer schubsen wollte mit den Worten: »Du Neger, geh weg hier!«

Von den geschilderten Pöbeleien auf der Straße einmal abgesehen sind mir aus Enyis Kinderzeit im wesentlichen drei Begebenheiten in Erinnerung geblieben, die in der Nähe von Rassismus und Diskriminierung anzusiedeln sind, und die ich deshalb hier erzählen möchte. Während ihrer ersten drei Lebensjahre war Enyi tagsüber in der Studentenkrippe in Münster untergebracht. Eines Tages äußerte eine der Kinderpflegerinnen dort ganz unbefangen: »Der Urin von Mischlingskindern ist ja auch viel schärfer als der von deutschen Kindern.« Wahrscheinlich war dem jungen Mädchen gar nicht einmal bewußt, was für einen Unsinn sie da geredet hatte. Trotzdem – oder vielleicht auch deshalb – brachte ich ihre Äußerung am nächsten Elternabend zur Sprache –, einfach um bewußtzumachen; denn sie betreute drei sogenannte Mischlingskinder, und sollte sie einmal vor Außenstehenden eine solche Bemerkung machen, würden diese sie vermutlich für »kompetent« halten, ihre Ansicht unkritisch über, nehmen, und schon wäre ein neues Vorurteil geboren. Ich fragte sie also höflich, ob sie die entsprechende Äußerung gemacht, was sie sich dabei gedacht habe und ob sie sie begründen könne. Könne sie mir eine plausible Begründung geben, wäre ich zufrieden. Sie reagierte mit unerwartet großer Betroffenheit, wurde so verlegen, daß sie sich nicht verteidigen konnte und verließ weinend den Raum. Ein deutscher Vater wurde daraufhin sehr böse, er warf mir vor, der »unschuldigen, lieben Ingrid« eine bewußte rassistische Äußerung unterstellen zu wollen und bezeichnete das als sehr anmaßend.

Ich glaubte nicht, Ingrid Unrecht getan zu haben, aber aus Diplomatie und Taktgefühl ging ich zu ihr, versuchte sie zu beruhigen und entschuldigte mich dafür, daß ich sie vor den anderen Eltern und nicht unter vier Augen zur Rede gestellt hatte.

Als Enyi drei Jahre alt war, waren wir darauf angewiesen, sie in einer Tagesstätte unterzubringen, weil meine Frau nun in den Examensvorbereitungen steckte und ich aus zwingenden Gründen mein Studium in Hannover fortsetzen mußte. Unsere Finanzlage war aber so schlecht, daß wir beim Sozial- und Jugendamt einen Zuschuß zum Tagesstättenbeitrag beantragten. Den Antrag begründeten wir ausführlich und waren deshalb sehr überrascht, als er abgelehnt wurde. Die Verfasserin des Ablehnungsschreibens hatte all unsere Gründe für eine Tagesstättenunterbringung unserer Tochter ignoriert und so argumentiert, daß es keinen anderen Grund gäbe, das Kind in der Tagesstätte unterzubringen, als es mit seinem »Anderssein« zu konfrontieren, und diesen Zweck könne ein Kindergarten ebensogut erfüllen.

Meine Frau suchte das Amt auf und bat um ein Gespräch mit der Sachbearbeiterin, und dieses Mal hatte ihr Schritt in zweifacher Hinsicht Erfolg. Es gelang ihr, der im Wesen freundlichen Beamtin das ihrer Formulierung zugrundeliegende Vorurteil bewußt zu machen. Die junge Frau war sogar sehr betroffen – so hatte sie es nicht gemeint und die Wirkung ihrer Aussage nicht beabsichtigt. Sie entschuldigte sich aufrichtig; Barbara konnte sie im persönlichen Gespräch davon überzeugen, daß es sehr wohl andere wichtige Gründe für die Tagesstättenunterbringung gab; und der Antrag wurde nachträglich bewilligt.

Wir hatten uns auf der Suche nach einem Tagesstättenplatz für den Nikolauskindergarten entschieden, der damals einen sehr guten

Ruf hatte, und weil dort neben deutschen auch Kinder aus aller Herren Länder und solche aus bikulturellen Verbindungen untergebracht waren. Enyi würde dort also keine Außenseiterin sein; außerdem hofften wir, daß die internationale Besetzung des Kindergartens sich irgendwie positiv in seinem Erziehungskonzept niederschlagen würde.

Dann kam Enyi eines Tages von dort mit dem beliebten alten Kinderlied von den »Zehn kleine(n) Negerlein« nach Hause zurück. Dieses Lied geistert nun seit gut einhundert Jahren durch alle deutschen Kinderstuben und treibt mit seinem Klischee vom ewig jungen Kindneger, der sich in der europäischen Zivilisation nicht zurechtfindet, sein Unwesen. Bei den verschiedenen Versuchen, dort zu bestehen, stirbt nämlich ein Negerlein nach dem anderen einfach so weg! Das Schlimme ist, daß wohl kaum einem, der dieses Lied an eine neue Generation weitergibt, dessen gefährlicher, vorurteilsbildender Charakter bewußt ist. Noch schlimmer aber ist, daß Kinder den Text des Liedes in einem so frühen Alter lernen, daß sie seinen Sinn verstandesgemäß gar nicht erfassen können; sein Inhalt geht also gleich in Fleisch und Blut über, ohne dem Kind überhaupt bewußt zu werden.

Gemeinsam mit einer anderen Mutter beschloß meine Frau, das Thema am nächsten Elternabend anzusprechen. Sie bereitete sich gut darauf vor, nahm sogar einiges an Aufklärungsmaterial mit, denn sie wollte ja nicht anklagen, sondern bewußtmachen. Unterstützt von ihrer Freundin trug sie ihr Anliegen vor, vorsichtig und taktvoll, stets darauf bedacht, den verantwortlichen Kindergärtnerinnen nicht das Gefühl zu geben, sie unterstelle ihnen, absichtlich rassistische Inhalte an die Kinder vermittelt zu haben. Sie untermauerte ihre Argumente durch das mitgebrachte Material, das sie z. T. auch an die Erzieherinnen aushändigte. Als Anschauungsmaterial ließ sie einige sehr schöne Bilderbücher über Afrika um den Tisch gehen. Erfreulicherweise wurde ihr Vortrag vom Kindergartenpersonal, einschließlich der Leiterin, einer katholischen Ordensschwester, sehr positiv aufgenommen, ja sogar mit einer gewissen Bestürzung darüber, daß man aus Unwissenheit zur Tradierung althergebrachter Vorurteile beigetragen hatte. Die Leiterin sagte tief betroffen, erst jetzt verstehe sie etwas, das sich dort vor einigen Jahren ereignet hatte, und dessen Zusammenhang ihr niemals klargeworden sei. Es sei damals ein schwarzes Mädchen im Kindergarten gewesen, dem sei immer schlecht geworden, wenn es zu irgendeinem Anlaß »Negerküsse« gegeben hätte. Es hätte sich auch immer geweigert, sie zu essen. Aber während die Erzieherinnen für den gutgemeinten Aufklärungsversuch meiner Frau offen waren, stießen ihre Bemühungen auf wenig Verständnis bei den Eltern. Ja, sie wurde sogar von einigen Müttern direkt angegriffen. Sie warfen ihr vor, den guten Ruf des Kindergartens und die wertvolle Arbeit, die dort geleistet wurde, zu unterlaufen, indem sie das Personal schlecht machte und ihm Rassismus unterstellte. Eine Mutter sagte, daß sie die Texte solcher Kinderlieder nicht als negativ empfände und durchaus wünschte, daß ihre Tochter sie auch weiterhin lernte. Da griff Barbara zu dem wirksamen Mittel der Umkehrung – sie bezog sich auf das bekannte Gedicht vom »Kohlenpechrabenschwarzen(n) Mohr(en)« aus dem Struwwelpeter und präsentierte es in einer Fassung, in der das Opfer nicht ein schwarzer, sondern ein weißer Junge war, der von bösen schwarzen Buben wegen seiner rosa »Schweinchen«-Haut gehänselt wird. Es verfehlte seine Wirkung nicht: »Sie haben recht«, sagte die Mutter, »ich fühle mich betroffen.«

Die Konfrontation mit den in den Köpfen der Bundesbürger allgegenwärtigen Vorurteilen gegen Schwarze, die weniger mich selbst betrafen als meine Tochter oder aber meine Frau in ihrer Rolle als Mutter eines braunen Kindes, nahmen bemerkenswerterweise mit dem Größerwerden des Kindes langsam ab. Zwar wurde Enyi gelegentlich von wohlwollenden Deutschen dafür gelobt, daß sie schon so gut Deutsch spräche, aber das war wohl eher auf Unwissenheit als auf Vorurteile zurückzuführen. Aber es passierte noch eine Sache in Freiburg, als Enyi bereits im Schulalter war; sie gehört in die Kategorie jener Pöbeleien auf der Straße, von denen ich schon erzählt habe, und sie ist in sich so aussagekräftig, daß ich sie hier nicht aussparen darf.

Meine Frau und Enyi kamen gegen Abend aus der Stadt und fuhren mit dem Bus nach Hause. Ihnen gegenüber saß eine alte Frau, die von sich aus ein Gespräch mit Barbara begann. Ganz unvermittelt wechselte sie das Thema und sagte: »Haben Sie den in Pflege?«, wobei sie mit dem Finger auf Enyi zeigte.

»Nein, das ist meine Tochter.«

»Nein!«

»Doch!«

»Nein!

»Warum nicht?«

»Aber so schwarz!«

»Was?«

»Aber so schwarz!«

»Ja, da sollten Sie erst einmal meinen Mann sehen, der ist noch viel schwärzer!«

»Nein, das gibt's doch nicht!«

»Doch, das ist so.«

»Und was sagen da die Leute?«

»Welche Leute?«

»Na, die Leute bei Ihnen im Haus. Lassen die das zu?«

»Die Leute bei uns im Haus? Aber das geht die doch gar nichts an!«

»Ja, wissen Sie, bei uns im Haus hat auch mal so eine gewohnt. Rausgeekelt haben wir die! Rausgeekelt! Die wollen wir nicht!«

Zögernd, noch nach Worten suchend, antwortete Barbara: »Oh, da können Sie aber stolz sein auf das, was Sie gemacht haben!«

»Ja, das bin ich auch. Solches Pack wollen wir nicht im Haus haben.«

Es entstand eine Pause, da Barbara die letzten Sätze erst einmal verdauen mußte. Dann fragte sie:

»Wo wohnen Sie denn?«

»Ja, das sag' ich doch Ihnen nicht!«

»Recht haben Sie! Bei dem schlechten Gewissen, daß Sie haben müssen, tun sie gut daran, es für sich zu behalten und niemandem zu erzählen, wo Sie wohnen!«

Dieser letzte Satz hat die Alte so irritiert, daß sie ziemlich verunsichert ihren Sitzplatz aufgab und in dem überfüllten Bus stehend die Strecke bis zur nächsten Haltestelle überbrückte. Noch immer vor sich hin schimpfend und meiner Frau böse Blicke zuwerfend stieg sie dort aus. Draußen fiel ein kalter Novemberregen und es war dunkel. Und da Barbara die Frau schon öfter im Bus gesehen hatte, wußte sie, daß es von dort aus noch ein ganzes Stück zu laufen war bis zu der Haltestelle, an der sie normalerweise ausstieg.

Aber nicht nur als Mutter eines braunen Kindes, sondern schon allein als Frau eines schwarzen Mannes geriet meine Frau immer wieder in die Schußlinie der Intoleranz ihrer deutschen Mitmenschen, wie es die folgende Begebenheit illustriert:

Während einer vielstündigen Zugreise von Freiburg nach Münster im Mai 1982 teilte meine Frau das Abteil mit einer anderen jungen Frau und einem älteren männlichen Mitreisenden, und es stieg kein weiterer Fahrgast zu. Zwischen den drei Reisenden entwickelte sich eine Unterhaltung, die von dem älteren Herrn, der sich selbst sehr dominant in den Mittelpunkt gerückt hatte, regelrecht forciert worden war. Zu Gesprächsbeginn hatte er es so ausgedrückt, daß sie, da sie ohnehin die nächsten Stunden miteinander verbringen müßten, es sich gemütlich machen und die Zeit mit einer angenehmen Unterhaltung vertreiben sollten. Im späteren Gesprächsverlauf reagierte er mit großer Überraschung, als er erfuhr, daß Barbara verheiratet und Mutter einer fünfjährigen Tochter war. Er hatte sie wohl für wesentlich jünger gehalten als sie war. Nun interessierte er sich auch für den Ehemann, und er erfuhr, daß ich als Arzt in Freiburg arbeitete und vom bevorstehenden Umzug der Familie von Münster nach Freiburg. Die Unterhaltung ging dann über dieses Thema hinweg, und erst als die andere junge Frau vorübergehend das Abteil verlassen hatte, kam der Mann darauf zurück. Er fragte Barbara, wieso denn ihr Mann keine Stelle in der näheren Umgebung von Münster gefunden hätte, so daß der Familie der weite Umzug erspart geblieben wäre. Der Arbeitsmarkt für Ärzte sei doch noch gar nicht so schlecht. »Das mag wohl sein«, antwortete Barbara, »jedoch gelten für meinen Mann da etwas andere Bedingungen, er ist nämlich Ausländer.« Sie spürte deutlich, wie ihr Gesprächspartner eine Schrecksekunde verstreichen ließ, bevor er fähig war, sich zu erkundigen: »Darf ich fragen, woher Ihr Mann kommt?« »Sicher dürfen Sie das. Er kommt aus Nigeria.« Jetzt wuchs sich der Schreck zu einem richtigen Schock aus, und der Mann brauchte entsprechend länger, sich zu erholen. Dann brachte er hervor: »Das hätte ich Ihnen gar nicht zugetraut. Sie sehen gar nicht danach aus!« Lachend konterte meine Frau: »So! Wie sollte denn Ihrer Meinung nach eine Frau aussehen, die mit einem Ausländer verheiratet ist?« »Nein, entschuldigen Sie, so war das nicht gemeint. Nur, ich meine, ich bin nur deshalb so geschockt ... ich glaube, es ist richtig, wenn ich annehme, daß Ihr Mann schwarz ist?«

»Ja, das ist er.«

»Sehen Sie, das ist es. Nicht, daß er Ausländer ist – ein Engländer, ein Pole, ja sogar ein Italiener hätten mich weniger bestürzt.«

»Aber wieso denn? Was ist dabei? Wir sind alle Menschen. Und im Kern sind wir alle gleich. Welche Rolle spielt da die Hautfarbe?«

»Die Hautfarbe? Ach nein, es ist doch nicht nur die Hautfarbe. Schlimmer sind die kulturellen Unterschiede. Ich meine – es liegen doch Welten zwischen Europa und Afrika. Ich kann mir vorstellen, daß das ganze erhebliche Probleme für Ihre Ehe mit sich bringt.«

»Nein, das kann ich nicht sagen. Kulturelle Unterschiede spielen bei uns kaum eine Rolle. Wichtiger finde ich die individuelle Persönlichkeit beider Partner und das gegenseitige Verständnis.« »Das glaube ich Ihnen nicht. Solche massiven Kulturunterschiede müssen sich doch auswirken!«

»Wenn ich es Ihnen aber sage!«

»Nein, das überzeugt mich nicht. Sehen Sie mal: Meine Frau und ich – also meine zweite Frau –, sie kommt aus München und ich aus dem Rheinland. Beide sind in Deutschland, aber trotzdem: Da gibt es kulturelle Unterschiede, und die bringen manchmal ganz schöne Probleme mit sich.«

»Ja also! Wenn Sie Kultur so eng definieren, dann müssen Sie ja Probleme haben! Mein Mann und ich sehen das nicht so eng. Überdies sind wir Menschen lernfähig. Haben Sie nie daran gedacht, daß kulturelle Unterschiede sich auch bereichernd auf eine Zweierbeziehung auswirken können?«

»Na, ich weiß nicht ...«

»Aber ich weiß es. Aus eigener Erfahrung und aus vielen Gesprächen mit Frauen, die in der gleichen Lage sind. Aber Sie haben recht. Es gibt auch Probleme. Doch die meisten Probleme einer bikulturellen Ehe kommen nicht von innen. Sie werden von außen an das Paar herangetragen, durch die deutsche Umwelt, die eine solche Beziehung nicht akzeptiert.«

»Das glaube ich nicht.«

»Es ist aber so.«

»Sehen Sie, ich könnte mir unter Umständen ganz gut vorstellen, mit einer schwarzen Frau zusammen zu sein ... Welche Schwierigkeiten sollte mir denn da die Umwelt bereiten?« »Ja, da haben Sie vielleicht sogar recht. Sie sind ja auch ein Mann. Und ein Mann, der sich eine exotische Frau ins Bett holt, gilt eben auch in Deutschland als toller Hecht. Man beneidet ihn, aber man macht ihm keine Schwierigkeiten – ihm nicht, höchstens seiner Frau. Doch bei mir ist das anders, weil ich eine Frau bin. Das kann ich Ihnen an einem ganz simplen Beispiel beweisen.«

»So?«

»Ja, sehen Sie – die meisten Probleme, die wir haben, kommen durch Leute wie Sie – Leute, die sich nicht vorstellen können, daß eine ›normale‹, sympathische deutsche Frau mit einem Schwarzen zusammen ist. Leute, die erwarten, daß eine Frau, die das tut, auch danach aussehen müßte. Sie haben es ja selbst gesagt! Also wie, bitte, sollte so eine Frau aussehen?«

Der Mann war nun sichtlich verlegen. Er schien nun die Tragweite dessen, was er zuvor gesagt hatte, zu begreifen. Und er machte einen schwachen Versuch, es wieder gut zu machen. »Bitte, entschuldigen Sie, wenn ich Ihnen etwa zu nahe getreten sein sollte. Das wollte ich nicht!«

»Nein, nein, zu nahe getreten sind Sie mir nicht. Aber trotzdem – lassen Sie sich einen Rat von mir geben: Sollten Sie noch einmal in einer ähnlichen Lage sein, dann machen Sie nicht gleich den Mund auf. Denken Sie, bevor Sie sprechen.«

Das saß!

Der Mann lief puterrot an, ihm fiel tatsächlich die Brille aus dem Gesicht, sein Mund öffnete sich unwillkürlich und das Kinn hing schlaff herunter. Der arme Kerl wußte nicht, wie er seiner überwältigenden Verlegenheit Herr werden sollte.

Gerade in diesem Augenblick betrat die junge Frau wieder das Abteil, sie merkte, daß irgend etwas nicht stimmte und fragte nach dem Grund. Das half dem Mann, seine Fassung wieder zu gewinnen; ja, er war sogar begierig darauf, ihr von der Auseinandersetzung zu erzählen. Er hoffte wohl auf ihre Unterstützung für seinen Standpunkt, und so mußte Barbara dann auch einiges an seiner Darstellung korrigieren.

Die Frau reagierte aber nicht in der von ihm erhofften Weise, sondern auch sie gab ihm zu verstehen, daß er sich nicht richtig verhalten hatte. Allerdings konnte sie es sich nicht verkneifen, mit einer Geschichte von einer deutsch-afrikanischen Ehe aus ihrem Bekanntenkreis aufzuwarten, die gescheitert war; und das gab dem Mann wieder etwas Auftrieb. Es kostete Barbara einige Mühe, den beiden klarzumachen, daß auch deutsch-deutsche Ehen scheitern – statistisch gesehen sogar in einem sehr viel höheren Prozentsatz. Und daß es Untersuchungen gibt, die beweisen, daß sich – weltweit gesehen – bikulturelle Ehen als sehr viel stabiler erweisen als andere, und zwar gerade deshalb, weil das Paar mit so vielen Problemen von außen konfrontiert wird, daß es sich ständig in der Problembewältigung üben kann. Und diese, in der Auseinandersetzung mit einer feindlichen Umwelt erworbene Fähigkeit kommt dem Paar dann zugute, wenn wirklich einmal Eheprobleme auftreten, die so schwerwiegend sind, daß eine andere Ehe wahrscheinlich daran scheitern würde. Das bikulturelle Ehepaar kann sie meistern.

Der Rest war dann hauptsächlich nur noch Rechtfertigung seitens des älteren Herrn. Er faselte sogar etwas von Vatergefühlen und Verantwortungsbewußtsein gegenüber seiner Gesprächspartnerin. Als er an seinem Bestimmungsort angekommen war, verabschiedete er sich freundlich von den beiden Frauen, und Barbara wünschte er ganz besonders alles, alles Gute für ihre Zukunft.

Barbara war ja vor unserer Ehe lange genug mit mir befreundet gewesen, um schon in dieser Zeit die verschiedenen Ausdrucksformen des alltäglichen Rassismus kennenzulernen, sich daran zu gewöhnen und im Laufe der Jahre gegen Anfeindungen auf dieser Grundlage abzuhärten. Aber manche Dinge, die sie erlebte, konnte sie doch nicht einfach so ignorieren – dazu gingen sie zu tief. Denn obwohl sie ja nicht selber schwarz war, mußte auch sie am eigenen Leibe erleben, daß einige Menschen sich in rassistischer Verblendung so weit treiben lassen, auf die eine oder andere Weise die Existenz ihres Opfers zu bedrohen, wenn sie nur die Macht dazu haben.

In den eineinhalb Jahren von Februar 1985 bis zu den Sommerferien 1986 leistete sie ihren Vorbereitungsdienst als Realschullehreranwärterin an der Realschule in Kirchzarten bei Freiburg ab. Als sie das erste Mal in die Schule kam, wurde sie von ihrem Rektor, Herrn K., zu einem informellen Begrüßungsgespräch empfangen. In dessen Verlauf stellte er ihr die oft gehörte Frage, woher denn ihr ungewöhnlicher Familienname käme. Barbaras plausible Erklärung, der Name käme aus Nigeria, denn ihr Mann sei Nigerianer, nahm er gelassen auf. Er fragte noch dieses oder jenes, dann erzählte er von seinem eigenen, nunmehr Jahre zurückliegenden Auslandsaufenthalt in Madrid, wo er an der deutschen Schule unterrichtet und auch seine Frau kennengelernt hatte.

Einmal meldete Barbara sich nach einer Erkrankung zum Dienst zurück. Herr K. lud sie – wie immer bei solchen Anlässen – zu einem kurzen Gespräch in sein Büro ein. Nachdem sie ihm gegenüber Platz genommen hatte, bemerkte er mit besorgter Miene, daß sie noch nicht wieder sehr erholt aussähe, woraufhin sie entgegnete, es ginge ihr schon wieder gut, aber der Vorbereitungsdienst sei halt eine anstrengende Zeit. Prompt reagierte der Rektor: »Ja, was wollen Sie denn eigentlich hier? Sie haben einen Mann, der Sie versorgt – bleiben Sie doch zu Hause!« Barbara war so verblüfft, daß sie nicht gleich die richtigen Worte fand; aber dann fragte sie ihren Vorgesetzten, ob das bedeutete, daß er ihr als verheiratete Frau das Recht auf eine Berufsausbildung abspräche. Nein, so sei das nicht gemeint, begann er seine Rechtfertigung. Er könne nur nicht verstehen, weshalb eine verheiratete Frau und Mutter sich den extremen Belastungen der Referendarzeit aussetzte, wenn sie das doch gar nicht nötig hätte. Sie könne es doch viel besser haben, wenn sie ganz einfach zu Hause bliebe und ihren Mann für sich sorgen ließe. Ganz besonders dächte er so wegen der ohnehin aussichtlosen Zukunftsperspektive im Lehrberuf. Darauf antwortete meine Frau mit Bestimmtheit: »Es ist mir wichtig, meine Berufsausbildung abzuschließen, den Streß, den das mit sich bringt, nehme ich gerne in Kauf. Übrigens schreckt mich die geringe Aussicht auf eine spätere Anstellung nicht ab. Es geht mir lediglich um den Abschluß, denn ich habe eine Zukunftsperspektive.« Herr K., der ja seit dem ersten Gespräch mit seiner Anwärterin von deren Ehe mit einem Afrikaner wußte, hatten die letzten Worte hellhörig gemacht. Mit weit aufgesperrtem Mund beugte er sich vor und sagte mit sichtlicher Erregung: »Ja, will er wieder weg? Will er wieder weg? Das finde ich aber großartig. Wissen Sie, ich kann nämlich diejenigen nicht verstehen, die zum Studium hierher kommen, sich dann hier breitmachen und nicht wieder weggehen wollen! Aber daß er wieder weg will, das finde ich gut. Ja, dann haben Sie wirklich eine Perspektive, und ich wünsche Ihnen alles Gute.«

Dieser Zwischenfall blieb während der gesamten Referendarszeit der einzige Hinweis darauf, daß Barbaras Ehe mit mir in den Augen der für ihre Ausbildung verantwortlichen Staatsdiener ein Stein des Anstoßes sein könnte, denn es nahm nie wieder jemand offen Notiz von dieser Tatsache.

Dann kam die Zeit der Examenslehrproben. Barbara ging ausgesprochen gut vorbereitet und sehr gefaßt in ihre erste Lehrprobe hinein und hatte nach der Stunde das Gefühl, sie sei gut »gelaufen«. Sie mußte daher bei der Noteneröffnung erst einmal kräftig schlukken, als sie erfuhr, daß sie eine Drei bekommen hatte. Um einen Platz auf der Warteliste für eine spätere Einstellung als Lehrerin zu erhalten, benötigte sie nämlich einen Notendurchschnitt von Eins-Komma-Acht. Aber das war es nicht allein, wie viele andere in der gleichen Lage hatte auch Barbara das Gefühl, daß die erhaltene Note ihrer Leistung nicht gerecht wurde. Eine Begründung für ihre Note bekamen die Anwärter nicht, es stand ihnen aber zu, ihren Fachleiter, der ja ein Mitglied der Prüfungskommission war, in einem halbprivaten Telefongespräch um eine Erläuterung zu bitten, bei der dieser aber den Bereich von Andeutungen nicht verlassen durfte. Wenn es auch im Grunde nutzlos war, so machte Barbara doch von diesem Recht Gebrauch, und ihr Fachlehrer beteuerte ihr in einer Erklärung, die einem Politiker alle Ehre gemacht hätte, daß etwas ganz und gar fachspezifisch Geschichtliches die Drei bewirkt hätte, das sich in keiner Weise in der Englischlehrprobe auswirken könne. Dann bat er sie um Verständnis dafür, daß dies das Äußerste sei, das er ihr sagen dürfe.

So blieb ihr denn keine andere Wahl, als seine Worte für bare Münze zu nehmen und sich eingereiht zu fühlen in die zunehmende Zahl derjenigen, deren Lehrprobennote in keinem Verhältnis stand zu den umfassenden verbalen Beurteilungen, die sie im Anschluß an drei vorausgegangene Beratungslehrproben erhalten hatten. Doch in diesem besonderen Fall ließ es sich damit nicht bewenden. Sie erhielt nämlich einige Tage nach der besagten Prüfung einen Anruf von einer anderen Referendarin, mit der sie damals befreundet war. Die Frau sagte zu ihr: »Du, ich habe sehr mit mir gekämpft, ob ich es dir sagen soll oder nicht. Aber ich denke, du hast ein Recht, es zu wissen. Also, ich war auf einem Kaffeeklatsch mit verschiedenen Lehrern. Dort traf ich meinen ehemaligen Mentor, Herrn B. (dieser war nun Konrektor an einer Freiburger Schule und als solcher ein Mitglied der Prüfungskommission, die die Lehrprobe meiner Frau abgenommen hatte.) Stell dir vor, er hat ein bißchen aus der Schule geplaudert und sich über verschiedene Lehrproben ausgelassen, die er abgenommen hat, so auch über deine. Und nun halte dich fest. Ich werde dir nämlich jetzt verraten, warum du die Drei bekommen hast – hinter der Herr B. übrigens voll und ganz steht. Er sagte, deine Stunde sei fachlich und didaktisch einwandfrei vorbereitet gewesen, gegen deinen Unterricht habe es ebenfalls keinerlei Einwände gegeben. Alles sei wirklich sehr gut gelaufen – bis auf eine kleine Panne kurz vor Ende der Stunde. Da hast du einem Schüler auf eine falsche Antwort hin gesagt: ›Daß du es nicht besser wußtest, Dirk, konnte ich mir denken.‹ Herr B. ergänzte dann, man wisse ja, daß du mit einem Schwarzen verheiratet seiest, und da könne man sich leicht vorstellen, was für Probleme du hättest. Und so eine Frau könne sich ein solches Verhalten einem Schüler gegenüber nun einmal nicht erlauben. Deshalb also die Drei für deine Lehrprobe.«

Das war ein starkes Stück; und nun galt es zu überlegen, was zu tun war. Einerseits konnte Barbara in den weiteren Examen die Zähne zusammenbeißen und vorgeben, sie wisse von nichts, denn es war sicher nicht möglich, einen notenwirksamen Nutzen aus ihrer Information zu ziehen. Andererseits hatte sie bei ihrem Fachleiter noch zwei und bei dem betreffenden Konrektor noch eine Prüfung durchzustehen. Und wenn sie schwieg, mußte sie damit rechnen, daß die auf dem Kaffeeklatsch breitgetretene Einstellung ihr gegenüber sich auch in diesen beiden Prüfungen auswirken würde. Sie entschied sich daher, ihren Fachleiter mit ihrem Wissen zu konfrontieren, denn aus der dreiköpfigen Prüfungskommission war er der einzige, der sie persönlich kannte, keiner der beiden anderen Prüfer hatte sie jemals zuvor gesehen. Natürlich wußte er in seiner Rolle aus Fachleiter, der die Referendarin eineinhalb Jahre lang betreut hatte, von ihrer Ehe mit einem Afrikaner – allerdings nur als bloße Tatsache; über etwa daraus resultierende Probleme hatte Barbara niemals ein Wort bei ihm verloren. In seiner beratenden Funktion kannte er hingegen ihre schulischen Probleme, zumal da sie ihrer Natur nach eng mit Barbaras Status als Referendarin zusammenhingen. Und es war ihm kein Geheimnis, daß jener Dirk, dem Barbara am Examenstag die verhängnisvolle Antwort gegeben hatte, der Haupträdelsführer zu allerlei gegen die Referendarin gerichteten Schandtaten war. Seine Falschantwort war an jenem Morgen schon der soundsovielte Störversuch gewesen. Barbara hatte sie alle ruhig und gelassen aufgefangen und ohne darauf einzugehen, ihren Unterricht fortgesetzt. Dann meldete er sich und gab schmunzelnd auf eine Frage hin den Namen eines Königs an, der ganz und gar nicht in die behandelte geschichtliche Situation paßte. Als bestem Schüler der Klasse im Fach Geschichte konnte sie ihm ohne weiteres Absicht unterstellen, und darauf hatte sie eben mit dieser eher scherzhaft gemeinten Äußerung gekontert. Nun, am nächsten Seminartag bat sie den Fachleiter um ein Gespräch unter vier Augen, das dann in der Pause stattfand. Gut auf diesen Augenblick vorbereitet, sagte sie ihm kühl und mit großer innerer Distanz geradezu ins Gesicht, was sie telefonisch von der Freundin erfahren hatte, und hielt auch ihren Verdacht nicht zurück, daß als Quelle dieses Tratsches nur er in Frage kam, weil jener andere Prüfer sie nämlich gar nicht kannte.

Der Mann lief, noch während sie sprach, dunkelrot an, seine Augen traten buchstäblich aus ihren Höhlen hervor; er sperrte seinen Mund weit auf und schnappte mehrmals sichtlich nach Luft. Er befand sich eindeutig in der Defensive, als er sich krampfhaft um Haltung bemühte und dabei ziemlich arrogant antwortete: »Ich weiß von all dem nichts.« »Aber Sie waren doch in der Prüfungskommission!« »Die Kommission hatte die Aufgabe, eine Note zu finden. Die Note wurde gefunden. Wie sie zustande kam, weiß ich nicht.« Als er sich dann noch mehr in die Enge getrieben fühlte, verwehrte er sich gegen alles und weigerte sich ausdrücklich, das Gespräch fortzusetzen. Meine Frau akzeptierte seine Weigerung, sagte ihm aber abschließend: »Gut! Dann weiß ich, worauf ich mich bei den nächsten Prüfungen einzustellen habe, denn ich kenne jetzt die Kriterien Ihrer Notengebung!« Danach packte sie ihre Sachen und ging nach Hause, obwohl sie als Beamtin auf Zeit zur Teilnahme an den Seminaren verpflichtet war. Wortlos ließ er sie gehen.

Am Abend des gleichen Tages klingelte das Telefon. Es war der betreffende Fachleiter, dieses Mal aber freundlich und einlenkend. Er sagte, das Gespräch vom heutigen Morgen habe ihm den ganzen Tag keine Ruhe gelassen, deshalb habe er sich entschlossen, noch einmal mit ihr zu reden. Dann fuhr er grob seine Frau an, die dem

Geräusch nach im Hintergrund staubsaugte, sie solle mit dem Lärm aufhören. Nun, sagte er entschuldigend, an dem, was geschehen sei, könne er jetzt nichts mehr ändern. Aber er beteuere ihr, daß es ihm sehr leid täte, daß über sie geredet worden sei, und noch mehr bedauere er, daß ihr das Gerede zu Ohren gekommen sei. Aber er wolle ihr seinerseits ganz nachdrücklich versichern, daß bei ihren weiteren Prüfungen alles ganz korrekt zugehen werde, denn ihre diesbezüglich geäußerten Befürchtungen hätten ihn sehr belastet. Barbara bedankte sich höflich für die Entschuldigung und die Zusicherung. Im Stillen wußte sie aber, daß beide nicht viel wert waren – sie waren reine Diplomatie. Trotzdem empfand sie sie irgendwie als beruhigend, denn zumindest gaben sie ihr die Gewißheit, daß sie sich – ganz gleich wie gut oder wie schlecht sie auch sein mochte – keine Hoffnungen mehr darauf zu machen brauchte, im Zweiten Staatsexamen so abzuschneiden, daß es für einen Wartelistenplatz gereicht hätte. Und sie wußte den Grund!

Seit ihrer Kindheit gehörten mit wechselnder Häufigkeit auftretende starke Kopfschmerzen zum Leben meiner Frau. Verschiedene Ärzte hatten ihr die eine oder andere lapidare Erklärung für dieses Problem gegeben, wie, sie sei halt zu schnell gewachsen, ihr Kreislauf sei eben labil, oder sie treibe zuwenig Sport; eine wirkliche Ursache war aber nie diagnostiziert worden. Barbara hatte schon früh gelernt, mit ihrem Kopfweh zu leben; zwei starke Schmerztabletten zu Beginn einer Attacke eingenommen, reduzierten die Beschwerden auf ein erträgliches Maß.

Etwa seit August 1979 beobachteten wir jedoch eine rapide Verschlechterung ihres Gesundheitszustandes. Die Anfälle traten jetzt in immer kürzer werdenden Abständen auf, die Heftigkeit der Schmerzen steigerte sich auf ein schier unerträgliches Maß, und schon bald erlebte sie nicht mehr einen einzigen schmerzfreien Tag. Die übliche Tablettendosis half nicht mehr, und Barbara weigerte sich, sie zu erhöhen. Sie wußte im Grunde keine Erklärung für diese seltsamen Veränderungen, fand sich vielmehr damit ab und bemühte sich, die Schmerzen auszuhalten und dennoch ihre Arbeit zu tun. Ab Mitte Dezember wurden ihre Beschwerden jedoch in einer kaum zu beschreibenden Weise schlimmer. Zu dem dumpfen Dauerkopfschmerz gesellten sich andere Krankheitssymptome wie

Schwindel und qualvolle Migräneanfälle mit Übelkeit und Augenflimmern; und nach Weihnachten war sie nicht mehr fähig zu lesen; doch sie hielt tapfer durch. Ich machte mir große Sorgen um sie und besprach mich mit Kollegen, die aber auch keinen Rat wußten. Diese besorgniserregende Entwicklung vollzog sich während des halben Jahres, nachdem ich in Düsseldorf gescheitert war und mich verzweifelt um eine Neuorientierung bemühte. Durch ihre Doppelrolle als studierende Frau und Mutter war Barbara schon genügend stark belastet, hinzu kam nun noch ihr eigener Examensstreß. Aber auch meine Studienprobleme gingen nicht spurlos an ihr vorüber und forderten ihr viel Kraft ab. Das alles konnte einem durchaus Kopfweh bereiten, und so sah es Barbara wohl auch, oder besser gesagt, so wollte sie es sehen, denn bis zuletzt wehrte sie sich entschieden gegen den Gedanken, ein Tumor könne die Ursache dieses merkwürdigen Leidens sein. Andererseits war sie sich aber sicher, daß nicht etwa psychische Labilität dahinter steckte. Und das war dann auch der Grund, weshalb sie so lange zögerte, ehe sie ärztliche Hilfe in Anspruch nahm. Sie wollte sich nicht der Gefahr aussetzen, daß ein Arzt ihre Symptome als »psychisch« abtun würde. Sie wollte allein mit ihrer Krankheit fertig werden, ohne auch nur die geringste Ahnung zu haben, wie ernst es tatsächlich um sie stand. Erst im Februar 1980 suchte sie schließlich einen Arzt auf, und mit diesem Arztbesuch begann für sie eine unglaubliche Odyssee.

Der erste Kollege, an den sie sich wandte, konnte mit dem von ihr beschriebenen Krankheitsbild gar nichts anfangen. Daß sie seine Frage: »Ja, haben Sie denn keinen gelben Schnupfen? Bei den Kopfschmerzen müssen Sie doch aber einen gelben Schnupfen haben!«, auf der er hartnäckig beharrte, mit »Nein« beantwortete, verwirrte ihn und brachte ihn an die Grenzen seines Könnens. Er war aber verantwortungsbewußt genug, sie nacheinander an verschiedene Fachärzte zu überweisen, unter anderem zu einem Orthopäden. Wir entschieden uns für einen Kollegen, von dem wir wußten, daß er Akupunktur durchführte. Er zeigte sich sehr verständnisvoll und setzte meiner Frau ohne langes Federlesen Nadeln ins Ohr. Nach etwa einer Minute entfernte er sie wieder und fragte erwartungsvoll: »Na, wie ist es? Schon besser?« »Um ehrlich zu sein, ich merke keinen Unterschied«, entgegenete sie. Für einige Sekunden wirkte ihr Gegenüber so verstört, daß sie fast ein schlechtes Gewissen bekam – der Mann war so überzeugt gewesen von dem, was er tat. Doch schnell hatte er sich wieder gefangen und ordnete an: »Stellen Sie sich einmal ganz gerade hier hin – ja, so. Einen Augenblick, das haben wir gleich.« Er drückte mit einer Hand gegen ihre linke Taille und mit der anderen auf die rechte Schulter. »Na also, da haben wir's. Sie haben ein kürzeres Bein! Lassen Sie sich eine Einlage anfertigen.« Aber für welches Bein denn?« fragte sie verunsichert. »Für das rechte«, lautete die Antwort, die er ihr nach kurzem Zögern gab. »Wenn Sie in einer Woche keine Besserung verspüren, kommen Sie wieder.« Ungläubig und mit leichtem Widerwillen trug sie die verordnete Einlage. Ihre Beschwerden nahmen nun noch rascher zu, die Schwindelanfälle traten immer häufiger auf, kamen so plötzlich und mit solch einer Intensität, daß Barbaras Leben, zum Beispiel als Teilnehmerin am Straßenverkehr, langsam gefährdet wurde. Der gleiche Orthopäde verordnete ihr später dann auch noch eine Halskrawatte, um die Nackenmuskulatur, die er jetzt als des Übels Wurzel identifizierte, ruhig zu stellen. Sie trug das steife, unförmige Ding ebenso ergebnislos wie zuvor die Einlage.

Auch die Konsultation eines Augen- sowie eines HNO-Arztes brachten keine Hinweise auf die Ursache der Krankheit. Aber immerhim nahmen all diese Ärzte Barbara als Patientin ernst und bemühten sich innerhalb ihres Fachgebietes redlich um sie. Doch ihre abenteuerliche Reise durch die Sprechzimmer meiner Münsteraner Berufskollegen war auch noch nicht zu Ende. Die nächste Überweisung führte sie zu einem Neurologen. Nach einer kurzen Anamneseerhebung stellte dieser ihr einige Fragen zur Person. Deren Richtung wurde bestimmt durch die Tatsache, daß sich Barbara in Begleitung unserer kleinen Tochter befand. Und so folgte dann mit unbestreitbarer Logik die niederschmetternde Diagnose dieses Spezialisten: »Ja, wenn Sie mit einem Afrikaner verheiratet sind, ein Kind haben und noch dazu studieren, dann brauchen Sie sich über Kopfschmerzen nicht zu wundern.« Er schob ihr ein Päckchen Psychopharmaka über den Schreibtisch und bestellte sie zu einem EEG, das eine Woche später gemacht werden sollte.

In seiner Praxis fehlte meiner Frau die Kraft, sich gegen die in seinen Worten enthaltene Unterstellung zu wehren; nachdem sie aber zu Hause den Waschzettel des mitgegebenen Medikaments gelesen hatte, warf sie aus Protest die gefährlichen Drogen sofort in die Toilette. Trotzdem hielt sie den EEG-Termin ein. Der Doktor ließ sie lange im Sprechzimmer warten, dann kam er beschwingt herein, klatschte in die Hände und rief mit übertriebener Spontanietät: »Jetzt weiß ich, weshalb ich ihre Karte nicht gefunden habe; ich hab' Sie doch glatt mit der anderen Negerin verwechselt, aber die war Negerin von der Hautfarbe her!« Das war Barbaras letzter Besuch bei ihm. Auch den Hausarzt wechselte sie. Sie traf jedoch den Kollegen, den man ihr empfohlen hatte, nicht gleich an, sondern dessen Urlaubsvertreter, einen Iraner. Nachdem er den Grund ihres Besuches erfahren hatte und die Anamnese kannte, empörte er sich heftig: »Was?! Sie haben keinen 28tägigen Zyklus?! Wenn eine Frau mit siebenundzwanzig Jahren noch keinen normalen Zyklus hat, dann stimmt etwas nicht. Bevor Sie das nicht abgeklärt haben, brauchen Sie zu mir nicht zurückzukommen!« Sie hatte es schon vor Jahren abgeklärt, doch er entließ sie mit einer Überweisung zum Frauenarzt.

Und so ging es weiter. Barbara überstand noch einige fruchtlose Arzttermine und verfiel dabei zusehends. Zuletzt war sie nicht mehr in der Lage, sich zu bücken, und sie konnte beispielsweise nicht mehr gerade an einer Straße entlanggehen. Sie schwankte buchstäblich wie eine Betrunkene von einer Straßenseite zur anderen. Inzwischen war der von ihr gewählte Hausarzt aus dem Urlaub zurück und reagierte tief betroffen auf den angsteinflößenden Zustand seiner neuen Patientin. Zwar verschrieb er ihr ein starkes Migränemittel, schickte sie aber auch auf der Stelle in die Neurologische Klinik, wo sie sich eingehend untersuchen lassen sollte. Aber dort wurde ebenso wie andernorts »nur« eine Migräne mit ungeklärter Ursache festgestellt. Aber jetzt hatte ich genug. Ich wollte nicht länger tatenlos mit ansehen, wie meine Frau langsam vor die Hunde ging, während sie erfolglos von einem Kollegen an den nächsten weitergereicht wurde. Ich suchte ein Gespräch mit dem Neurologen, der sie in der Klinik untersucht hatte und entdeckte dabei, daß wir uns kannten. Welch ein glücklicher Zufall, denn es ist kaum zu glauben, aber wahr, daß es mir nur dank dieser persönlichen Bekanntschaft gelang, Barbara stationär in der Klinik unterzubringen. Angeblich war Bettenmangel das Problem, und mein Bekannter erklärte mir mit kollegialer Offenheit: »Kopfschmerzpatienten nehmen wir grundsätzlich nicht auf, die sind doch zu 95 % Simulanten, und die restlichen 5 %, ja, die haben halt Pech gehabt.«

So brachte ich dann an einem Montagnachmittag Ende März 1980 meine Frau in die Klinik. Während sie dort vom Stationsarzt untersucht wurde, unterhielt ich mich mit meinem Kollegen in der Ambulanz. Mit Barbaras Krankheitsbild konnte er nichts anfangen, eine solch auffällige Häufung schwerer Symptome war auch ihm nicht lehrbuchmäßig genug, um sie einordnen zu können; aber er bedrängte mich »unter vier Augen«, doch zuzugeben, daß Eheprobleme für die schlechte gesundheitliche Verfassung meiner Frau verantwortlich seien!

Ach, übrigens konnte Barbara sich bei ihrer Aufnahme in der Klinik ein Zimmer aussuchen, so viele Betten standen auf der Station frei!

Ich verlangte vom verantwortlichen Arzt, daß bei meiner Frau eine Computertomographie (CT) durchgeführt wurde, die einzige Untersuchung, mit der man damals einen versteckt liegenden Gehirntumor sicher hätte feststellen oder ausschließen können; und ich wiederholte diese Forderung in den nächsten Tagen, so oft ich die Gelegenheit hatte, mit einem Arzt zu sprechen. Doch die aufwendige und teure Untersuchung wurde verweigert mit dem Hinweis, man könne sie nicht an jeden Migränepatienten verschwenden, sie sei den besonders gefährdeten Patienten vorbehalten.

Das Krankheitsbild meiner Frau war allem Anschein nach den erfahrenen Spezialisten in der Klinik bis hin zum Professor zu diffus, um sich einen Reim darauf machen zu können. So wurde sie dann als Migränepatientin eingestuft und als solche behandelt. Letzteres ist im doppelten Sinne wörtlich zu nehmen, denn die Ursache der Migräne wurde im psychischen Bereich vermutet und die Beschwerden meiner Frau entsprechend abgewertet, obwohl sie den Ärzten mehrfach versicherte, daß sie psychisch ganz o. k. sei und es in ihrem Leben keine Probleme gäbe, mit denen sie nicht fertig würde. Man glaubte ihr nicht, sondern schimpfte mit ihr, wenn sie um ein Schmerzmittel bat, weil sie die berstenden Kopfschmerzen nicht mehr ertragen konnte. Sie solle sich nicht so gehen lassen, hieß es. Ihre sich nun täglich verschlimmernden Symptome wurden heruntergespielt oder ignoriert. Sie litt zum Beispiel gleichzeitig an Schweißausbrüchen und an Schüttelfrost und bat deshalb um eine Wolldecke. Die Schwestern verweigerten ihr diese mit der Begründung, sie »versiffe« doch nur das Bett. Sie wollten Besuchern verbieten, ihr beim Anziehen der Socken zu helfen oder ihr eine Brechschale zu reichen,wenn sie, was jetzt öfter geschah, erbrechen mußte. Meine Frau war inzwischen unfähig, sogar kleinere Verrichtungen selbst auszuführen, da sie bei der geringsten Bewegung das Gleichgewicht verlor und umzufallen drohte. Sie fühlte sich unsagbar elend. Aber die Schwestern behaupteten, sie sei ja gar nicht wirklich krank, sie bilde sich das alles bloß ein.

Auf diese Weise verging eine Woche, in der ich hilflos und voller Sorge mit ansehen mußte, wie meine Frau täglich mehr verfiel und wie wenig man in der Klinik bereit war, selbst die schwersten Krankheitszeichen bei ihr ernst zu nehmen, geschweige denn meinem Wunsch nach einem CT nachzukommen – der einzig sicheren Methode, das Schlimmste entweder auszuschließen oder zu bestätigen.

Dann am darauffolgenden Montag sollte nun doch ganz plötzlich eine Computertomographie durchgeführt werden, und zwar noch am Abend gegen zwanzig Uhr. Am Dienstag morgen mußte ich in aller Frühe nach Hannover fahren, um einige Dinge im Zusammenhang mit meinem Studienplatzwechsel zu regeln, denn es blieb nur noch eine Woche bis zum Beginn des neuen Semesters. Ich beeilte mich sehr, denn ich wollte unbedingt abends wieder zurück in Münster sein, um meine Frau noch zu sehen. Kaum war ich im Krankenzimmer angekommen, teilte sie mir mit, daß der Stationsarzt schon den ganzen Tag ungeduldig auf mich wartete. Er müsse mich unbedingt noch am gleichen Tag sprechen. Ich erfuhr von ihr, daß man sie von der Stunde der Computertomographie an rücksichtsvoll behandelt hatte und sie seitdem das Bett nicht mehr verlassen durfte.

Auf das Schlimmste gefaßt, suchte ich den Kollegen auf, und das, was er mir – selbst ziemlich betroffen und auch beschämt – eröffnete, war wirklich ein Hammer: Meine Frau litt an einem lebensgefährlichen Tumor im Kleinhirn in seinem Endstadium. Über ihre Überlebenschancen vermochte man im Augenblick ohne das Ergebnis seiner Angiographie, die ein absolut genaues Bild der kranken Region vermitteln würde, noch gar nichts zu sagen. Nur eines stand fest: Ihr Leben stand auf Messers Schneide.

Aber was war geschehen? Was hatte – quasi in allerletzter Minute – diesen lebensrettenden Sinneswandel bewirkt? Der Stationsarzt hatte am Montag dienstfrei gehabt und war auf der Station durch einen anderen Kollegen vertreten worden. Es bestand nun ein gutes kollegiales Verhältnis zwischen diesem Kollegen und der leitenden MTA des Hauses. Diese wiederum war als Ehefrau eines nigerianischen Landsmannes mit uns befreundet. Und den Anstoß, endlich etwas zu tun, hatte sie gegeben. Sie hatte dem betreffenden Arzt versichert, daß sie Frau Oji seit Jahren kannte und davon überzeugt war, daß diese kein »psychischer Fall« sei und nicht simuliere, sondern wirklich so krank war, wie sie sich gab. Daraufhin hatte der Arzt stehenden Fußes das CT angeordnet und durchgesetzt, daß die Patientin noch am gleichen Tag einen Termin bekam.

Nun, die Angiographie ergab einen Tumor im Kleinhirn, der so weit fortgeschritten war, daß es »keine medizinische Erklärung« dafür gab, weshalb die Patientin zu diesem Zeitpunkt noch lebte! Die sehr komplizierte Operation wurde in der Nacht von Gründonnerstag auf Karfreitag durchgeführt, das Operationsrisiko war groß und die möglichen Folgeschäden nicht auszudenken, einmal davon abgesehen, daß niemand dafür garantieren konnte, daß Barbara überhaupt überleben würde. Aber sie schaffte es. Sie wurde von einem hervorragenden Ärzteteam operiert, und sie überlebte nicht nur, sondern sie wurde auch wieder ganz gesund. Die Kollegen und das Pflegepersonal in der Neurologie waren zutiefst beschämt. Kam ihr Versäumnis und ihr Verhalten meiner Frau gegenüber doch einem unverzeihlichen ärztlichen Kunstfehler gleich. Und was hatte diesen Fehler bewirkt? Es war das Vorurteil einer Frau gegenüber, von der man aufgrund der Tatsache, daß sie einen schwarzen Ehemann hatte, schlußfolgerte, sie sei durch ihre Lebensumstände überfordert, deshalb hatte man sie als »psychischen Fall« eingestuft. Es war pures Vorurteil gewesen, das Ärzte blind gemacht hatte für die Zeichen schwerster Krankheit, so daß sie sich nun den Vorwurf gefallen lassen mußten, mit ihrer Fahrlässigkeit um Haaresbreite den Tod der Patientin verschuldet zu haben.

NACHWORT

Anmerkungen zum alltäglichen Rassismus

Der Leser, der mir auf der abenteuerlichen und stellenweise unglaublichen Odyssee meines Lebens mit Weißen bis hierher gefolgt ist, wird sich vermutlich das eine oder andere Mal kopfschüttelnd gefragt haben: Was ist nun eigentlich die Ursache für all die Vorbehalte, die Ablehnung, die Benachteiligungen und die Anfeindungen, denen ein Schwarzer im Kontakt mit Weißen so oft begegnet? Um ihm zu helfen, eine Antwort auf diese Frage zu finden, möchte ich auf den nächsten Seiten herausarbeiten, woher es kommt, daß so viele Weiße ihre Brüder und Schwestern mit dunklerer Haut für minderwertig halten, sich ihnen deshalb überlegen fühlen und sie im täglichen Leben bewußt oder unbewußt diskriminieren. Ich möchte zumindest ansatzweise beleuchten, was beispielsweise in einer biederen Zimmerwirtin in Deutschland vorgeht, wenn sie einem afrikanischen Studenten eine Unterkunft verweigert; oder woher es kommt, daß für ein bis dahin ganz aufgeschlossenes Elternpaar plötzlich eine Welt zusammenbricht, wenn die Tochter ihnen erzählt, daß ihr Freund schwarz ist.

Nun ist im Denken der Menschen Afrikas »weiß« eine ganz neutrale Farbe. In der europäischen Mythologie hingegen – und damit auch in den Köpfen der Europäer – symbolisiert die Farbe schwarz das Böse, das Unheimliche. Das belegen zum Beispiel in der deutschen Sprache vielfältige Redewendungen und Wortverbindungen wie »Dunkelmänner«, »eine dunkle Vergangenheit haben«, »schwarzsehen«, »schwarzfahren« oder »jemanden anschwärzen«. Ausdrücke wie diese spiegeln jahrhundertealte Gedankenbilder wider: Der Teufel ist schwarz, und die in manchen Gegenden Europas auch heute noch gefürchtete Hexerei heißt mit anderen

Worten »schwarze Magie«. Da ist es eigentlich gar nicht mehr verwunderlich, daß unkritische oder abergläubische Zeitgenossen ihre Angst vor dem Dunkeln auch auf Menschen mit dunkler Hautfarbe übertragen, und daß manche von ihnen Beklemmungen bekommen, wenn sie – etwa in der Straßenbahn – auf engstem Raum neben »dem schwarzen Mann« sitzen müssen.

Aber es gibt noch andere Gedankenverbindungen, die die Ablehnung schwarzer Menschen mit sich bringen; so wird aus unerklärlichen Gründen die Farbe unserer Haut mit Schmutz assoziiert. In ihrer milderen Form kommt diese Verknüpfung zum Ausdruck in oft gehörten und nur scheinbar naiven Fragen wie: »Geht die Farbe beim Waschen ab?« oder »Färbt das auch nicht ab?«, die oft mit einer zaghaften Berührung unserer Haut verbunden werden. Und irgend jemand sagte einmal allen Ernstes zu meiner Frau: »Nun, daß der Chima sauber ist, das möchte ich doch gar nicht bestreiten, denn als Mediziner muß er sich ja dauernd die Hände waschen.« Von hier ist es kein großer Schritt mehr bis zu dem noch immer nicht ausgerotteten Irrglauben, daß »alle Neger stinken«.

Solcherlei Auffassungen sind im Gedankengut aller weißen Gesellschaften fest verwurzelt. Sie beruhen auf Vorurteilen, also auf stark vereinfachenden, verallgemeinernden Klischeevorstellungen. Diese ungeprüften oder falschen Urteile beeinflussen die Wahrnehmung der Wirklichkeit so, daß nur noch diejenigen Eindrücke aufgenommen werden, die den vorgefaßten Wahrnehmungsmustern entsprechen oder in ihrem Sinne interpretiert werden können. Jeder von uns, der unter Weißen gelebt hat, kann ein Lied davon singen, wie es ist, durch die Brille des Vorurteils gesehen zu werden. Alles, was der Volksmund über Schwarze weiß, trifft selbstredend auf jeden einzelnen von uns zu: »Neger« haben ein gesundes Herz, blütenweiße und fraglos gesunde Zähne. Sie sind immer musikalisch und ausnahmslos gute Tänzer. Sie besitzen einen starken, athletisch gebauten Körper, und ihre Bewegungen sind von animalischer Geschmeidigkeit; dafür ist ihr Geist weniger stark entwickelt, und sie haben ein eher kindliches Gemüt. »Neger« sind überaus sinnlich, frei in ihrer Sexualität und natürlich ungeheuer potent.

Es gibt selbstverständlich nicht nur Vorurteile gegen Schwarze, sondern eine Unzahl von Vorurteilen gegen alles und jeden. Der Rassismus gehört in das weite Feld der ethnozentrischen Vorurteile;

hierzu zählen alle Vorurteile gegen Ausländer, ganz gleich welcher Nationalität und Kultur auch immer, gegen Minderheiten im eigenen Volk, wie etwa Behinderte und Homosexuelle, und auch gegen Frauen. Vorurteile dieser Art sind wichtig für den einzelnen, dem sie helfen können, sein »Ich« zu stärken; und sie sind wichtig für die Gesellschaft, denn sie tragen innerhalb der eigenen Gruppe zum Abbau von Spannungen u. a. dadurch bei, daß man die anderen zu Sündenböcken stempelt. Vielleicht sind sie aus diesem Grund so weit verbreitet, daß es nur sehr wenige vorurteilsfreie Menschen gibt.

Vorurteile werden gelernt, das beweist allein schon die große Einheitlichkeit aller Klischeevorstellungen über Schwarze und die Tatsache, daß vorurteilsbehaftete Leute ihre Vorurteile immer schon fertig zur Hand haben, wenn sie einem von uns das erste Mal begegnen.

Andererseits ist jedoch der Mensch ein vernunftbegabtes Wesen, ausgestattet eben mit der Fähigkeit zu lernen; er sollte daher imstande sein, althergebrachte Denkmuster zu verändern und auch seinen Rassismus abzubauen. Spätestens im persönlichen Kontakt mit Menschen, denen seine Voreingenommenheit galt, als er sie noch nicht kannte, sollte er zu belehren sein, daß vieles von dem, was er für wahr hielt, nicht zutrifft. Aber dem ist leider nicht so! Bleiben wir der Einfachheit halber beim Schwarz-Weiß-Verhältnis, und schauen wir mal rüber nach England, denn dort bereicherten ja schon im elisabethanischen Zeitalter schwarze Gesichter das Straßenbild zumindest der Hafenstädte. Heute gibt es einen bemerkenswerten farbigen Bevölkerungsanteil im Inselreich, entstanden aus Einwanderern aus den ehemaligen Kolonien, die vor allem in den fünfziger Jahren dieses Jahrhunderts in großer Zahl ins Land gekommen sind. Aber man sollte nicht meinen, daß es infolge der langfristigen Lernmöglichkeiten, die das Zusammenleben mit farbigen Mitbürgern den Engländern eröffnet hat, dort heute weniger rassistische Vorurteile gäbe als anderswo. Nein, denn bis hin zu brutalen Straßenschlachten reichen die rassistischen Auseinandersetzungen, die seit der Verschlechterung der wirtschaftlichen Lage Englands gefährliche Ausmaße angenommen haben.

Deutschland hat nicht eine so weit in die Geschichte zurückreichende Verflechtung mit Afrika, wie etwa die alte Seemacht England; und im Verlauf vergangener Jahrhunderte verirrte sich nur höchst selten mal ein vereinzelter Schwarzer hierher. Auch erwarb Deutschland erst vergleichsweise spät koloniale Besitzungen in Afrika; für den »Mann auf der Straße« bedeutete das jedoch allenfalls, daß Kolonialwaren, wie Kaffee oder Südfrüchte, jetzt billiger zu haben waren. Denn auch in der kurzen, glanzvollen Epoche, als das Deutsche Kaiserreich sich seinen »Platz an der Sonne« erobert hatte, blieb Afrika für die Mehrheit der Deutschen ein dunkler Kontinent, dessen Einwohner nicht als gleichwertige Menschen betrachtet wurden. In dieser Zeit wurde das Afrikabild stark von der Kolonialliteratur beeinflußt, die die Afrikaner als primitive, blutrünstige »Eingeborene« verunglimpfte oder aber das Porträt von geistig minderbemittelten, aber gutmütigen und immer kindlichen »Negern« zeichnete. Auch Vorführungen im Zoo oder im Zirkus, bei denen die Urgroß- und Großeltern der heute erwachsenen Deutschen »wilde Neger« als besondere Attraktion neben exotischen Tieren bestaunen durften, trugen wohl kaum zum besseren Verständnis vom schwarzen Menschen bei.

Die überwiegende Mehrheit der Deutschen wurde aber eigentlich erst nach dem Zweiten Weltkrieg mit der Anwesenheit von Schwarzen konfrontiert, weil in den von der amerikanischen Besatzungsmacht hier stationierten Truppen auch viele farbige Soldaten dienten. Schwarze Studenten kamen noch später, nämlich erst seit Anfang der sechziger Jahre in größerem Umfang zum Studium hierher. Bis zum heutigen Tag mag es eine nicht unbedeutende Zahl von Deutschen aus ländlichen Gebieten geben, die noch nie oder nur sehr selten einmal einen Schwarzen von nahem gesehen haben. Für diese Menschen dürfte ein unvorbereitetes Zusammentreffen mit einem von uns fast ebenso verwirrend sein, wie der Besuch von Europäern in meinem Heimatdorf es in den Tagen meiner Kindheit noch war. Und es ist durchaus begreiflich, wenn sich in ihr Interesse eine gehörige Portion aus Unwissenheit geborener Naivität mischt, die schon einmal zum Ausdruck kommt in Fragen wie: »Ja, ist er denn überall so schwarz, auch unter den Füßen?«

In den mittleren und größeren Städten Deutschlands, in denen sich zweifelsohne die allermeisten schwarz-weißen Begegnungen abspielen, ist das anders. Dort leben, lernen und arbeiten schon seit rund dreißig Jahren viele, zumeist junge Afrikaner und dunkelhäutige Menschen aus anderen Erdteilen. Die deutschen Städter hatten also schon genügend Zeit, sich an unseren Anblick zu gewöhnen und uns menschlich ein wenig näherzukommen. Von ihnen wäre demnach durchaus etwas anderes zu erwarten als das uns so wohlbekannte, von Angst, Unsicherheit und Überlegenheitsgefühlen getragene ablehnende Verhalten, das sie so oft an den Tag legen. Aber ein Merkmal von Vorurteilen ist nun einmal, daß sie nicht erst durch den Kontakt mit dem Objekt des Vorurteils (also uns), sondern schon vorher, durch den Kontakt mit Vorurteilen (also jenen uralten Gedankenbildern und Klischeevorstellungen) gelernt werden, und zwar von Kindesbeinen an. Das ist der Grund, weshalb sie so hartnäckig und kaum für Veränderungen durch neue Lernerfahrungen offen sind. Um dies ein wenig deutlicher zu machen, sollten wir uns einmal ansehen, durch welche gesellschaftlichen Faktoren das Afrikabild der Deutschen beeinflußt wird.

Dem Durchschnitts-Deutschen, ganz gleich ob er auf dem Land oder in der Stadt lebt, liegt Afrika ziemlich fern, nicht nur räumlich; sein Bild vom schwarzen Menschen ist geprägt durch klischeehafte und oft verzerrende Darbietungen in allen Medien. Angefangen von den »Zehn kleinen Negerlein«, dieser mordlustigen kleinen Geschichte, die noch immer ungestraft durch viele Kinderstuben geistert, über den Sarottimohren, jenen dienstältesten deutschen Kindneger, der bereits das Afrikabild von Generationen mitgestaltet hatte, bevor er endlich eingemottet wurde und dann aber, im Zuge der Nostalgiewelle seit Ende der siebziger Jahre eine Neuauflage erhielt, bis hin zur oft himmelschreienden Vermarktung Afrikas und seiner Menschen in Filmen, die das Deutsche Fernsehen unbeirrt auch heute noch ausstrahlt, haben alle diese Darstellungen einen nicht absehbaren Einfluß auf die Entstehung und Verfestigung rassistischer Verblendung von der frühen Kindheit bis ins hohe Alter.

Zum Sarottimohren fällt mir übrigens eine lustige Begebenheit ein, die sich 1980 in Münster zugetragen hat. Ein nigerianischer Freund und seine deutsche Frau fuhren mit ihrer alten »Ente« zu einem kleinen Lebensmittelladen in der Nähe ihrer Wohnung, um dort einzukaufen. Noch bevor sie aus ihrem Wagen aussteigen konnten, sahen sie sich umringt von einer Schar freudig lachender und laut jubelnder Kinder. Diese riefen im Chor: »Der Sarottimohr! Der Sarottimohr! Der Sarottimohr ist da!« und begrüßten den

Afrikaner stürmisch. Das Paar wußte nicht, wie ihm geschah, machte aber gute Miene zu diesem Verwirrspiel. Der Ladeninhaber kam hastig auf die Straße gerannt, gefolgt von seinen Angestellten, stutzte dann aber und lächelte verlegen. Doch noch bevor er die ihm peinliche Verwechslung richtigstellen konnte, fuhr ein zweites, bedeutend werbewirksameres Auto vor, und heraus stieg der »echte«, farbenprächtig ausgestattete und appetitlich braun geschminkte Sarottimohr. Der Werbeneger machte ein dummes Gesicht; war er doch gekommen, um süße Kinderträume wahrzumachen, und nun hatte ein richtiger »Mohr« ihm die Show gestohlen.

Bei der Flut ganz offen rassistischer oder auch nur rassistisch angehauchter Darstellungen, die Tag für Tag auf die Menschen hierzulande einwirkt, bedarf es schon eines beträchtlichen Quäntchens Eigeninitiative, um an die Informationen heranzukommen (es gibt sie!), die helfen können, das vorherrschende Afrikabild zumindest im eigenen Kopf zurechtzurücken. Leider ist aber der Kreis derjenigen, die sich aktiv um die eigene Weiterbildung auf diesem Gebiet bemühen, noch immer gering; und noch kleiner ist die Gruppe derer, die öffentlich antirassistische Aufklärungsarbeit betreiben. Eingebunden in den täglichen Berufsstreß und das Bedürfnis nach Entspannung in der knappen Freizeit, fühlt sich die breite Masse der Deutschen ausgelastet mit den kleineren und größeren Sorgen des Alltags. Diesen Menschen ist es nicht unbedingt zu verübeln, wenn sie die erforderliche Eigeninitiative nicht aufbringen, zumal dann nicht, wenn ihre Berührungspunkte mit den hier lebenden Schwarzen eher oberflächlicher oder flüchtiger Natur sind.

Was ist nun aber mit all jenen Leuten (und es gibt nicht wenige davon), die aus verschiedenen Gründen doch häufiger und intensiver mit uns in Berührung kommen? Stehen zumindest sie uns weniger vorurteilsvoll oder auch nur etwas offener gegenüber? Oder sind auch sie befangen und voreingenommen durch die geistigen Bilder, die sie mit sich herumtragen.

Ja – und das ist besonders enttäuschend –, auch in ihren Reihen treffen wir auf viele der altbekannten starren und unbeugsamen Denk- und Verhaltensmuster. Ich rede jetzt nicht etwa von jenen hartgesottenen Rassisten, die es hier wie überall auf der Welt gibt, und die uns das Leben unter deutschen Dächern mitunter zur Hölle machen; nein, ich meine ganz einfach einen Personenkreis, der beruflich oder privat viel mit Ausländern zu tun hat, vielleicht sogar einem gehobenen Bildungsstand angehört und möglicherweise stolz ist auf eigene Auslandserfahrungen, durch die er seinen Horizont erweitern konnte. In diesem Kreis trifft man auf zahlreiche Leute, die sich selbst ganz spontan als völlig vorurteilsfreie Geister bezeichnen würden.

Von einem solchen Mann las ich einmal in dem Aufsatz eines Kölner Soziologen. Er hatte, wie das so oft geschieht, aus Rücksicht auf seine Nachbarn einer afrikanischen Familie eine Wohnung verweigert. Darauf angesprochen, daß dies eine Diskriminierung war, hatte er sehr erschüttert reagiert. Es war ihm nicht bewußt gewesen! Die Reflexion über diesen Fall brachte den Soziologen zu der Feststellung, daß der Rassismus wohl eher Struktur als Inhalt des Bewußtseins des Mannes gewesen sein muß in dem Sinne, daß rassistische Vorurteile bereits zu einem sehr frühen Zeitpunkt in sein Denken eingeprägt worden waren; und er formulierte es so, daß er sie wohl schon mit der Muttermilch eingesogen haben müßte.

Diese These fand ich einleuchtend, und um sie zu belegen, möchte ich auf »das Gift der frühen Jahre« zurückgreifen, auf die Kinder- und Jugendliteratur nämlich, die in unvergleichlich hohem Maße spätere Einstellungen und Verhaltensweisen mitbestimmt. Es ist nicht übertrieben zu sagen, daß viele der bekannten Kinder- und Jugendbücher wegen ihrer ausgesprochen vorurteilsbefrachteten und europazentrierten Inhalte eigentlich als jugendgefährdende Schriften eingestuft werden müßten, denn Kinder und heranwachsende Jugendliche können noch keine kritische Distanz zu ihnen entwickeln. Statt dessen aber werden sie auch weiterhin mit hohen Auflageziffern verlegt und erfreuen sich allgemeiner Beliebtheit, während solche Bücher, die sich um ein rechtes Bild von Indianern, Afrikanern, Gastarbeitern usw. bemühen, noch immer viel zuwenig verbreitet sind. Für noch gefährlicher halte ich die Texte mancher Kinder- und Jugendlieder, angefangen bei den Wiegenliedern, denn sie gehen gleich in Fleisch und Blut über, ohne dabei überhaupt das Bewußtsein zu passieren. Schon in dem uralten deutschen Wiegenlied, mit dem seit unzähligen Generationen Säuglinge und Kleinkinder in den Schlaf gelullt werden, ist es das schwarze Schaf, das beißt! Auch einige beliebte Kinderspiele sind hier zu nennen. Wer nämlich schon als Kind im Spiel vor dem »schwarzen Mann« davongelaufen ist, der fürchtet sich auch noch als Erwachsener vor ihm; und wer beim Schwarzen-Peter-Spiel, im Spiel um die schwarze Köchin oder die fleißigen Handwerker systematisch gelernt hat, zu diskriminieren, der braucht das Gelernte im Ernstfall nur noch anzuwenden. Unter dem Gesichtspunkt ethnozentrischer Beeinflussung gehörten auch etliche Schulbücher auf den Index, auch wenn sie heute nicht mehr so offen diskriminierende und menschenverachtende Aussagen enthalten wie noch zu Beginn der siebziger Jahre. Die Autoren einer 1970 erschienenen Studie über die Darstellung der Dritten Welt in deutschen Schulbüchern brachten das Ergebnis ihrer Arbeit auf die Kurzformel, daß die von ihnen erfaßten mehr als 120 Bücher durch die Bank »schlechter als ihr Ruf« waren.* Während damals für das Elend der Menschen in der Dritten Welt noch ganz unverblümt deren »Dummheit und Faulheit« verantwortlich gemacht wurde, besteht bei den modernen Büchern die Gefahr eher darin, daß unterschwellige rassistische Anklänge eine Schicht des Denkens und Fühlens erreichen, die dem Bewußtsein nicht mehr zugänglich ist. Das betrifft zwar mehr die Bücher für die jüngeren Klassen; diejenigen, die sich an ältere Jahrgänge richten, bemühen sich schon um einen Beitrag zur Völkerverständigung, führen nun aber beispielsweise »Eiweißmangel« und »das Ausbleiben des Regens während einen Jahres« als Gründe für die Unterentwicklung an. Dadurch entsteht ein falsches Bild des Sachverhaltes, und außerdem sind die angebotenen Lösungsstrategien so sehr vereinfachend, daß letztlich eine herablassend-verständnisvolle, eine karitative Haltung den Menschen dieser Länder gegenüber gefördert wird.

Ein Meister unterschwelliger – möglicherweise ihm selbst nicht immer ganz bewußter – rassistischer Kommentare war, in bester medienpädagogischer Absicht, auch Deutschlands prominentester Tierschützer, der 1986 verstorbene Prof. B. Grzimek. In seinen beliebten und ansonsten informativen Tierfilmen, die Millionen von großen und kleinen Zuschauern erreichen, wimmelt es nur so von entsprechend anzüglichen Bemerkungen über Afrika und die Afrikaner.

So ist es vielleicht zu erklären, daß Menschen, die »absolut nichts

* Quelle im Anhang.

gegen Schwarze haben« und niemals wissentlich jemanden wegen seiner Rasse oder Herkunft diskriminieren würden, dennoch sozusagen willenlose Handlanger ihres eigenen unbewußten Rassismus sind. Von diesen Leuten habe ich im Laufe der Jahre viele getroffen; sie sind oft sehr nett, und sie stehen uns trotz ihrer Einstellungen, die sie niemals ganz verbergen können, offen und wohlwollend gegenüber. Sie äußern ihre Vorurteile diskret, oft mehr beiläufig und meist nur für sensible Ohren wahrnehmbar, in kleinen Kommentaren über Mentalitätsunterschiede, in ihren Ansichten über Rassenmischung oder in der Enttäuschung über unerfüllte Erwartungen, wenn einer es z. B. nicht fassen kann, daß meine Partnerin nicht blond ist. Beachtung verdient in diesem Zusammenhang auch die Alltagssprache, und zwar in doppelter Hinsicht: Zum einen hat sie eine enorm prägende Kraft auf das Alltagsbewußtsein, zum anderen ist sie gleichzeitig auch dessen bester Spiegel, denn sie ist nicht kritisch, sondern bestätigt ganz selbstverständlich das Unklare und Verschwommene, das als bekannt gilt und deshalb nicht in Frage gestellt wird. In geläufigen Ausdrucksformen wie Sprichwörtern und Redensarten vermittelt sie ein eindrucksvolles Bild fremder Kulturen und Gesellschaften, dem sich niemand entziehen kann, sei es nun, daß ein Lehrer seine Schüler auffordert, bloß »keinen Negeraufstand« zu machen, oder daß Eltern ihren Nachwuchs beim Mittagstisch ermahnen: »Friß nicht wie ein Kaffer.« Ebenso aufschlußreich ist es, wenn »unser Küchenneger am Werk ist« oder wenn einer ganz drastisch auf dem Lokus »einen Neger abseilen« läßt. Natürlich richten sich die Vorurteile der Väter und Vorväter der Deutschen, die in zahllosen Wortprägungen überliefert sind, nicht nur gegen die Völker Afrikas. Jedem Deutschen kommt manchmal etwas »spanisch vor« oder er mokiert sich »auf die feine englische Art«; und die »polnische Wirtschaft« und das »Hausen wie die Hunnen« verkörpern das Vorurteil von der Kulturlosigkeit im Osten. Der Volksmund entwickelt einen erstaunlichen Erfindungsreichtum, wenn es gilt, Fremde vor die Tür zu schicken, so stempelt er Italiener als »Makkaronis« oder »Spaghettifresser« ab, schert alle Gastarbeiter als »Kanaken« über einen Kamm und rückt sie so zumindest sprachlich in die Nähe von Ungeziefer. Schon jedes Kind weiß, wie es die »Kruzitürken« und »Kameltreiber« einzuschätzen hat, denn das wird in Redensarten wie »etwas türken« oder »einen

Türken bauen« deutlich. Dahinter beginnt dann schon das Reich der »Schlitzaugen« und der »Schlitzohren«, lauert die »Gelbe Gefahr«, nehmen die Menschen immer mehr »mongolische Züge« an. Und es zeugt von mangelndem Einfühlungsvermögen sowohl gegenüber Kranken als auch gegenüber Fremden, daß die unter dem Down-Syndrom leidenden Behinderten auf gut deutsch als »mongoloid« bezeichnet werden. Aber der Atlas der Vorurteile beschränkt sich nicht auf die Menschen fremder Länder, auch im Inland werden mißliebige Außenseiter zumindest sprachlich an den Pranger oder an die Wand gestellt. So werden aus Strafgefangenen »Knackis«, aus Linken vielerorts »Terroristen«, und die Behinderer nennen die Behinderten immer noch »Krüppel«, »Verrückte« oder »Beknackte«. Auch im vierten Jahrzehnt nach dem Holocaust gibt es Deutsche, die von anderen sagen, sie »klauen wie die Zigeuner«, die Redensart »Hier geht es zu wie in einer Judenschule« ist noch immer nicht ausgestorben, und in der Hitze der Wortgefechte ereifert sich noch manch einer »bis zur Vergasung«.

Natürlich sind Rassismus und Ausländerfeindlichkeit nicht bloß eine Sache von Worten, aber es darf auch nicht übersehen werden, daß die Alltagssprache eine unerschöpfliche Lernquelle gerade für junge Menschen darstellt. Da hat es der »Neger« mit seiner angeblich schwarzen Haut besonders schwer, wie die Verwendung des Ausdrucks »Neger« und der auch heute noch gebräuchlichen Form »Mohr« eindrucksvoll belegen können: Wer sich sein geheimes Kannibalentum nicht verkneifen will, der kann sich beim altbewährten »Kolonialwarenhändler« etwas »Negerspeck«, »Negerschweiß« oder einen »Negerkuß« besorgen; Afrikaner gelten immer noch als eßbar – und damit also zumindest nicht als ungenießbar! Wenn es einem irgendwo nicht paßt, dann darf man immer noch von »Hottentottenwirtschaft« reden, womit offenbar das Gegenteil von der ebenfalls sprichwörtlichen »deutschen Sauberkeit und Ordnung« gemeint ist; und Musik, die einem nicht gefällt, kann man ungestraft als »Negermusik« abtun. Auf den »Mohren« wird zurückgegriffen, wenn jemand eine so schwere Schuld auf sich geladen hat, daß er »durch keine Mohrenwäsche reinzuwaschen ist«. Eine Freiburger Wäschereinigung nennt sich »Dr. Mohr« und wirbt mit der Karikatur eines breit grinsenden Mohrengesichts für ihre Dienstleistungen. Und die vielsagende Wortverbindung »Mohrenkopf« für eine klebrige Süßigkeit – ein Relikt aus der Kolonialzeit – enthält wiederum Anklänge an den Kannibalismus.

Jedem, der weiß, daß der Mohr sich ableitet von der griechischen Bedeutung »töricht, dumm, einfältig«, dürfte es einleuchten, daß es nicht zufällig ist, Mitmenschen weiterhin ohne Grund als Einfaltspinsel zu beschimpfen, nur weil man es ein Leben lang ahnungslos getan hat. Sehr viel mühsamer ist es, uneinsichtige Deutsche dazu zu bringen, das anscheinend unausrottbare Schimpfwort »Neger« aus ihrem Sprachgebrauch zu tilgen. Der »Neger« hat sich entwickelt aus dem lateinischen Stamm »niger« und bedeutet schlicht »schwarz«, was nicht richtiger oder unrichtiger ist, als die blasse Hautfarbe der Europäer »weiß« zu nennen. Aber im Laufe einer langen, aus unserer Sicht schmerzvollen Geschichte wurden schwarze Menschen von weißen Menschen auf das unzumutbare Niveau von Wilden oder Halbmenschen erniedrigt, gerade gut genug, die schmutzigsten und härtesten Arbeiten zu verrichten; und das geschah unter der oft einzigen Rechtfertigung, wir wären Neger, primitive Eingeborene, stehengeblieben auf einer der untersten Stufen der menschlichen Entwicklungsleiter; und es wurde bedenkenlos behauptet, daß nur die unnachgiebigste Behandlung dem Standard dieser Kreaturen – also uns – gerecht würde. Die Benennung »Neger« spricht uns unsere Menschenwürde ab, sie ist eine unerträgliche Rückversicherung in das Sklavendasein vergangener Epochen, und sie wird seit der amerikanischen Bürgerrechtsbewegung der sechziger Jahre von allen selbstbewußten Schwarzen abgelehnt. Eine inzwischen weltweite Antirassismusbewegung hat mit Worten wie »Schwarze« im Kontrast zu »Weiße« und »Afrikaner« und »Afroamerikaner«, die auf die Herkunft verweisen, alternative Begriffe zur Verfügung gestellt, die keine alten oder neuen Wunden aufreißen. Und die mittlerweile immerhin mehr als dreißigtausend »schwarzen Deutschen« kämpfen zu Recht gegen die abwertende Bezeichnung »Mischlinge«.

Natürlich gibt es, oder ich sollte besser sagen, gab es lange Zeit in Deutschland viele gutwillige Menschen, die das Wort »Neger« ohne jeden Hintergedanken benutzt haben, einfach weil sie es nicht besser wußten; inzwischen dürfte es sich aber fast bis in die letzten Winkel des Landes herumgesprochen haben, daß wir das Wort ablehnen, und allein diese Tatsache sollte Grund genug sein, auch darauf zu verzichten! Andererseits habe ich selbst es oft erlebt, wie ungern sich viele Deutsche darauf einlassen, daß und warum wir nicht mehr »Neger« genannt werden wollen. Sie gebärden sich wie Kinder, denen man etwas wegnehmen will, wenn man sie darauf aufmerksam macht. Sie tun so, als könnten sie nicht begreifen, daß jemand, den sie nie richtig für voll genommen haben, und dem sie deshalb einen entsprechenden Spitznamen verpaßt hatten, plötzlich aufsteht und sagt: »Ich will das nicht mehr, nennt mich bitte bei meinem richtigen Namen!« und sie ihm daraufhin starrköpfiger denn je sein Selbstbestimmungsrecht absprechen und ihn bei seinem Schimpfnamen rufen. In Münster kannten wir eine junge Studentin. Als gläubige Protestantin litt sie sehr unter der Ablehnung der streng katholischen Eltern ihres Mannes, der ihretwegen seinen Entschluß, Priester zu werden, verworfen hatte. Sie setzte sich engagiert für das Zusammenleben von Deutschen und Ausländern ein, und sie wollte einmal Lehrerin werden, hatte also einen Beruf gewählt, in dem sie für die Bewußtseinsbildung zukünftiger Generationen verantwortlich sein wird. Sie äußerte einmal meiner Frau gegenüber in einem Gespräch, in dem sie sich vor allem dafür interessiert hatte, ob meine Frau mit ihrem »Negerkind« z. B. im Wartezimmer eines Arztes länger als andere warten müßten, folgendes: »Natürlich habe ich in der Schule gelernt, daß man nicht ›Neger‹ sagen soll und warum nicht, aber ich kann mir doch nicht bei jedem schwarzen Gesicht, das ich sehe, ans Herz fassen und denken: ›Ach, das darfst du jetzt nicht sagen‹.«

INHALT

Vorwort
Gesichter Deutschlands 6

1. Kapitel
Eine unglaubliche Entdeckung 13

2. Kapitel
Nach dem Willen der Kolonialherren zurechtgebogen 24

3. Kapitel
Ein erster Geschmack von Europa 43

4. Kapitel
Eine Frage des richtigen Glaubens 52

5. Kapitel
Wintermärchen und deutsche Weihnacht 68

6. Kapitel
Schattenseiten des Studentenlebens 81

7. Kapitel
Sonnenseiten des Studentenlebens 101

8. Kapitel
Bitterer Honig 115

9. Kapitel
Gedämpfte Reiselust 143

10. Kapitel
Stolpersteine auf meinem Weg 161

11. Kapitel
Vom Regen in die Traufe 183

12. Kapitel
Afrikanische Märchen und Berufserfolg 204

13. Kapitel
Im Ränkespiel hochschulpolitischer Machtinteressen 229

14. Kapitel
Ein Stein des Anstoßes 247

Nachwort
Anmerkungen zum alltäglichen Rassismus 275

ANHANG

Erläuterungen zu den Anmerkungen

Hausas, Yorubas, Igbos
= die drei größten ethnischen Gruppen in Nigeria; die Hausas besiedeln den Norden, die Yorubas den Südwesten und die Igbos den Südosten des Landes

O-Level
= Ordinary Level – Abschluß nach dem englischen Schulsystem, entspricht in etwa der Mittleren Reife

A-Level
= Advanced Level – Abschluß nach dem englischen Schulsystem, entspricht in etwa dem deutschen Abitur

Musiktruhe
= in den sechziger und Anfang der siebziger Jahre beliebter kompakter Musikschrank mit Plattenspieler, Receiver und Boxen; Vorläufer der modernen Stereoanlagen

ASTA
= Allgemeiner Studentenausschuß; gewählte Studentenvertretung an deutschen Hochschulen

Frankfurter Schulbuchstudie
= Karla Forbeck, Andreas J. Wiesand, Renate Zahar: Heile Welt und Dritte Welt. Medien und politischer Unterricht. Schulbuchanalyse, Leske, Opladen, 1971